1.000 Ex.
1. Aufl. 05/08

Hegels Schwester

ALEXANDRA BIRKERT

HEGELS SCHWESTER

Auf den Spuren
einer ungewöhnlichen Frau um 1800

JAN THORBECKE VERLAG

Bibliografische Information der Deutschen Nationalbibliothek
Die Deutsche Nationalbibliothek verzeichnet diese Publikation in der Deutschen
Nationalbibliografie; detaillierte bibliografische Daten sind im Internet
über http://dnb.d-nb.de abrufbar.

© 2008 by Jan Thorbecke Verlag der Schwabenverlag AG, Ostfildern
www.thorbecke.de · info@thorbecke.de

Alle Rechte vorbehalten. Ohne schriftliche Genehmigung des Verlages ist es
nicht gestattet, das Werk unter Verwendung mechanischer, elektronischer und
anderer Systeme in irgendeiner Weise zu verarbeiten und zu verbreiten.
Insbesondere vorbehalten sind die Rechte der Vervielfältigung – auch von Teilen
des Werkes – auf photomechanischem oder ähnlichem Wege, der
tontechnischen Wiedergabe, des Vortrags, der Funk- und Fernsehsendung,
der Speicherung in Datenverarbeitungsanlagen, der Übersetzung und
der literarischen oder anderweitigen Bearbeitung.

Layout: Wolfgang Sailer, Jan Thorbecke Verlag
Gesamtherstellung: Jan Thorbecke Verlag, Ostfildern
Printed in Germany
ISBN 978-3-7995-0196-5

Gefördert von der Landeshauptstadt Stuttgart und von der
Stiftung für Kunst und Wissenschaft der Hypo Real Estate Bank International AG

Meiner Mutter I. S.

Inhalt

Wer war Christiane Hegel? Erste Annäherung 9

Protokoll einer Spurensuche 17

Kindheit und Jugend (1773–89) 21
Mädchenjahre in Stuttgart zu Zeiten Herzog Carl Eugens 21

Hegels Studienfreunde 50

Christianes grosse Liebe 57

Der Traum von einer Süddeutschen Republik: Unruhige Jahre in Stuttgart (1789–1800) 75
Unruhige Zeiten brechen an 75

Christiane und die Stuttgarter Hofmeisterszene 87

Der Einmarsch der Franzosen in Stuttgart 97

Gefährliche Vernetzungen 100

Hegels Engagement für die württembergischen Jakobiner und die Folgen 111

Im Dienst des Freiherrn von Berlichingen (1801–14) 125
Abschied von Stuttgart 125

Beim freien Reichsritter in Jagsthausen (1801–06) 135

Beim württembergischen Kreishauptmann in Schorndorf (1806–09) 143

Beim Landvogt und Staatsrat in Ludwigsburg (1809–14) 147

Christianes Aufgabenfeld   154

Der lange Abschied von Jagsthausen (1814/15)   169

Letztes Wiedersehen mit dem Bruder in Nürnberg (1815)   183

Intermezzo in Aalen: Bei Vetter Göriz (1815–20)   201

In der Staatsirrenanstalt Zwiefalten (1820/21)   225

Die Einlieferung   225

Der Aufenthalt beim Irrenmeister   232

Anstaltsalltag in Zwiefalten   242

Christianes Krankheit   250

Wieder in Stuttgart: Das letzte Lebensjahrzehnt (1821–31)   265

Der Neuanfang als Privatlehrerin   265

Hegels unehelicher Sohn Ludwig   280

Das Ende in Bad Teinach (1832)   293

Anhang   309

Editorische Hinweise   309

Anmerkungen   310

Abkürzungsverzeichnis   325

Quellen und Literatur   326

Kommentiertes Personenregister   338

Bildnachweis   348

Wer war Christiane Hegel?
Erste Annäherung

Im Oktober 1818 übernahm der gebürtige Stuttgarter Georg Wilhelm Friedrich Hegel an der Berliner Universität den Lehrstuhl für Philosophie. Nun erst – im Alter von fast fünfzig Jahren – legte er den Grundstein für seinen Weltruhm: mit seinen Vorlesungen über Logik, Rechts- und Religionsphilosophie, Philosophie der Weltgeschichte und Ästhetik. Nahezu gleichzeitig wurde seine drei Jahre jüngere und unverheiratet gebliebene Schwester Christiane Luise in die württembergische »Staatsirrenanstalt Zwiefalten« eingeliefert. Man schrieb Mai 1820. Ein gutes Jahr später wurde Hegels Schwester als geheilt entlassen. In einem Brief, den sie kurz vor ihrer Entlassung an den Bruder geschrieben hat, machte sie ihm – das wissen wir nur aus seinem Antwortschreiben – massive Vorwürfe über das erlittene Unrecht.

Sechs Jahre zuvor, im Herbst 1815, hatten sich die Geschwister zum letzten Mal gesehen. Christiane hatte ihren Bruder und seine junge Familie für mehrere Monate in Nürnberg besucht, spielte gar mit dem Gedanken, zu ihm zu ziehen. Jahrelang hatten sie nur in lockerem Briefwechsel gestanden. Doch der Besuch in Nürnberg endete unglücklich: Christiane reiste allem Anschein nach Hals über Kopf ab – gemütskrank, wie Hegels junge Frau Marie der Nachwelt attestierte, voller Hass gegen die Schwägerin, wie einer ihrer Vettern meinte. Ihren Bruder Wilhelm sah Christiane nie wieder.

Es war einmal anders gewesen: Damals, als Hegel in Stuttgart aufwuchs, war der Kontakt der Geschwister sehr eng, vor allem nach dem frühen Tod der Mutter im Herbst 1783, die ihren Mann mit drei Kindern zurückließ: dem dreizehnjährigen Wilhelm, der zehnjährigen Christiane und dem wiederum drei Jahre jüngeren Ludwig. Kaum der Kinderstube entwachsen, musste Christiane die Rolle der Frau im Hause übernehmen. Der Vater heiratete nicht wieder. Christiane wuchs also zwischen drei Männern auf, in einem geräumigen Haus im damals schönsten Teil Stuttgarts, der sogenannten Reichen Vorstadt – dem heutigen Viertel zwischen Königstraße und Liederhalle. Auch als Wilhelm im Herbst 1788 nach Tübingen zum Studium der Theologie wechselte, blieben die Geschwister einander verbunden. Christiane besuchte ihren Bruder hin und wieder in Tübingen, und dort lernte sie auch im Alter von 16 Jahren ihren ersten Verehrer, den jungen Magister Klett, kennen. Mit Hegels berühmten Freunden – dem Dichter Friedrich Hölderlin und dem Homburger Dichter, Philosophen und Diplomaten Isaac von Sinclair – stand sie selbst in freundschaftlichem Kontakt, vermittelte zeitweise sogar Hölderlins Post an ihren Bruder, als dieser nach Abschluss des Studiums im Herbst 1793 als Hauslehrer für drei Jahre in die Schweiz gegangen war. Hegels anschließende Übersiedlung nach Frankfurt am Main zu Beginn des Jahres 1797, wo er wie Hölderlin wiederum als Hauslehrer wirkte, schuf zwar erneut eine räumliche Trennung der Geschwister, doch blieb Hegel in dieser Zeit noch in engerem Kontakt mit der Schwester und den Stuttgarter Freunden. Auch, weil er sich für die politische Bewegung und Entwicklung in Württemberg interessierte, ja engagierte.

Mit dem Tod des Vaters Anfang 1799, den Christiane eineinhalb Jahre lang hatte pflegen müssen, und dem sich daran anschließenden Verkauf des Stuttgarter Hauses änderte sich vieles: Hegel erhielt damit die finanzielle Möglichkeit, der drohenden Einstellung als württembergischer Pfarrer zu entkommen, die Interimslösung als Hauslehrer in Frankfurt aufzugeben und die erwünschte Laufbahn eines Privatgelehrten an einer attraktiven Universität außerhalb Württembergs zu beginnen. Auch war der freiheitlichen Bewegung in Württemberg mit den Verhaftungen Anfang Februar 1800, die auch den engsten Freundeskreis der Geschwister Hegel betrafen, ein jähes Ende gesetzt worden. Hegel begab sich schließlich Anfang 1801 zu seinem ehemaligen Tübinger Studienfreund Friedrich Wilhelm Joseph Schelling nach Jena, um sich dort ganz der Philosophie zuzuwenden. Christiane blieb zurück – ohne Eltern, ohne Geschwister, ohne Ehemann, ohne eigenes Zuhause.

Sie verließ Stuttgart und wurde Gouvernante im Hause des Joseph Freiherr von Berlichingen in Jagsthausen, erzog und unterrichtete über

Jahre dessen fünf halbwüchsige Töchter – eine vorübergehend glückliche und doch auch turbulente Zeit, die sie neben der Götzenburg im neu erbauten Weißen Schloss in Jagsthausen, in Schorndorf und schließlich in Ludwigsburg, dem Amtssitz des 1810 zum Landvogt und Staatsrat beförderten Freiherrn von Berlichingen, verbrachte. Mitte 1814 bat sie, offenbar körperlich und nervlich erschöpft, um ihre Entlassung. Sie bekam im Alter von 41 Jahren eine jährliche Rente ausgesetzt, verweilte noch ein Jahr in Jagsthausen und reiste schließlich im Sommer 1815 zum Bruder nach Nürnberg.

Im November 1815 ließ sie sich für mehrere Jahre in der neuwürttembergischen Kleinstadt Aalen nieder, wo einer ihrer Vettern, Louis Göriz, evangelischer Dekan war. Ihre Situation stabilisierte sich, sie konnte wieder als Privatlehrerin unterrichten und eine kleine Wohnung unterhalten. Doch Anfang 1820 wandte sich Vetter Göriz aus Aalen Hilfe suchend an Hegel in Berlin – und schließlich fand sich Christiane, die jetzt 47 Jahre zählte, in der württembergischen »Staatsirrenanstalt Zwiefalten« wieder.

Nach ihrer Entlassung kehrte sie endlich nach zwanzig Jahren wieder in ihre Heimatstadt Stuttgart zurück. Dort verbrachte sie ihr letztes Lebensjahrzehnt. Mit knapp 59 Jahren nahm sich Christiane Hegel das Leben: Zur Kur in den Schwarzwald nach Bad Teinach geschickt, ertränkte sie sich Anfang Februar 1832 auf einem Spaziergang in der Nagold. Das geschah nur wenige Wochen nach dem Tod des Bruders.

So lässt sich, in groben Zügen, dieses Frauenleben skizzieren, in dem es an einschneidenden Erlebnissen wahrhaftig nicht gefehlt hat – und dessen Details dennoch weitgehend im Dunkeln liegen. Doch warum wissen wir heute nur noch so wenig von der einzigen Schwester des berühmten Philosophen, deren Schicksal so tragisch endete? Warum landete sie in der württembergischen »Staatsirrenanstalt«, während ihr Bruder in Preußen Karriere machte? Warum ertränkte sie sich?

Die Tatsache, dass sich Christiane Hegel nur wenige Wochen nach dem Tod ihres Bruders das Leben nahm, hat das Bild, das sich die Nachwelt von ihr machte, offenbar entscheidend geprägt. Hegels Tod ist denn auch der Kontext, in dem Hegels erster Biograph Karl Rosenkranz noch kurz auf dessen Schwester eingeht – auf eineinhalb von insgesamt fünfhundert Seiten seines für die Hegelforschung immer noch fundamentalen Werkes. Diese »Platzierung« Christiane Hegels in der ersten großen Hegel-Biographie, die im Auftrag der Familie bereits gut zehn Jahre nach dem Tod des Philosophen verfasst worden ist, nährte die verhängnisvolle These vom inneren Zusammenhang des Todes der beiden Geschwister. Der Hegelforscher und Herausgeber von Hegels Briefwechsel, Johannes Hoffmeister, sprach gar von einem »Geschwisterkomplex«. Das ließ sich zudem schlüssig mit Hegels Werk und seinem Interesse für die Figur der Antigone in Verbindung bringen. Dass in Rosenkranz' Biographie indessen auch zu lesen ist, dass Christiane schon vor dem Tod des Bruders mehrere Selbstmordversuche unternommen hatte, ist darüber schnell in Vergessenheit geraten.

Auch die beiden bisher ausführlichsten Aufsätze zu Hegels Schwester stammen aus der Feder eines ausgewiesenen Hegelspezialisten: Hans-Christian Lucas, der 1997 verstorbene Mitarbeiter an der historisch-kritischen Gesamtausgabe der Werke Hegels, hat sie verfasst. Es ist verständlich, dass sich Lucas' eigentliches Forschungsinteresse auf den Philosophen Hegel richtete, weshalb er manche Frage in Bezug auf Christiane nicht weiter verfolgte.

Rosenkranz, der zehn Jahre nach Hegels und Christianes Tod noch viele Quellen und Dokumente in Händen hielt, die heute als verschollen gelten, hat den eigentlichen Auslöser für Christianes »Irr-Weg« in Geisteskrankheit und Selbstmord in einer missglückten Liebesbeziehung gesehen: *Sie hatte sich nie verheirathet. Einen ihrer wärmsten Bewerber, Gotthold, hatte sie aus vielleicht zu peinlichen Rücksichten ablehnen zu müssen geglaubt. Er war, ohne seine Liebe zu ihr je aufgegeben zu haben, fern von ihr unverheirathet gestorben. Seit dieser Zeit nagte ein tiefer Schmerz an ihrem Leben, der sich bald in manchen Aufgeregtheiten, Wunderlichkeiten kund gab und zuerst in Nürnberg 1815 [beim Besuch des Bruders] entschiedener ausbrach. Hegel gab sich Mühe, sie zu größerer Ruhe zu stimmen.*

Der Frage nach Christianes unerfüllter großer Liebe ist man bisher nicht weiter nachgegangen, sie schien für die Hegelforschung ohne Belang. Doch will man ihre Lebensgeschichte schreiben, so kommt man nicht umhin, nach diesem Unbekannten zu forschen.

Es ist das Verdienst der süddeutschen Schriftsteller Hellmut G. Haasis und Horst Brandstätter, Christiane Hegel aus dem engen Bezugsfeld des Bruders herausgelöst und in den Kontext der württembergischen Revolutionäre am Ende des 18. Jahrhunderts gestellt zu haben. Beide stützen sich dabei auf den Arzt und Dichter Justinus Kerner, einen zweiten ganz wichtigen Zeitzeugen. Dieser hat in seinem viel gelesenen »Bilderbuch aus meiner Knabenzeit« im Jahr 1849 ein Bild von Christiane Hegel skizziert, das aufhorchen lässt. Auch Kerner, der die 13 Jahre ältere Christiane schon in jungen Jahren persönlich kannte, beschreibt *Wunderlichkeiten* in ihrem späteren Verhalten, gibt Auskunft über Einzelheiten einer Psychose, der sich Christiane im Alter ausgesetzt sah: *Die Arme aber verfiel nach und nach in Geisteskrankheit und bekam die fixe Idee: sie sei ein Päckchen, das man auf der Post verschicken wolle, welcher Gedanke des Verschicktwerdens sie immer in die größte Unruhe und Verzweiflung versetzte. Näherte sich ihr ein fremder Mensch, so fing sie an zu zittern, denn sie befürchtete, der komme sie mit Bindfaden zu umwickeln, zu versiegeln und auf die Post zu tragen. Diese Angst steigerte sich in ihr bis zur höchsten Schwermuth, in welcher sie einen freiwilligen Tod in den Fluthen der Nagold fand.*

So endet das kurze Kapitel, das die Überschrift *Hegels Schwester* trägt. In der Hauptsache aber überliefert Justinus Kerner, der ein Ludwigsburger Vetter von Christianes Freundin Wilhelmine Hauff war, eine Episode aus ihrem Leben, die – auf den ersten Blick zumindest – eine völlig andere Persönlichkeit zum Vorschein kommen lässt: *Die Nichte meiner Mutter, die Gattin des Secretärs Hauff, der dazumal [1800] zu Stuttgart seinen Wohnsitz hatte, kam in dieser Zeit oft in unser Haus, um ihrem auf dem Asperg gefangenen Gatten näher zu sein; auch hatte sie eine Freundin [...], die gutmüthig und entschlossen genug war, ihr Briefe an ihren Mann auf der Feste zu besorgen. Diese Freundin kleidete sich in Magdkleider, brachte die Briefe in ein Gefäß mit doppeltem Boden, in dem man den Gefangenen, was erlaubt war, gekochtes Obst, Gelée u.s.w. zusandte, das sie zu Fuß dann auf die Feste trug und gut an Mann brachte. Diese Person war die Schwester des berühmten Philosophen Hegel ...*

Der Regierungsratssekretär August Hauff, der Vater des Dichters Wilhelm Hauff, war in der Nacht zum 2. Februar 1800, wenige Tage nach seinem 28. Geburtstag, unter dem Vorwurf der revolutionären Konspiration gefangen genommen und auf den Hohenasperg gebracht worden. Seine frisch vermählte junge Frau Wilhelmine Hedwig geb. Elsässer war eine der engsten Freundinnen Christiane Hegels. Sie war zum Zeitpunkt der Verhaftung 26 Jahre alt und im zweiten Monat schwanger mit ihrem ersten Kind: Hermann Hauff, dem späteren Redakteur des »Cottaschen Morgenblattes« und Bruder des Dichters Wilhelm Hauff, der zwei Jahre später, 1802, zur Welt kam. Bei beiden Kindern wurde Christiane Patin. Wollte Wilhelmine Hauff ihrem besorgten Mann positive Nachrichten über ihr Befinden in diesen ersten Wochen der Schwangerschaft zukommen lassen und ihn zugleich ermahnen, das Wohl der Familie im Auge zu behalten? Oder hatten die Briefe, die Hegels Schwester in die Festung schmuggelte, einen politischen Inhalt? Ist das Leben der »Christiane Luise Hegel« als »Krankengeschichte einer Sympathisantin« zu verstehen, wie Horst Brandstätter in seinem Buch »Asperg. Ein deutsches Gefängnis« schreibt, das 1978 zur Zeit der Stammheimer RAF-Prozesse erschienen ist? Doch kann er sich im Wesentlichen nur auf die oben zitierte Passage in Kerners »Bilderbuch« beziehen. Doch wie zuverlässig ist sie? Weiß man doch aufgrund neuerer Studien, wie sehr Justinus Kerner schon in Bezug auf seinen eigenen Bruder, den nach Frankreich ausgewanderten württembergischen »Jakobiner« Georg Kerner, ins Fabulieren geraten ist.

Haasis hat auf Christiane Hegels eigenständige politische und geistige Interessen hingewiesen. Doch fehlen eindeutige Beweise, vieles muss notgedrungen im Bereich der Spekulation bleiben. Die Anordnung der wenigen Quellen soll wie schon bei Brandstätter für sich selbst sprechen und die These belegen, dass Christiane Hegels spätere Angst, als Päckchen verschnürt und verschickt zu werden, auf die politischen Verfolgungen und Verschleppungen um 1800 zurückzuführen ist. Auch die Landeshistorikerin Barbara Vopelius-Holtzendorff, die sich intensiv mit Hegels politischer Flugschrift von 1798 beschäftigte und deren Entstehung und Diskussion im Stuttgarter Freundeskreis Hegels und seiner Schwester vermutet, muss angesichts der defizitären Quellenlage im Hypothetischen bleiben.

Das wenige schriftliche Material, das bisher über Christiane Hegel bekannt und veröffentlicht worden ist, stammt nahezu ausschließlich aus den letzten 18 Jahren ihres Lebens. Ein Blick in die Briefausgabe Hegels bestätigt es: Der uns überlieferte schmale, ja dürftige Briefwechsel der Geschwister setzt, abgesehen von der kurzen Mitteilung an den

Bruder über den Tod des Vaters, erst im April 1814 ein. Christiane ist damals gerade 41 Jahre alt geworden – es ist das Alter, in dem sich Hegel mit einer zwanzig Jahre jüngeren Frau verheiratet hat und in dem Christianes Mutter bereits hatte sterben müssen. Es ist der Zeitpunkt, als Christiane das erste Mal nachweisbar psychisch erkrankte. Es muss also nicht verwundern, wenn das Bild der Schwester des Philosophen von vornherein den Stempel der Gemütskranken, ja Geisteskranken trägt.

Eine Hinterlassenschaft der Christiane Hegel gibt es nicht. Ihre Papiere landeten nach ihrem Selbstmord zunächst bei einem Stuttgarter Vetter und verloren sich dann in alle Himmelsrichtungen. Einzelnes ist später hier und da wieder in Auktionskatalogen aufgetaucht und in die Autographensammlungen von Bibliotheken und Archiven gelangt. Bemerkenswert ist, dass Briefe, die Christiane von ihrem Bruder sowie von dessen Frau und Kindern erhalten hat, in den Händen von Hegels Witwe und nach deren Tod 1855 im Besitz des Sohnes Immanuel landeten. Diese persönlichen Briefe blieben auch dann noch im Familienbesitz, als Hegels Nachlass von seinen beiden Söhnen der Königlichen Bibliothek zu Berlin übergeben wurde. Erst 1935 trennte sich Immanuels Enkelin davon und übergab die Briefe zusammen mit einem umfangreichen Konvolut von Jugendarbeiten und Exzerpten Hegels der Staatsbibliothek Preußischer Kulturbesitz.[1] Festzuhalten bleibt aber auch, dass heute im Nachlass Hegels alle Originalbriefe Christianes an den Bruder fehlen und nur drei an die Schwägerin überliefert sind. Daraus folgt: Einige von Christianes nachweislich geschriebenen Briefen an den Bruder etwa aus der Zwiefaltener Zeit sind entweder von diesem nicht aufgehoben oder von der Familie aussortiert und vernichtet worden. Wie man heute ferner aus dem Briefwechsel der beiden Söhne Hegels weiß, wurden von ihnen mehrmals – auch aus Platzgründen – umfangreiche Nachlassteile Hegels ausgesondert und schließlich sogar einer *Papiermühle* übergeben, bevor der Rest 1889 der Königlichen Bibliothek überlassen wurde. Wie viel davon Hegels Schwester betraf, lässt sich nicht mehr nachvollziehen, doch wissen wir, dass Karl Rosenkranz fünfzig Jahre zuvor beispielsweise noch Gedichte von Christiane Hegel gelesen hat, von denen manche *wahrhaft schön* gewesen seien. Wenn Hegels Söhne schon nicht zimperlich mit den Papieren des Philosophen Hegel umgegangen sind, um der Masse Herr zu werden, wie viel unbekümmerter werden sie sich dann von den Produkten aus der Feder seiner Schwester getrennt haben? Zu bedenken bleibt ferner, dass aus Hegels Studenten- und Hauslehrerzeit viele Dokumente, Briefe und Manuskripte vermisst werden und es somit auch in seiner Biographie empfindliche wie auffällige Lücken in der Überlieferung gibt. Nicht in jedem Fall muss dies gleich verdächtig sein, auch der berühmte Bruder hat wohl nicht alles aufgehoben. Im Übrigen sind auch die Nachlässe enger Freunde von Christiane Hegel, in denen Briefe von ihr zu vermuten wären – etwa jene von Isaac von Sinclair oder Gotthold Stäudlin –, weitgehend verloren gegangen.

Ist es angesichts dieser dürftigen Quellenlage also ein aussichtsloses Unternehmen, die Lebensgeschichte der Christiane Hegel rekonstruieren zu wollen? Oder gibt es nicht doch Möglichkeiten, sich dieser ungewöhnlichen Frau schrittweise über ihr »Umfeld« zu nähern?

Protokoll einer Spurensuche

Die Spurensuche begann dort, wo Christiane Hegel gelebt hat. Wo wohnte sie? Wer waren ihre Mitbewohner, ihre Nachbarn? Mit wem wuchs sie auf? Wer unterrichtete und förderte sie? Wer unterstützte sie im Alter, als sie krank war? Sogenannte Seelenbeschreibungen und Adressbücher, Familien- und Stammbücher, Kirchenregister und Steuerbücher, Magistrats- und Krankenakten, Verhörprotokolle, Gemeinderats- und Kirchenkonventsprotokolle stellten sich als einträgliche Informationsquellen heraus. Die Quellensuche entwickelte dabei ihre eigene Dynamik, wurde zur Kriminalgeschichte für sich. So fand sich beispielsweise Christianes penibel geführtes Kassenbuch in einer Dachspeicherkiste wieder – auch das gibt es noch im 21. Jahrhundert. Auf Hinweise zu ihrem persönlichen Umfeld ließen ferner Autobiographien, Memoiren, Tagebücher und Briefe von Zeitgenossen und Freunden hoffen, die in vielen Fällen unveröffentlicht sind – und deren Unlesbarkeit aufgrund von Tintenfraß und Handschriftenwillkür nicht selten eine Herausforderung darstellte.

Doch die Mühe lohnte sich: Nicht nur für die Biographie der Schwester Georg Wilhelm Friedrich Hegels. Die Recherchen förderten auch eine ganze Reihe von Ergebnissen zu Tage, die weit über den biographischen Rahmen hinausweisen und ein Licht auf den damaligen Lebensalltag einer Generation werfen, die es wahrlich nicht leicht hatte. Die großen politischen Umbrüche jener Jahre, die sich hinter den Schlagwörtern Französische Revolution, napoleonische Kriege, Säkularisation und Mediatisierung, Auflösung des Heiligen Römischen Reiches Deutscher Nation, Neuordnung Europas und Gründung des Königreiches Württemberg verbergen, haben im Leben der Menschen ganz konkrete, sichtbare Spuren hinterlassen. Sei es in den württembergischen Residenzstädten Stuttgart und Ludwigsburg oder im idyllischen Jagsttal auf den Besitzungen der freien Reichsritter von Berlichingen, sei es im bayerisch gewordenen Nürnberg und in der neuwürttembergischen Kleinstadt Aalen, die beide zuvor zu den freien Reichsstädten gezählt hatten, oder aber im ehemaligen Kloster Zwiefalten, das »der dicke Friedrich«, kaum hatte er den württembergischen Königsthron bestiegen, in ein »Königliches Irren-Institut« umbauen ließ. Und so gewann bei der Spurensicherung an den Lebensstationen Christianes manches, was sich bisher nur schemenhaft andeutete, Gestalt und bekam ein Gesicht: Die Erziehung und Bildung junger Mädchen vor zweihundert Jahren, die Lese- und Gesprächszirkel, Tischgesellschaften und Wohngemeinschaften, die Bedeutung der Nachbarschaft, der Tauschhandel mit Hauslehrerstellen, Ämterkauf, Kollegialität und Rivalität im Beruf. Aber auch der Alltag in Württembergs erster staatlicher psychiatrischer Klinik oder das Elend der Koalitionskriege im wechselnden Kampf gegen und mit Napoleon, Herzog Friedrichs skrupellose Okkupationspolitik sowie leere Kassen, Hungersnot und Massenarmut. Und die dunklen Wege der Konspiration und Verfolgung.

Die Rolle der Frauen in der frühen Phase südwestdeutscher Revolutionsbegeisterung am Ende des 18. Jahrhunderts – waren sie nun Schwestern, Geliebte, Ehefrauen oder Mütter – ist noch wenig erforscht, und dies aus gutem Grund: Es fehlen einschlägige Quellen. Politische Clubs und Zirkel wurden von Studenten gebildet, die berühmte Stuttgarter Hohe Carlsschule und die Universitäten waren Frauen verschlossen. Während die Männerfreundschaften eines Hegel und Hölderlin oder eines Hölderlin und Sinclair schon lange untersucht sind, wurde die Rolle der Schwestern im vertrackten Beziehungsnetz auch konspirativer Kontakte wenig beachtet. Doch gibt es Belege, die zeigen, dass Männer Frauen gezielt als Botinnen, Vermittlerinnen und Fürsprecherinnen für ihre Sache einsetzten. Beispiele lassen sich auch im Umkreis der Geschwister Hegel finden.

Das württembergische Spitzelsystem Herzog Friedrichs funktionierte – dies zeigen die Akten im Hauptstaatsarchiv Stuttgart –, und man kann sich daher gut vorstellen, welcher psychische Druck auch auf den Frauen lastete. So gesehen greift die 1999 von Karin de la Roi-Frey in ihrem Buch »Mütter berühmter Schwabenköpfe« vertretene These zu kurz, dass die auffallend häufig vertretene Hysterie der Frauen in den begabten württembergischen Familien Hauff, Kerner und Hegel Resultat dessen war, dass sie künstlerische Talente nicht ausleben und entfalten konnten. Hier ging es nicht nur um künstlerische Selbstverwirklichung begabter Frauen, hier waren auch handfeste politische Intrigen im Spiel. Wenn auch konspirative Treffen überwiegend ohne Frauen stattgefunden haben, so wurden diese doch häufig zu Mitwisserinnen, und nicht selten bedienten sich die Männer der harmlosen Verbindungen der Frauen zur eigenen Deckung. In einem politischen Klima, in dem Spitzelwesen, Denunziationen, Verhöre, Verhaftungen und jahrelange Festungshaft zur Tagesordnung gehörten und auch nicht vor angesehenen Bürgern und Repräsentanten des öffentlichen Lebens Halt machten, muss es nicht wundern, wenn der psychische Druck zu groß wurde, die Angst umging.

Nicht nur Hegel selbst hat eine wichtige Rolle im Leben der Schwester gespielt – Christiane bewegte sich vielmehr im Umfeld bedeutender Männer und Frauen ihrer Zeit. Es gab mehrere Schlüsselfiguren in ihrer Lebensgeschichte. Sie war stets von guten Freunden umgeben, ihre Beziehungen waren sehr vielseitig und vielfältig. So wird in ihrem Umfeld auch die engmaschige Vernetzung sichtbar, ja konkret fassbar, die in Württemberg in jenen unruhigen Jahren am Ausgang des 18. Jahrhunderts zwischen den Anhängern einer Süddeutschen Republik, liberalen Reformern und etablierten, staatstragenden Bürgern existierte.

Es mag Zufall, ja Ironie des Schicksals sein, dass Christiane Hegels Einweisung in die württembergische »Staatsirrenanstalt Zwiefalten« ins gleiche Jahr 1820 fiel, in dem Hegel in Preußen seine Theorie des modernen Staates veröffentlichte. Kein Zufall ist es gewiss, dass ihre Auseinandersetzung mit dem Bruder in Nürnberg im Jahr 1815 genau zu der Zeit stattfand, als sich Hegel vom württembergischen Verfassungskampf und seinen Landsleuten distanzierte. Die Wege der Geschwister hatten sich getrennt. Christiane ist ihren eigenen bemerkenswerten Weg gegangen, der mit dem immer konventioneller werdenden Frauenbild Hegels recht wenig zu tun hatte. Als unverheiratete »Jungfer« blieb sie weder – um in Hegels Worten zu sprechen – ein *markloser Schatten*[2], noch begnügte sie sich mit einem Wirkungskreis innerhalb des Hauses, abseits von Politik, Wissenschaft und Kunst, wie Hegel es in seinen späteren Schriften – anders als in seinem Frühwerk – normativ forderte. Ob

Christiane die Auffassung ihres Bruders über die Schwesternliebe teilte, der in der *unendlichen Liebe zum Bruder* das stärkste Gefühl einer weiblichen Brust sah,³ ist mehr als fraglich. Ihr Leben erschöpfte sich keineswegs nur in der Rolle, Hegels Schwester zu sein.

Kindheit und Jugend (1773–89)

... du sagst ferner, die Mädchen seyen gezwungen,
ihren Müttern immer Rechenschaft
von allem zu geben, was sie den Tag über unternehmen.

Georg Kerner an seine Verlobte Auguste Breyer, 6. Juli 1791

Mädchenjahre in Stuttgart zu Zeiten Herzog Carl Eugens

Spärlich sind die Dokumente, die uns heute noch zu Christiane Hegels Kindheit und Jugend vorliegen. Sie lassen sich an einer Hand abzählen: Die Stuttgarter Kirchenbücher[4] verzeichnen ihren Geburts- und Tauftag, und in ihnen kann man auch nachschlagen, wann und wo Christiane konfirmiert wurde. Sie geben darüber hinaus Auskunft über die Taufzeugen wie auch über die Mitkonfirmandinnen. Die Stuttgarter Kirchenbücher vermelden auch, wie viele Geschwister Christiane Hegel hatte und in welchem Alter sie starben, wie natürlich auch den frühen Tod der Mutter.

Nur noch aus zweiter Hand, nämlich als Abschriften der verloren gegangenen Originalstücke kennen wir heute: eine Notiz des Vaters über Christianes Taufe[5] und eine zeitgenössische Beschreibung des Stuttgarter Wohnhauses[6], in dem sie aufgewachsen ist und 23 Jahre ihres Lebens verbracht hat.

Von ihr selbst liegt aus der Zeit bis zum Tod des Vaters am 14. Januar 1799 keine einzige Zeile vor. Sie ist zu diesem Zeitpunkt fast 26 Jahre alt. Kein Brief, kein Tagebucheintrag, kein lyrischer Versuch, nicht einmal eine winzige Notiz ist überliefert, oder vorsichtiger: ist uns heute bekannt. Das erste schriftliche Zeugnis aus Christiane Hegels Hand stammt vom 15. Januar 1799. Es sind die Zeilen, mit denen sie dem älteren Bruder in Frankfurt am Main den Tod des Vaters mitteilt. Doch auch in diesem Fall ist es nicht das Original. Ihre Zeilen sind nur als Zitat in Hegels Biographie von Karl Rosenkranz auf uns gekommen: *Vergangene Nacht, kaum vor 12 Uhr, starb der Vater ganz sanft und ruhig. Ich vermag Dir nicht weiter zu schreiben. Gott stehe mir bei! Deine Christiane.* Am selben Tag verfasste Christiane auch die Todesanzeige, die am 17. Januar 1799 in der »Schwäbischen Chronik« erschien und die, da sich beide Brüder damals in Frankfurt befanden, nur mit ihrem Namen unterzeichnet ist: *Stuttgart. Allen meinen Freunden und Verwandten gebe ich die für mich äusserst betrübte Nachricht, daß mein lieber Vater, der bißherige Senior beim RenntKammerSekretariat und Taxator, Georg Ludwig Hegel, heute Nacht um 12 Uhr, nach einer 18 monatlichen Krankheit im 65[.] Jahre sanft entschlafen seie, empfehle mich und meine 2 abwesende Brüder in ihre fernere Gewogenheit und Freundschaft, und verbitte mir alle BeileidsBezeugungen. Den 15[.] Januar 1799. – Christiane Hegel.*[7]

Bemerkenswert an dieser Todesnachricht sind der Anfang und der Schluss. Denn Christiane beginnt mit der Formulierung: *Allen meinen Freunden und Verwandten gebe ich die [...] Nachricht* – sie stellt also ihre Freunde an erste Stelle und nicht wie üblich ihre Verwandten. Und in der Schlussformulierung der Todesanzeige greift sie das Thema Freundschaft noch einmal auf: *... empfehle mich und meine 2 abwesende Brüder in ihre fernere Gewogenheit und Freundschaft, und verbitte mir alle BeileidsBezeugungen.* Es war ihr also sehr wohl bewusst, dass sie als alleinstehende junge Frau, deren Brüder außerhalb Württembergs lebten und arbeiteten, in der Zukunft auf die Gewogenheit und Freundschaft ihres Stuttgarter Umfeldes in besonderem Maße angewiesen war. Die Todesanzeige signalisiert aber auch, dass Christiane Hegel von Freunden umgeben und getragen war. Sie drückt also keineswegs nur, wie der Hegelspezialist Hans-Christian Lucas meint, »dumpfe[n] Schmerz und Angst vor der Zukunft«[8] aus.

Auch für Hegel selbst ist die Quellenlage zur Kinder- und Jugendzeit dürftig. Hier wissen wir ein wenig besser Bescheid über seine Schulausbildung am Unter- und Obergymnasium Stuttgart und über die Lehrer, die ihn unterrichtet haben. Ausgerechnet von seiner Schwester stammt einer der interessantesten und inhaltsreichsten Berichte zu Hegels frühen Jahren. Sie hat ihn jedoch erst Anfang 1832 verfasst. Nach Hegels Tod von dessen Witwe Marie als letztes lebendes Familienmitglied befragt, antwortete Christiane wenige Wochen vor ihrem eigenen Tod recht detailliert. Es ist erstaunlich, wie gut sich die damals fast 59-Jährige an Einzelheiten aus den Stuttgarter Kinder- und Jugendtagen Hegels erinnern konnte – sich selbst hat sie dabei allerdings ganz zurückgestellt.

Wichtige Details zur Rekonstruktion der Lebenswelt der heranwachsenden Geschwister Hegel liefert ferner Hegels Tagebuch, das er mit knapp 15 Jahren begonnen und über eineinhalb Jahre recht unregelmäßig geführt hat – zum Teil in lateinischer Sprache als Stilübung.[9] Die beiden Geschwister werden darin allerdings mit keiner Silbe erwähnt. Auch ausführliche Schilderungen von persönlichen Erlebnissen sucht man vergeblich – es finden sich lediglich knappe Hinweise auf Ereignisse und Personen.

Äußerst rar sind auch die Stellen, in denen die junge Christiane Hegel in Briefen Dritter erwähnt wird. Es handelt sich dabei überwiegend um Briefe von Studienfreunden Hegels. Doch es gibt sie, und sie führen auf die eine oder andere durchaus ergiebige Spur. Christiane ist da bereits 16 Jahre oder älter – und anscheinend nicht unattraktiv.

Der Versuch, ihr persönliches Umfeld auszuleuchten und dem Beziehungsgeflecht nachzuspüren, bekam durch einen schweren Folioband, der in den Magazinen des Stuttgarter Stadtarchivs[10] lagert, entscheidende Impulse, ja dieser Band setzte eine kleine Lawine in Gang: Es handelt sich dabei um ein handgeschriebenes Stuttgarter Einwohnerverzeichnis, das im Jahr 1798 vom Diakon der Hospitalkirche in Zusammenarbeit mit dem Stuttgarter Polizeikommissar erstellt worden ist und in dem minutiös und Haus für Haus jeder Bewohner erfasst ist unter Angabe seines Berufes, Alters und der Familienverhältnisse. Es stellt somit auch eine wichtige Ergänzung zum Stuttgarter Familienbuch[11] dar. Leider liegt uns ein derart ausführliches Adressbuch für die sogenannte Reiche Vorstadt, also für den Stadtteil Stuttgarts, in dem die Hegels ab 1776 gewohnt haben, nicht auch schon für frühere Jahre vor,[12] wie dies für die beiden anderen Stuttgarter Stadtteile, die Innere Stadt und die Esslinger Vorstadt, der Fall ist. Mit Hilfe der sogenannten »Seelenbeschreibung Reiche Vorstadt auf das Neue Jahr 1799« lässt sich anschaulich nachvollziehen, wer damals im unmittelbaren Umkreis gewohnt und wer als Mitbewohner, ja Kostgänger im Jahr 1798 im Hause Hegel gelebt hat.[13] Da sich Christianes älterer Bruder zu diesem Zeitpunkt schon lange nicht mehr in Stuttgart aufgehalten hat, ist dieses ausführliche handgeschriebene Stuttgarter Adressbuch für die Hegelforschung bisher wohl nicht von Interesse gewesen.[14] Für die Suche nach Lebensspuren Christianes entpuppte es sich als wahre Fundgrube.

Eltern und Geschwister

Christiane Luise Hegel wurde am 7. April 1773 um 1 Uhr morgens in Stuttgart in dem Haus geboren, das heute als Hegel-Haus in der Eberhardstraße 53 unweit des Tagblattturmes mit einer Ausstellung an den Philosophen erinnert. Sie war die erste Tochter, die den Hegels geboren wurde; ihr später so berühmter Bruder Georg Wilhelm Friedrich, im August des Jahres 1770 zur Welt gekommen und im Familien- und Freundeskreis Wilhelm genannt, war der Erstgeborene.

Die Eltern, der in der württembergischen Finanzverwaltung angestellte Rentkammersekretär Georg Ludwig Hegel und die Stuttgarter Advokatentochter Maria Magdalena Luisa geb. Fromm hatten am 28. September 1769 geheiratet und eine Wohnung – vermutlich das Obergeschoss – im ehemaligen Elternhaus der Mutter bezogen, das damals aber nicht mehr im Besitz der Familie[15] war; die Eltern der jungen Mutter waren schon lange verstorben.

Das zweite Kind der Hegels, wieder ein Junge, zu Silvester des Jahres 1771 geboren und laut Stuttgarter Kirchenregister *jäh getauft*, starb bereits fünf Tage später. Christiane Luise war das dritte Kind, das das Licht der Welt erblickte, und sie sollte, obwohl ihr in den folgenden sechs Jahren noch zwei Schwestern geboren wurden, das einzige Mädchen bleiben. Dritter im Bunde der überlebenden Geschwister Wilhelm und Christiane Hegel wurde schließlich ein Junge, der am 24. Mai 1776 zur Welt kam und auf den Namen Georg Ludwig getauft wurde. Ein Bruder gleichen Namens war zuvor im Säuglingsalter gestorben. Angesichts der vier verstorbenen Geschwister wird auch verständlich, warum Christiane Jahre später schrieb, sie seien *alle 3 sozusagen verzärtelt*[16] worden.

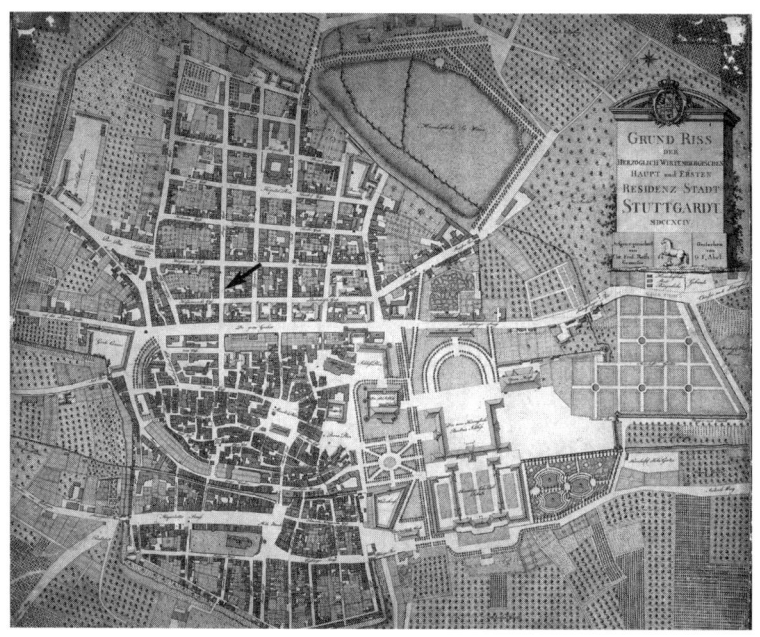

1 Grundriss der Stadt Stuttgart 1794 mit dem Wohnhaus der Familie Hegel (siehe Pfeil)

Die Taufpaten: »Frau Groß Mama« Günzlerin

Einen Tag nach ihrer Geburt wurde die kleine Christiane Luise am 8. April 1773 vermutlich in der nahe gelegenen Stuttgarter Leonhardskirche, in der ihre Eltern getraut worden waren, getauft. Das handschriftliche Stuttgarter Taufregister, das von der Stuttgarter Stiftskirche in diesen Jahren noch einheitlich geführt wurde, nennt nur den Tag, jedoch nicht den Namen der Kirche oder des Pfarrers.[17] Anders als alle ihre Geschwister bekam Christiane nur vier Taufzeugen. Zwei Frauen und zwei Männer aus der Verwandtschaft wählten die Eltern für ihr erstes Mädchen aus, drei davon hatten auch schon bei ihrem Erstgeborenen Pate gestanden: der Mann einer Cousine der Mutter, der Arzt Dr. Ludwig Heinrich Riecke, damals Erster Stuttgarter Stadt- und Amtsphysikus und hoch angesehen; Christianes reicher Tübinger Großonkel, Kommerzienrat Johann Georg Ensslin, ein Bruder von Christianes längst verstorbener Großmutter väterlicherseits, sowie Christina Catharina Günzler.

Gerade letztere ist besonders interessant. Sie war, streng genommen, Christianes Stief-Großmutter, also die Stiefmutter ihres Vaters. Dieser nennt sie in seinem Taufbericht liebevoll *Frau Groß Mama*. Nach dem frühen Tod seines Vaters hatte diese 1765 noch einmal geheiratet, und zwar den bekannten und ebenfalls frisch verwitweten Stuttgarter Amtsoberamtmann Amandus Günzler. So wurde die *Günzlerin* auch Stiefmutter von dessen zahlreichen Kindern aus erster Ehe. Dazu zählten der damals erst siebenjährige Heinrich Günzler und der bereits 17-jährige Johann Christoph Günzler, die beide für Christiane Hegel später so wichtig wurden. Es lohnt sich durchaus also, wenn wir in diesem Falle etwas genauer hinsehen. Denn die familiäre Beziehung zwischen den Geschwistern Hegel und Heinrich Günzler, der 1786 seinem Vater als Stuttgarter Amtsoberamtmann nachfolgte und 1799, unmittelbar vor den Jakobinerprozessen, zum Stuttgarter Oberamtmann aufstieg, ist bislang noch nicht wahrgenommen worden.

Nur Johann Christoph Günzler ist als sogenannter *Vetter* der Geschwister Hegel bekannt geworden. Hegel selbst hat dazu maßgeblich beigetragen, denn nach dem Tod des Vaters hat er seinem *wertgeschätzten Vetter und Gönner* Johann Christoph Günzler eine Generalvollmacht für die Erbschaftsverhandlungen in Stuttgart ausgestellt[18], was auch zeigt, wie groß sein Vertrauen in diesen 22 Jahre älteren »Stiefonkel« gewesen ist. Johann Christoph war zunächst Sekretär, dann Expeditionsrat beim Kirchenrat. Er zählte mit seiner Frau[19] – das wissen wir aus Hegels Jugendtagebuch – zu den Gästen, die in Christianes Elternhaus ein- und ausgingen. Demnach muss sich schon Christianes Vater mit Johann Christoph Günzler gut verstanden haben. Das erklärt auch, warum Christianes Bruder bei der Auflösung des väterlichen Haushaltes 1799 gerade diesem Mann so weitreichende Vollmachten eingeräumt hat und warum Christiane vorübergehend zu ihm ins Haus gezogen ist.

Sein zehn Jahre jüngerer Bruder Heinrich Günzler, den Christianes *Frau Groß Mama* aufgezogen hat, wurde nach seinem Tübinger Jurastudium zunächst Kanzleiadvokat in Stuttgart. Er wohnte bei seinen Eltern in der Stuttgarter Amtsoberamtei. Diese war 1778 in der Rotebühlstraße[20] neu erbaut worden, lag also nur wenige hundert Meter vom Wohnhaus der Hegels in der Lange Gasse entfernt. Christiane wird ihre *Frau Groß Mama* dort das eine oder andere Mal besucht haben, zumal nach dem frühen Tod der Mutter 1783.

Im Haus unmittelbar neben der Amtsoberamtei wohnte die Familie Stäudlin zur Miete,[21] mit deren Töchtern Christiane später enge Freundschaft schloss. Als Heinrich Günzler im August 1786 das Amtsoberamt Stuttgart offiziell übertragen wurde, das er für seinen kranken Vater schon mehrere Jahre geführt hatte, musste er dafür fünftausend Gulden auf den Tisch legen.[22] Er verpflichtete sich zugleich, seinen Vater und dessen zweite Frau bei sich im Amtshaus wohnen zu lassen und für ein jährliches Kostgeld von vierhundert Gulden in Verpflegung zu nehmen.

Die *Günzlerin* starb im Januar 1787 im Alter von 63 Jahren. Christianes Konfirmation im Frühjahr 1787 und deren 14. Geburtstag hat sie also nicht mehr erleben dürfen. Beim Nachschlagen in den Stuttgarter Kirchenbüchern fällt auf, dass das alte Ehepaar Günzler fünfmal eine Patenschaft bei den insgesamt sieben Hegel-Kindern übernommen hat. Christianes Vater hat also offensichtlich ganz bewusst die Verbindung zur einflussreichen Familie des Stuttgarter Amtsoberamtmannes Günzler gepflegt.

Vierte Taufzeugin Christiane Hegels, dies bleibt der Vollständigkeit halber noch nachzutragen, war eine unverheiratet gebliebene Tante zweiten Grades. Ihr Bruder, Professor für Philosophie und Schöne Künste in Erlangen, war bereits Pate von Wilhelm.[23]

Frühe Freundschaften: Auguste Breyer und die Schwestern Städlin

Die Stuttgarter Kirchenbücher geben aber auch noch an anderer Stelle einen überraschenden Hinweis. Taufpatin der ersten verstorbenen Schwester Christiane Hegels am 1. Oktober 1777 war eine *Fr. Charlotta Breyerin*, die im Stuttgarter Taufregister als *Regierungsraths-Secretariusin* ausgewiesen wird. Sie ist keine geringere als die Mutter von Auguste Breyer, jenes Mädchens also, das als die unglückliche Stuttgarter Verlobte des württembergischen »Jakobiners« Georg Kerner bekannt wurde. Auguste starb im Alter von 33 Jahren unverheiratet – manche meinen, an gebrochenem Herzen. Ihr Verlobter Georg Kerner hatte Stuttgart im Mai 1791 als begeisterter Anhänger der Französischen Revolution in Richtung Straßburg und Paris verlassen. Auguste Breyer war nur einen Monat jünger als Christiane Hegel. Die Tatsache, dass ihre Mutter Taufpatin einer Schwester Christianes war, legt die Vermutung nahe, dass sich die beiden Mütter oder Familien näher gekannt haben. In direkter Linie verwandt oder verschwägert waren sie nicht.[24] Christianes Mutter stand umgekehrt 1776 am Taufstein einer jüngeren Schwester Auguste Breyers.

Die Breyers hatten ein Jahr nach den Hegels geheiratet, und als Auguste und Christiane gerade mit dem Laufen begonnen haben dürften, wohnten die beiden jungen Familien für zwei bis drei Jahre fast vis-à-vis: Auguste lebte mit ihren Eltern und Geschwistern[25] im Haus ihres Großvaters, das am Alten Postplatz (heute Rotebühlplatz) stand,[26] es lag damit auch in Sichtweite zur Amtsoberamtei und zu den Wohnungen der Familien Günzler und Städlin in der Rotebühlstraße. In diese Straße war auch Christiane mit ihren Eltern 1774 für zwei Jahre zur Miete gezogen.[27]

Christiane Hegel und Auguste Breyer wuchsen also miteinander auf – nachbarschaftliche, freundschaftliche und jeweilige verwandtschaftliche Beziehungen der beiden zeigen, dass sie sich in den gleichen Kreisen bewegt haben.[28] Freundschaften zwischen gleich mehreren Geschwisterkindern einzelner Familien bildeten dabei ein dichtes Beziehungsgeflecht. Auguste Breyer stand mit den Schwestern des Dichters Gotthold Stäudlin in engem Kontakt, mit denen auch Christiane, wie wir von Hölderlin wissen[29], befreundet war: Auguste war mit Rosine Stäudlin, Ludwig Neuffers späterer Verlobter, befreundet und trug sich 14-jährig in deren Stammbuch ein.[30] Augustes ältere Schwester Luise Breyer war wiederum eine gute Freundin der gleichaltrigen Christiane Stäudlin, die mit Hegel Tanzstunde gemacht hatte. Die jüngste Tochter im Hause Stäudlin, Luisa Mariana Sophia Stäudlin, war einen Tag vor Christiane Hegel zur Welt gekommen und am selben Tag wie diese getauft worden – es sind die beiden einzigen Kinder, die an diesem 8. April 1773 in Stuttgart die Taufe empfangen haben. Doch starb diese jüngste Stäudlin-Tochter wenige Tage vor ihrem ersten Geburtstag.[31]

Augustes ältere Schwester Luise, an die ihr Verlobter Georg Kerner viele seiner Briefe vertrauensvoll gerichtet hat, heiratete einen späteren Kollegen von Christianes Vetter Louis Göriz. Und Augustes jüngere Schwester Friederike sollte schließlich Karl Wilhelm Friedrich Breyer das Jawort geben, einem vertrauten Freund und Vetter zweiten Grades der Geschwister Hegel. Auguste Breyer zählte aber auch zum engeren Bekanntenkreis von Christianes Freundin Wilhelmine Elsässer[32], die zudem eine Cousine von Georg Kerner war. Wohl im Sommer 1792 lernten sich schließlich Auguste Breyer und Friedrich Hölderlins Schwester Heinrike[33] kennen und schätzen – wie begeistert seine Schwester von ihrer neuen Freundin Auguste war, beschrieb Hölderlin dem Freund Neuffer. Kurzum: Die Männerfreundschaften zwischen Gotthold Stäudlin, Georg Kerner, Ludwig Neuffer, Friedrich Hölderlin und Wilhelm Hegel spiegeln sich auch unter deren Schwestern, Cousinen und Verlobten.

Die freundschaftliche Verbindung zwischen den Familien Breyer und Hegel legt auch noch einen anderen Gedanken nahe: Fühlte sich Augustes Mutter, die ihrer Tochter schließlich den Briefverkehr mit ihrem Verlobten strikt untersagte, auch für die bald mutterlos aufwachsende Christiane Hegel, die Tochter ihrer verstorbenen Freundin, in besonderer Weise verantwortlich? Auch und gerade, was die Beziehung der Geschwister Hegel zu dem *enfant terrible* im Nachbarhaus Stäudlin anbelangte, zu Georg Kerners Jakobinerfreund Gotthold Stäudlin[34], der später Stuttgart ebenfalls den Rücken kehren sollte? Stäudlin ging gerade zu der Zeit im Hause Hegel ein und aus,[35] als Georg Kerner seiner Verlobten Auguste den Auftrag erteilte, diesen wieder aufzurichten, da sein Mut angesichts der »Schreckensherrschaft« in Frankreich offenbar gesunken war: *Sage dem Dichter, daß der Triumph der Freiheit noch immer unter die möglichen und wahrscheinlichen Dinge gehöre und daß die Menschen nur unter heftigen Geburtsschmerzen ihrer Mütter zur Welt kommen. – Sage ihm, daß er den Mut nicht verlieren und beständig ein Freund der Freiheit, ein Feind aller Tyrannen bleiben soll.*[36]

Unter strenger mütterlicher Aufsicht wie Auguste Breyer, die auch zum Zankapfel zwischen Georg Kerner und seiner Verlobten wurde, stand die heranwachsende Christiane Hegel – auch dies veranschaulicht das Beispiel der Freundin – nicht: *Du schüzest vor, daß Du keinen Augenblick für Dich bekommen kannst; – wenn ich nicht so tägl. um dich gewesen wäre, so würde ich es vielleicht glauben, so aber weiß ich, daß du oft stundenlang immer nach dem Mittagessen in deinem Zimmerchen warst, Auguste, wie muß ich dich da auf einer Unwahrheit ertappen, du sagst ferner, die Mädchen seyen gezwungen, ihren Müttern immer Rechenschaft von allem zu geben, was sie den Tag über unternehmen, Auguste, ich frage dich auf dein Gewissen, ob du, während daß ich noch in Stuttgardt war, immer so gewissenhaft Rechenschaft abgelegt hast, Auguste, ich – doch ich will lieber davon aufhören,*[37] schrieb der enttäuschte Kerner am 6. Juli 1791 aus Straßburg an seine Geliebte, die so selten einen Brief an ihn verfasste.

Das Wohnhaus der Familie Hegel

Christiane war ein halbes Jahr alt, als ihr älterer Bruder Wilhelm im Herbst 1773 auf eine der Volksschulen Stuttgarts kam. Möglicherweise veranlasste der Familienzuwachs im November 1774 den Umzug der Familie in das Haus des Bäckermeisters Dolmetsch in der Rotebühlstraße[38], wo die Familie bis 1776 zur Miete wohnte.

Das Jahr 1775 war für die Geschichte der Stadt Stuttgart von herausragender Bedeutung, da der württembergische Herzog Carl Eugen in diesem Jahr mit seinem Hof wieder von Ludwigsburg nach Stuttgart zurückkehrte: Die Stadt füllte sich spürbar mit Leben. Im selben Jahr noch verlegte Herzog Carl Eugen auch die berühmte Militär-Akademie von der Solitude nach Stuttgart in ein ehemaliges Kasernengebäude hinter dem Neuen Schloss. Sie wurde 1782 in den Rang einer Universität erhoben und von nun an »Hohe Carlsschule« genannt.

Christianes älterer Bruder Wilhelm kam jedoch nicht auf Herzog Carl Eugens Kaderschmiede, wie später der jüngere Bruder Ludwig, sondern in das humanistisch ausgerichtete Gymnasium illustre, das heutige Eberhard-Ludwigs-Gymnasium, das damals noch in der sogenannten Gymnasiumstraße lag. Kaum hundert Meter entfernt in der Röderschen Gasse, wie damals die Lange Gasse und spätere Lange Straße noch hieß, kaufte Christianes Vater 1776, im Einschulungsjahr Wilhelms, ein Haus. Dieses Wohnhaus der Hegels, das über zwanzig Jahre in ihrem Besitz blieb, stand an der Stelle der heutigen Lange Straße 7 und lag im damals begehrten und angesehenen Stadtteil Stuttgarts, der Reichen Vorstadt. Das Viertel schloss im Nordwesten an den Bezirk der Inneren Stadt an und wirkte mit seinen rechtwinklig angelegten Straßenzügen, die auch heute noch das Bild des Karrees zwischen der Königstraße und der Liederhalle bestimmen, recht großzügig.

Das Wohnhaus wurde im Gegensatz zum Geburtshaus der Geschwister Hegel in der Eberhardstraße im Zweiten Weltkrieg vollständig zerstört; am heute dort stehenden Gebäude ist eine kleine Gedenktafel angebracht. Auch existiert noch eine Fotografie des Hauses aus den 1930er Jahren.[39] Die zeitgenössische Beschreibung des Gebäudes, die vermutlich 1799 im Zusammenhang mit dem Verkauf nach dem Tod des Vaters angefertigt worden ist, veranschaulicht ein typisches Haus der damaligen bürgerlichen Mittelschicht.[40] Es bestand aus zwei Wohnetagen; im Erdgeschoss lagen vermutlich die Wirtschaftsräume. Ob das Dachgeschoss ausgebaut war, wissen wir nicht. Quer zum Haupthaus muss nach hinten zu – von der Straße nicht sichtbar – ein Anbau gestanden haben, ein sogenanntes Zwerchhaus. Die zeitgenössische Beschreibung der Hegelschen Behausung lautet: *Des Herrn Exped(itions)rats Hegel Behausung in der langen Gaß, bestehend in 2 Wohn-Etagen und einem Zwerch-Haus, gut gewölbten Keller mit 25 Eimer in Eisen gebundenen Lager-Faß, Waschhaus, Höfle, auch einem*

Gärtlein von 4 Ruten ... Anschlag 8 000 Gulden.[41] Knapp zwölf Meter lang war also der kleine Garten hinter dem Haus. Aus der »Seelenbeschreibung auf das Neue Jahr 1799« wissen wir, dass damals kurz vor dem Verkauf insgesamt zehn Personen in diesem Haus wohnten, das als Nr. 105 der Reichen Vorstadt gezählt wurde. Zum Haushalt Christianes und ihres Vaters gehörte im Jahr 1798 die 25-jährige Magd Charlotta Göler. Aus Hegels Jugendtagebuch geht hervor, dass die obere Etage schon im Jahr 1785 an einen Oberst Rau vermietet war; Christianes Mutter war zu diesem Zeitpunkt bereits gestorben.[42] Nach dem Tod des Vaters wurde das Haus offensichtlich an den Bäckermeister Johann Weber verkauft, in dessen Besitz es sich 1805 befand.

Die Mutter – eine außergewöhnlich gebildete Frau. Tod der Mutter

In ihren brieflichen Erinnerungen an Hegels Kindheit und Jugendjahre, die Christiane im Januar 1832 für ihre Schwägerin notiert hat, erwähnt sie, wenn auch nur mit Blick auf den berühmten Bruder, dass ihre Mutter eine ungewöhnlich gebildete Frau gewesen sei. Es ist im Übrigen die einzige Stelle, aus der wir überhaupt etwas über die Mutter der Geschwister Hegel erfahren: ... *als Knabe von 3. Jahren wurde er in die deutsche u. im 5ten Jahr in die Lateinischeschule geschickt, in welchem Alter er schon die erste Declination und die dahin gehörigen lateinischen Wörter kannte, die ihn unsere sel. Mutter lehrte, die, für die damalige Zeit, eine Frau von Bildung war u. darum vielen Einfluß auf sein ersters Lernen hatte.* Maria Magdalena Luisa Hegel geb. Fromm hatte ihre eigene Mutter im Alter von vier Jahren verloren und die erste Stiefmutter dann bereits wieder nach nur zwei Jahren. Die zweite Stiefmutter Charlotte Wilhelmine geb. von Hermersdorf stammte aus niederem Adel, über ihre Erziehung ist nichts bekannt, doch ist mit ziemlicher Sicherheit anzunehmen, dass sie es war, der Christianes Mutter ihre ungewöhnliche Bildung zu verdanken hatte.[43] Demzufolge wird sie ihrerseits bei ihrer einzigen – und offensichtlich begabten – Tochter großen Wert auf Bildung gelegt und selbst Einfluss auf deren *ersters Lernen* genommen haben. Doch allzu lange sollte ihr dies nicht vergönnt sein.

2 Das Wohnhaus der Familie Hegel in der Lange Straße 7
(kurz vor der Zerstörung)

Christianes Mutter starb am 20. September 1783 im Alter von knapp 42 Jahren an Typhus, der damals *Gallenfieber* genannt wurde. Nachdem ein Jahr zuvor schon die Grippeepidemie in Stuttgart über 150 Menschen das Leben gekostet hatte, brach im Juli 1783 *die Ruhr aus, auf welche dann ein hitziges Faul- und Gallenfieber folgten, die bis zum October dauerten und woran 130 Personen starben.*[44] Alle Familienmitglieder der Hegels mit Ausnahme des jüngsten Sohnes erkrankten an Typhus. Christiane beschreibt 1832 in ihrem letzten Brief an die Schwägerin Marie die dramatische Situation folgendermaßen: *Im Jahr 1783 herrschte Gallenruhr und Gallenfieber in Stuttgart, welches letzte auch unsern Vater, unsere Mutter, Hegel u. mich befiel, von den 3 Ersten wußte man nicht, welches zuerst sterben würde; unsere gute Mutter wurde das Opfer, Hegel war so krank, daß er schon die Bräune hatte und jedermann an seinem Aufkommen zweifelte; er genas, bekam aber nachher hinterm Ohr ein großes, bösartiges Geschwür so, daß er sich einer schmerzhaften Operation unterwerfen mußte.* Glaubt man diesem Bericht, so schwebte Christiane selbst zwar nicht in Lebensgefahr. Doch wie sehr wurde die Zehnjährige traumatisiert in diesen Wochen, als Vater und Mutter gleichzeitig todkrank waren und man nicht wusste, wer zuerst sterben würde? Wie viel hatte ihr die Mutter von den eigenen Kindheitserfahrungen berichtet, wie schwer es ist, wenn die Mutter – und dann auch noch die Stiefmutter – kurz hintereinander wegsterben? Wie mischte sich das in ihrer Gefühlswelt, die Freude über die Genesung von Vater und Bruder und natürlich auch über die eigene und die Trauer über den Verlust der Mutter? *Ich vergaß zu sagen,* fuhr Christiane in ihrem Bericht fort, und erinnerte sich nun auch noch an eine davor liegende Krankheitsepisode Hegels, *die Blattern,* die den Bruder ebenfalls beinahe das Leben gekostet haben sollen – doch dies war eben zu *vergessen* gewesen. Es war nicht vergleichbar mit jenem Initialerlebnis der Ruhr- und Typhusepidemie, das Christiane in existentielle Ängste gestürzt hat. Es ist, in ihrem Falle, nicht nur der frühe Verlust der Mutter, wie er in vielen Familien der Zeit im Kindbett erlebt und erlitten wurde. Es ist das verhängnisvolle Zusammentreffen, die psychosomatische Verknüpfung der eigenen körperlichen Schwäche mit dem Gefühl der Verlassenheit: Der Verlust der geliebten Bezugsperson war und ist gekoppelt an die schwere körperliche Erkrankung Christiane Hegels, der sie selbst ausgesetzt war. Dieses Grundmuster aber hat sich ihr eingeprägt.

Der frühe Tod der Mutter hatte aber auch für Christianes Weiterbildung einschneidende Konsequenzen. Denn noch bis zur Mitte des 19. Jahrhunderts spielten die Mütter bei der Erziehung und Bildung ihrer Töchter auch über das erste Lernen hinaus eine herausragende Rolle. Gerade weil Christianes Mutter *eine Frau von Bildung war u. darum vielen Einfluß hatte*, war ihr früher Tod für die wissenshungrige und begabte Christiane auch in diesem Punkt besonders schmerzlich.

Christianes Schul- und Privatunterricht

Da wir keinerlei konkrete Anhaltspunkte zu Christiane Hegels Schulbesuch haben, müssen wir ihren Ausbildungsweg zu rekonstruieren versuchen und uns an dem orientieren, was damals die Regel war, oder sagen wir vorsichtiger, was damals die Regel gewesen sein sollte. Demnach hätte Christiane von ihrem sechsten oder siebten Lebensjahr bis zur Konfirmation eine der Stuttgarter Volksschulen[45] besuchen müssen. So war es in Württemberg seit 1649 für alle Kinder beiderlei Geschlechts vorgeschrieben.

In Stuttgart gab es zur Zeit von Christianes Kindheit insgesamt elf deutsche Schulen, vier »öffentliche« Hauptschulen und sieben »private« Nebenschulen, wobei diese Einteilung damals nur noch nominell war und nichts über die Qualität der Schulen oder die Herkunft der Kinder aussagt. Die elf Haupt- und Nebenschulen verteilten sich auf die verschiedenen Stadtviertel, sie waren einander gleichgestellt und wurden von Jungen und Mädchen aller Altersstufen besucht. Grundsätzlich wurden an den Stuttgarter Volksschulen täglich fünf Stunden Unterricht erteilt, drei Stunden vormittags und zwei Stunden nachmittags (ausgenommen Mittwoch- und Samstagnachmittag). Das Schulgeld betrug für jedes Kind zwanzig Kronen im Quartal, mit Ausnahme der »Armenkastenschule«, einer der vier Hauptschulen, die 1719 von der Stadt für die Kinder unbemittelter Eltern errichtet worden war. An allen Schulen gab es bis zur Schulreform 1811 das Einklassensystem.

Unter den öffentlichen Hauptschulen stand die sogenannte »Modistenschule« in gutem Ruf, an der seit jeher nicht nur Memorieren, Lesen und Schreiben, sondern auch Rechnen gelehrt wurde. Sie wurde vornehmlich von Honoratiorenkindern besucht. 178 Kinder zählte die Modistenschule im Jahr 1781, als Christiane acht Jahre alt war. An ihr gab es auch eine Schulprivat für fünf- bis zwölfjährige Mädchen, also zusätzlichen privaten Gruppenunterricht, der außerhalb der regulären Schulzeit gegen Honorar angeboten wurde.[46] Auch die in Christianes unmittelbarer Nachbarschaft liegende »Spitalschule« (Hospitalschule), eine der jüngeren Nebenschulen, wurde offenbar von Bürgerskindern gern besucht. Denkbar wäre auch ein Besuch der »Krähenschule«, einer weiteren alten Hauptschule in der Eberhardstraße – an der Stelle der späteren Eberhardschule –, in deren Gebäude die Amtswohnung von Christianes Patenonkel Dr. Riecke untergebracht war.

Welche deutsche Schule Christiane Hegel tatsächlich besucht hat, wissen wir nicht. Es ist sogar fraglich, ob sie überhaupt eine der Volksschulen Stuttgarts besucht hat: *Die Bildung der Töchter aus den mittleren und den höheren Ständen war vormals dem Privatunterricht überlassen. Da der vereinzelte Unterricht in den Häusern mit größeren Kosten verbunden war, die gebildeten Stände aber Bedenken tragen mussten, ihre Töchter in die öffentlichen deutschen Schulen zu schicken, wo das nachteilige Beispiel der Unsittlichkeit der Kinder aus den niederen Volksklassen zu besorgen war, so entstanden sogenannte Private indem beinahe jeder Schullehrer die vom öffentlichen Unterricht freien Vormittagsstunden denjenigen Töchtern [und zum Teil auch Knaben] widmete, welche die öffentlichen Schulen nicht besuchten.*[47]

So beschreibt es rückblickend einer, der es nicht nur wissen musste, sondern der auch aus dem weiteren Freundeskreis Christiane Hegels stammte,[48] der spätere Minister des Inneren Christian Friedrich von Otto, in dessen Ressort auch das Kirchen- und Schulwesen fiel.

Bei Christiane wird man davon ausgehen dürfen, dass sie bei ihrer Mutter neben häuslichen Arbeiten wie Stricken, Sticken und Nähen auch die Anfänge der lateinischen und möglicherweise der französischen Sprache gelernt hat. Denn sie hat später nicht nur große Fertigkeit in diversen weiblichen Handarbeiten besessen, sondern konnte auch vorzüglich Latein. Das lässt, gerade auch angesichts des frühen Todes der Mutter, auf Privatstunden schließen, auch wenn es dafür keine eindeutigen Belege gibt. Allerdings ist in der »Seelenbeschreibung auf das Neue Jahr 1799« ein *französischer Sprachmeister* namens *Peron* als Kostgänger bei Vater und Tochter Hegel in der Lange Gasse verzeichnet[49], die Brüder waren zu diesem Zeitpunkt schon viele Jahre aus dem Haus. Leider wissen wir nicht, wie lange Monsieur Peron dort wohnte und ob er Christiane tatsächlich unterrichtet hat. Jedenfalls hat sie selbst später Unterricht in Französisch erteilt. Bei ihrem älteren Bruder legte der Vater großen Wert auf zusätzlichen Privatunterricht, wie wir aus Christianes Bericht für die Schwägerin vom Januar 1832 wissen – bei den Söhnen, die einmal studieren wollten, war dies allerdings auch im württembergischen Schulsystem einkalkuliert: *Frühe schon hielt ihm der Vater Privatlehrer [...] Im Alter von 10 Jahren schickte ihn der Vater zu dem noch lebenden Obristen Duttenhofer, um bei diesem Geometrie zu lernen, der mit mehreren andern jungen Leuten ihn auch mit hinaus zum Feldmessen nahm, und nebenbei auch etwas Astronomie den jungen Leuten beibrachte. [...] Physik war seine Lieblingswissenschaft auf dem obern Gymnasium, Prof. Hopf und Prälat Abel protegierten ihn schon frühe. Ersterer war sein Lehrer auf'm Gymnasium, der Letzte, zwar Prof. an der Akademie in Stuttgart, kannte ihn schon frühe ...*

Die beste Freundin: Mine

Nicht ganz ein Jahr nach dem Tod der Mutter trat das Mädchen in Christianes Umkreis, das wohl als ihre engste Freundin gelten kann: Wilhelmine Hedwig Elsässer – die *Mine*, wie sie im Freundes- und Verwandtenkreis kurz genannt wurde. Sie war zehn Jahre alt, als sie mit ihren Eltern und zwei jüngeren Brüdern von Erlangen in ihre Geburtsstadt Stuttgart zurückkehrte, da ihr Vater einem Ruf Herzog Carl Eugens an die Hohe Carlsschule folgte. In Erlangen war der Vater ordentlicher Professor und Dekan der Juristischen Fakultät, Prorektor der Universität und Markgräflich Brandenburg-Anspach-Bayreuthischer Hofrat gewesen. Am 3. Juni 1784 wurde Karl Friedrich Elsässer als Professor an der Juristischen Fakultät der Hohen Carlsschule feierlich in sein neues Amt eingeführt.[50] Mines Vater wurde damit Kollege der Carlsschullehrer Abel und Duttenhofer, die Hegel damals Privatunterricht erteilten, sowie auch von Christianes Patenonkel Dr. Riecke, der von 1785 bis zu seinem frühen Tod im Jahr 1787 nebenberuflich den Lehrstuhl für Geburtshilfe an der Hohen Carlsschule innehatte.

Darüber hinaus hatte Herzog Carl Eugen Mines Vater zum Wirklichen Regierungsrat ernannt und ihm eine Gehaltszulage von fünfhundert Gulden gewährt, um ihn in Württemberg zu halten, denn auch die Universität Göttingen hatte sich um den begabten Juristen bemüht. In Stuttgart wohnten die Elsässers knapp zwei Jahre bis zum tragischen Tod von Mines Mutter im März 1786 in der Reichen Vorstadt in der Kanzleistraße 1 (Ecke Kronprinzenstraße): Für die obere Etage des stattlichen Hauses mussten sie 190 Gulden im Jahr bezahlen.[51] Aus Erlangen hatten sie die Hausjungfer Sofia Sizler mitgebracht, die bei den Elsässers 35 Jahre in Diensten stand und von deren Kochkünsten Mines Bruder später auf seinen Auslandsreisen träumte. Zum Haushalt zählte noch eine Magd.

Knapp zwei Jahre nach dem Umzug der Elsässers nach Stuttgart starb Mines Mutter 32-jährig. Wie uns ihr Neffe Justinus Kerner wissen lässt, litt sie an *Melancholie*, den Grund für ihren frühen Tod nennt er nicht.[52] Doch er berichtet uns, dass bei ihrer eigenen Mutter schon in jungen Jahren der Wahnsinn ausgebrochen und dass auch einer ihrer Söhne *wahnsinnig* geworden sei. Das Stuttgarter Totenregister schwieg sich indessen über die Todesursache aus. So etwas trägt schnell zur Legendenbildung bei. Zwei Obduktionsberichte in den Familienpapieren der Elsässers, die nach dem offenbar völlig überraschenden Tod ausgefertigt worden sind, belegen eindeutig, dass die junge Frau schwer herzkrank war und einem Sekundenherztod erlegen ist. Der Bericht hält ferner fest, dass Mines Mutter im dritten Monat schwanger war.[53] Mine Elsässer und Christiane Hegel waren zum Zeitpunkt dieses tragischen Todes knapp dreizehn Jahre alt. Mines kranker Bruder Christian zählte noch keine neun und der kleine Heinrich knapp acht Jahre.

Auf diesem Hintergrund verwundert es kaum, dass auch Mine Elsässer in den Verdacht geriet, psychisch labil zu sein und Gefahr zu laufen, wenn nicht wahnsinnig, so doch melancholisch zu werden. Ein gutes Jahrzehnt später sind die Stuttgarter schnell dabei, auch sie in diese Ecke zu stellen: Wenn das Gerücht stimme, dass ihr Mann verhaftet worden sei, werde sie mit Sicherheit *melancholisch*, weiß eine Stuttgarterin zu berichten, noch dazu, da Wilhelmine schwanger sei.[54] Wie sehr auch ihr Vater und ihr jüngerer Bruder die Sorge teilten, Mutter und Kind könnten durch die psychische Belastung in den ersten Monaten der Schwangerschaft während der Festungshaft ihres Mannes bleibenden Schaden nehmen, zeigen die unveröffentlichten Familienbriefe deutlich. Dass aber gerade Mine Elsässer trotz zahlreicher harter Schicksalsschläge ihr Leben tatkräftig in die Hand genommen und später sogar die Verantwortung für insgesamt neun Kinder übernommen hat – vier eigene, die früh den Vater verloren haben, und fünf Vollwaisen ihres jüngsten Bruders – kann nicht genug hervorgehoben werden. Und auch ihr Vetter Justinus Kerner betont in ihrem Falle, dass bei Wilhelmine Elsässer zwar *das Gefühlsleben* vorherrschte und dass sie *in ihren früheren Jahren Nachtwandlerin* gewesen sei, dass es aber nie *eine Störung des Geistes* gegeben habe. Sie sei eine Frau gewesen, die *sich durch Geist und Bildung auszeichnete*.[55] Letzteres wird man später auch von Christiane Hegel sagen.

Unmittelbar nach dem überraschenden Tod seiner jungen Frau zog Mines Vater mit seinen Kindern wieder in den Teil Stuttgarts, in dem er selbst aufgewachsen war. Schräg vis-à-vis zu seinem Elternhaus in der Eberhardstraße bezog er eine Etage im Haus des Ritterwirtes Rall, das an der Ecke zur heutigen Hirschstraße gelegen war. Zwei Straßenzüge nur trennten Mine und Christiane nun voneinander, und auch als die Elsässers an Martini 1789 erneut das Quartier wechselten und in die heutige Marienstraße 10 zogen, wo sie bis zur Verheiratung Mines im Sommer 1799 wohnten, waren es nur wenige Minuten zu Fuß in die Lange Gasse. Hauseigentümer des stattlichen Hauses war der Rektor des Stuttgarter Gymnasiums Schmidlin.[56]

Mit 17 Jahren hat sich Mine Elsässer im Juni 1791 in Hegels Stammbuch mit einem Eintrag verewigt, der ahnen lässt, welche hohen moralischen Ansprüche dieses junge Mädchen an sich selbst gestellt hat: *Wir werden auch bei dem schlimmsten und verächtlichsten Menschen allemal Eigenschaften entdecken, die unserer Eifersucht reizen und uns ungewiß machen, ob wir nicht diesen verachteten Menschen vor besser halten sollen als uns.*[57]

Betrachtet man Mine Elsässers Lebensgeschichte, liest man, was Justinus Kerner in seinen Jugenderinnerungen über die Freundschaft der beiden Mädchen geschrieben hat, und bedenkt, dass Christiane gleich bei mehreren Kindern Mines die Patenschaft übernommen hat, so wird man die Elsässer-Tochter mit gutem Recht als eine der engsten Freundinnen Christianes bezeichnen dürfen. Auch betreute Mines jüngster Bruder Heinrich Christiane später als Arzt. Schlägt man einen Kreis um Mine Elsässer als Mittelpunkt, so ergeben sich mehrere Berührungspunkte mit dem Personenkreis, der Christiane umgab und der für sie auch in ihrem späteren Leben wichtig war oder wurde: Mines Freundin Auguste Breyer und deren Verlobter, Mines Vetter Georg Kerner, der zu seinem Stuttgarter Onkel Elsässer gerne ins Haus kam: In einem unveröffentlichten Brief, den er im April 1791 kurz vor seiner Abreise verfasste, schildert er sehr anschaulich, wie ihm seine Cousine ein Klaviervorspiel gab, zu dem sie wegen einer heftigen Halsentzündung nicht singen konnte.[58] Auch monierte er Jahre später, dass Mine einen besseren Scherenschnitt von seiner Verlobten Auguste besitze als er selbst.[59] Mine heiratete im Sommer 1799 den jungen Juristen August Hauff, der wiederum zum Stuttgarter Freundeskreis von Christianes Bruder zählte und der auch weitläufig mit den Hegels verwandt war: August Hauff hat Hegel nach dem Studium 1793 seine erste Anstellung als Hauslehrer in der Schweiz vermittelt.[60]

Mines Vetter Friedrich Haug

Christiane hatte es vermutlich auch ihrer Freundschaft mit Mine Elsässer zu verdanken, dass sie in persönlichen Kontakt mit dem Mann kam, der damals in Stuttgart eine wichtige Rolle im literarischen Leben spielte: Mines zwölf Jahre älterer Vetter Friedrich Haug, der sich mit seinen geistreichen Epigrammen, insbesondere aber auch durch die Freundschaft mit Friedrich Schiller einen Namen gemacht hat. Er verkehrte in den einschlägigen Häusern Stuttgarts und lieferte unzählige Beiträge zu den verschiedenen Periodika, die in Cottas Verlag erschienen sind – Musenalmanachen, Taschenbüchern für Frauenzimmer und Monatsschriften. Bei der Gründung des Cottaschen »Morgenblatts für gebildete Stände« im Jahr 1807 trat er in die Redaktion ein und gehörte ihr bis 1817 an. Ob er jemals zur Veröffentlichung eines der *viel*[en] *Gedichte, theils Räthsel, theils Gelegenheitsverse,* die Christiane *verfertigte* und von deren Existenz wir nur noch durch Karl Rosenkranz wissen, beigetragen hat, ist nicht bekannt, da damals viele Beiträge anonym oder pseudonym erschienen sind.[61] Unter ihrem Namen jedenfalls hat Christiane Hegel, so weit dies überhaupt mit Sicherheit zu überblicken ist, keine Zeile veröffentlicht.

In der Hegel-Briefausgabe wird Friedrich Haug als ein Mann vorgestellt, der »mit Hegel befreundet« war – ungeachtet dessen, dass nahezu alle Briefstellen, in denen Haug erwähnt wird, nicht Hegel, sondern dessen Schwester betreffen. Es war vor allem Christiane, die zeitlebens in besonderer Nähe zu Friedrich Haug stand – ja vorübergehend wohnten sie sogar unter einem Dach. Friedrich Haug lebte – was wieder einmal erst für die Zeit ab Herbst 1798 eindeutig nachweisbar ist – zusammen mit seiner Frau, deren unverheirateter Schwester und seinem jüngeren Bruder bei Christianes »Onkel« Johann Christoph Günzler im Haus.[62] Dieses lag unweit des Hegelschen Hauses in der heutigen Kronprinzenstraße 18, die damals noch Landschaftsgasse hieß. Nach dem Verkauf des elterlichen Hauses im Frühjahr 1799, für dessen Abwicklung Christianes Bruder eben diesem Günzler Generalvollmacht erteilt hatte, ist auch Christiane dort eingezogen. Am 8. April 1799, ungefähr zum Zeitpunkt des Hausverkaufs, starb Friedrich Haugs jüngerer Bruder Philipp mit nur 23 Jahren an der Schwindsucht; es ist also gut denkbar, dass Christiane die von ihm bewohnten Zimmer übernommen hat. Ihr Aufenthalt im Günzlerschen Haus ist für den März 1800 in einem gedruckten Stuttgarter Adressbuch dokumentiert. Ihr Eintrag dort blieb wohl bisher unbekannt, da ihr Name im alphabetischen Register versehentlich falsch eingeordnet wurde.[63]

So gesehen kann man es also gut nachvollziehen, wenn Hegels Frau Jahre später – im Mai 1827 anlässlich eines Besuches Friedrich Haugs in Berlin – an die Schwägerin schreibt: *... da der liebe verehrte Herr Hofrat Haug die Gefälligkeit haben will, etwas an Dich mitzunehmen, benütze ich die Gelegenheit. Du stehst sehr gut bei ihm ...*[64] Und ihr Bruder Wilhelm setzte auf der Rückseite hinzu: *Herr Hofrat Haug [...] will einige Zeilen von mir an Dich mitbringen; ich kann mich um so mehr auf wenige beschränken, da er imstande ist, Dir von unserem Wohlbefinden [...] und Lebwesen und vom Zustand in Berlin weiteres zu erzählen [...] Meine Frau näht noch an einem Kräuschen, das sie dem Herrn Haug für Dich aufsacken will ...*

Auch Christianes neun Jahre älterer Vetter Louis Göriz, zu dem sie nach ihrer Pensionierung in Jagsthausen gezogen ist, kannte Friedrich Haug schon aus frühesten Kindheitstagen, die beiden waren Nachbarskinder in der Eberhardstraße gewesen. Dies könnte auch erklären, warum ausgerechnet der Vetter der Geschwister Hegel mehrere Jahre zum Kreis von Schillers täglicher Tischgesellschaft in Jena zählte, als er sich dort vor Antritt seines württembergischen Pfarrdienstes als Hofmeister eines jungen Adligen verdingt hatte. Zudem hatte das Haus, in dem Schiller vor seiner Flucht aus Stuttgart im September 1782 seine »Räuber« vollendet hat, einst der Familie Göriz gehört, bevor es in den Besitz von Friedrich Haugs Vater gekommen war.[65] Louis Göriz' eitle Plaudereien aus dem Nähkästchen, die er nach dem Tod Schillers verfasst hat und die einige Jahre nach seinem eigenen Tod unter dem Titel »Schiller in Jena« zunächst anonym, dann jedoch namentlich in Cottas »Morgenblatt für gebildete Leser« erschienen sind,[66] belegen den intensiven Kontakt, den er zu Schiller und dessen Familie hatte und der auch nachweislich 1792/93 zu einer Kontaktaufnahme zwischen den Eltern und Geschwistern der Familien Göriz und Schiller in Stuttgart geführt hat.[67] Möglicherweise hat diese Verbindung seines Vetters Göriz auch mit dazu beigetragen, dass Hegel im Sommer 1793 von Schiller als Kandidat für die Hauslehrerstelle bei Charlotte von Kalb in Betracht gezogen wurde. *In ihren Gedichten liebte sie, wie ihr Bruder, den Schiller'schen Ton*, wird es später kurz und bündig über Christiane bei Karl Rosenkranz heißen. Dass die recht enge persönliche Verbindung zwischen Schiller und dem Vetter der Geschwister Hegel bisher nicht wahrgenommen wurde, ist wohl dem Umstand geschuldet, dass Schillers Tischgenosse Louis Göriz versehentlich dem falschen Vater – nämlich dem Carlsschullehrer gleichen Namens – zugeordnet worden ist.[68]

Schillers Lehrer Abel im Hause Hegel

Doch nicht nur Schillers Freund Friedrich Haug stand Christiane von Jugend an nahe, auch Schillers geliebter Carlsschullehrer Abel spielte eine besondere Rolle in ihrem Leben. Sie blieb ihm bis zu seinem Tod im Jahr 1828 eng verbunden.

Jakob Friedrich Abel, der mit kaum 21 Jahren im Jahr 1772 als Professor der Philosophie an Herzog Carl Eugens Akademie berufen worden war und für seinen lebendigen und ansprechenden Unterricht in Stuttgart schnell bekannt wurde, zählte zu den Privatlehrern Hegels. Der junge Hegel erwähnt dies in seinem Tagebuch, und Christiane erinnert sich in ihren bereits zitierten späten Notizen über die Jugendzeit des Bruders ebenfalls daran. Bei Hegels Biograph Karl Rosenkranz lesen wir dazu nur ganz knapp: Schillers Lehrer Abel sei ins Haus Hegel zu *Besuch* gekommen und mit Hegel *spazieren* gegangen.

Aus Abels Autobiographie, die er im Alter auf mehreren hundert Seiten in flüchtiger Handschrift geschrieben hat und die bisher weitgehend unveröffentlicht ist, erfahren wir zu alldem mehr.[69] Julius Hartmann hat in seinem fulminanten Werk über »Schillers Jugendfreunde« von 1904 schon auf die betreffende Stelle in Abels Autobiographie aufmerksam gemacht, als er dessen vielfältiges Engagement im Stuttgart der 1780er Jahre würdigte und auflistete, in welchen Bereichen Abel damals in Stuttgart auch außerhalb der Carlsschule tätig war. An erster Stelle nennt er dabei Abels Unterricht *für junge Leute, die in Hegels Haus, bei dem Vater des Philosophen, zusammenkamen, sich von Abel Aufsätze geben und korrigieren zu lassen.*[70] Ob auch Christiane an diesem Kreis teilhaben konnte, bleibt einmal mehr ungewiss – ausgeschlossen ist es nicht. Denn mit dem Carlsschullehrer Jakob Friedrich Abel war der Mann als Privatlehrer ins Haus gekommen, der sich in den 1780er Jahren wie kein anderer in Stuttgart neben seiner Lehrtätigkeit an der Hohen Carlsschule für die Mädchen- und Frauenbildung in Stuttgart stark gemacht hat.

Vorlesungen für Mädchen und Frauen und die erste private Mädchenschule in Stuttgart

Nach seiner Heirat im Februar 1786 setzte Abel die Idee in die Tat um, *für Frauen und Mädchen von Stande eine öffentliche Vorlesung über Religion, Sittenlehre und Fr[auen]Bildung in dem Saale der Lesegesellschaft* anzubieten, um einen Beitrag *zur Bildung der Frauenzimmer von Stande*[71] zu leisten. Die Vorlesungen, die sich an Mädchen und Frauen richteten, fanden bis zu Abels Versetzung an die Universität Tübingen im Herbst 1790 jeweils in den

Sommermonaten viermal wöchentlich statt. Eine Teilnahme war nicht von den finanziellen Möglichkeiten der Zuhörerinnen abhängig: *Es wurde jeder freigestellt, ob sie etwas und was sie bezahlen wollen*, berichtet Abel in seiner Autobiographie. Da er, wie er schreibt, für Einzelunterricht nicht die Zeit hatte, wählte er die Form der öffentlichen Vorlesung, die *gewöhnlich von 80 bis 100 Frauenzimmern* besucht wurde. Auch sein Kollege am Stuttgarter Gymnasium, Professor Hopf, der ja ebenfalls als Privatlehrer des jungen Hegel engagiert war, beteiligte sich an diesen Vorlesungen, er widmete sich dabei dem Gebiet der Mathematik und Physik. Der Gedanke, dass gerade in Hegels Haus, bei seiner aufgeweckten Schwester und deren gleichaltrigen Freundinnen, Abels Idee einer Frauenvorlesung auf offene Ohren und Herzen gestoßen ist, liegt nicht allzu ferne. Betrachtet man im Stuttgarter Kirchenregister, welcher Mädchen-Jahrgang 1787 zusammen mit Christiane Hegel in den Stuttgarter Kirchen zur Konfirmation angetreten und damit der allgemeinen Schulpflicht entwachsen ist, so wundert Abels Initiative in keiner Weise. Hier finden sich die Schwestern von Hegels revolutionsbegeisterten Freunden Hauff, Märklin und Klüpfel, hierzu zählen Georg Kerners Verlobte und Heinrike Charlotte Rapp, die zukünftige Ehefrau des Bildhauers Dannecker, sowie die Töchter aus den namhaften Familien Riecke, Gmelin, Haug, Griesinger, Schlegel und Stockmayer.

Im September 1789 – Christiane war sechzehneinhalb Jahre alt – wurde zudem von dem Carlsschullehrer Christoph Friedrich Kausler das erste Stuttgarter »Lehrinstitut für junge Mädchen« eingerichtet. Abel betont in seiner Autobiographie den inneren Zusammenhang zwischen der Einstellung seiner Frauenvorlesung und der Gründung von Kauslers Lehrinstitut im Jahr 1789: *Erst mit m. Abgehen von St. hörte diese Vorlesung auf. Dagegen hatte ich vor demselben doch noch das Vergnügen, zu einer Anstalt beizutragen, die dieselbe Absicht hatte, Frauenzimmer von Stand eine höhere als die gewöhnliche Bildung zu geben. Hofrath Kausler u. seine Frau gaben mir Nachricht, daß sie diese Absicht haben und begehrten meinen Rath, ich ermunterte sie und gab diesen.*

Der Zeitungsartikel, in dem Kausler wohl selbst am 24. Februar 1790 in der »Schwäbischen Chronik« sein junges Unternehmen vorstellte, gibt Einblick in die damalige Bildungssituation. Er lautet: (*Unterricht für junge*

Frauenzimmer.) Stuttgart. Schon seit einem halben Jahre hat Prof. Kausler mit gnädigster Genehmigung beider Herzoglichen Durchlauchten, in deren Diensten der Professor Kausler steht, ein *LehrInstitut für junge Frauenzimmer* errichtet, worinnen diesen, nach einem zusammenhängenden Plane, diejenige Kenntnisse mithgetheilt werden, die in den hiesigen Schulen, und auch von Privatlehrern nicht gelehrt werden, und die übrigens zu einer vollständigen Erziehung gehören. Lesen, Schreiben, Rechnen, die ersten AnfangsGründe des Christenthums sind also völlig ausgeschlossen; auch das Französische wird wegen der vielen hier befindlichen zum Theil guten PrivatLehrer nur als eine Nebensache behandelt, und nur denjenigen gelehrt, deren Eltern es besonders verlangen. Uebrigens ist der, auf drei Jahre eingerichtete, Plan zu weitläufig, um hier angeführt werden zu können. Indessen kann vielleicht eine Erzählung der vorkommenden Materien, so wie sie gegenwärtig gelehrt werden, einigermaßen eine Vorstellung davon geben. – Am Montag wird das nöthigste aus der ErdBeschreibung erklärt. – Dienstag (gegenwärtig) Campe's neue Reisebeschreibungen. – Mittwoch: Das nöthigste aus der NaturLehre und Naturgeschichte: oft werden auch, abwechslungsweise mit dem vorigen Tage, schöne Handlungen, edle Züge aus der MenschenGeschichte erzält, darüber gesprochen u. – Donnerstag: Briefschreiben, Fabeln, moralische Erzählungen. – Freitag (gegenwärtig) das vortrefliche Werk von Zimmermann: die junge Haushälterin, ein Buch für Mütter und Töchter. Samstag: Wiederholung des die Woche über Erlernten, bei welcher die Eltern von Zeit zu Zeit beizuwohnen gebeten werden: dieser Zutritt steht auch andern Personen frei. – Jeden Tag werden 2 Stunden gegeben. Die Anzahl der Schülerinnen ist gegenwärtig 18, theils vom Adel, theils aus den angesehensten PrivatHäusern von hier. Der bisherige Erfolg hat die Erwartung des Lehrers ganz übertroffen, und das gestiftete Gute, von dem er bereits schon einige emporkeimende Früchte siehet, ist ihm die grösseste Belohnung seiner Arbeit.*

Kausler erwähnt in diesem ausführlichen Inserat nur die Dauer des Schulbesuches, nicht aber das Eintrittsalter der jungen Frauenzimmer, wie es später der Gründer des Nachfolgeinstitutes, Tafinger, getan hat: Sein Angebot richtete sich vor allem an Mädchen von zehn Jahren an.

Auch wenn Christiane und ihre Freundinnen vermutlich schon zu alt waren, um Kauslers private Mädchenschule zu besuchen, und dieses Institut ohnehin nicht lange existierte[72], so werden Kauslers neue Vorstellungen durchaus Wirkung auf die jungen Stuttgarter Mädchen ausgeübt haben.

Der Geheimbund der Illuminaten

Abels autobiographischer Bericht über den Zirkel junger Leute im Hause Hegel ist aber nicht nur bildungsgeschichtlich, sondern auch in anderer Hinsicht bemerkenswert. Dieser Zusammenhang wird erst beim Blick in Abels Originalmanuskript deutlich. Die Passage lautet dort wörtlich: *In dem Haus Hegels kam ich nebst Hopf [mit] mehreren jungen Leuten zusammen, denen ich Aufsäze auf gab u. corrigierte.*[73] Die Professoren Abel und Hopf aber waren zu der Zeit, als sie bei den Geschwistern Hegel ein- und ausgingen – was spätestens[74] für Juli 1785 mit einem Tagebuch-Eintrag Hegels belegt ist – aktive Mitglieder der geheimen Stuttgarter Illuminatengruppe, Abel war seit 1783 sogar ihr lokaler Vorsitzender – sein Deckname lautete Pythagoras.[75]

Der Illuminatenorden, ein politischer Geheimbund der Aufklärungszeit,[76] war 1776 in Bayern von dem jungen Professor der Rechte Adam Weishaupt gegründet und von dort zentral geleitet worden. Der Orden zählte in ganz Deutschland nur einige hundert Personen. Seit 1784 in Bayern verboten und verfolgt, löste sich der Rest spätestens Ende 1787 auf. Den eigentlichen Todesstoß erhielt der Geheimbund durch die Veröffentlichung illuminatischer Originalschriften 1787 in München. Diese offenbarten nicht nur den tiefen Widerspruch zwischen der aufgeklärten Forderung nach Öffentlichkeit und Publizität und dem Prinzip des Geheimbundes, sondern deckten vor allem auf, wie sich unter dem Deckmantel der Aufklärung in der strengen Hierarchie des Ordens Gemütsspionage und Subordination breit gemacht hatten, wie Beicht- und Rechenschaftsberichte, psychologisch-charakterologische Fragebögen und unbedingter Gehorsam den Oberen gegenüber zum System gehörten, einem System, das sich die Ideale Freiheit, Gleichheit und Brüderlichkeit auf die Fahnen geschrieben hatte. Was folgte, war eine in aller Schärfe geführte heftige öffentliche Debatte über den Illuminatenorden. Abel hat sich als Oberer der Stuttgarter Gruppe wohl von Anfang an dem bayrischen Herrschaftsanspruch zu entziehen gesucht und eher auf Kontakte zu ihm persönlich bekannten und vertrauenswürdigen Illuminaten gesetzt, seine Stuttgarter Illuminatengruppe also eher individuell-persönlich geführt; das erklärt auch, dass die Mitglieder nach der Auflösung des Geheimbundes lebenslang freundschaftlich verbunden blieben: *Förmlichkeiten führten wir nie ein.* Bekannt ist, dass zu den Ordenspraktiken der Illuminaten auch ein ausgeklügeltes System der Gemütsausforschung gehörte.[77] Abel, der selbst in hohem Maße an einer physiologisch orientierten Psychologie – einer Mischung aus Seelenlehre, Menschen- und Naturforschung – interessiert war, eignete sich daher sehr gut für die illuminatische Praxis der Seelenerforschung.

Als alleinigen Zweck der Verbindung definiert er in seiner Autobiographie die Verbreitung der Aufklärung und der Moralität, eher verhalten erinnert er sich an politisch-oppositionelle Absichten: *Beschwerden über die Regierung reizten, die Verbind(un)g auch dazu zu gebrauchen, diese zu heben, indem wir sie mittelst unserer Freunde der Welt bekannt machen u(nd) dadurch den Regenten abschrecken wollten. Allein da wir unsere Obern, durch deren [!] wir uns hätten bedienen müssen, nicht persönlich kannten, so vertrauten wir ihnen nicht u(nd) alle solche Versuche wurden aufgegeben.*[78] Bemerkenswert ist immerhin, dass Schiller die Mannheimer Erstausgabe seines Verschwörerdramas »Fiesko« 1783 seinem Lehrer Abel gewidmet hat.

Aus einem ordensinternen Bericht aus dem Jahr 1782 geht hervor, wie wichtig gerade die Professoren an der Akademie für die Verbreitung der Ordensideen waren. Idealistisches Ziel war ein Reich der Freiheit und Gleichheit, das sich die Illuminaten langfristig gesehen von einer personellen Durchdringung der Spitzenpositionen in Staat und Bildungswesen erhofften.[79] Insofern war die Einflussnahme auf die Zöglinge der Bildungsanstalten – und hier vor allem auf die Anstalt, die die zukünftige Beamtenschaft des württembergischen Herzogs ausbildete, also die Hohe Carlsschule in Stuttgart – eine ihrer Hauptdevisen. Dass Abel ausgerechnet in Hegels Elternhaus mit einigen jungen Leuten zusammenkam und dass der Professor und spätere Rektor des Stuttgarter Gymnasiums Hopf beteiligt war, könnte ein Hinweis darauf sein, dass Abel alias Pythagoras seinen Einfluss auch auf besonders begabte Schüler des Stuttgarter Gymnasiums ausdehnen wollte. Auch Christiane differenziert in ihren bereits zitierten Erinnerungen an die Schul- und Studentenzeit des Bruders 1832 recht aufschlussreich: *Prof. Hopf und Prälat Abel protegierten ihn schon frühe. Ersterer war sein Lehrer auf'm Gymnasium, der Letzte, zwar Prof. an der Akademie in Stuttgart, kannte ihn schon frühe [!], war zu seiner Zeit Prof. in Tübingen.*

Abels Jahrzehnte später geschriebene Autobiographie gilt heute als wichtigstes Dokument zur Stuttgarter Illuminatengruppe.[80] Während Abel hierin zwar weitgehend das Geheimnis lüftet, welche Lehrer Mitglieder der Gruppe waren, fehlen die Zöglinge der Akademie auf Abels Liste – ganz offensichtlich hat er Rücksicht auf die noch lebenden Freunde genommen. Nach seinen Ausführungen gab es bereits vor der Gründung der Stuttgarter Illuminatengruppe einen Geheimzirkel von Professoren und Schülern, der der moralischen Bildung diente; auf diese Infrastruktur konnten die Illuminaten in Stuttgart im Jahr 1781/82 also zurückgreifen.[81]

Die Vermutung, dass es sich bei dem Zirkel im Hause Hegel zumindest vorübergehend um eine Art illuminatische Keimzelle handelte, erhärtet sich durch drei weitere Beobachtungen: Zum einen notiert Hegel in seinem Tagebuch geheimnisvoll, dass die Professoren Abel und Hopf *unsere Gesellschafften*[82] besucht hätten. Ferner beklagt ein so profunder Kenner wie Julius Klaiber[83] im Jahr 1877 ausdrücklich, dass dem Gymnasiasten Hegel gerade ein Carlsschullehrer wie Abel gefehlt habe – so gründlich war offenbar die Erinnerung an ihn und den Zirkel junger Leute verdrängt worden. Klaiber schreibt: *Leider aber, was man vor allem wünschen möchte, ward Hegel nicht zu Theil, eine wirklich hervorragende oder wenigstens in höherem Grade anregende Persönlichkeit unter seinen Lehrern zu finden, welche die tiefer liegenden Keime seiner Begabung rechtzeitig zu wecken und zu nähren gewusst hätten, etwa so wie es Abel und Drück [...] und Andere auf den entsprechenden Stufen der Karlsschule waren.*[84]

Vor allem aber ist Abels Autobiographie, genauer gesagt das entsprechende Originalblatt seines Manuskriptes, genau dort abgeschnitten worden, wo es um den Zirkel in Hegels Haus geht. Dass dieses Faktum bisher keine Beachtung gefunden hat, mag wohl daran liegen, dass ausgerechnet dieses Blatt aus dem Gesamtmanuskript, das heute in der Württembergischen Landesbibliothek in Stuttgart liegt, herausgenommen und wegen seines Schiller-Bezuges seinerzeit ins Schiller-Nationalmuseum nach Marbach gegeben worden ist.[85] Der Abschrift, die für das Gesamtmanuskript angefertigt wurde, ist der Eingriff freilich nicht anzusehen. Abel muss, dies offenbart nur das Originalmanuskript in Marbach, im Anschluss an den Hinweis auf den Unterricht im Hause Hegels noch Weiteres notiert haben, was er dann doch nicht der Nachwelt preisgeben wollte. Anstatt den Text aber, wie sonst üblich, durchzustreichen, schnitt er ihn ab: Genau das aber wirkt verdächtig und lässt einen Zusammenhang mit dem Geheimbund vermuten.[86] Da das abgeschnittene Blatt auch auf der Rückseite vollständig und konsequent dem Gedankengang folgend beschriftet ist und auch die Fortführung auf der zweiten Doppelblattseite ohne erkennbaren inhaltlichen Sprung erfolgt, spricht alles dafür, dass Abel selbst unmittelbar vor dem Weiterschreiben zur Schere gegriffen hat.

Interessant ist auch der weitere Kontext der Passage mit dem Hinweis auf die *Gemütskrancken*, die sich bei ihm Rat und Hilfe holten. Völlig unbefangen nennt Abel hier die Namen – Diskretion war in diesem Falle seine Sache nicht.

Abel hat, zumal später als Professor für praktische Philosophie an der Tübinger Universität, für Hegel und dessen philosophisches System keine große Rolle gespielt, im Gegenteil. Als Vertreter der Popularphilosophie und des eklektischen Empirismus repräsentiert Abel genau die Richtung, die Hegel später mit seiner neuen Systemfreudigkeit und seinem philosophischen Fundamentalismus »bekämpft« hat.[87] Wohl deshalb hat Abels Einfluss auf den jungen Hegel – sei es als Privatlehrer, sei es als Tübinger Professor – bisher so wenig Beachtung gefunden, ja ist fast in Vergessenheit geraten.[88] Doch was bei Karl Rosenkranz recht harmlos als Besuche und Spaziergänge Abels mit Hegel bezeichnet wird, gewinnt im Kontext des politischen Geheimbundes der Illuminaten eine ganz neue Dimension. Auch deshalb, weil sich hier Verbindungen zur späteren Stuttgarter *Demokratenparthie* andeuten, auch wenn Abel selbst wohl, um mit dem revolutionsbegeisterten Isaac von Sinclair zu sprechen, kein *Glaubensgenosse* gewesen ist.

Für Christiane aber war Abels frühe Präsenz im Haus ein außerordentlicher Glücksfall. Diesem engagierten Pädagogen wird sie zumindest den Anstoß, wenn nicht auch die Grundlagen ihrer späteren außergewöhnlich guten und vielseitigen Bildung zu verdanken haben.

Der jüngere Bruder Ludwig

Als Wilhelm Hegel 18-jährig im Oktober 1788 das Stuttgarter Elternhaus verließ, um an der Universität Tübingen sein Studium der Theologie aufzunehmen, lebte der damals zwölfjährige Ludwig, Christianes jüngerer Bruder, noch im Elternhaus. Er besuchte schon seit knapp zwei Jahren die Hohe Carlsschule.[89] Ludwig Hegel war sogenannter Stadtstudent, das heißt, er wohnte zu Hause. Allerdings war der Stundenplan der Carlsschüler gut ausgefüllt, und Ferien gab es so gut wie nicht. Immerhin konnte Ludwig so den persönlichen Kontakt zu seiner Familie aufrechterhalten. Bei den Internatsschülern an Herzog Carl Eugens Kaderschmiede war das Besuchsrecht äußerst rigide, und so kam es vor, dass Schwestern ihre Brüder nach der Aufnahme über Jahre so gut wie nicht mehr zu Gesicht bekamen. Persönliche Briefe konnten, da sie einer strengen Zensur unterlagen, kaum Ersatz bieten. Wie eng Christianes Kontakt zu ihrem jüngeren Bruder Ludwig seit dessen Aufnahme als Stadtstudent im Alter von zehn Jahren im Einzelnen war und sein konnte, muss dahingestellt bleiben. Belegt ist nur, dass Christiane ihren älteren Bruder Wilhelm in Tübingen das eine oder andere Mal besucht hat und frühzeitig in den Kreis seiner Studienfreunde einbezogen wurde – zumindest dann, wenn es darum ging, Feste zu feiern.

Hegels Studienfreunde

Die Tübinger Stiftler: Hegel, Hölderlin und Schelling

Zusammen mit Hegel ist Friedrich Hölderlin ins Tübinger Stift eingezogen: Hier wohnten die herzoglichen Stipendiaten während ihres Theologiestudiums – und waren strengen Regeln und alten Zöpfen unterworfen. Aufgewachsen in Nürtingen, hatte Hölderlin die typische Schullaufbahn eines angehenden Theologiestudenten und künftigen Pfarrers hinter sich. Anders als der Stuttgarter Gymnasiast Hegel hatte er die Klosterschulen Denkendorf und Maulbronn durchlaufen. Im Tübinger Stift lernten sich die beiden 18-Jährigen nun kennen. Es ist allerdings heftig umstritten, wie intensiv und exklusiv ihre Freundschaft schon damals im Stift war, da ein Briefwechsel erst für die Zeit nach der Trennung im September 1793 vorliegt. Dieser dokumentiert allerdings eine enge Verbundenheit. Ähnliches gilt für den Dritten im Bunde, der erst in den folgenden Jahren zum berühmten Dreigestirn des deutschen Idealismus aufstieg: den fünf Jahre jüngeren hochbegabten Friedrich Wilhelm Joseph Schelling, der bereits zwei Jahre nach Hegel und Hölderlin ins Tübinger Stift aufgenommen wurde und nach dem Studium wesentlich rascher als Christianes Bruder in seine wissenschaftliche Karriere als Professor der Philosophie gestartet ist.

Das eingängige und gut im Gedächtnis zu behaltende Faktum, dass Hegel, Hölderlin und Schelling dieselbe Stube auf dem Tübinger Stift bewohnt haben, führt leicht zu der Annahme, dass die drei schwäbischen Geistesgrößen schon auf dem Stift eine exklusive Dreiergruppe bildeten, die es so nicht gegeben hat: Mindestens zehn Studenten waren es nachweislich, die sich die berühmte Stube teilten.[90] Auch die ebenso schöne wie anschauliche Erzählung vom Freiheitsbaum, den Schelling und Hegel zusammen mit einigen anderen auf einer Wiese nahe Tübingen in ihrer Begeisterung für die Französische Revolution heimlich aufgestellt haben sollen, konnte überzeugend widerlegt oder zumindest in ihrer Glaubwürdigkeit erschüttert werden. Hegel, Hölderlin und Schelling waren mit ihrer Begeisterung für die Französische Revolution keineswegs allein im Tübinger Stift – man lese beispielsweise nur die Einträge der Mömpelgarder, der französischen Studenten aus der württembergischen Exklave, in Hegels Stammbuch. Vor allem der Stuttgarter Historiker Axel Kuhn hat gezeigt, dass es am Tübinger Stift verschiedene konspirative Kreise und Organisationsformen gab, etwa einen politischen Club und ein sogenanntes Unsinnskollegium, deren Mitglieder zum Teil identisch waren. In Letzterem soll Hegel sogar eine führende Rolle gespielt haben.[91]

Im zweiten Teil seines Tübinger Studiums – zwischen Herbst 1790 und Spätsommer 1793 – weilte Hegel auffallend häufig in seiner Heimatstadt Stuttgart. Er war zwar in der Tat wiederholt krank, doch war dies so häufig und lange der Fall, dass selbst der Ephorus am Tübinger Stift argwöhnisch vom *Vorwande einer Kur*[92] gesprochen hat. Hegels wiederholte Genesungsurlaube zu Hause dürften dazu beigetragen haben, dass der Faden zwischen den Geschwistern nicht abgerissen ist. Fraglich ist indessen, ob Hegel den *Aufenthalt zuhaus* nicht nur zur Regeneration und zum ungestörten Lesen und Schreiben genutzt hat, sondern auch zur Pflege seiner politisch ambitionierten Stuttgarter Kontakte.

Gerade seine Schwester scheint hier im einen oder anderen Fall etwas mehr Licht ins Dunkel und die beklagte »Spärlichkeit der Überlieferung«[93] zu bringen. Denn ihre Beziehungen und Verbindungen zwingen dazu, den Blick über den Kreis von Hegels gleichaltriger Promotion hinauszulenken.

Wer war Christianes Verehrer »M. Klett«?

Noch nicht einmal 17 Jahre zählte Christiane, als sie einem jungen Mann den Kopf verdrehte und dieser ihretwegen nicht mehr schlafen konnte. Der arme Magister trug einen berühmten württembergischen Namen: Klett. Doch nicht deshalb wissen wir erstaunlicherweise noch heute davon. Die Information darüber verdanken wir vielmehr dem Umstand, dass ein Freund Hölderlins diese Nachricht für so bedeutend hielt, dass er sie einem Freund des verliebten Klett mitteilte, und zwar in einem Brief, der für die Hölderlinforschung aus ganz anderen Gründen wichtig geworden ist: *Noch freue ich mich des lezten Nachmittags, den wir so vergnügt bei einander zubrachten. M. Klett, den ich Morgen, Geliebt es Gott, zu besuchen gedenke, will inzwischen Malle Hegel nicht aus den Gedanken, und beinahe glaube ich, er habe zu lange mit ihr getanzt*[94], schrieb Christian Ludwig Bilfinger, der nicht nur ein Freund Hölderlins, sondern auch ein Studienkollege Hegels war, am 29. September 1789 zu Beginn der Herbstferien aus Kirchheim unter Teck an den vier Jahre älteren Immanuel Niethammer, um dessen Freundschaft er sich bemühte.

In der Stuttgarter Hölderlinausgabe ist Bilfingers Bemerkung über Kletts Verliebtheit nicht abgedruckt – in Bezug auf Hölderlin ist sie wenig interessant. Dort ist sie nur im Kommentarteil erwähnt[95] und als Paraphrase wiedergegeben. Erst zwanzig Jahre später wurde der oben zitierte genaue Wortlaut von dem Hölderlin- und Hegelspezialisten Dieter Henrich zusammen mit anderen ausgelassenen Textpassagen veröffentlicht, wobei Henrich einräumt: »Der Brief stellt durch die Erwähnung von Klett und Mademoiselle Hegel Kommentaraufgaben, die aber hier nicht aufzunehmen sind.«[96] Wer war nun also dieser Klett?

Es gibt in der Promotion Hegels, also unter den Mitstudenten seines Jahrganges, einen Johann Christian Klett[97] aus Urach. Er war wie Hegel und Hölderlin des Jahrgangs 1770 und hatte wie Bilfinger und Hölderlin die württembergischen Klosterschulen Denkendorf und Maulbronn durchlaufen. Es liegt deshalb nahe – und darin sind sich die Hegel- und die Hölderlinforschung so gut wie einig[98] –, an diesen Studienkollegen Hegels und Hölderlins zu denken, wenn Hölderlins Freund Bilfinger von Christianes Verehrer namens Klett schreibt. Dafür spricht auch, dass sich Johann Christian Klett im September 1791 in Hegels Stammbuch eingetragen hat, nun allerdings mit dem Titel *Med. Cand.*, denn im Frühjahr 1790 hatte er sein Theologiestudium an den Nagel gehängt, war aus dem Stift ausgezogen und hatte ins Studienfach Medizin gewechselt. Das hinderte ihn nicht, wie der spätere Eintrag in Hegels Stammbuch beweist, den Kontakt zu Hegel aufrechtzuerhalten.

Doch ein Buchstabe ist es, der den Kompromotionalen Hegels und späteren Mediziner Klett als Verehrer Christianes gleichsam aus dem Rennen wirft. Besagter Klett wird von Bilfinger als M. Klett, das heißt als *Magister* Klett betitelt. In Tübingen ging dem eigentlichen Studium der Theologie zunächst ein zweijähriges Grundstudium der Philosophie voraus, das mit einer Prüfung, dem Magisterium, abgeschlossen wurde – die Studenten waren nun Magister, ihrem Namen wurde in der Zukunft ein schlichtes »M.« als Titel vorangesetzt. *Sobald man Magister ist, bekommt man im Stifft täglich eine Kanne Wein und studirt – Theologie!*[99], spottete einer der berühmtesten Zöglinge des Tübinger Stifts, Karl Friedrich Reinhard, der es schließlich bis zum französischen Außenminister brachte.

Das M. in Bilfingers Brief deutet also darauf hin, dass Christianes Verehrer im September 1789 jener Studienfreund Hegels, Hölderlins und Bilfingers unmöglich sein konnte, denn das Magisterium dieses Jahrganges erfolgte erst ein Jahr später, im September 1790. Unser Klett ist also unter den älteren Semestern zu suchen.

Hegel selbst führt uns auf die richtige Spur, und zwar in einem Brief, den er viele Jahre später geschrieben hat. Im Oktober 1814 bittet er seine Schwester, zusammen mit eben jenem Niethammer, an den Bilfinger den Brief gerichtet hatte, die *Gevatterschaft* – wie die Patenschaft damals genannt wurde – für seinen Sohn Immanuel zu übernehmen. Aus diesem Anlass erinnert er Christiane an ihre Bekanntschaft mit Niethammer, die sie im Zusammenhang mit einer Tübinger Tanzveranstaltung gemacht habe: *Dein Mitgevatter Niethammer hat früher etwas von sich hören lassen als Du und dabei mir aufgetragen, Dich herzlich zu grüßen, wenn Du Dich anders noch seiner erinnerst, wie er – als Platzbua – am Magisterium in Tübingen einen Ball arrangiert hat, auf dem Du mit warst.* Hegel spielt hier offensichtlich auf die Magisterfeier im September 1789 an, die Niethammer als *Platzbua*, also in guter schwäbischer Kirchweih-Tradition als Ordnungshüter mit gutem Ruf organisiert hatte.

Nun findet sich unter den engeren Studienfreunden Niethammers ein Christoph August Klett[100] aus Dettingen unter Teck. Er hatte zusammen mit dem gleichaltrigen Niethammer die Klosterschulen Denkendorf und Maulbronn besucht, 1786 zum Magister promoviert und 1789 im Alter von 23 Jahren das Theologiestudium abgeschlossen.

Schelling liefert uns den eindeutigen Beweis für die Identifizierung von Christianes Verehrer. Jahre später, im Januar 1796, schreibt er aus Stuttgart, wo er für einige Monate als Hauslehrer arbeitete und – dieses Detail wird wichtig – bei Professor Ströhlin im Haus wohnte[101], an Hegel in Bern: *Herr Klett, der mit zwei Herrn von Pr(?) im nämlichen Haus mit mir ist, hat mir gesagt, daß Du Dich wohl befindest und daß er eine kleine Reise mit Dir gemacht habe.* Klett hatte also in der Schweiz noch Kontakt zu Christianes Bruder. Schelling berichtet übrigens auch Niethammer am 22. Januar 1796 von Kletts Ankunft in Stuttgart.[102] Zwei Buchstaben sind es diesmal, die den Schlüssel zur Identifizierung liefern, auch wenn sie in der Hegel-Briefausgabe mit einem Fragezeichen versehen sind: Pr. Denn jener Christoph August Klett aus der Promotion Niethammers war als Hofmeister nach Prangins in die französische Schweiz gegangen. Im November 1795 ist er dann von der Schweiz zusammen mit *seinen zwei Eleven* nach Stuttgart zurückgekehrt, wo er bei Ströhlin in die Kost/Pension gehen wollte: Dies erfahren wir wiederum aus einem Brief, der von dritter Seite an Niethammer gerichtet ist.[103] Die Aussagen decken sich also. Der Nachrichtenaustausch unter den ehemaligen Studienkollegen, die als Hofmeister, Privat- oder Universitätsgelehrte in alle Himmelsrichtungen verstreut waren, florierte, und so erfahren wir heute aus den vielen unveröffentlichten Briefen, wer wann mit wem wohin reiste – und anderes mehr.

Sieht man einmal davon ab, dass wir nicht einmal wissen, ob Christoph August Kletts spontane Verliebtheit in Christiane Hegel im Herbst 1789 von Dauer war, ob Klett in die Reihe *ihrer wärmsten Bewerber* zu zählen ist, von denen Hegels Biograph Karl Rosenkranz summarisch spricht, so verdeutlicht das Gedankenspiel darüber doch ein grundsätzliches »Problem«: Langjährige Auslandsaufenthalte und ein fehlendes geregeltes Einkommen haben sich auch auf die Heiratschancen und Lebensentwürfe der Frauen ausgewirkt. Wie viele seiner Mitstudenten hat auch Klett nach dem Studium sehr schnell Württemberg verlassen, um eine Hofmeisterstelle im Ausland anzutreten. Im Sommer 1797 nahm er dann nochmals für fünf Jahre die Stelle eines Hauslehrers in der Nähe Stuttgarts an, wobei nicht eindeutig zu entscheiden ist, ob es sich dabei um eine »Verlegenheitslösung« gehandelt hat: War es die Flucht vor einer Festanstellung im württembergischen Pfarrdienst oder die unfreiwillige Notlösung, da der württembergische Herzog Klett revolutionärer Sympathien verdächtigte und somit abstrafte? Als Christoph August Klett endlich im November 1802 im Alter von 36 Jahren eine – wenn auch miserabel – bezahlte Pfarrstelle auf der Schwäbischen Alb erhielt, heiratete er noch im gleichen Monat die 39-jährige Schwester seines Schwagers. Christiane Hegel hatte Stuttgart zu diesem Zeitpunkt schon über ein Jahr verlassen.

Die Identifizierung von Christianes Verehrer Klett eröffnet indessen noch ein anderes Spektrum: Über dessen »Umfeld« lassen sich auch einige Verbindungen Hegels zu älteren Studienfreunden plausibel erklären. So muss Klett jenen legendären Heinrich Knapp[104] gut gekannt haben, der sich in Hegels Stammbuch mit den aufrührerischen Worten in die Schweiz verabschiedet hatte: *Vaterland und Freiheit! Am Tage meines Zugs gegen Westen, an meinem ersten Ehetage von Deinem Knapp. Tübingen. d. 2. Juli 1793.*[105] Hegels Verbindung zu diesem sechs Jahre älteren, aus Kirchheim stammenden Jurastudenten und Duzfreund, der eine Stuttgarter Bürgerstochter entführt haben soll und in die Schweiz, später nach Paris ging und als Geheimagent diente, war bisher schwer nachvollziehbar.[106] Klett war zudem seit 1790 mit dem Carlsschullehrer Karl Friedrich Duttenhofer verschwägert (Hegels Privatlehrer in Geometrie, Feldvermessung und Astronomie), der in den 1790er Jahren mit Georg Kerner und anderen revolutionsbegeisterten Schülern sympathisierte und noch im Jahr 1800 verdächtigt wurde, Mitglied des sogenannten »Stuttgarter Clubs« gewesen zu sein.[107] Auch Auguste Breyer stand mit diesen Duttenhofers in gutem Kontakt.[108] Christianes »Beziehungen« können hier also durchaus den einen oder anderen neuen Impuls geben.

CHRISTIANES GROSSE LIEBE

> Bald! O bald wirst du bereuen
> Dieser Liebe irren Wahn ...
>
> Lotte Stäudlin: An eine junge Freundin

Von der Existenz eines Mannes, dem für Christianes Leben große Bedeutung zukommt, wissen wir gesichert nur durch Hegels Biograph Karl Rosenkranz, der ihn als *einen ihrer wärmsten Bewerber* bezeichnet und darüber hinaus auch noch seinen weiteren Lebensweg kurz skizziert. Allerdings, und das macht die Sache nicht gerade leicht, überliefert uns Rosenkranz nur den Vornamen von Christianes Verehrer – *Gotthold*.

Warum nennt Rosenkranz nicht den vollständigen Namen? Kannte er ihn vielleicht gar nicht, weil Christiane in ihren Liebesgedichten, auf die er sich ausdrücklich bezieht, nur den Vornamen genannt hat? Man bedenke, dass die Familie das biographische Material, das sie Rosenkranz im Jahr 1840 zur Verfügung stellte, bereits gesichtet und manches aussortiert hatte. Oder kannte der Königsberger Wissenschaftler zwar den vollständigen Namen, wollte oder sollte ihn aber nicht nennen?

Letzteres ist am wahrscheinlichsten, da Hegels Biograph erstaunlicherweise vermerkt, dass Christiane Hegel *geglaubt* habe, diesen Bewerber Gotthold *aus vielleicht zu peinlichen Rücksichten ablehnen zu müssen*. Diese Formulierung lässt vermuten, dass Rosenkranz die Hintergründe dieser offensichtlich unglücklichen, ja schwierigen Beziehung gekannt hat. Noch viel mehr lässt aufhorchen, wenn er auf den tragischen Zusammenhang zwischen dem Tod Gottholds und Christianes psychischer Erkrankung hinweist: So, wie Rosenkranz es darstellt, könnte sich Christiane für den Tod des Mannes mitverantwortlich, ja schuldig gefühlt haben, der, *ohne seine Liebe zu ihr je aufgegeben zu haben, fern von ihr unverheirathet gestorben sei. Seit dieser Zeit nagte ein tiefer Schmerz an ihrem Leben, der sich bald in manchen Aufgeregtheiten, Wunderlichkeiten kund gab* und zuerst in Nürnberg 1815 entschiedener ausbrach, so Rosenkranz weiter. Wer so gut informiert ist über die Vita eines Mannes, weiß, so sollte man meinen, um wen es sich handelt. Doch mit Sicherheit können wir es nicht sagen – Rosenkranz könnte all diese Informationen auch aus Christianes Gedichten gezogen haben, in denen sie, wie er schreibt, *ihre Liebe irdisch begräbt*. Doch diese Gedichte sind heute leider verschollen.

Nirgendwo anders wird diese tragische Liebe Christianes erwähnt. Rosenkranz' wenige Sätze sind der einzige Anhaltspunkt, den wir für diese Beziehung haben. Sie sollen daher an dieser Stelle noch einmal vollständig zitiert werden: *Sie hatte sich nie verheirathet. Einen ihrer wärmsten Bewerber, Gotthold, hatte sie aus vielleicht zu peinlichen Rücksichten ablehnen zu müssen geglaubt. Er war, ohne seine Liebe zu ihr je aufgegeben zu haben, fern von ihr unverheirathet gestorben. Seit dieser Zeit nagte ein tiefer Schmerz an ihrem Leben, der sich bald in manchen Aufgeregtheiten, Wunderlichkeiten kund gab und zuerst in Nürnberg 1815 entschiedener ausbrach. Hegel gab sich Mühe, sie zu größerer Ruhe zu stimmen. […] Sie […] verfertigte viel Gedichte, theils Räthsel, theils Gelegenheitsverse; einige derselben, worin sie ihre Liebe irdisch begräbt, um sie in den ewigen Himmel der Erinnerung hinüberzuheben, sind wahrhaft schön.*

Es gibt einen Mann im Stuttgarter Umfeld der Geschwister Hegel, der in allen Punkten in dieses Raster passt: Gotthold Stäudlin. Auch wenn es keinen einzigen authentischen Beleg dafür gibt – keinen Liebesbrief, keinen Tagebucheintrag hier wie dort, keine beiläufige, aber eindeutige Bemerkung eines Dritten, keine Widmung –, spricht doch alles dafür, dass Christiane Hegels große Liebe Gotthold Stäudlin hieß. Der Mann also, von dem Hölderlin schwärmte: *warlich ein herrlicher Mann!*[109]

Gotthold ist damals, blickt man sich in den Familienregistern und Adressbüchern um, ein äußerst seltener Vorname. Im persönlichen Umfeld der Geschwister ist kein anderer Mann mit diesem Vornamen zu finden – abgesehen von seinem Vater.

Auch Christianes Freunde Hölderlin und Neuffer sprechen in ihren Briefen von Gotthold und nicht etwa von Stäudlin, wie man auch denken könnte und wie er selbst in der Regel seine Briefe – sogar an die Familie – unterschrieben hat.

Gotthold Stäudlin verkehrte nachweislich spätestens im Sommer und Herbst 1793 häufig im Hause Hegel – Christiane ist damals zwanzig,

3 Gotthold Stäudlin (1758–1796)

Gotthold zählt 35 Jahre. Wie Rosenkranz berichtet, machten Gotthold Städlin und Hegel damals viele gemeinsame Spaziergänge von Stuttgart nach Bad Cannstatt. Was verband Städlin mit dem wesentlich jüngeren Hegel? Der Wein, der angeblich gerne und reichlich floss? Politische Überzeugungen, die Begeisterung für die Ideale der Französischen Revolution, für die Schweiz – das gelobte Land der Freiheit? Bei den Spaziergängen wird auch Hegels Überlegung, nach dem Theologiestudium noch die Rechte zu studieren – was Christiane überliefert –, erörtert worden sein. Städlin war Jurist und Hegel gerade dabei, sein Theologiestudium abzuschließen. Nach Hegels Abreise in die Schweiz bekannte ihm Städlin in einem Brief vom 14. Dezember 1793 offenherzig: *Sie sind einer derjenigen Redlichen, die ganz für mich taugen und welche ich eben deswegen immer an meiner Seite haben möchte.*[110]

Karl Rosenkranz kannte nur diesen einen Brief Städlins an Hegel und erwähnt dies auch verwundert gegenüber Hegels Sohn Karl, dem er nach Durchsicht des ihm zugeschickten Materials im Oktober 1840 schrieb. Wir kennen Städlins Brief nicht einmal im vollen Wortlaut, sondern nur in den Ausschnitten, die Rosenkranz in seiner Biographie präsentiert – das Original ist verschollen. Die für unseren Zusammenhang möglicherweise wichtigen Textpassagen zitiert er dabei nicht wörtlich, sondern nur zusammenfassend – ausschließlich mit Blick auf Christianes Bruder – und formuliert: *Städlin erinnert Hegel an die häufigen gemeinsamen Spaziergänge nach Cannstatt, wo sie den Genuß des Weines mit Scherz und Lachen würzten.* Insofern muss es nicht wundern, wenn Christiane Hegel nicht erwähnt wird. Allerdings lässt sich aus Rosenkranz' Brief an Hegels Sohn folgern, dass ihm keine Briefe von Gotthold Städlin an Christiane Hegel vorgelegen haben, sonst hätte er nicht formuliert: *Aus dem einzigen Briefe Städlins sehe ich ...*[111]

Darüber hinaus findet sich von Gotthold Städlin lediglich noch ein Eintrag im Stammbuch Hegels, der leider undatiert ist. Er besteht aus ganzen fünf Worten: *In Tyrannos! Ulrich Hutten. D. Staeudlin*, heißt es auf Blatt 61.[112] Da die Nummerierung der Hegelschen Stammbuchblätter allerdings nicht der Chronologie der Einträge folgt – das Stammbuch muss man sich als eine Lose-Blatt-Sammlung vorstellen –, so lässt sich nicht mit Sicherheit sagen, wann sich Städlin in Hegels Stammbuch mit diesem geflügelten Wort wider die Tyrannengewalt verewigt hat. Wir haben also keinen exakten Anhaltspunkt, seit wann Hegel und Stäudlin in persönlichem Kontakt gestanden haben. Das Umfeld der Stammbuchblätter lässt zwar vermuten, dass der Eintrag schon in der ersten Hälfte des Jahres 1791 gemacht wurde, aber sicher ist dies keineswegs; davor liegende Blätter datieren durchaus auch aus dem Jahr 1793.

Betrachtet man nun das Ganze aus der Perspektive der Frauen, genauer gesagt aus der Perspektive Christiane Hegels und ihrer Freundinnen, kommt mehr Licht ins Dunkel. Christiane hatte wohl schon sehr früh Zugang zum Haus Stäudlin, verkehrte im Kreis der drei jüngeren Schwestern Gotthold Stäudlins, die im Nachbarhaus ihrer *Frau Groß Mama*, der *Günzlerin*, und vis-à-vis von Auguste Breyer und deren Schwestern aufwuchsen. Auch ihr Bruder dürfte dort kein Unbekannter gewesen sein, denn er machte zusammen mit der jüngsten Tochter Christiane Stäudlin, wie wir bereits wissen, Tanzstunde – das wird noch in seiner Gymnasiastenzeit gewesen sein, und es ist gut denkbar, dass auch seine Schwester mit von der Partie war. Hegel hat sich dabei offenbar so linkisch angestellt, dass der Sohn seiner Tanzstundenpartnerin dies Jahre später in seinen Lebenserinnerungen für erwähnenswert hielt.[113]

Bereits im Frühjahr des Revolutionsjahres 1789 fand auch Hölderlin Eingang ins Haus Stäudlin und in den Kreis der *edlen Freundinnen*, wie er ihn später nannte und zu dem er eben auch Christiane Hegel zählte. Der junge Hölderlin war durch die Vermittlung seines im Tübinger Stift neu gewonnenen Stuttgarter Dichterfreundes Ludwig Neuffer ins Haus Stäudlin zu dem von ihm verehrten Dichter gekommen. Hölderlin suchte wie Neuffer die Nähe und Protektion des großen Vorbildes Gotthold Stäudlin, und er nutzte seine Tübinger Vakanzzeiten zur Kontaktpflege. Während Hegel in den ersten beiden Jahren seines Studiums wohl Bekanntschaft mit Tübinger Weinstuben und Mädchen machte, orientierten sich die jungen Poeten Neuffer und Hölderlin nach Stuttgart. Davon ist übrigens auch in Bilfingers Brief die Rede, in dem er uns vom verliebten Magister Klett erzählt hat. Der Kontakt Neuffers und Hölderlins ins Hause Stäudlin intensivierte sich, als Neuffer nach Abschluss seines Studiums im September 1791 in seine Geburtsstadt Stuttgart zurückkehrte und dort am Waisenhaus eine Pfarrverweserstelle annahm. Die Beziehung Hölderlins zu Gotthold Stäudlin hat sich schnell zur Freundschaft entwickelt, in die auch die Schwestern einbezogen waren. Christiane Hegel dürfte also schon sehr früh über ihren eigenen Freundinnenkreis, die Stäudlinschwestern, in eine mehr oder weniger intensive freundschaftliche Beziehung zu Hegels berühmtem Tübinger Stubengenossen und Studienfreund gekommen sein. All das erklärt auch, warum Hölderlin und Neuffer später in direktem Kontakt mit Hegels Schwester standen. Sie kannten sie eben nicht nur über den Bruder, sondern auch über das Haus ihres Stuttgarter Dichterfreundes Stäudlin und dessen Schwestern Lotte, Rosine und Christiane. Und so verwundert nicht, dass Hölderlin wenige Jahre später in seinen Briefen an Neuffer Christiane Hegel in einem Atemzug mit den Stäudlin-Schwestern – den *andern guten schönen Kinder[n]* – nennt und sie somit zum Kreis der *edlen Freundinnen* zählt, denen Neuffer in Stuttgart Hölderlins unveröffentlichten *Hyperion* vorlesen sollte: *Laß Deine edlen Freundinnen urteilen, aus dem Fragmente, das ich unsrem Stäudlin heute schike, ob mein Hyperion nicht vielleicht einmal ein Plätzchen ausfüllen dürfte,* schrieb Hölderlin Ende Juli 1793 an Neuffer. Und im Postscriptum zu seinem Brief, den er im Oktober 1794 im thüringischen Waltershausen verfasst hat, fordert Hölderlin Neuffer dann auf: *Schreibe mir doch auch was von Gotthold. Ist Hiller nach Amerika? Hat wol die Heglin m. Brief ihrem Bruder geschikt? Was machen die andern guten schönen Kinder? Du glaubst nicht, wie lieb mir izt Neuigkeiten aus euren Gegenden und Zirkeln sind.*[114] Christiane Hegel ist also wohl auch in den Genuss gekommen, einer Lesung von Hölderlins erster Tübinger »Hyperion«-Fassung beizuwohnen, die heute als verschollen gilt.

Christianes Freundschaft zu Gotthold Stäudlins Schwestern vermittelte ihr also nicht nur frühzeitig die nähere Bekanntschaft mit Gotthold Stäudlin, sondern auch mit Ludwig Neuffer, der sich schließlich mit Rosine Stäudlin verlobte,[115] und mit Friedrich Hölderlin, für den Lotte Stäudlin heimlich schwärmte, wie ihm Neuffer im Oktober 1790 verriet: *Nun noch eine Nachricht, die ich auf meinen Wanderungen erlauert habe, daß Du nehmlich bei L(otte) St(äudlin) in gar gutem Register stehest, daß sie sich mannigmal bei mir nach Dir erkundigt, Dich mitunter einen artigen bescheidenen Menschen heißt, und Dich, neben ihren Schwestern grüßen lässt, welche sogar zuweilen von der Nannette* [Christiane Stäudlin] *wegen Deiner sekirt wird: es muß also* schon einige geheime Debatten gegeben haben, die alle zu Deinem Vortheil sprechen.[116]

Lotte Stäudlin ist es auch, die den kranken Hölderlin später in seinem Tübinger Turm besucht hat.[117] Auch sie hat Gedichte verfasst, die immerhin für so gut gehalten wurden, dass sie zusammen mit Gedichten ihrer Brüder in einem Sammelband noch zu ihren Lebzeiten veröffentlicht wurden. Eines davon ist in unserem Zusammenhang bemerkenswert, auch wenn wir keinerlei konkreten Anhaltspunkt haben, wann es entstanden und an wen es gerichtet ist. Die Überschrift »An eine junge Freundin« ist offensichtlich vom Herausgeber des Gedichtbandes im Inhaltsverzeichnis ergänzt worden. In diesem Gedicht ermahnt Lotte Stäudlin eine junge Freundin[118], von ihrer eigensinnigen und aussichtslosen Liebe Abstand zu nehmen und zu akzeptieren, dass das Schicksal ihr diese Liebe nicht gewährt. Anstatt auf *Tand und Glück* zu bauen, solle sie ihrer *Lebenspflicht* nachkommen und *froh durch sie in Opfern leben*. In den Strophen heißt es unter anderem: *Eigensinnig willst du lieben, / Und verschmähst den Biedermann, / Der dich durch dieß trübe Leben / Sicher freundlich leiten kann. // Nur des äußern Glanzes Schimmer / Fesselt dich an jenen Mann, / Gutes Mädchen, suche nimmer / Freude nur in solchem Wahn. // In des eitlen Ruhmes Glanz, / Ringe nach dem schönern Kranz, / Der die Jugend froh beglückt, / Und das Alter lohnend schmückt. // Halte mir dein Wort, zu fliehen / Willig das Romanenheer, / Laß ein Leben dir erblühen, / Freundlich, froh und Thränenleer [...] Bald! o bald wirst du bereuen / Dieser Liebe irren Wahn, / Deines Siegs dich hocherfreuen / Auf des Lebens bess'rer Bahn*.[119] Natürlich ist es in keiner Weise erwiesen, dass Lotte Stäudlin dieses Gedicht an die sieben Jahre jüngere Christiane Hegel gerichtet hat, dass sie die Freundin warnen wollte vor ihrem eigenen Bruder, der schon in jungen Jahren als dichterisches Genie Württembergs gehandelt wurde, der bekanntermaßen aber auch ein Filou und Frauenheld war. *Seine Liebe ist – Tändeley! und dies Capitel verdiente einen eignen Bogen!*,[120] schrieb einer seiner engsten Freunde bereits im April 1786 über den damals 28-jährigen Stäudlin. Und sieben Jahre später noch stieß sich der Homburger Isaac von Sinclair am *hohen Grad von Sinnlichkeit*, der den mittlerweile 35 Jahre alten Stäudlin auszeichne – wobei Sinclair diesen Zug übrigens den Stuttgartern, ja Württembergern schlechthin unterstellte.[121]

CHRISTIANES GROSSE LIEBE

Christiane Hegels selbständige Beziehungen zu den Schwestern und Freunden Gotthold Stäudlins, namentlich zu Hölderlin und Neuffer, untermauern die These, dass sich Hegels Schwester und Gotthold Stäudlin persönlich gut gekannt haben, und zwar ungeachtet der Beziehung ihres Bruders zu Gotthold Stäudlin. Eine Liebesbeziehung zwischen den beiden zu vermuten, entbehrt also zumindest nicht jeglicher Grundlage, auch wenn der Lebenswandel Stäudlins und der Altersunterschied der beiden auf den ersten Blick dagegen sprechen. Gotthold Stäudlin war 15 Jahre älter als Christiane Hegel. Das ist, betrachtet man die Eheschließungen in Christianes Familie, gutes Mittelmaß: Vater und Mutter Hegel trennten acht Jahre, Hegel und seine Frau Marie sogar 21 Jahre.

Über Gotthold Stäudlins Vita[122], insbesondere über seine Stuttgarter Kinder- und Jugendzeit, weiß man verhältnismäßig wenig, und auch seine Tübinger Studienjahre liegen weitgehend im Dunkeln. Er studierte von 1776 bis 1779 Jura, ließ sich aber erst 1785 examinieren. Zusammen mit Christianes »Onkel«, dem gleichaltrigen Heinrich Günzler, hatte er das Stuttgarter Gymnasium besucht. Nach dem Studium arbeitete er vorübergehend als Kanzleiadvokat in Stuttgart. Doch Stäudlins Hauptinteresse galt von Jugend an der Dichtung. Als Herausgeber des »Schwäbischen Musenalmanachs« machte er sich von 1781 an über die Grenzen Württembergs hinaus einen Namen, zog sich damit aber auch die vehemente Kritik Schillers zu. Schon als Kanzleiadvokat in Stuttgart drückten ihn Schulden: Stäudlin trank nicht nur gerne und viel, sondern war auch ein Spieler. Wie wir aus der späteren Familienkorrespondenz wissen, wohnte er weiterhin bei seinen Eltern, zahlte dafür aber nicht das übliche Kostgeld.

Gotthold Stäudlin wurde ein begeisterter Anhänger der Französischen Revolution. Am ersten Jahrestag der Revolution, dem 14. Juli 1790, nahm er in Straßburg am sogenannten Konföderationsfest teil. Nach dem Tod Schubarts am 10. Oktober 1791, zu dessen berühmter Trinkrunde im »Gasthaus Adler« Stäudlin wie auch Mine Elsässers Vetter Friedrich Haug gezählt hatte, übernahm Stäudlin zusammen mit Schubarts Sohn Ludwig die Herausgabe der legendären »Chronik«, seit Oktober 1792 war er alleiniger Herausgeber und Redakteur. Die Zeitschrift wurde im März 1793 vom Reichshofrat in Wien verboten – vorausgegangen waren mehrere spektakuläre Zensurfälle, in die übrigens auch Mine Elsässers Vermieter Professor Schmidlin verwickelt war.¹²³ Im Herbst 1793 – Hegel hatte gerade seine Hofmeisterstelle in der Schweiz angetreten – wurde Stäudlin von der württembergischen Regierung aufgefordert, das Land zu verlassen; da er jedoch nicht ausdrücklich des Landes verwiesen worden war, blieb er in Stuttgart. Doch durch das Verbot der »Chronik« geriet Stäudlin in noch größere finanzielle Bedrängnis. Nach dem Tod seines Vaters am 21. Mai 1794, der für einen Teil der Schulden gebürgt hatte, rückten Gotthold seine Gläubiger derart auf den Leib, dass er aus Stuttgart fliehen musste – der Herzog hatte allerdings in gewisser Weise zu dieser Flucht beigetragen, da er die von Stäudlin erbetene Unterstützung für eine Stundung der Schulden mit dem Hinweis auf Stäudlins früheres – wohl politisches – Verhalten abgelehnt hatte. Stäudlins enger Kontakt zum Hause Hegel im Sommer und Herbst des Jahres 1793 fällt also genau in die Zeit, in welcher sich seine finanzielle Situation zuspitzte. Stäudlin hat sich gerade in dieser Zeit aktiv für Hegel eingesetzt und erfolgreich versucht, ihm über Schiller, mit dem er sich zwischenzeitlich wieder ausgesöhnt hatte, die attraktive Hofmeisterstelle bei Charlotte von Kalb zu vermitteln – die dann Hölderlin erhielt, da sich Hegel zwischenzeitlich für eine Stelle in Bern entschieden hatte.

 Stäudlin selbst verließ seine Vaterstadt Stuttgart wohl in den ersten Junitagen des Jahres 1794, wenige Tage nach dem Tod des Vaters. Er floh zunächst in das Schwarzwälder Städtchen Nagold zu seinem Tübinger Studienfreund Ludwig Hofacker, der ihm allerdings schnell zu verstehen gab, dass er nicht gern als Gast gesehen war – Stäudlin empörte sich über das treulose Verhalten seines Freundes in einem langen Brief an seine Schwester Christiane. Er zog weiter nach Alpirsbach und Freudenstadt und begab sich schließlich Ende 1794 nach Lahr im Breisgau nahe Straßburg, in dem er günstige Bedingungen für die Verwirklichung eines neuen Zeitschriftenprojektes vorzufinden glaubte. Die von ihm herausgegebene Zeitschrift »Klio« stand jedoch unter keinem guten Stern und ging bereits im Juni 1795 wieder ein – so scheiterte der letzte verzweifelte Versuch, als Journalist wieder Boden unter den Füßen zu bekommen. Ein gutes Jahr später, im September 1796, ertränkte sich Stäudlin in der Ill bei Straßburg.

Gotthold Stäudlins umstrittener Ruf, sein trauriges Schicksal und sein Selbstmord, aber auch seine politischen Ansichten könnten erklären, warum Hegels Biograph Karl Rosenkranz nicht den vollen Namen von Christianes Verehrer bekannt geben wollte, so er ihn denn überhaupt kannte. Denn wäre dieser Gotthold ein ganz harmloser Erdenbürger gewesen, ein *Biedermann*, wie es in Lotte Stäudlins zitiertem Gedicht heißt – welchen Grund hätte es geben sollen, nicht den vollen Namen zu nennen, wie es in Rosenkranz' Biographie sonst üblich ist? Mit einer gewichtigen Ausnahme: Auch die drei Stuttgarter Freunde, mit denen Hegel über seine politische Flugschrift 1798 diskutierte, bleiben namentlich ungenannt. In diesem Fall sind es eindeutig politische Gründe, die Rosenkranz zur Selbstzensur bewegten.[124]

Denkbar ist allerdings auch, dass Hegels Witwe und ihre Söhne in Sachen Gotthold Stäudlin »gute Arbeit geleistet« und Beweismaterial aussortiert haben, so gründlich, dass sich selbst Rosenkranz über die Existenz nur eines einzigen Briefes Stäudlins wunderte – der noch dazu so »läppisch« ist, dass dies schon wieder Argwohn erweckt. Den Vornamen Gotthold und die Problematik der Beziehung hätte Rosenkranz demzufolge nur Christianes Liebesgedichten entnehmen können, die später ebenfalls auf der Strecke blieben.

Ähnlich karg ist die Überlieferungslage auf der anderen Seite: Gotthold Stäudlins Nachlass, insbesondere die an ihn gerichteten Briefe, müssen als verloren gelten. Vermutlich ging er selbst mit seinen Papieren nicht sorgfältig um und hat sie beim Verlassen Stuttgarts 1794 im Haus der Familie zurückgelassen, so wenigstens vermutet der profunde Stäudlin-Spezialist Werner Volke und fährt fort: »Alles, was sich an den späteren Aufenthaltsorten von Nagold bis Straßburg ansammelte, wird nach seinem Selbstmord verbrannt worden sein oder den Weg in den Müll genommen haben. Zu vermuten ist, daß die in Stuttgart verbliebene Hinterlassenschaft, die Erinnerung an das ›schwarze Schaf‹ der Familie, ebenfalls vernichtet wurde«.[125] Auch der Briefwechsel zwischen Stäudlin und Hölderlin ist verloren; lediglich im erhaltenen Briefwechsel zwischen Neuffer und Hölderlin finden sich die so wichtigen Hinweise auf Christiane Hegels Freundschaft mit den Stäudlin-Schwestern.[126]

Eine Spur in den wenigen erhaltenen Lebensdokumenten und Briefen Gotthold Stäudlins gibt es allerdings, und die führt auf Umwegen wiederum zu Christiane Hegel. Gemeint sind dessen Briefe an seine Familie, die er in den letzten zwei Jahren zwischen Flucht und Selbstmord nach Stuttgart geschrieben hat – 18 sind erhalten. Sie sind überwiegend an seine jüngste Schwester Christiane gerichtet. Diese hat sie – anders als Gotthold, der mit den Gegenbriefen nicht gerade zimperlich verfuhr – aufgehoben. Am 15. Juli 1794 meldet er ihr aus Nagold: *Deine sämtl. Briefe sind längst zernichtet.* Das lässt auch im Hinblick auf eine mögliche Korrespondenz zwischen Christiane Hegel und Gotthold Stäudlin nichts Gutes hoffen. Christiane Stäudlin hat Gottholds Briefe an die Familie an ihren später berühmt gewordenen Sohn Friedrich Theodor Vischer weitergereicht. Diesem Umstand verdanken wir es, dass sie sich heute in dessen Nachlass in der Universitätsbibliothek Tübingen befinden. Auch sind sie vor wenigen Jahren vollständig veröffentlicht worden.[127]

Weitaus interessanter als diese ebenso zufällige wie typische Überlieferungsgeschichte ist Folgendes: Christiane Stäudlin wird als Ludwigsburger Pfarrfrau Vischer später Christiane Hegels Weg wieder kreuzen und in ganz unmittelbarer Nachbarschaft zu ihr leben, ja Hegels Schwester zählt in Ludwigsburg zum Hauskreis der Vischers. Und so holte sie, die als Gouvernante mit der Familie Berlichingen in den Jahren 1809 bis 1814 in Ludwigsburg lebte, ihre Stuttgarter Vergangenheit wieder ein.

An Christiane Stäudlin sind auch die leidenschaftlichen Zeilen gerichtet, die Gotthold am 17. April 1795, wenige Tage vor dem sich abzeichnenden Tod der Schwester Rosine, schrieb: *Ich schwöre es hiemit noch einmal, bei dem allmächtigen Gott und bei den geheiligten Manen meines Vaters – ich bin nicht der Räuber und Verderber meiner Familie, welchen man aus mir machen will.*[128] Damit verwahrte er sich gegen die Beschuldigungen, durch seine Schulden seine Familie nach dem Tod des Vaters ins wirtschaftliche Elend gestoßen zu haben. In Gottholds späten Briefen an seine Schwester Christiane kündigt sich an, was im September 1796 in den Fluten der Ill nahe Straßburg Wirklichkeit werden sollte: Gotthold Stäudlins

Selbstmord. 36 Jahre später wird auch Christiane Hegel diesen Weg wählen und ihrem Leben ausgerechnet in der Nagold ein Ende setzen – unweit des Schwarzwälder Ortes, in den Gotthold zunächst aus Stuttgart geflohen war. Der erschütternde Abschiedsbrief, den Gotthold Stäudlin unmittelbar vor seinem Selbstmord – diesmal nicht an die Schwester, sondern an seine Stuttgarter Tante Dertinger[129], eine der Schwestern seiner Mutter – geschrieben hat und der die Bitte enthält, der geliebten Mutter seinen Selbstmord schonend beizubringen und sie zu trösten, befand sich später ebenfalls im Besitz von Stäudlins Schwester.

Die jüngste Tochter von Gottholds Tante Dertinger, die die Nachricht von seinem Selbstmord per Post in Stuttgart erhalten hatte, heiratete fünf Jahre später in dieselbe Nürnberger Familie, in die auch Hegel 1811 einheiratete.[130] Die enge Beziehung der Familie von Hegels Frau zur Familie von Gotthold Stäudlin (und damit die Erinnerung an dieses traurige Kapitel) könnte eine Erklärung dafür sein, warum Christiane ausgerechnet in Nürnberg an ihrer gescheiterten Liebe litt und gerade dort auffällig wurde, wie uns Hegels Biograph Karl Rosenkranz wissen lässt.

Hat Christiane Hegel sich insgeheim vorgeworfen, an Gottholds Selbstmord mitschuldig zu sein, fühlte sie sich für seinen Tod mitverantwortlich?

Es lässt sich heute kaum nachweisen, was sich Gotthold Stäudlin, insbesondere kurz vor dem Tod des Vaters, hat zuschulden kommen lassen, durch welches Fehlverhalten er sich nicht nur den Zorn der Geschwister – vor allem der kranken Rosine, die ihm erst unmittelbar vor ihrem Tod offenbar verziehen hat –, sondern auch das Missfallen der Freunde auf sich gezogen hat: *Was mir vorzüglich manche Stunde verbittert, ist: zu gleicher Zeit zu wissen, daß meine gute Schwester Röse noch immer kränkelt, und – mir noch immer ihr Herz, das mir ehmals so aufrichtig ergeben war, entzogen hat*, schreibt er am 17. Dezember 1794 an die Schwester Christiane, gut ein halbes Jahr nach seiner Flucht aus Stuttgart. *Noch hat sie mir auf alle meine zärtlichen Anfragen nach ihr nicht einmal einen Gruß bieten lassen. Ach! Ich weiß es gar wohl, warum sie so unversöhnlich gegen mich aufgebracht ist: aber mein Gewissen gibt mir auch Zeugnis, daß nur Verzweiflung, verbunden mit der so nöthigen Schonung meines am Grabesrande stehenden Vaters mich zu jenem mir so sehr mißgedeuteten Schritte hinreißen konnte. Möchte es mir doch bald gelingen, diesen*

Schritt wieder gut zu machen![131] Auch Neuffer hatte, wie aus dem Brief eines nahen Freundes an ihn hervorgeht, durch Gottholds *Betragen nach dem Tode seines Vaters* guten Grund, gekränkt zu sein.[132] Christiane Hegel muss, so sie denn Gotthold Stäudlin geliebt hat, in ein schweres Dilemma gekommen sein. Denn Gottholds zurückgelassener Freundes- und Verwandtenkreis in Stuttgart, der auch ihr Freundeskreis war, spaltete sich, so scheint es, in mehrere Lager: diejenigen, die trotz aller Vorwürfe zu ihm hielten (wie seine Mutter, seine Schwester Christiane, die den Briefkontakt hielt, oder aber der Freund Neuffer), diejenigen, die tief enttäuscht den Kontakt abbrachen (wie seine Schwester Rosine, Neuffers Verlobte) und diejenigen, die aktiv gegen ihn Stimmung machten (wie seine Tante Hopfengärtner, die zweite Stuttgarter Schwester seiner Mutter, deren Mann der Arzt der todkranken Rosine und deren Sohn einer der engsten Freunde Georg Kerners war[133]).

Auf welcher Seite aber stand Christiane Hegel? Müssen wir in ihren freundschaftlichen Beziehungen zur Familie Stäudlin die *vielleicht zu peinlichen Rücksichten* suchen, die sie nach Auffassung von Karl Rosenkranz glauben ließen, Gottholds Werbung *ablehnen zu müssen*? Oder meinte Rosenkranz damit die desaströse finanzielle Situation, die eine Eheschließung von vornherein ausschloss?

Geht man davon aus, dass Gotthold Stäudlin und Christiane Hegel mehr als nur Freundschaft füreinander empfunden haben, so sind Gotthold Stäudlins Selbstmord und die Umstände, die dazu geführt haben, ein überzeugender Grund für Christiane Hegels spätere »Verstörtheit«, die laut Rosenkranz von einer missglückten Liebesbeziehung und dem Tod des fernen Geliebten herrührte. Und nicht nur das: Auch Christianes manchmal geradezu übertriebene Geldsorgen, ja ihr eigener Selbstmord in dem Schwarzwälder Flüsschen Nagold fügen sich hier logisch ein. Auch ließe sich mit den Stäudlinschen Verwandtschaftsverhältnissen erklären, warum Christiane Hegel ausgerechnet 1814 in Ludwigburg und 1815 in Nürnberg jeweils in eine schwere Krise stürzte.

Allerdings, und dies ist ein durchaus ernst zu nehmendes Gegenargument zur These von Christiane Hegels großer Liebe: In seinem Abschiedsbrief an die Tante spricht Gotthold Stäudlin mit keiner Silbe von einer zurückgelassenen Liebe, im Gegenteil: er betont ausdrücklich, dass er *allein* um seiner Geschwister und seiner Mutter willen *so lange noch an sein freudloses Daseyn gefesselt* war. Kein Wort von einer großen Liebe, die ihn von diesem letzten Schritt zurückgehalten hätte. Widerspricht das Rosenkranz' Hinweis, dass Christianes Verehrer seine Liebe zu ihr nie aufgegeben habe und sie mit in den Tod nahm? Nicht zwingend. Man kann es auch anders sehen: Christianes »Nein« war für Gotthold Stäudlin ein weiterer Mosaikstein in der Übermacht [s]eines Missgeschicks, von der er sprach.

Der emphatische Abschiedsbrief vom 11. September 1796 lautet im Ganzen:

Endlich nach einem langen, hartnäckigen Kampfe mit meinem widrigen Schicksale unterlige ich demselben. Wenn Sie, verehrungswürdigste Frau Tante! dieses Blatt erhalten, so bin ich nicht mehr, und habe meine vielen, verdienten und unverdienten Leiden im Rheinstrome begraben. Ich überlasse es Ihrer bekannten Klugheit, dieses meiner zärtlich geliebten Mutter auf eine schonende und vorsichtige Art beizubringen – ich beschwöre Sie, diese gute Mutter, die mich so innig liebte, nach Ihren besten Kräften zu trösten! Sagen Sie Ihr, dass mein Leben ja schon längst nichts, als der stete Gegenstand eines nagenden Kummers für sie gewesen seie, und daß sie ja nunmehr nicht mehr um ihren unglücklichen Sohn bekümmert seyn dürfte, der e n d l i c h seine Versorgung, welche sie ihm so sehnlich in all ihren Briefen wünschte, im – Grabe gefunden hat! Sagen Sie ihr, daß sie keine Thränen um einen Mann vergießen solle, der – ja aufgehört hat, unglücklich zu seyn; daß sie mir die Ruhe, die ich so lange vergebens auf dieser Welt suchte, gönnen solle! Sagen Sie ihr, daß ich ganz gewiß glaube und hoffe, Sie da wieder zu sehen, wohin mir mein getreuer Vater vorangegangen ist! – Trösten Sie auch meine guten, lieben Geschwister! Ach! um ihrer und meiner lieben Mutter a l l e i n willen blieb ich s o l a n g e an mein freudloses Daseyn gefesselt, und würde diese Fessel auch noch länger fortgeschleppt haben, w e n n m i c h n i c h t d i e Ü b e r m a c h t m e i n e s M i ß g e s c h i c k s e n d l i c h ü b e r m a n n t h ä t t e ! Sagen Sie den Meinigen, daß ich ihnen alle Kränkungen, so sie durch mich erlitten, mit Thränen abbitte – daß ich ihnen für alle Beweise ihrer Liebe von ganzem Herzen danke – daß ich unter den heißesten Wünschen für ihr Wohl in den Tod gehe! Sagen Sie besonders auch meinem Bruder zu Göttingen noch mein leztes herzliches Lebewohl! Sagen Sie ihm, daß ich ihn mit dem lezten Laute meines Mundes b e s c h w ö r e, den Meinigen nun dasjenige zu seyn, was ich ihnen leider!

nicht seyn konnte. Sagen Sie ihm, daß es ja ein herrliches, beneidenswerthes Loos seie, die Wonne, der Segen, der Stolz derjenigen zu seyn, welche die Bande des Bluts an uns knüpfen. – Und nun empfangen auch Sie noch meinen innigsten Dank für alle Güte, so ich von Ihnen genoß. Möchten doch Sie – möchten doch alle meine Freunde – möchte mein ganzes, geliebtes Vaterland glücklich seyn und bald ein neues, goldnes Alter der Menschheit erleben! Gotthold Stäudlin.[134]

Christiane Hegel wird dieses erschütternde Zeugnis der Selbstaufgabe in Händen gehalten und sicherlich nicht nur einmal gelesen, ja vielleicht auch für sich abgeschrieben haben – zu gut kannte sie die Adressaten. Sie wird mit ihrem Gewissen ausgemacht haben, welchen Anteil sie sich selbst an Gotthold Stäudlins Freitod zuzumessen hatte. Das hat sie – im Volksmund zu reden – vorübergehend um den Verstand gebracht.

Es gibt in Gottholds Briefen an seine Schwester Christiane einen einzigen winzigen Anhaltspunkt dafür, dass eine Freundin Christiane Stäudlins sich im Frühjahr 1795 brieflich an ihn gewandt und ihm selbst nach Lahr geschrieben hat. Der Brief war wohl dem der Schwester Gottholds beigelegt, die den Bruder in Lahr über das nahe Ende Rosines informierte, und im selben Zusammenhang verfasst. Gotthold schickte den Brief der Freundin kurzerhand wieder an seine Schwester zurück mit der seltsamen Begründung, nicht *bittre Gefühle [...] erregen* zu wollen. Denn er kämpfte, wie er unter dem Siegel der Verschwiegenheit nur seiner Schwester Christiane mitteilte, selbst mit Todes-, sprich Selbstmordgedanken: Vielleicht werde er ja selbst bald dem Vater und der Schwester Rosine folgen und in *jenes neue beß're Leben schweben, wo Gott und alle Menschen gern vergeben, und die Verfolgung schweigt!* Geheimnisvoll fährt er fort: *Vergib, liebste Schwester! daß ich dich mit diesem unwillkührlichen Ausdrucke meiner wehmütigen Empfindungen noch mehr betrübe: ich konnte ihn nicht zurückhalten, und ich bitte dich daher, ja Niemanden sonst in unsrem Hause damit bittre Gefühle zu erregen. Ich schließe aus dieser Ursache den Brief deiner Freundin bei. – Sage denn – wenn es so seyn muß – sage denn meiner Schwester Röse das lezte Lebewohl von mir! Drück ihr den Kuß der Versöhnung, der Bruderliebe, der unaussprechlichsten Wehmut auf ihre sterbenden Lippen, und sag' ihr, daß ich hoffe, gewiß hoffe, sie in einer bessern Welt wieder zu sehen.*[135] Sollte Christiane Hegel diese Freundin gewesen sein, so wäre hinreichend erklärt, warum Rosenkranz auf den tragischen Zusammenhang zwischen dem Tod dieses Gotthold und Christianes Schuldgefühlen hingewiesen hat.

Doch kehren wir noch einmal zurück zu Karl Rosenkranz und den wenigen Sätzen, mit denen er uns als einziger von Christianes unglücklicher Liebesbeziehung berichtet. Das dort gezeichnete Bild vom sich verzehrenden, um Christianes Hand werbenden und nicht erhörten Mann, der schließlich fern von ihr unverheiratet stirbt, mag so gar nicht zum Bild vom Frauenhelden Gotthold Stäudlin passen, den damals ganz andere Sorgen als Liebeskummer plagten. Doch bleibt zu bedenken, dass der fernab in Königsberg sitzende Rosenkranz möglicherweise nur die Sicht Christianes kannte – aus ihren Gedichten nämlich, in denen sie ihre Liebe verklärte und, wie er schreibt, *in den ewigen Himmel der Erinnerung hinüberzuheben* suchte. Und: Die Situation hatte sich für Gotthold Stäudlin mit dem Tod des Vaters im Mai 1794 dramatisch verändert. Flucht und drückende Geldnot sowie die verzweifelten Versuche, in Württemberg doch noch als ordentlicher Beamter Fuß zu fassen, sprechen eine andere Sprache als die seiner turbulenten, von Saufgelagen, Spielsucht und Frauengeschichten bestimmten jüngeren Jahre. Es ist daher nicht ausgeschlossen, dass sich Christiane Hegel als junges Mädchen mit 17 oder 18 Jahren in den wesentlich älteren bekannten Dichter Gotthold Stäudlin verliebt hat – die Möglichkeit, ihn privat kennen zu lernen, bestand in jedem Fall.

Stäudlin suchte im Sommer und Herbst des Jahres 1793 engeren Kontakt zu Christianes Bruder. Stäudlins leichtlebige Art, seine Flucht aus Stuttgart Anfang Juni 1794, die Beschuldigungen der Familie, er sei maßgeblich für ihren wirtschaftlichen Ruin, gar den Tod von Vater und Schwester verantwortlich, führten bei ihr zu Gewissensbissen und Zweifeln, und sie entsagte ihrer Liebe. Seit Monaten höre er nichts von seiner Schwester aus Stuttgart, beklagt sich Hegel im Juli 1794 bei der gemeinsamen Freundin Nanette Endel – es sind genau die Monate, in denen die Situation im Hause Stäudlin mit dem Tod des Vaters am 21. Mai 1794 eskalierte. War Christiane zu sehr mit sich selbst beschäftigt? Zur gleichen Zeit wollte Hölderlin ausdrücklich in direkten brieflichen Kontakt mit Christiane Hegel treten, war auch das nur Zufall, war der Anlass wirklich nur ein eingeschlossener Brief an den Freund Hegel? Oder wollte der sensible Hölderlin der Freundin in dieser schweren Zeit Beistand leisten?

In seinem letzten erhaltenen Brief an die Mutter vom 4. August 1796 schreibt Gotthold Stäudlin, dass er vom Kriegsgegner Frankreich als Spitzel angeworben worden sei, diese Möglichkeit des Broterwerbs jedoch standhaft abgelehnt habe. Mit der dringenden Bitte, *keiner Menschenseele außer unserem Hause etwas zu sagen und Stillschweigen, tiefes Stillschweigen!! darüber zu bewahren,* eröffnete er der geliebten Mutter: *Nie in meinem Leben habe ich so lebhaft gefühlt, als gegenwärtig, daß das Bewußtseyn der Rechtschaffenheit ein so süßer, so erhabener Trost im Unglück ist. Mein Gewissen gibt mir jezt das beruhigende Zeugnis, daß ich es um mein Vaterland gewiß nicht verdient habe, länger von ihm brodtlos gelassen zu werden. Liebte ich dasselbe nicht so aufrichtig, und wäre ich irgend einer unredlichen Handlung gegen dasselbe fähig; so wäre ich jetzt ohne alle Zweifel in einer sorglosen und glücklichen Lage: allein ich wollte mich lieber dem Mangel preis geben, als ein Verräther an dem Vaterlande werden, das mich so lange mit Füßen von sich gestoßen hat.*[136]

Keine sechs Wochen später, zwischen dem 11. und 13. September 1796, hat sich Gotthold Stäudlin das Leben genommen.

DER TRAUM VON EINER SÜDDEUTSCHEN REPUBLIK: UNRUHIGE JAHRE IN STUTTGART (1789–1800)

... wenn nur nicht auch die Republikaner Ihnen Verdrießlichkeiten machen. Nahe genug sind sie Ihnen wenigstens.

Jakob Friedrich Märklin an Immanuel Niethammer, 24. August 1796

Unruhige Zeiten brechen an

Ein weißer Fleck in Christianes Biographie

Wie aber stand Christiane Hegel zu ihrem *Vaterlande*? Was wissen wir überhaupt aus ihrem Leben im letzten Jahrzehnt des 18. Jahrhunderts, das mit der Französischen Revolution 1789 eingeläutet wurde und mit der Verhaftung der süddeutschen »Jakobiner« Anfang 1800 endete? Als »Jakobiner« bezeichnete man damals, außerhalb Frankreichs, überzeugte Anhänger der Französischen Revolution sowie radikale Demokraten, die die Monarchie durch eine Republik ersetzen wollten. Was ist uns von Hegels Schwester bekannt aus jenen höchst unruhigen 1790er Jahren, in denen nach Herzog Carl Eugens Tod im Oktober 1793 in rascher Folge drei Herzöge den württembergischen Thron bestiegen? Zuletzt, im Dezember 1797, war dies Herzog Friedrich, der 1806 König von Napoleons Gnaden wurde. Was wissen wir von Hegels Schwester aus jenen Jahren, in denen sich die innen- und außenpolitische Situation Württembergs dramatisch entwickelte und die zugleich als die Jahre angesehen werden müssen, in denen Christianes Persönlichkeit reifte? In denen Hegels Schwester vom ausgelassen tanzenden 16-jährigen Mädchen zur jungen Frau heranwuchs, die mit 27 Jahren die Courage hatte, heimlich Kassiber zu einem Staatsgefangenen auf die gefürchtete Festung Hohenasperg zu schmuggeln? Was trieb Hegels Schwester um? Wie sah ihr Lebensalltag aus?

Wieder einmal fehlen uns authentische Lebenszeugnisse. Christianes äußere und innere Entwicklung, geschweige denn ihre Gefühle und Gedanken, wie sie ein Tagebuch oder aber persönliche Briefe widerspiegeln würden, sind aus dieser Zeit nicht bekannt. Letztere liegen uns erst ab 1813 vor. Die Überlieferungslage macht es also extrem schwierig, ja unmöglich, diese wichtigen Jahre im Leben der heranwachsenden jungen Frau linear nachzuerzählen. Und so verwundert es nicht, wenn Karl Schumm in seinem Artikel über Christiane Hegel nicht nur dieses Lebensjahrzehnt, sondern gleich die gesamte Lebensspanne bis zum Tod des Vaters im Jahr 1799 mit einem einzigen Satz überbrückt, der da lautet: »Christiane wuchs in Stuttgart auf.«

Christianes Kassiberschmuggel – Dichtung oder Wahrheit?

Am Ende dieses Lebensjahrzehnts der Christiane Hegel steht eine spektakuläre Tat, die der Zeitzeuge Justinus Kerner überliefert. Hegels Schwester soll heimlich Briefe auf die Festung Hohenasperg gebracht haben, wo August Hauff, der Mann ihrer Freundin Mine und Freund ihres Bruders, als politischer Staatsgefangener einsaß und sich gegen den Vorwurf konspirativer revolutionärer »Machenschaften« verteidigen musste. Die Passage bei Kerner, der ein Vetter von Mine Hauff war, sei an dieser Stelle noch einmal wiederholt: *Die Nichte meiner Mutter, die Gattin des Secretärs Hauff, der dazumal zu Stuttgart seinen Wohnsitz hatte, kam in dieser Zeit oft in unser Haus, um ihrem auf dem Asperg gefangenen Gatten näher zu sein; auch hatte sie eine Freundin in Ludwigsburg, die gutmüthig und entschlossen genug war, ihr Briefe an ihren Mann auf der Feste zu besorgen. Diese Freundin kleidete sich in Magdkleider, brachte die Briefe in ein Gefäß mit doppeltem Boden, in dem man den Gefangenen, was erlaubt war, gekochtes Obst, Gelée u.s.w. zusandte, das sie zu Fuß dann auf die Feste trug und gut an Mann brachte.* Das lässt, bei aller Vorsicht, die man Kerners Fabulierfreude gegenüber walten lassen muss, doch aufhorchen und führt zu der Kernfrage: Passt diese Aktion der Hegel-Schwester ins Bild? Gibt es weitere Hinweise, die Christianes heimliche

4   Die Festung Hohenasperg – Württembergs berüchtigtes Staatsgefängnis
          (um 1840)

Kurierdienste auf den Hohenasperg plausibel und glaubwürdig machen? Handelte es sich bei diesem Kassiberschmuggel Anfang 1800 um eine spontane, einmalige Aktion, deren Motivation im rein privaten Bereich zu suchen ist, oder stand sie am Ende einer sich jahrelang zuspitzenden Entwicklung?

Folglich konzentriert sich die Suche nach Christiane Hegels Lebensspuren in diesem Jahrzehnt vor allem auf die Frage, in wessen Umfeld ihr Name auftaucht. Der Versuch, näher auszuleuchten, zu wem sie in Stuttgart zwischen 1789 und 1800 in engerem Kontakt stand, führt auf einige interessante Spuren. Dabei kommt zutage, dass nicht nur Hegels Schwester heimlich Briefe schmuggelte und *gut an Mann brachte*, auch ihr Bruder Wilhelm hat im Spätsommer 1799 in Frankfurt als Briefkurier gedient und ist für die Anhänger einer süddeutschen Republik aktiv geworden.

Welche Bedeutung dieses biographische Detail für die Beurteilung von Hegels Verhältnis zur Revolution hat – ein Thema, das intensiv und äußerst kontrovers mit Blick auf Hegels geistigen Weg und die Entwicklung seiner »Philosophie der Revolution«[137] diskutiert wurde und wird –, steht auf einem anderen Blatt und muss der Hegelforschung überlassen bleiben.

Württemberg und die Französische Revolution

Die Französische Revolution[138] hatte im August und September des Jahres 1792 mit der Gefangennahme des französischen Königs und der Ausrufung der Republik ihren Höhepunkt erreicht. Die Begeisterung hatte anfangs in Deutschland durchaus breitere Kreise des aufgeklärten Bürgertums erfasst. Mit den raschen Siegen der französischen Revolutionsarmee in Europa nahm nicht nur die Furcht vor Plünderungen, Brandschatzungen und Verwüstungen zu, mancherorts wuchsen auch die Hoffnungen auf eine »Republikanisierung« der eroberten Gebiete, wie sie im Herbst 1792 mit der Gründung der Mainzer Republik zum ersten Mal auf deutschem Boden erfolgte. Auch im Herzogtum Württemberg blühten im Herbst 1792 die Hoffnungen deutscher Revolutionsanhänger auf, mit Hilfe der französischen Revolutionsarmee eine Schwäbische Republik errichten zu können. So hat beispielsweise Georg Kerner im Herbst 1792 gleich zwei Revolutionierungspläne für Württemberg ausgearbeitet, diese dem französischen Direktorium vorgelegt und von einer Verschwörung württembergischer Männer gegen Herzog Carl Eugen berichtet.[139] Hätten die Franzosen damals schon Württemberg besetzt und eine Republik einrichten lassen, »Hölderlin wäre dabei gewesen«, ist sich der Revolutionsforscher Axel Kuhn sicher: »Immer wieder in Gedichten und Briefen bezog Hölderlin die Fortschritte der französischen Truppen auf sein Vaterland Württemberg.«[140] Zwischen Herbst 1792 und Herbst 1793 arbeitete Hölderlin an seiner verschollenen Tübinger Fassung des »Hyperion«[141], die er im Sommer 1793 an Neuffer in Stuttgart schickte, damit er sie im Kreise seiner *edlen Freundinnen* vorlese. Christiane und ihre Freundinnen sind also durchaus mit dem konfrontiert worden, was ihre Brüder, Freunde und Verehrer damals im Innersten bewegte und umtrieb. Übrigens ist auch Isaac von Sinclair, der überzeugte Homburger Republikaner und spätere enge Freund Hölderlins und Hegels, im Herbst 1792 an die Universität Tübingen gekommen, durchaus mit der erklärten *Nebenabsicht*, unter den Tübinger Studenten für die Ideale der Französischen Revolution zu werben, wie er in einem Brief kurz vor seiner Abreise nach Tübingen formulierte: *Dann habe ich noch eine Nebenabsicht die nicht verworfen zu werden verdient; unter jener grosen Menge würde ich gewis viele finden, deren Geist empfänglich für Wahrheit ist, ich würde ihnen meine Ideen mittheilen, sie würden mit ihnen wuchern, und diese Jünglinge aus allen Enden Europa's könnten dann überall Apostel der Wahrheit werden.*[142] Seine späteren Briefe aus der Universitätsstadt klingen allerdings weitaus weniger enthusiastisch.

Nach der Hinrichtung Ludwigs XVI. am 21. Januar 1793 schlug zwar die allgemeine Stimmung in Deutschland um,[143] doch unter den Tübinger Studenten nahm die Begeisterung für die Französische Revolution noch zu, wie zahlreiche Stammbucheinträge und die Existenz eines politischen Clubs am Stift belegen.

Hegels Freunde Schelling und Stäudlin geraten unter Druck

Mit der Einbeziehung Württembergs in den Krieg gegen das revolutionäre Frankreich erhöhte sich allerdings zugleich auch der innenpolitische Druck. Die Erklärung des Reichskrieges erfolgte im März 1793, also wenige Tage vor Christianes zwanzigstem Geburtstag. Der württembergische Herzog Carl Eugen musste nun Soldaten stellen, doch sein Land war vorerst noch nicht Kriegsschauplatz. Dass am Tübinger Stift die *Stimmung äußerst democratisch*[144] war, blieb auch dem Herzog nicht verborgen. Wenige Tage nach Christianes zwanzigstem Geburtstag flog in Tübingen eine konspirative Gruppe auf, die sich um den als »Demokraten« verschrienen Studenten August Wetzel gebildet hatte. Die Gruppe hatte sich für die Einführung von Freiheit und Gleichheit in Württemberg eingesetzt und entsprechendes Propagandamaterial in Straßburg drucken lassen wollen. Denunziert wurde in diesem Zusammenhang auch Hegels Stiftsfreund Schelling – es ist der bislang einzige bekannte Hinweis auf eine aktive Beteiligung Schellings an konspirativen Plänen.[145] Auch bei seinen akademischen Lehrern stand Schelling im Ruf, *von jeher ein starker Democrat gewesen* zu sein.[146] Hegels junger Freund musste sich vor dem Herzog verantworten, und auch sein Vater, der als angesehener Dekan in Schorndorf lebte, schrieb Entschuldigungsbriefe.[147] Auch im Hause Hegel soll es damals zu *heftigsten Debatten* zwischen Vater und Sohn gekommen sein, die Christiane nicht verborgen geblieben sein dürften. Diese Debatten waren, wie Karl Rosenkranz vorsichtig ausdrückt, durch den *Zeitgeist* angeregt.[148] Mehr verrät Hegels Biograph nicht. Bringt man dies aber mit einer Bemerkung des Tübinger Stiftsephorus Schnurrer in Zusammenhang, der am 10. September 1793 sein Missfallen dahingehend äußerte, Hegel habe sich *unter dem Vorwande einer Cur* beinahe den ganzen Sommer des Jahres 1793 *zu Hauß* aufgehalten, *wo er selbst vielleicht mehr gilt als der Vater*[149], so verdichtet sich der Eindruck, dass sich die Diskussionen zwischen Vater und Sohn nicht nur auf das Studium, sondern auch auf die politischen Ansichten und Aktivitäten des Studenten bezogen haben. Inwieweit sich Hegels angespanntes Verhältnis zu seinem Vater auch auf Christianes Beziehung zu Letzterem ausgewirkt hat, bleibt fraglich.

Doch nicht nur auf die Tübinger Stiftler fiel das wachsame Auge des württembergischen Herzogs. Auch Gotthold Stäudlin bekam den zunehmenden innenpolitischen Druck zu spüren, und auch dies spielte sich unmittelbar in den Tagen um Christianes zwanzigsten Geburtstag ab: Ende März 1793 hatte der Reichshofrat in Wien die von Stäudlin herausgegebene »Chronik« verboten, in der sich dieser immer wieder unverhohlen für die Französische Revolution ausgesprochen hatte. Carl Eugen setzte das Reichsverbot postwendend um, indem er der Zeitschrift das Druckprivileg entzog. Gotthold Stäudlin geriet dadurch in noch größere finanzielle Schwierigkeiten. Es sind zugleich auch die Monate, in denen er in intensivem Kontakt mit Hegel stand. Stäudlin schmiedete mit Neuffer, Hölderlin und anderen neue Zeitschriftenpläne.[150] Im Herbst 1793 kam der Homburger Franz Wilhelm Jung nach Stuttgart zu Besuch, weil er sich mit dem Gedanken trug, in Württemberg eine liberale Tageszeitung zu gründen.[151] Von den Stuttgartern, die der entschiedene Republikaner und glühende Illuminat Jung damals kennen und schätzen lernte, sind uns nur zwei namentlich überliefert: *Ich zähle meinen Aufenthalt in Stutgart unter die glüklichsten Ereignisse meines Lebens, um der vielen und mit unter sehr interessanten Bekanntschaften willen, die ich daselbst gemacht. Zu den leztern zähl' ich die Stäudlin'schen, zähl' ich die Ihrige und Ihres biedern guten Mädchens*,[152] rekapituliert Jung anschließend enthusiastisch in einem langen Brief an Neuffer. Den Kontakt zu Stäudlin und Neuffer hatte wohl Isaac von Sinclair hergestellt, der als Ziehsohn Jungs gilt: *Wenn Sie Stäudlin sehen, so empfehlen sie mich ihm*, schreibt Sinclair am 25. Oktober 1793 an den in Stuttgart weilenden Jung. Nach einjährigem Aufenthalt in Schwaben teilte Sinclair die Begeisterung seines Homburger Freundes über die Stuttgarter nicht mehr uneingeschränkt: *Auch sie haben glaube ich noch eine etwas zu vorteilhafte Opinion von Stutgard, bisher haben sie nur die Ausnahmen von der Regel kennen lernen, lernen sie einmahl den gewöhnlichen Schlag der dortigen Leute kennen, u. sie werden glaube ich bald anderer Meinung sein.*[153]

Christiane und Isaac von Sinclair

Mit Blick auf die nachweisbare Bekanntschaft der Homburger Republikaner Franz Wilhelm Jung und Isaac von Sinclair mit den Stuttgartern Ludwig Neuffer und Gotthold Stäudlin darf man durchaus die in der Forschung umstrittene Frage[154] erneut stellen, ob Sinclair Hegel wirklich erst 1797 in Frankfurt kennen lernte oder nicht doch schon in Tübingen zwischen Oktober 1792 und Oktober 1793: nicht oder zumindest nicht in erster Linie über die Tübinger Studentenkreise, von denen Sinclair reichlich enttäuscht war, sondern eben über die Stuttgarter Stäudlin und Neuffer. Denn, und hier kommt Christiane Hegel ins Spiel, Rosenkranz berichtet: *Sinclair war auch mit Hegel's Familie bekannt und hielt besonders Christianen sehr hoch.*[155] Die betreffende Bemerkung ist für Rosenkranz außergewöhnlich, da er an dieser Stelle seiner Hegel-Biographie ganz ausnahmsweise sein Augenmerk auch auf Hegels Schwester richtet. Sinclairs gute Bekanntschaft mit Christiane und ihrer Familie spricht dafür, dass Sinclair während seiner Tübinger Studentenzeit – zwischen Oktober 1792 und Januar 1794 – bei den Hegels in Stuttgart zu Besuch gewesen ist. So wäre auch plausibel, warum Hölderlin später an Hegel – und zwar bereits vor dessen Ankunft in Frankfurt – schreiben konnte: *Sinclair ist jetzt in Homburg bei seinen Eltern. Er lässt Dich herzlich grüßen; er ehrt Dein Andenken wie immer!*[156]

Auch den jungen Hölderlin hat Sinclair bereits in Tübingen kennen gelernt. Denn in seinem bereits zitierten Brief an den Homburger Freund Jung, der ihn gebeten hatte, für einen Freund einen Absolventen des Tübinger Stifts als Hauslehrer vorzuschlagen, schreibt Sinclair: *Dann aber habe ich an den Magister Hölderlin gedacht der wie man mir versichert hat gut französisch kann. Er ist ein junger Mann vom besten Charakter u. der besten Aufführung, überdies hat er sich schon durch mehrere Gedichte gezeigt. Der Dr. Stäudlin kennt ihn sehr wohl u. wird ihnen die nähere Auskunft geben können.*[157] Nimmt man Sinclair wörtlich, so hat er also Hölderlin in Tübingen zwar nicht französisch sprechen hören, aber sehr wohl einen persönlichen Eindruck von dessen Auftreten gewonnen. Die Briefstelle zeigt zugleich, dass die enge Herzensfreundschaft zwischen Sinclair und Hölderlin erst später in Homburg und Frankfurt gewachsen ist.

Als sich Sinclair Jahre später, im Sommer 1804, vorübergehend wieder in Stuttgart aufhielt und sich dabei in jene verhängnisvollen Treffen verwickeln ließ, die 1805 zu seiner Verhaftung und zu seinem sogenannten »Hochverratsprozess« in Württemberg führten, hatte Christiane Stuttgart, ja württembergischen Boden bereits verlassen. Auch wenn grundsätzlich nicht ausgeschlossen werden kann, dass Hegels Schwester ihre beiden Brüder in Frankfurt besucht hat und dabei auch mit Sinclair zusammengetroffen ist, der seit 1796 im Dienst des Landgrafen im nahe gelegenen Homburg vor der Höhe angestellt war, ist es weitaus wahrscheinlicher, dass sie bereits im Alter von neunzehn oder zwanzig Jahren in Stuttgart den eineinhalb Jahre jüngeren Isaac von Sinclair im Kreise von Neuffer, Stäudlin und dessen Schwestern kennen gelernt hat. Einmal mehr ist zu bedauern, dass fast sämtliche an Sinclair gerichtete Briefe verloren gegangen sind.

Zu dieser Annahme passt schließlich noch ein anderes Detail, das uns wiederum in Christianes Nachbarschaft führt. Sinclair hatte zu Beginn seines Tübinger Studiums in dem Tübinger Jura-Professor Karl Christoph Hofacker einen väterlichen Freund, Förderer und Gesinnungsgenossen gefunden, der jedoch leider bereits wenige Monate nach Sinclairs Ankunft in Tübingen am 20. April 1793 starb: *Ich habe seit meiner Ankunft einen recht grosen Verlust erlitten am Pr. Hofacker. […] Ich erinnere mich nun oft mit Vergnügen der Unterredungen die ich mehrmals mit ihm über die französ. Revolution gehabt habe; die Ideen die er darüber hatte, waren hell und gros und er war lebhaft für die Sache eingenommen. Auch sein Charakter war so im alten römischen Styl, fest u. streng kurz sein Verstand und sein Herz war republikanisch.*[158] Hofacker hinterließ eine Frau mit fünf Töchtern. Seine Witwe zog nach dem frühen Tod ihres Mannes mit den Kindern wieder nach Stuttgart in ihr Elternhaus, das in der Lange Gasse in unmittelbarer Nachbarschaft zu dem der Hegels lag.[159] Eine der fünf Hofacker-Töchter, Luise, die fünf Jahre jünger als Christiane war, heiratete im Januar 1797 im Alter von 18 Jahren den Mann, der als einer der engsten Freunde Georg Kerners gilt und der zugleich ein Vetter der Geschwister Stäudlin war: den 27-jährigen Arzt Philipp Friedrich Hopfengärtner. Hopfengärtner hatte sich schon in Luise Hofacker verliebt, als sie noch ein blutjunges Mädchen war: *Die Luise ist noch in Tübingen und wird übermorgen erwartet, ich zweifle aber, ob sie kommen wird. Ihre Mutter befindet sich so viel ich weiß wohl*, schreibt Hopfengärtner im Juni 1794 einem Freund, und wenige Wochen später, am 17. Juli 1794, weiß er demselben Freund zu melden: *… das Luisle ist wieder hier, ich habe sie auch schon einige Mal besucht, immer aber weiter nichts zu sagen als daß es noch immer das alte liebenswürdige Kind ist. Wie sie gegen mich gesinnt ist kann ich nicht ergründen. Es hat übrigens auch keine Eile.*[160] Luise Hofacker zählte damals 16 Jahre. Der junge Hopfengärtner war es auch, der zeitweise den Briefkurier für seinen Carlsschulfreund Georg Kerner und dessen Braut Auguste spielte, die unmittelbar neben ihm am Postplatz wohnte. Interessanterweise ist auch Sinclair während seiner Tübinger Studienzeit auf Hopfengärtner aufmerksam geworden, denn er empfahl seinem Homburger Freund Jung im Oktober 1793 dringend und im gleichen Atemzug mit Gotthold Stäudlin: *à propos lernen sie den Dr. Hopfengärtner kenen [!], das soll ein sehr interessanter Mann sein.*[161] Hopfengärtner war über seine Cousine Rosine Stäudlin auch mit Neuffer bekannt und befreundet – sein Vater, der alte Herzogliche Leibarzt Hopfengärtner, hat Rosine bis zu ihrem Tod im April 1795 behandelt. Auch hier schließt sich also der Kreis um Christiane Hegel wieder. Hopfengärtner hat Neuffer auch frühzeitig darüber informiert, dass Rosine ihrem Lungenleiden erliegen würde. Schon im Juni 1794 machte sich dieser große Sorgen um seine Verlobte, wie sein Briefwechsel mit ihr zeigt,[162] und bereits am 16. August 1794 schrieb er verzweifelt an Hölderlin, dass seine Röse dem Grab entgegengehe. Am 10. Juni 1794, wenige Tage nachdem sein Vetter Gotthold Stäudlin Stuttgart verlassen hatte, wandte sich der junge Hopfengärtner mit folgenden Worten an Neuffer: *Mein lieber Magister! Meine Leute bitten Sie heute mit uns zu Mittag zu essen, um den [?] Kirschenkuchen verzehren zu helfen. Sollten Sie aber die Gesellschaft der Jfr. Röse nicht vermissen können, welche heute nicht bei uns ist, so bitten wir Sie ein andermal, mit ihr, einen andern Kirschkuchen bei uns anzunehmen. Meiner Meinung nach wäre die Combination von beidem das beste. Heute mit uns allein und in ein paar Tagen mit der Röse. – Der Ihrige Hopfengärtner.*[163] Es gab wohl genug Gesprächsstoff – und dabei dürfte es nicht nur um Rosines bedenklichen Gesundheitszustand gegangen sein. Denn Hopfengärtners Mutter, Gotthold Stäudlins Tante, hatte diesem am Sterbebett des Vaters eine heftige Szene gemacht, worüber sich Gotthold in einem Brief an die Mutter vom 8. Juni 1794 zutiefst beklagt: *Man ließ mir nicht einmal Ruhe, ihn ungestört sterben zu sehen – ein herzloses Weib, unwerth Ihre Schwester zu heißen, zerfleischte sogar mein Herz an seinem Sterbebette, und beschimpfte mich im Angesichte fremder Personen. [...] Es ist gar zu unverschämt, daß die Hopfengärtnersche, nicht zufrieden, mir bei all ihrem Reichthum ihre Unterstützung versagt zu haben, mich noch so giftig verläumde und mich, ohne alle Rücksicht auf meine persönlichen Talente und meinen entschiedenen literarischen Ruhm wie einen Buben behandele.*[164] Man kann sich also gut vorstellen, was sich Neuffer beim Verzehr des Kirschkuchens von der

Frau des Hauses über seinen Freund Gotthold hat anhören müssen. Auf der anderen Seite gibt es Hinweise, dass auch die Familie des alten Hopfengärtner unter Druck gesetzt wurde, als Gotthold Stäudlin mit seiner »Chronik« immer wieder ins Visier der Zensur geriet.[165]

In diese Familie Hopfengärtner hat nun also eine der fünf Hofacker-Töchter, *das Luisle*, Christianes Nachbarskind, Anfang 1797 hinein geheiratet. Es muss sich dabei um eine ausgesprochene Liebesheirat gehandelt haben. Als die junge Frau 1807 viel zu früh starb, nahm sich auch Hopfengärtner das Leben.

Dass auch Christiane Hegel engen Kontakt zu den in der Nachbarschaft heranwachsenden Hofacker-Töchtern gepflegt hat, ergibt sich nicht nur aus dem gemeinsamen Umfeld. Eine der unverheiratet gebliebenen Töchter zählte noch in den 1820er Jahren zu den treuen Freundinnen Christianes.[166]

Interessant mit Blick auf Christiane Hegel ist indessen auch, wie differenziert sich Sinclair im Jahr 1793 mit der Persönlichkeit Abels, Christianes lebenslangem Freund und Lehrer, auseinandergesetzt hat. Er hat Abel in Tübingen recht gut kennen gelernt und mit ihm offenbar regen Umgang gepflegt: *ich kenne ihn genau*, meinte er gegenüber Jung. Offensichtlich hat der Homburger Illuminat Jung seinem Schützling Sinclair den Umgang mit dem Ordensbruder nahegelegt. Doch der eher biedere und gutmütige Abel genügte Sinclairs hohen, fast möchte man sagen übersteigerten Ansprüchen nicht – vor allem aber war er *kein Glaubensgenosse*. Am 1. Dezember 1793 zieht Sinclair folgendes Resümee: *Das ist auch die ewige Kluft die zwischen uns beiden befestigt sein wird, und wenn wir in vertraulichen Vernehmen selbst mit einander kommen, so wird es doch immer sein wie die attitude zweier Menschen die sich von zwei Felsen die Hände hinüber reichen und miteinander reden zur Umarmung wird es nie kommen. Oh! lehren sie mich vorher tolerant sein, gegen die die in dem wesentlichsten Punkt von mir dissentiren, lehren sie mich in ein Freundes Gespräch mich mit denen einlassen, die eigentlich keinen Berührungs Punkt mit mir haben, die eigentlich mit mir in keinem Stück konzentrisch sind, weil sie den Berührungs Punkt, in dem sich alle andern Punkte wie die Radien des Cirkels in das Centrum vereinigen, nicht mit mir gemein haben. Ich bin in meiner Leidenschaft für die Sache so weit gekommen, dass ich für die, die nicht ihre Anhänger sind, nur ein Gefühl in meinem Herzen trage, das der Indignation.*[167]

Darf man daraus aber folgern, dass Christiane Hegel für Sinclair eine *Glaubensgenossin* war, wenn sie denn so *hoch* in seinem Ansehen stand, wie Rosenkranz ohne weiteren Beleg und zeitlichen Anhaltspunkt überliefert? Und hat Christiane Sinclairs strengem Urteil standgehalten, das er über die Schwaben, auch über den *Glaubensgenossen* Gotthold Stäudlin im Oktober 1793 fällte, als er an den Homburger Landsmann Jung schrieb: *Wie gefallen ihnen noch die Studtgardter? Bei denen die ich habe kennen lernen, auch bei den vorzüglichsten wie Stäudlin pp war ein hoher Grad von Sinnlichkeit, die einem bald ihren Umgang minder angenehm machten; Sinnlichkeit, Herrschaft der thierischen Natur über die geistige, ist der Charakter des Volks u. selbst bei den Edleren wird man dieses finden, wenigstens Spuren davon.*[168]

Hatten Sinclair und Christiane Hegel auch später noch Verbindung zueinander? Ein Beleg dafür, dass Sinclair Christiane vor ihrer Anstellung in Jagsthausen regelrecht den Hof gemacht hat, wie der französische Hegelforscher Jacques D'Hondt[169] behauptet, ließ sich nicht finden. Standen die beiden auch noch in Kontakt, als sich Sinclairs politische Position nach der Jahrhundertwende radikal änderte und er zum adelsstolzen deutschen Konservativen mutierte?[170] Wir wissen lediglich, dass sich Sinclair später, im August 1810, in einem Brief an Hegel nach dessen Schwester erkundigte: *Wenn Du mir schreibst, melde mir, wie sich Deine Schwester befindet und empfehle mich ihr,* bat Sinclair den Freund, nachdem sie drei Jahre nichts voneinander gehört hatten. Ob Hegel dieser Bitte nachgekommen ist, wissen wir indessen nicht.

Hegel verlässt Württemberg

Als Sinclair sein hartes Verdikt über die Stuttgarter äußerte, hatte Christianes Bruder seine Heimatstadt bereits seit drei Wochen verlassen – für immer, sieht man von einigen kurzen Besuchen einmal ab. Im September 1793 hatte Hegel vor dem Stuttgarter Konsistorium das theologische Abschlussexamen erfolgreich abgelegt. Wohl am 10. Oktober 1793 reiste er nach Bern ab, um dort im Hause des Patriziers Carl Friedrich von Steiger bis Ende 1796 die Stelle eines Hauslehrers zu übernehmen; die Sommermonate verbrachte er mit der Familie auf deren Landsitz in Tschugg in der Nähe des Bieler Sees. Hegels Verhandlungen über eine akzeptable

Hofmeisterstelle hatten sich schon seit dem Sommer hingezogen.[171] Auch Gotthold Stäudlin und Friedrich Schiller hatten sich bemüht, für Christianes Bruder eine attraktive Stelle aufzutun. Die Berner Stelle erhielt er schließlich dank der Vermittlung seines Stuttgarter Schulfreundes August Hauff,[172] also des Mannes, der Anfang 1800 unter dem Verdacht revolutionärer Umtriebe auf den Hohenasperg gefangen gesetzt wurde. Er findet sich denn auch unter den Freunden, die sich unmittelbar vor Hegels Abreise in die Schweiz am 8. und 9. Oktober 1793 in dessen Stammbuch eingetragen haben.[173]

Auch Hölderlin verließ wenig später Württemberg und nahm die von Gotthold Stäudlin und Friedrich Schiller vermittelte Hofmeisterstelle bei Charlotte von Kalb im thüringischen Waltershausen an, die Hegel zugunsten der Berner Hauslehrerstelle abgelehnt hatte. Interessanterweise schickte Hölderlin seinen ersten Brief aus Waltershausen an den Freund in der Schweiz über die Lange Gasse in Stuttgart. Dass er Christiane Hegel bat, den Brief weiterzuleiten, beweist einmal mehr, dass diese eingebunden war in das Beziehungsnetz ihres Bruders. Allerdings sollte Freund Neuffer kontrollieren, ob Christiane Hölderlins Brief an Hegel auch wirklich weiter befördert hat. Auch Schelling hat später mindestens einen Brief an Hegel in die Schweiz über Christianes Stuttgarter Adresse laufen lassen.

Christiane und die Stuttgarter Hofmeisterszene

Interessant für Christiane Hegel und ihre Stuttgarter Kontakte ist nun, dass sie auch in der Zukunft im Umfeld von Hegels einstigen Freunden auftaucht. Einige von dessen älteren und jüngeren Tübinger Stiftskollegen kamen nämlich – zumindest vorübergehend – wenig später nach Stuttgart: Die einen kehrten bereits wieder von ihren ausländischen Hofmeisterstellen zurück, die anderen, jüngeren, übernahmen nach Abschluss ihres Tübinger Studiums Hauslehrerstellen bei Adelsfamilien, die in Stuttgart wohnten. So etwa Schelling, nachdem er sein Studium im November 1795 beendet hatte. Auch Christianes alter Verehrer Klett kam, wie wir bereits wissen, im Winter 1795 aus der Schweiz zurück und ging nach Stuttgart, wohnte mit Schelling vorübergehend im gleichen Haus: beim Gymnasialprofessor Ströhlin in der Schönfärbgasse, einer Seitenstraße der heutigen Eberhardstraße. In diesem Haus – die Stuttgarter Welt ist klein – wohnte übrigens auch die zukünftige Frau des anderen Hauff, der Anfang 1800 ebenfalls vorübergehend verhaftet wurde und der daher so gerne mit Mines Mann August Hauff verwechselt wird: Viktor Hauff.[174] Ihn heiratete Ströhlins Stieftochter Lotte Anfang 1799. Man kann also davon ausgehen, dass auch der gebürtige Stuttgarter Viktor Hauff Mitte der 1790er Jahre in der Schönfärbgasse häufig zu Besuch war. Auch Hölderlin war im Sommer 1795 aus Thüringen nach Schwaben zurückgekehrt und traf sich im November und Dezember des Jahres 1795 wiederholt mit Schelling, besprach seinen »Hyperion« mit ihm, bevor er Ende Dezember 1795 nach Frankfurt abreiste, um dort seine zweite Hofmeisterstelle bei dem Kaufmann Gontard anzutreten – dessen Frau Susette die große Liebe seines Lebens werden sollte.

Wie Christianes ehemaliger Verehrer Klett ist auch der einstige Stiftler Wilhelm Friedrich Seiz[175] im Dezember 1795 aus der Schweiz nach Stuttgart gekommen. Auch er wohnte vorübergehend als Kostgänger bei Professor Ströhlin,[176] und auch er zählte zum alten Freundeskreis im Tübinger Stift um Hölderlin und Hegel. Seiz verkehrte viel mit Karl Wilhelm Friedrich Breyer, einem Vetter zweiten Grades und engen Freund der Geschwister Hegel, der sich mit dem »Dreigestirn« Hegel, Schelling und Hölderlin die berühmte Stube im Tübinger Stift geteilt hatte. Breyer, der ein Jahr jünger als Hegel war, hatte sich nach Abschluss seines Theologiestudiums im Herbst 1794 ebenfalls nach Stuttgart begeben und sich dort für drei Jahre als Hofmeister in den Dienst des Grafen Reischach gestellt. Für die beiden letztgenannten Freunde Hegels aus der Tübinger Studienzeit ist gesichert, dass sie Mitte der 1790er Jahre auch mit Hegels Schwester Kontakt pflegten.[177]

Die Freundin Nanette Endel

Breyers häufige Besuche bei den Hegels hatten allerdings auch noch einen anderen Grund: Dort wohnte zeitweilig eine junge Mannheimerin namens Nanette Endel, die mit Christiane enge Freundschaft geschlossen hatte und von der Breyer sehr angetan war.

Wann Nanette Endel[178] bei den Hegels eingezogen ist, wissen wir nicht, möglicherweise hat sie ihre Geburtsstadt im Zusammenhang mit deren Eroberung durch die Franzosen und dem anschließenden schweren Bombardement durch die Österreicher im Jahr 1795 verlassen. Ihr Vater war der Hofgerichtsadvokat Matthias Endel.[179] Nanette, die eineinhalb Jahre jünger als Christiane war, muss schon am Jahreswechsel 1796/97 im Haus der Hegels gewohnt haben, denn hier lernte Hegel die damals gerade 22-jährige auf der Durchreise von Bern nach Frankfurt kennen. So beeindruckt war er offenbar von der gut aussehenden katholischen Freundin der Schwester, dass er ihr aus Frankfurt noch bis weit ins Jahr 1798 hinein Briefe geschrieben hat, deren teilweise recht offenherzige Bemerkungen die Forschung rätseln lassen, in welchem Verhältnis der junge Hegel zu Nanette Endel stand. Auch Hegels Studienfreund und Vetter Breyer hat sich um das attraktive Mädchen bemüht, dessen *schwarze Haare und glänzende Sternlein im Gesichte* ihn fesselten. Breyer hatte Hegel gegenüber einen gewissen »Heimvorteil«, da er in Stuttgart als Hauslehrer tätig und somit präsent war – bis Nanette im Frühjahr 1797 ihrerseits Stuttgart verließ, um als Gesellschafterin der Baronin Regina Helene von Bobenhausen in Franken tätig zu werden. Breyers Briefe an Nanette Endel aus der Zeit nach ihrem Wegzug sind jüngst in Lörrach entdeckt und veröffentlicht worden.[180] Sie stellen auch für Christiane Hegel eine wertvolle Quelle dar, da Vetter Breyer darin auf einige gemeinsame Aktivitäten der drei in Stuttgart zurückblickt. Bis zu seiner eigenen Abreise aus Stuttgart Anfang Oktober 1797 erstattet er Nanette Bericht, wobei deutlich wird, dass der junge Breyer auch weiterhin mit seiner Cousine Christiane Hegel freundschaftlichen Umgang hatte: *Zu unserer Heglin komme ich noch sehr oft; und nie, ohne daß wir uns Ihrer erinnern. Sehen Sie, welch ein Zutrauen Sie in mich setzt; sie schikt mir den Brief an Sie offen zu*, schreibt Breyer beispielsweise am 19. Mai 1797 an Nanette. Auch nachdem er Stuttgart verlassen hatte, pflegte Breyer offenbar brieflichen Kontakt zu Christiane und ihrem Bruder, doch ist davon nichts erhalten.[181] Breyers Briefe an Nanette Endel belegen, was schon die bereits bekannten Briefe Hegels an das Mädchen erkennen ließen: die enge Freundschaft, ja Vertrautheit zwischen Christiane Hegel und Nanette Endel. In der etwas jüngeren quicklebendigen Mannheimerin dürfte Christiane vorübergehend das gefunden haben, was ihr das Schicksal versagt hatte – eine Schwester im Haus.

Mit Nanette Endel war auch deren zwei Jahre ältere Schwester Babette nach Stuttgart gekommen, die als Modistin tätig war.[182] Babette heiratete im Mai 1798 den Stuttgarter Hofschauspieler Anton Vincenz; Christiane war bei der Hochzeit zugegen und hat offensichtlich wieder heftig das Tanzbein geschwungen.[183] Nanette Endel blieb wie Christiane unverheiratet. Nach ihrer Anstellung im Fränkischen ist sie vermutlich schon 1798 wieder nach Stuttgart zu ihrer verheirateten Schwester gezogen und hat in deren Geschäft mitgeholfen.[184] In den 1820er Jahren, als Christiane wieder in Stuttgart wohnte, ist auch Nanette Endel dort als Putzmacherin nachzuweisen.[185] Hier entstanden dann im Jahr 1827 jene recht unbeholfenen Verse zu Hegels 57. Geburtstag, die Nanette an Christiane richtete. Mit ihnen wollte Nanette offenbar den Freundschaftsbund erneuern,[186] denn sie schreibt: *Am Tag der Dir den Bruder gab, | Will ich mit Dir, mich Seines Werthes freu'n: | Laß heute uns der Freundschaft Bund erneu'n | Sie grün, und sterbe nicht im Grab.* Nimmt man Nanette beim Wort, so hatten sich die beiden Freundinnen in den Jahren zuvor etwas aus den Augen verloren. Beim Lesen der Verse wird man den Eindruck nicht los, dass bei der alternden Freundin, die ihren Lebensunterhalt als Putzmacherin verdiente, auch eine gewisse Eitelkeit im Spiel ist: Christianes Bruder, der dreißig Jahre zuvor für das hübsche Mädchen geschwärmt hatte, war unterdessen ein berühmter und gefeierter Mann. Hegels Geburtstag war ein Jahr zuvor sogar im Zusammenhang mit Goethes Geburtstag in die Schlagzeilen geraten. Nanette Endels lyrische Reminiszenzen an die Details jugendlicher Vertrautheit muten vor diesem Hintergrund eher peinlich an. Vielleicht hat auch Christiane das so empfunden. Jedenfalls gibt es keinerlei weitere Hinweise, dass die beiden Frauen ihre Jugendfreundschaft wieder intensiv gepflegt hätten. Nanette starb fast zehn Jahre nach Christiane am 1. November 1841 in Stuttgart.

Folgt man dem unbekümmerten Inhalt der Briefe, die Breyer in den Jahren 1797 und 1798 an Nanette Endel geschrieben hat, so könnte man fast annehmen, das Leben der jungen Leute – Christiane Hegel eingeschlossen – hätte damals nur aus den Freuden des menschlichen Lebens bestanden, wie Breyer in einem seiner Briefe an Nanette schreibt, bevor er selbst Stuttgart für immer in Richtung Jena verließ: Und ich muß es Ihnen abermahl gestehen, daß ich mit bangen Empfindungen an meine Trennung von Stuttg(art) denke. Ich habe so manche innige Freude in dieser Stadt genossen, mein Herz, das beynahe kein dringenderes Bedürfnis kennt, als unter guten und aufgeklärten Menschen zu seyn, hat hier so manchen gesellschaftlichen Genuß gehabt, und ich bin beynahe fest überzeugt, daß mir diejenige angenehme Zeit nicht mehr wiederkehren wird, die mir in Stuttgart und besonders am Anfange des gegenwärtigen Jahrs [1797] zu theil geworden ist [als Hegel Stuttgart wieder verlassen hatte!], als wir so in Gemeinschaft mit einander die Freuden des menschlichen Lebens genoßen. Empfangen Sie izt, theure Freundin, am Ende meines Stuttgarter Aufenthalts, noch einmal meinen innigen Dank für die herrlichen Beyträge, welche auch Sie mir, ja Sie insbesondere zu seiner Verschönerung gegeben haben.[187] In einem früheren Brief heißt es gar: Auch bei uns ist der Frühling sehr schön; doch schöner wäre er noch, wenn unsere Nanette ihn mit uns feyerte. Es ist mir gegenwärtig oft innig wohl im Schooße der schönen Natur, wenn der belebende Hauch des Frühlings mein Innerstes durchströmet. Doch ist es mir nicht so wohl, wie es mir in den ersten Monathen des gegenwärtigen Jahres war, als wir so traulich mit einander zusammenlebten! Oft ist es mir, als wären jene Tage die letzten meines Lebens gewesen, wo ich das gesellschaftliche Leben, so wie es nach meinen Vorstellungen seyn sollte, genießen durfte; – ein Gedanke, der sich mir immer lebhafter aufdringt, je mehr sich das Ende meines Aufenthaltes in Stuttgart nähert. [...] Und da ist mir, als ob mit dem Ende dieses Aufenthaltes auch der Genuß des gesellschaftlichen Lebens für mich zu Ende gienge. [...] Und dann nach dieser Reise muß ich in das einförmige kleinstädtische Leben zurück, vor dem ich einen wahren Abscheu habe ...[188]

Doch findet sich bei genauerem Hinsehen auch anderes. Auf dem gemeinsamen Programm stand damals etwa auch eine Aufführung von Schillers »Räuber«, die Breyer und Nanette Endel – und daher sicherlich auch Christiane Hegel – am 2. Februar 1797 gesehen haben. Dieser Theaterbesuch muss einen tiefen Eindruck hinterlassen haben, denn ein Jahr später legt Breyer eine Gedenkminute daran ein und schwärmt: Auch ich feyerte am 2ten Februar, wo wir die Räuber miteinander gesehen hatten, das Andenken dieser glüklichen Tage – Nie, nie wird es aus meiner Seele getilgt werden ...[189] Interessant ist in diesem Zusammenhang indessen auch, was Breyer wenige Jahre später, 1804, an einen ganz anderen Adressaten, den Schweizer Geschichtsschreiber Johannes von Müller, über seine Stuttgarter Zeit geschrieben hat. Hier betont der junge Breyer zwar auch die für ihn so wichtige und neue Erfahrung des geselligen Lebens, doch gegenüber dem Historiker artikulierte er auch das Thema, das damals die jungen Gemüter in der württembergischen Residenzstadt wie kein anderes bewegt hat – die Französische Revolution: *Im 23sten Jahre verließ ich die Universität, ward Hofmeister in einem adeligen Hause zu Stuttgart und lebte drei Jahre fast gänzlich dem Studium und Genusse des geselligen Lebens, das mir bis dahin, vorzüglich wegen der pietistischen Grundsätze meines Vaters, eine terra incognita gewesen war. Die französische Revolution sah' ich damalen noch nicht historisch richtig an und schrieb daher eine schülerhafte Schrift über die Prinzenerziehung. Anno 1797 ging ich nach Jena ...*[190] Breyers schülerhafte Schrift, die er noch im Jahr 1797 in Stuttgart herausgegeben hatte, trägt den Titel »Einige Ideen über die Erziehung der Fürstensöhne, in Hinsicht auf den Geist unsers Zeitalters«. Christiane Hegel wird sie gelesen und mit dem Freund diskutiert haben. Denn Breyer hat – das zumindest lässt sich belegen – mit Nanette Endel in Stuttgart politische Diskussionen geführt und mit ihr kontrovers über seine damalige Hoffnung diskutiert, Württemberg möge eine Schwäbische Republik werden. Das verrät ein späterer Brief Breyers an Nanette, der vom 28. März 1798 datiert: *... ich bin es überzeugt, daß die Dinge, die in unsern Tagen gewiß noch kommen werden, groß und wichtig seyn werden. Ihrer Aufmerksamkeit wird gewiß die erstaunenswürdige Ausbreitung des großen Werks, welches die Franzoßen begonnen haben, die vor unsern Augen vorgeht, nicht entgehen. Und, liebe Freundin, sollte der hochmächtige Republikanism nicht auch in Ihr und mein Vaterland eindringen. Bedenken Sie nur das Einzige, daß wir izt unmittelbare Nachbarn der Franzoßen sind. Diese Aussichten erfüllen meine Seele mit hohem Enthusiasm. Zwar sehe ich wohl ein, daß, falls diese Begebenheiten uns unmittelbar betreffen würden, sie vielleicht auf unsere Ruhe und Glükseeligkeit nicht den günstigsten Einfluß haben, aber für unser ganzes Seyn und Wirken, für unsere und unserer Mitmenschen Erhebung zur wahren Selbstständigkeit, dem Ziele der Menschen höchst nützlich seyn werden. Verzeihen Sie mir diesen Erguß meiner Empfindungen; ich kenne Ihre Gesinnungen, welche Sie im vorigen Jahre in Hinsicht auf diesen Punkt gehabt haben, und Sie haben sie wohl seit unserer Trennung nicht geändert.*[191]

Süskinds »revolutionäres« Stammbuch

Zu dem Stuttgarter Hofmeister-Zirkel gehörte damals auch Johann Gottlob Süskind, in dessen Stammbuch sich der einzige bisher bekannte Eintrag von Christiane Hegels Hand befindet.[192] Süskind, der wie Christiane im April 1773 geboren und also drei Jahre jünger als Hegel war, zählte zur Tübinger Promotion Schellings, war mit diesem eng befreundet und gehörte 1793 wie dieser zur Gruppe der revolutionsbegeisterten Studenten in Tübingen.[193] Er zählte darüber hinaus, wie man noch nicht allzu lange weiß[194], auch zum engeren Freundeskreis Hölderlins. Christianes Bruder war mit einem älteren Bruder Süskinds zur Schule gegangen, doch nicht mit diesem, der später Karriere in der württembergischen Finanzkammer machte, verband ihn herzliche Freundschaft, sondern mit dessen jüngerem Bruder. Hegel ließ den noch in Tübingen studierenden Süskind in einem Brief, den er aus der Schweiz an Schelling zu Weihnachten 1794 richtete, sehr herzlich grüßen und ihm zugleich ausrichten, dass Süskinds Vermutung, *die Briefe in die Schweiz werden alle aufgebrochen*, unbegründet sei: *aber ich versichere Dich, Ihr könnt hierüber ganz unbesorgt sein*. Offensichtlich gab es eine rege Korrespondenz zwischen den jungen Studenten und Hofmeistern in Württemberg und der Schweiz, und offensichtlich war der Inhalt nicht immer für die Augen eines Zensors geeignet. Im November 1795 schlossen Süskind und Schelling ihr Tübinger Theologiestudium mit dem Konsistorialexamen ab. Süskind ging wie Schelling als Hofmeister nach Stuttgart und trat in die Dienste eines adligen Majors: *Viele Grüße von Süskind, der hier als Hofmeister – siedet!*, berichtet Schelling im Januar 1796 aus Stuttgart an Hegel. Christianes Eintrag in Süskinds Stammbuch belegt, dass auch sie in persönlichem Kontakt zu dem gleichaltrigen Süskind stand.

Christianes Stammbuchblatt[195] datiert vom 21. April 1800 – doch gerade dieses späte Datum, aber auch die von ihr ausgewählte Seite und das Umfeld ihres Eintrages passen nahtlos in das bisher aufgefächerte engmaschige Stuttgarter Beziehungsnetz aus der Mitte der 1790er Jahre.

Süskinds Stammbuch, darauf hat schon sein Entdecker, der Tübinger Stammbuch-Spezialist Volker Schäfer hingewiesen, liest sich »streckenweise wie das imaginäre Mitgliederverzeichnis eines Jakobiner-

oder Demokratenclubs«[196], wobei viele Einträge aus dem Jahr 1793 stammen. In ihm finden sich auch die Namen Hölderlin und Schelling, nicht jedoch Hegel. Als sich dessen Schwester am 21. April 1800 in Süskinds Stammbuch eintrug, saßen die sogenannten Stuttgarter Jakobiner schon auf dem Hohenasperg ein. Nicht weniger bemerkenswert ist das Blatt, auf dem sich Hegels Schwester verewigt hat: Sie wählte die Rückseite von Hölderlins Eintrag aus dem Jahr 1793. Der hatte sich dort in Griechisch mit der berühmten »Losung« verewigt, mit der er sich am Ende des Studiums 1793 auch von Hegel getrennt hatte: *Dein Reich komme!* – eine Formulierung aus dem Vaterunser, in der man »über ihre aufklärerische, kantianische Komponente hinaus auch einen verschlüsselten politischen Bezug«[197] vermuten darf. Noch dazu, wenn er darunter als Motto die Choralverse zitiert: *Erhalt uns in der Warheit! | Gieb ewigliche Freiheit!*[198]

Christiane wählte ein unverfängliches Herder-Zitat: *Sterbliche sind wir u. sterblich sind all' unsere Wünsche: | Leid und Freude, sie gehn oder wir gehen vorbei. (Herder).* Das Epigramm stammt aus einem Bändchen griechischer Nachdichtungen Herders, die 1785 erschienen waren.[199] Christianes Bruder besaß die Ausgabe.[200]

Liest man dieses Zitat im Rekurs auf Hölderlins imperatives *Dein Reich komme!* und vor dem Hintergrund der zahlreichen Verhaftungen zu Beginn des Jahres 1800, die das vorläufige Ende aller Republikträume besiegelten, gewinnt allerdings auch Christiane Hegels Eintrag an politischer Aussagekraft: Es ist die Stimme der Resignation, die sich hier erhebt. Auch klingt darin an, was Rosenkranz zu Christianes Gedichten, die er noch kannte, notierte: *einige derselben, worin sie ihre Liebe irdisch begräbt, um sie in den ewigen Himmel der Erinnerung hinüberzuheben, sind wahrhaft schön.*

Am selben Tag wie Christiane schrieb sich auch ihre Freundin Nanette Endel in Süskinds Stammbuch ein, die beiden müssen also Süskind zusammen einen Besuch abgestattet haben. Heute finden wir Nanettes Schriftzüge auf dem Blatt unmittelbar hinter Friedrich Hölderlins und Christianes Eintrag – ursprünglich trennte sie ein weiterer Eintrag, der später herausgerissen wurde. Volker Schäfer vermutet mit guten Gründen, dass es sich dabei um ein Blatt von der Hand Hegels gehandelt haben könnte, das in späteren Jahren möglicherweise einem Autographensammler zum Opfer gefallen ist. Demzufolge hätte sich 1793 auch Hegel in Süskinds Stammbuch eingetragen, und die beiden Freundinnen Christiane und Nanette platzierten ihre Einträge unmittelbar neben die alten von Hegel und Hölderlin.

Was aber schrieb Christianes Freundin Johann Gottlob Süskind ins Stammbuch? Auch wenn Nanette Endels Haupteintrag dem Privat-Persönlichen verhaftet ist und sie darin den Verlust jugendlicher Liebesträume beklagt, die durch *der Trennung Hand* zerstoben sind – die Anspielung auf die Jugendfreunde Hegel und Breyer ist nicht zu übersehen –, so verdienen vor allem der Eingangsvers wie die Abschlusszeile unsere Aufmerksamkeit. Denn Nanette beginnt völlig unvermittelt mit dem Ausruf: *Brutusstirnen sind entstanden!* Brutus aber, durch dessen Hand Caesar starb, galt am Ende des 18. Jahrhunderts nicht als Vatermörder, sondern als Retter der Republik Rom – den Anhängern der Französischen Revolution war er ein Held. Friedrich Schiller hat Brutus in den »Räubern« ein Denkmal gesetzt. Im Vierten Akt legte er seinem Karl Moor den berühmten »Römergesang«, ein fingiertes Zwiegespräch zwischen Caesar und Brutus in den Mund. Auch in den »Horen«, die die Geschwister Hegel gelesen haben, beschäftigte sich Schiller ausführlich mit diesem Thema: 1797 veröffentlichte er darin eine Übersetzung jener Szenen »Aus Shakespeares Julius Caesar«, in denen die römischen Bürger auf dem Forum von Cassius und Brutus, den Häuptern der Verschwörung gegen Caesar, Rechenschaft verlangen. Brutus verteidigt dort seine Tat folgendermaßen: *... nicht, weil ich Cäsarn weniger liebte, sondern weil ich Rom mehr liebte. Wolltet Ihr lieber, Cäsar lebte und ihr stürbet alle als Sklaven, als dass Cäsar todt ist, damit ihr alle lebet wie freye Männer?*

Auch Hegels Schul- und Studienfreund Jakob Friedrich Märklin hat sich damals intensiv mit Brutus beschäftigt und jene Briefe des Brutus an Cicero aus dem Lateinischen übersetzt, in denen dieser seine blutige Tat rechtfertigt. Die Figur des Brutus, seine Gewalttat im Namen der Freiheit der Republik, war um 1800 also im Gespräch, und wer an den Römer erinnerte, tat dies nicht zufällig.

Erst nach diesem politischen Paukenschlag begibt sich Nanette Endel mit ihrem Stammbucheintrag in seichtere Gewässer und fährt mit einer sentimental anmutenden Strophe ganz im Ton von Breyers Briefen fort: *Wie Regenbogen Schimmer schwinden / Der Jugend holde Phantasie'n, / Den Kranz, den Lieb' und Freundschaft winden, / Heißt oft der Trennung Hand verblühn!* Dann aber folgt ein weiterer Paukenschlag, indem sie eine der beiden Formulierungen Hölderlins aufgreift und zum Abschluss ein mutiges *Wahrheit und Freiheit* auf das Stammbuchblatt setzt. So naiv und unpolitisch, wie uns Nanette Endel in den überlieferten Briefen Hegels und Breyers erscheinen will, wird sie also doch nicht gewesen sein. Vor allem aber beweist der Stammbucheintrag vom April 1800: Nanette Endel muss ihre *Gesinnungen [...] in Hinsicht auf diesen Punkt* geändert haben.

Einen Monat vor Christiane und Nanette, im März 1800, trugen sich Viktor Hauff und seine Frau Lotte, Professor Ströhlins Stieftochter aus der Stuttgarter Schönfärbgasse, in Süskinds Stammbuch ein.[201] Viktor Hauff war zu dieser Zeit in einer äußerst angespannten Situation, war er doch ins Blickfeld der herzoglichen Ermittlungen geraten und am 2. und 3. April 1800 vor einer in Stuttgart eingerichteten Untersuchungskommission verhört worden. Während der Verhöre wurde er immer wieder, dies hält das Protokoll penibel fest, *abgeführt, um nachdenken zu können,* und gleich darauf wieder vorgeführt. Schließlich, *den 3.ten April nachmittags erklärte er sich unter der Vorschüzung von Furcht [...] bereit, zu antworten.*[202] Welche Druckmittel dabei eingesetzt wurden, darüber schweigt sich das Protokoll freilich aus.

Über den Stammbuchbesitzer Johann Gottlob Süskind und seine spätere Frau lässt sich das Stuttgarter Beziehungsnetz Christiane Hegels noch enger knüpfen: Süskind heiratete 1805 eine Schwester des Stuttgarter Antiquars und Verlegers Johann Friedrich Steinkopf. Dieser wiederum war in den 1790er Jahren mit Ludwig Neuffer gut befreundet und galt als entschiedener Republikaner. Steinkopf geriet wie Neuffer Anfang 1800 auf die verschiedenen »Listen der verdächtigten Personen«[203]. In Steinkopfs Verlag erschien zudem die »Monatsschrift für Geistes- und Herzensbildung junger Frauenzimmer«, die Ludwig Neuffer in den Jahren 1802 und 1803 zusammen mit Hegels Schul- und Studienfreund Jakob Friedrich Märklin herausgab. Auch Steinkopf hatte sich bei der Wahl seiner Ehefrau im März 1799, wenn man so will, nach einem republikanischen Elternhaus umgesehen: Charlotte Dorothea Morstatt hieß seine erste Frau, die nur ein halbes Jahr älter als Christiane war. Sie starb allerdings wenige Wochen nach der Geburt ihres ersten Kindes am 1. Mai 1800. Ihr Vater, der Chirurg Morstatt, hatte den jungen Hegel seinerzeit nach der Typhusepidemie von einem hässlichen Geschwür hinter dem Ohr befreit und blieb für Georg Kerner eine wichtige Stuttgarter Kontaktadresse, auch nach dessen Abreise. In seinen ersten Briefen aus Straßburg hatte Kerner seine Verlobte Auguste Breyer geradezu *beschworen*, mit Mlle *Morstatt* unbedingt Kontakt aufzunehmen, bevor diese im Sommer 1791 nach Straßburg reisen wollte.[204]

Der Einmarsch der Franzosen in Stuttgart

Im Frühsommer 1796 war der Krieg in Württemberg angekommen: Französische Truppen setzten im Juni 1796 über den Rhein und marschierten nun auch in Richtung Stuttgart. Währenddessen erlebte Christianes Bruder in seinem letzten Schweizer Hofmeisterjahr eine schwere Krise. Er schwankte zwischen den Möglichkeiten, ins württembergische Vaterland zurückzukehren und etwa eine Repetentenstelle in Tübingen zu übernehmen, oder aber außerhalb Württembergs, in Jena oder Frankfurt, eine Hofmeisterstelle anzutreten. Christianes Bruder suchte in dieser Frage offensichtlich Rat bei Hölderlin und Schelling, wie uns deren erhaltene Antwortbriefe verraten. Vermutlich sah sich Hegel aber nicht nur im Konflikt über seine weitere berufliche Laufbahn und seine wissenschaftlichen Ambitionen, sondern auch in dem Dilemma, als ältester Sohn in der mittlerweile auch für seine Heimatstadt bedrohlichen Kriegssituation zu seiner Familie zurückkehren zu müssen – viele Hofmeister stellten sich damals diese Frage: *Voll Begierde, im Fall eines allgemeinen Aufgebots auch seinen Arm dem Vaterlande zu widmen*[205], eilte beispielsweise Hegels alter Schul- und Studienkollege Jakob Friedrich Märklin aus Norddeutschland nach Stuttgart zurück und traf wenige Tage vor den Franzosen in der Stadt ein. Es sind die Schwester und die Freunde Schelling und Hölderlin, die von Hegels damaliger Depression berichten und ihn aufzurichten suchen, ja Schelling liest seinem älteren Freund im Sommer 1796 regelrecht die Leviten: *Du scheinst gegenwärtig in einem Zustand der Unentschlossenheit und – nach Deinem letzten Briefe an mich – sogar Niedergeschlagenheit zu sein, der Deiner ganz unwürdig ist. Pfui! ein Mann von Deinen Kräften muß diese Unentschlossenheit nie in sich aufkommen lassen. Reiße Dich baldmöglichst los*, so schreibt Schelling dem Freund am 20. Juni 1796 in die Schweiz und adressiert den Brief über *Mademoiselle Hegel à Stuttgart pour Mr. Hegel à Tschugg Canton Berne*.

Christiane erlebte im Alter von 23 Jahren die Invasion französischer Truppen in Schwaben, die am 18. Juli 1796 schließlich auch Stuttgart besetzten. Es ist anzunehmen, dass sich Christiane mit ihrem Vater und ihrem jüngeren Bruder wie auch mit Nanette Endel zu diesem Zeitpunkt in Stuttgart aufhielt, ganz sicher wissen wir es allerdings nicht, da die Quellen dazu schweigen. Jakob Friedrich Märklin schildert in einem langen Brief an Niethammer vom 24. August 1796 die Situation in der Stadt folgendermaßen: *Die übertriebenen Nachrichten von dem Schicksal von Stuttgardt, welche durch einige öffentliche Blätter verbreitet wurden, haben Ihnen vielleicht auch Unruhe gemacht. Es ist wahr, daß eine Abteilung östreichischer Kavallerie sich fechtend durch die Stadt zurückzog, daß darin mehrere von beyden Seiten und zufällig auch zwey Bürger getödtet wurden, und daß auf unsern nächsten Bergen einige Stunden kanonirt wurde. Es fielen auch einige Kugeln teils in der Stadt, teils vor der Stadt nieder, und ich habe selbst manche an dem Kirchthurme, auf dem ich war, vorbeypfeifen hören, und niederschlagen gesehen, aber es wurde nichts verbrannt oder in Grund geschossen.* Auch Märklins Familie blieb unversehrt: *Mir und den meinigen ist übrigens, die Lasten abgerechnet, welche das ganze Vaterland trägt und woran alle einzelne Teil nehmen, besonders nichts schlimmes begegnet; ich war aber in jener stürmischen Zeit, wo jeder einzelne sein eigener Richter und Rächer seyn musste, jeden Augenblick gefaßt, den Säbel zu ziehen, und, ehe ich mich und die meinigen mißhandeln ließe, einen Gang auf Leben oder Tod zu wagen.*[206]

Der am 7. August 1796 vom württembergischen Herzog voreilig geschlossene Sonderfrieden mit Frankreich brachte dem kleinen Land die Last hoher Kontributionszahlungen. Schellings empörter Brief, den er aus Leipzig am 29. August 1796 an den Vater in Württemberg richtete, veranschaulicht die Stimmungslage: *Eine schöne Thätigkeit, wo man ruhiger Zuschauer sein – den innern Gram und Groll tief in sich verschließen – und zusehen muß, daß sein Vaterland ein Opfer des Fürsteneigensinns ist, der [...] alle Bedin-*

gungen eingeht, und das ganze Vaterland preisgibt, nur um – die fürstliche Person zu retten [...]. Wer hätte vor zwei Jahren noch erwartet, daß die Fürsten Deutschlands sich mit den Franken gegen ihr eigenes Volk verschwören würden? – Was wird nun das [...] für ein Friede sein, den man so schändlich erkauft hat ...[207] Württembergs Separatfrieden wurde umso drückender empfunden, als dem Österreicher Erzherzog Karl bereits zwei Wochen später die Wende im Krieg gegen Frankreich gelang. Nun flutete die Rhein-Armee der Franzosen erneut durch Schwaben zurück gen Frankreich – und hinterließ ein verwüstetes Land. Ihnen folgten die Österreicher auf dem Fuß, die Stuttgart schon Mitte September 1796 wieder befreien konnten. Württemberg sah sich wieder an Kaiser und Reich verwiesen.

Auch der in die Heimat zurückgeeilte und kampfbereite Märklin empört sich über die Flucht des württembergischen Herzogs ins bayrische Erlangen und beklagt sein geliebtes Vaterland mit den Worten: *... ich fand es, verrathen von den Feigen die dafür hätten sterben sollen, wenn diese Elenden etwas höheres kennten, als zu leben, verlassen von denen, welche gerade in solchen Fällen am meisten zeigen sollten, daß sie um des Ganzen willen da seyen; es war alles verloren, der Zeitpunkt des Widerstandes vorüber, und nur gütliche Unterhandlungen konnten das ärgste abhalten. Sie wissen wahrscheinlich schon aus öffentlichen Blättern, wie Theuer wir den Waffenstillstand bezalt haben, vielleicht auch schon, daß dessen ohngeachtet unendlich viel geplündert, verderbt, verheert worden ist, daß man tägliche Klagen über Räubereyen und persönliche Mißhandlungen, besonders auf dem Lande, hört, und daß vor der Abschließung des Waffenstillstandes in den Gegenden, wo damals die Fr. schon eingerükt waren, sehr viel böses verübt worden ist. [...] Pfarrer besonders sind beynahe überall ausgeplündert und mißhandelt worden.*[208]

Jakob Friedrich Märklin ist also nicht zu denjenigen radikal gesinnten Württembergern zu zählen, die sich im Sommer 1796 in Stuttgart eingefunden hatten und mit der französischen Invasion im deutschen Südwesten die Hoffnung verbanden, mit Hilfe der Franzosen eine Süddeutsche Republik gründen zu können.[209] Diesem Traum war ein jähes Ende gesetzt worden. Die französische Regierung »arbeitete zu dieser Zeit lieber mit den deutschen Fürsten als mit den deutschen Revolutionären zusammen. Pläne zur Revolutionierung des deutschen Südwestens benutzte sie nur in den diplomatischen Verhandlungen als Druckmittel.«[210]

Gefährliche Vernetzungen

Hegels politische Flugschrift

Märklin setzte, wie viele andere damals, seine Hoffnung auf »das alte Recht«[211] und den württembergischen Landtag, der ein verfassungsrechtlich garantiertes Mitspracherecht bei der Steuer- und Außenpolitik des Landes hatte und angesichts der im Separatfrieden verhängten Kriegskontributionen auf eine Einberufung drängte. Und so ordnete der württembergische Herzog Anfang September 1796 zunächst auch die Einberufung des Landtages und die Bestellung von Landtagsdeputierten an – es handelte sich dabei um den ersten Landtag, der seit 1770 wieder zusammentreten sollte. Allein die Ankündigung des Landtages löste eine Welle von Reformwünschen und auch eine breite Diskussion über dessen Zusammensetzung aus, eine Flut von anonymen Flugschriften erschien. Auch Jakob Friedrich Märklin schaltete sich damals in die öffentliche Diskussion ein und machte sich »Gedanken über die Wahl der Abgeordneten zum Wirtembergischen Landtage.«[212] Er schlug vor, die Wahl der Landtagsabgeordneten in gewisser Weise zu demokratisieren, indem das passive Wahlrecht nicht mehr nur für Magistratsmitglieder gelten, sondern grundsätzlich auf jeden vertrauenswürdigen Bürger ausgedehnt werden sollte. Das passive Wahlrecht zum Landtag besaßen im allgemeinen nur die städtischen Magistrate, die sich ihrerseits durch Kooptation aus den traditionsreichen städtischen Familien, der sogenannten schwäbischen Ehrbarkeit, rekrutierten.

Auch Christianes Bruder hat sich im Frühjahr 1797 in Frankfurt an den Entwurf einer württembergischen Landtagsschrift gesetzt, die zunächst den Titel trug: *Daß die Magistrate vom Vol(k) gewählt werden müssen.* Hegel hat den Titel noch während der Niederschrift zweifach geändert.[213] Ähnlich wie Märklin wollte er zunächst viel allgemeiner formulieren: *Daß die St(ände) vom Vol(k) gewählt werden*, präzisierte die Themenstellung sogleich jedoch: *Daß die Magistrate vom Vol(k) gewählt werden.* Zugleich machte er eine gewisse Kehrtwende bei den Wählern: Das spontan niedergeschriebene *vom Vol(k)* änderte er in ein gemäßigteres *von den Bürgern.* Kurz zuvor, zur Jahreswende 1796/97, hatte sich Hegel auf seinem Weg von der

Schweiz nach Frankfurt in Stuttgart aufgehalten und dabei nach drei Jahren auch die Schwester wiedergesehen. Hier wird und muss er auch mit Freunden über die württembergischen Verhältnisse diskutiert haben, denn er ist, so viel verraten die wenigen Bruchstücke, die von dieser Flugschrift erhalten sind, sehr gut über die Details informiert. Später, im Sommer 1798, hat Hegel den Entwurf seiner Flugschrift drei Stuttgarter Freunden zugeschickt. Davon berichtet Rosenkranz, ohne allerdings die Namen der Freunde zu verraten – drei sollen es gewesen sein, und sie sind bis heute nicht identifiziert. Sie könnten auch aus dem Umfeld seiner Schwester gekommen sein, wird vermutet,[214] und so ist Hegels politische Flugschrift auch für uns von besonderem Interesse.

Hegels Stuttgarter Freunde, die nochmals den Titel änderten, rieten nun allerdings im Sommer 1798 von einer Veröffentlichung ab, *da die Schrift nicht nur nichts helfen, vielmehr unter den herrschenden Umständen eher schaden würde*[215], wie Rosenkranz summarisch berichtet. Die Zeiten hatten sich geändert. Die von Rosenkranz nur bruchstückhaft wiedergegebene Korrespondenz gibt nur wenig Aufschluss darüber, woran Hegels Freunde Anstoß nahmen und in welchem politischen Lager sie daher anzusiedeln sind. Erschwerend kommt hinzu, dass wir den Inhalt der Flugschrift zu großen Teilen nicht im Wortlaut kennen. Zwei Hinweise geben die Zitate, die Rosenkranz überliefert, allerdings: Hegel hat wohl die verfassungsmäßige Verankerung der Periodizität des württembergischen Landtags gefordert, um ihn von der willkürlichen Einberufung durch den Herzog unabhängig zu machen. Dies war einem der Freunde *in Absicht auf die Gesetzgebung* zu wenig radikal. In diesem Punkt, der Frage nach der legislativen Gewalt, waren nicht nur die Republikaner, sondern auch die Reformpolitiker im Landtag im Mai 1798 weiter gegangen: Letztere forderten generell die verfassungsmäßige Verankerung eines ständischen Gesetzgebungsrechtes – den Ständen sollte die gesamte Legislative vorbehalten sein.[216] In der damals veröffentlichten Flugschriftenliteratur finden sich indessen noch weit radikalere Vorstellungen: »Was gewinnen wir, wenn Schwaben eine Republik wird?«, lautet beispielsweise der Titel einer anonymen Flugschrift, die einer von Hegels einstigen Stiftsfreunden 1798 veröffentlichte. Ihr Autor war jener Johann Jakob Griesinger, der am Tübinger Stift zu Hegels »Unsinnskollegium« gezählt hatte.[217]

Eine zweite Abweichung Hegels von der Position seiner Stuttgarter Freunde muss in seiner eher unkritischen, wohlwollenden Sicht der Realpolitik des revolutionären Frankreichs bestanden haben. Denn einer der Freunde lehnt Hegels Schrift mit dem scharfen Hinweis darauf ab: *Die Sachwalter der großen Nation haben die heiligsten Rechte der Menschheit der Verachtung und dem Hohn unserer Feinde Preis gegeben. Ich kenne keine Rache, die ihrem Verbrechen angemessen wäre. Unter diesen Umständen würde auch die Bekanntmachung Ihres Aufsatzes für uns mehr ein Übel als eine Wohltat sein.* Dieser Mann jedenfalls ist nicht im Lager der Franzosenfreunde zu suchen. Das könnte ein Hinweis darauf sein, dass Hegels Stuttgarter Freunde zu den oppositionellen Ständevertretern oder aber zum Lager der Republikaner zu zählen sind, jenen süddeutschen Republikanern, die damals von einem von Frankreich unabhängigen Zusammenschluss mit der Schweiz träumten. Hegel ist während der Ausarbeitung seiner politischen Flugschrift im Frühjahr 1798 ins französische Mainz und in die Schweiz nach Schaffhausen gereist[218] – die Helvetische Republik war am 11. März 1798 proklamiert und am 12. April 1798 gegründet worden.[219]

Wie auch immer, festzuhalten bleibt: Das Rätseln um die Identität der *drei Stuttgarter Freunde* aus dem Jahr 1798 veranschaulicht, wie facettenreich und wetterwendisch die politischen Positionen in diesen unruhigen Jahren vor der Jahrhundertwende waren.

Vetter Louis Göriz und der radikale Ständepolitiker Christian Friedrich Baz

Als Christianes Vetter Louis Göriz im Juni 1797 von Jena in seine Heimatstadt Stuttgart zurückkehrte, war es gerade Jakob Friedrich Märklin, mit dem er sich in den nächsten Monaten nahezu täglich traf – die beiden hatten in Jena eine Zeit lang bei Niethammer unter einem Dach gewohnt und waren sich dabei offenbar in der sächsischen Damenwelt ein wenig in die Quere gekommen. Der Hinweis auf den intensiven Stuttgarter Kontakt findet sich in bisher unveröffentlichten Briefen von Louis Göriz.[220] Dritter im Bunde dieser nachmittäglichen Treffen aber war der Mann, dessen Name wie kein anderer mit dem radikalen Oppositionsflügel im württembergischen Landtag verknüpft ist und an dessen streitbare Seite sich dann auch Viktor Hauff gestellt hat: Christian Friedrich Baz. Baz war der Führer der ständischen Opposition im württembergischen Landtag, der schließlich am 17. März 1797 – nach 27 Jahren – doch noch einberufen worden war. Auch Baz hat in der Flut der anonymen Landtagsschriften im Jahr 1797 eine politische Flugschrift zum Petitionsrecht der württembergischen Landstände veröffentlicht – Hegel und Hölderlin besaßen diese Schrift.[221] Baz vertritt darin die Auffassung, dass der Herzog zur Erfüllung aller Petitionen verpflichtet sei, da sie den Volkswillen ausdrückten. In seiner Schrift fordert Baz eine klare Gewaltenteilung – dem Herzog überließ er die Exekutive, den Ständen aber die gesamte Legislative.[222] Mit diesem unruhigen Kopf nun hat sich also Louis Göriz nach seiner Rückkehr nach Stuttgart in den ersten Monaten regelmäßig getroffen, und Hegels alter Schul- und Studienfreund Märklin war der dritte Mann dazu – sie werden nicht eben zum Skatspielen zusammengekommen sein. Baz war überdies Mitglied der vom Landtag illegal eingesetzten »Landschaftlichen Geheimen Deputation«, die das Ziel verfolgte, führende französische Politiker als Bundesgenossen in der Auseinandersetzung der Stände mit dem württembergischen Herzog über die württembergische Verfassung zu gewinnen. Dieser Geheimen Deputation gehörte übrigens auch Viktor Hauff an. Kurz nach den regelmäßigen Treffen mit Göriz, im Oktober 1797, reiste Baz im Auftrag der Landschaft nach Paris, um dort die Außenpolitik der Stände zu vertreten, die da lautete: Widerstand gegen alle Versuche Österreichs, Württemberg erneut in den Krieg gegen Frankreich zu ziehen, und Verzicht Frankreichs auf alle Revolutionierungsabsichten im deutschen Südwesten.[223]

Im Februar 1798 distanzierte sich Göriz zwar von seinem Stuttgarter Gesprächszirkel mit Märklin und Baz: ... m[eine] Nachmittage verthat ich mit Baz u. Märklin, meinen einzigen genaueren Bekannten. Doch zeigt diese Formulierung auch, wie intensiv der Kontakt gewesen sein muss. Göriz' Distanzierung hatte allerdings weniger politische Gründe, vielmehr hatte sich der nunmehr schon 34-Jährige dazu durchgerungen, sein Leben endlich zu ordnen, das heißt, eine feste Anstellung und eine Frau zu suchen. Anfang Oktober 1797 hatte er Stuttgart verlassen und zunächst eine Stelle als Pfarrvikar in Bempflingen bei Urach auf der Schwäbischen

Alb übernommen. Er konzentrierte sich nun auf seine seelsorgerische Arbeit, fand zunehmend Gefallen an seinem Beruf und wollte hierin seinen Lebensschwerpunkt setzen: *Wie mancherlei Metamorphosen bisher mit mir vorgegangen sind, seit ich dich, liebster N[iethammer], verlassen habe, davon ließe sich ein Buch schreiben,* resümiert er am 17. Februar 1798. Knapp ein Jahr später meldet er: *Ich hoffe innerhalb eines Vierteljahres einen Dienst, einen eignen Herd u. ein Weib zu haben.*[224] Dennoch stand er auch weiterhin mit Baz in Verbindung, traf ihn wiederholt und berichtete Niethammer stets ausführlich. Im März 1800 fürchtete er nach Baz' Verhaftung in Wien gar, dass man in dessen beschlagnahmten Papieren verdächtige Briefe auch von seiner Hand finden könne.[225] Auf Louis Göriz trifft demnach zu, was Jakob Friedrich Märklin in einem Brief an Niethammer schon im August 1796 so treffend auf den Punkt gebracht hatte: *... wenn nur nicht auch die Republikaner Ihnen Verdrießlichkeiten machen. Nahe genug sind sie Ihnen wenigstens.*[226]

Zumal er auch noch in den Verdacht geraten war, Komplize zweier Staatsgefangener zu sein, wobei seine diesbezüglichen »Aktivitäten« sehr stark an Christiane Hegels Botengänge auf den Hohenasperg erinnern. Mittlerweile als Diakon in Heidenheim gelandet, berichtet Göriz Freund Niethammer am 19. November 1800 darüber folgendermaßen: *Kurze Zeit darauf wurden die beiden unglücklichen Männer General v. Bilfinger u. Vicekommandant v. Wolf hirhergebracht [nach Heidenheim], um wegen der Übergabe der Festung Hohentwiel [an die Franzosen] hier cum infamia kassirt zu werden u. der letzte wurde zu einer ewigen Gefangenschaft auf dem hiesigen Schlosse verurteilt. Er erbat sich mich zum Beichtvater; außer mir aber hatte niemand die Erlaubniß ihn zu sprechen. Selbst die Bibel, andere Bücher zu geschweige, war ihm verboten. Darüber aber setzte ich mich hinaus u. brachte ihm Bibel, Gesangbuch und Jerusalems Betrachtungen, die ihm wenigstens einigen Trost gewährten. Da ihm tägl. nur 8 c. zu seinem Unterhalt angesetzt waren, so brachte ich eine Subscription zu Stande, wo sich einige dreisig Familien verbanden ihm tägl. Essen Wein u. Frühstück zu schicken. Ich machte damit den Anfang u. aus einer Collekte kamen noch 6 Karolins zusammen. – Wie er sich Dinte Feder u. Papier verschaft hat, weiß ich nicht, kurz er wurde über Briefschreiben ertappt u. da sich die Franzosen ohnehin näherten, zu den anderen Gefangenen nach Königsgräz gebracht, wo er noch ist. Ich kam in den Verdacht, ihm Schreibmaterialien zugebracht zu haben; in den Briefen die er geschrieben hatte, waren die auffallendsten Injurien gegen den Herzog, Plane zur Flucht etc., welche alle durch mich ausgeführt werden sollten, ohne daß ich ein Wort davon wußte oder auch nur die Möglichkeit geahnt hätte. – Daß auch dieses mir unter meinen damaligen Umständen zusetzte, wirst du leicht glauben.*

Es bleibt, gerade auch mit Blick auf Christiane Hegels weiteren Weg, zweierlei festzuhalten: Louis Göriz war um 1800 gleich mehrfach in Schwierigkeiten geraten. Insbesondere aber hatte er mit dem gefährlichsten Führer der Landschaft, dem Ludwigsburger Bürgermeister Baz, den Herzog Friedrich gleich zweimal – im März 1800 und im März 1805 – für Monate hinter Gitter bringen und von Festung zu Festung verschleppen ließ, auf sehr vertrautem Fuße gestanden. Über seinen Vetter Louis Göriz könnte, ja wird Hegel wichtige Informationen über die Aktivitäten und Positionen der ständischen Opposition im württembergischen Landtag erhalten haben. Dazu kommt: Es ist ausgerechnet Baz, dem die Stuttgarter Revolutionäre vertrauten und der darüber hinaus auch mit Hegels und Hölderlins Freund Isaac von Sinclair in Homburg in engeren Kontakt kam. Das erste Treffen zwischen Sinclair und Baz, das auf dem Rastatter Kongress im Mai 1798 stattfand, soll zur Gründung eines »württembergischen Komitees«[227] geführt haben, das sich aus mehreren Freiheitsfreunden zusammensetzte, die Baz und Sinclair nahestanden, und in dem Revolutionspläne geschmiedet wurden. Bei einem zweiten Treffen Sinclairs mit Baz auf dem Rastatter Kongress im Winter 1798 war Hölderlin möglicherweise dabei, denn er hatte Sinclair nach Rastatt begleitet. Hölderlin hatte sich Anfang Oktober 1798 für einige Zeit nach Homburg zurückgezogen, blieb aber in engem brieflichem Kontakt mit Neuffer. Neuffer verkehrte damals in Stuttgart im Hause des batavischen Gesandten Strick van Linschoten, das als Treffpunkt für republikanisch gesinnte Köpfe in Stuttgart galt, was Neuffer später seine Karriere als Hofprediger kostete. In Strick van Linschotens Umfeld tauchen aber auch Märklin, Steinkopf und Süskind auf,[228] und so wird zunehmend deutlich, dass Hegels Schwester – sei es über ihren Bruder, ihren Vetter oder ihre eigenen Freunde – im Umfeld der Männer stand, die als Jakobiner verdächtigt wurden oder die wie Baz und Viktor Hauff eine entscheidende Rolle bei der zunehmenden Radikalisierung der ständischen Opposition im Landtag spielten.

Als das französische Außenministerium im Spätherbst 1798 den französischen Geheimagenten Thérémin nach Süddeutschland schickte, um mit vertrauenswürdigen Landschaftsführern und Republikanern Kontakt aufzunehmen und ihnen die Revolutionierung Schwabens durch die Heere Jourdans anzukündigen, vertraute Thérémin unter den Landschaftsführern nur Baz. Letzterer und Viktor Hauff sind es, die sich 1799 den Anhängern einer Süddeutschen Republik am meisten annäherten und deren Vertrauen genossen.[229] Baz hat sich damit von seinem früheren Mitstreiter im Reformflügel des Landtags, Eberhard Friedrich Georgii, weit entfernt. Georgii gilt als der herausragende gemäßigte Führer der Reformpartei des Landtags. Er war wie Baz Mitglied der 1797 illegal eingesetzten »Landschaftlichen Geheimen Deputation« gewesen, die in Frankreich um die Unterstützung der württembergischen Stände in ihrem Kampf gegen den absolutistisch regierenden Herzog geworben hatte. Georgii hat zusammen mit Baz die württembergische Landschaft auf dem Rastatter Kongress vertreten. Noch im Mai 1798 hatte er den Entwurf einer neuen Landschaftlichen Ausschussordnung vorgelegt, in dem er offen das Fehlen einer wirklichen Nationalrepräsentation nach dem Prinzip der Gewaltenteilung bedauert und ein ständisches Gesetzgebungsrecht vorschlägt. Ursprünglich soll er gar als Präsident einer kommenden Republik gehandelt worden sein. Doch im Herbst 1798 rückte Georgii »mit aller Entschiedenheit von einer ›Totalrevision‹ ab und bezeichnete den Schutz der bestehenden Verfassung als einziges Ziel einer ständischen Verbindung mit Frankreich.«[230] Im Herbst 1798 trennten sich also die Wege von Georgii und Baz, ja die Fronten zwischen den führenden Köpfen der Landschaftspolitik verhärteten sich.

Ein treuer Freund: Heinrich Grüneisen

Für Christiane Hegel und ihre Position ist dies insofern interessant, als Eberhard Friedrich Georgii[231] ein guter Freund Heinrich Grüneisens war, der zum Zeitpunkt von dessen politischer Kehrtwende im Haus der Hegels wohnte und der zusammen mit seiner späteren Frau zum engeren Freundeskreis der Christiane Hegel gezählt werden kann. Auch wenn man aus Christianes Verbundenheit mit den Grüneisens nicht einfach auf eine Übereinstimmung ihrer politischen Ansichten schließen kann und darf, so zeigt sich immerhin, in welch enormem Spannungsfeld sie damals in den beiden letzten Jahren des ausgehenden 18. Jahrhunderts gestanden haben muss, von denen Erwin Hölzle sagt: »Niemals hat sich der deutsche Süden so nahe einer Revolution gefühlt, wie in den beiden letzten Jahren des Jahrhunderts.«[232]

Hinzu kommt, dass Hegels Schwester gerade in dieser politisch so aufreibenden Zeit an das Stuttgarter Elternhaus gebunden war. Denn im Sommer 1797 erkrankte ihr Vater schwer und erholte sich auch nicht mehr, folgt man dem Text der Todesanzeige vom Januar 1799. Ursache und Verlauf der Erkrankung, die schließlich nach 18 Monaten zum Tod führte, liegen im Dunkeln. Christiane zählte 24 Jahre, als ihr Vater offensichtlich zu einem mehr oder weniger schweren Pflegefall wurde. Zu diesem Zeitpunkt hatte auch ihr jüngerer Bruder Ludwig das Haus verlassen. Eineinhalb Jahre – vom Sommer 1797 bis zum Januar 1799 – war Christiane durch die Krankenpflege des Vaters in besonderer Weise beansprucht. Diese Situation dürfte neben anderem die Freundschaft mit Heinrich Grüneisen begründet haben, dessen umsichtige, hilfsbereite und liebenswürdige Art in den Familienbriefen der Grüneisens vielfach belegt ist. Da Christianes Kontakt zu Grüneisen und seiner Familie über mehr als dreißig Jahre hin belegt ist, wird man mit gutem Recht von einer langjährigen engen Verbundenheit sprechen dürfen.

Wie lange der acht Jahre ältere studierte Jurist und damalige Konsistorialsekretär Heinrich Grüneisen im Hause Hegel gewohnt hat, wissen wir nicht. Belegt ist durch den Eintrag in der Stuttgarter »Seelenbeschreibung auf das Neue Jahr 1799«, dass Grüneisen im Herbst 1798 als *Kostgänger* bei der Mieterin Witwe Schott dort wohnte.[233] Mit ihm aber betritt in Christianes Leben ein Mann die Bühne, der nicht nur eine herausragende Persönlichkeit gewesen sein muss, sondern dessen Biographie wie die Geschichte seiner Familie in besonderem Maße württembergische Geschichte im Zeitalter Carl Eugens, des dicken Friedrich und König Wilhelms widerspiegelt. Heinrich Grüneisen hat bisher nur ansatzweise im Kontext der Biographie seines unter König Wilhelm zum Oberhofprediger aufgestiegenen Sohnes Karl Grüneisen Beachtung gefunden. Oberflächlich betrachtet erscheint sein

Lebensweg geradlinig – und weist doch viele Brüche und Ungereimtheiten auf.

Grüneisen hat nach dem Verkauf des Hegelschen Hauses eine ältere Schwester von August Hauff geheiratet, die Hochzeit fand Ende November 1799 statt. Gottliebin Hauff war mit ihren 36 Jahren alles andere als eine junge Braut – ihre Schönheit und Liebenswürdigkeit wurde allerdings bis Göttingen gepriesen. Wie ihr Sohn Karl später berichtete[234], hatte Gottliebin wegen ihres pflegebedürftigen Vaters jahrelang gezögert, Grüneisen zu heiraten. Nach der Heirat nahm sie den kranken Vater und ihre jüngste, unverheiratet gebliebene Schwester Henriette zu sich in den jungen Hausstand auf – sie wohnten bis zum Tod von Vater Hauff im Jahr 1801 in dessen stattlichem Haus in der Kanzleistraße. Auch die jüngste Hauff-Tochter, das »Jettle« wie sie liebevoll-schwäbelnd in Familienkreisen genannt wurde, war mit der gleichaltrigen Christiane eng befreundet, hat sie noch im Alter besucht und finanziell unterstützt, wie in Christianes Kassenbuch nachzulesen ist.[235] Durch die Heiraten von Mine Elsässer und Heinrich Grüneisen sind also Freundes- und Familienkreise noch intensiver in Deckung gebracht worden. In Zeiten politischer Konspiration und Verfolgung wurde damit aber auch die Frage der Loyalität zunehmend kompliziert.

Schillers Freund, der Carlsschüler und spätere Ludwigsburger Arzt von Hoven, hat Heinrich Grüneisen, den er schon seit dem gemeinsamen Besuch der Carlsschule kannte, in seinen Lebenserinnerungen ein Denkmal gesetzt, das diesen nicht nur als großartigen Mimiker und Komiker charakterisiert, sondern auch gewisse Rückschlüsse auf Grüneisens politische Einstellung um 1799 zulässt. Bei einer kleinen Abendgesellschaft, die das Ehepaar Huber zu Ehren des in Stuttgart weilenden berühmten Schauspielers Iffland Ende 1798 gab und zu der auch Christianes Freunde Grüneisen und Haug eingeladen waren, verblüffte ersterer den berühmten Gast mit seinem herausragenden Talent der Stimmenimitation: *Iffland konnte sich über dieses Talent Grüneisens nicht genug verwundern, nur ein Ohrenzeuge, sagte er, könne an die Möglichkeit eines solchen Talents glauben. Dieser Ausspruch war die Losung, das ganze Konsistorium sprechen zu lassen, erst einzeln, dann zusammen, zuletzt singend, indem Grüneisen sämtliche Konsistorialräte, um einen Freiheitsbaum herumtanzend, ein Freiheitslied singen ließ,* wobei sogar die einzelnen Stimmen deutlich zu unterscheiden waren. Das lustigste dabei war, daß auch einer der Konsistorialräte sich in der Gesellschaft befand, Grüneisen gerade gegenüber saß, wie die Stimmen seiner Kollegen, auch seine eigene, mit Wohlgefallen hörte, aber sich schlafend stellte, ohne dabei seine lächelnde Miene in die ruhige eines Schlafenden umwandeln zu können.[236] Im Anschluss gab Friedrich Haug eine Kostprobe seiner Imitationskunst, und dann beide zusammen. Auch wenn Tanz und Gesang der ehrwürdigen Herren Konsistorialräte unter dem Freiheitsbaum, dem Symbol der Französischen Revolution schlechthin, ein originelles Mittel zum Zweck waren, dürfte die von Grüneisen gewählte Situationskomik nicht der Doppeldeutigkeit entbehrt haben. Schillers Jugendfreund von Hoven nimmt den geschilderten Abend denn auch zum Anlass, Grundsätzliches zum Thema Französische Revolution zu sagen, wobei er sich im Einklang mit seinen Freunden sah: *Ich habe oben von dem großen Interesse gesprochen, welches ich sowie die meisten meiner jungen Freunde an der Französischen Revolution genommen. Allerdings hat sich dieses Interesse um vieles vermindert, seit ich mit Schillers Ansicht der Revolution bekannt worden. Auch hatte ich indessen alle Greuel derselben in Frankreich und in Deutschland alle Schrecknisse und Abscheulichkeiten des Revolutionskrieges genugsam erkannt. Aber ich gab deswegen die Hoffnung eines endlichen bessern Erfolgs nicht auf. Ebensowenig taten dies auch meine Freunde, sowohl in Ludwigsburg als in Stuttgart.*[237] Schillers Ansicht der Revolution, daran lässt von Hoven in seinen Lebenserinnerungen keinen Zweifel, hat seine eigene politische Position entscheidend geprägt – und, will man ihm glauben, auch die seiner Freunde.

Als der württembergische Pfarrersohn und ehemalige Stiftler Karl Friedrich Reinhard unmittelbar vor seinem Eintritt in den französischen Staatsdienst am 16. November 1791 jenen berühmten Brief an Schiller in Jena schrieb, in dem er seine Sicht der Französischen Revolution und Parteinahme rechtfertigt, zählte Christianes Vetter Louis Göriz zu Schillers auserwählter kleiner Tischgesellschaft. Göriz wird daher in direkter Auseinandersetzung mit Schillers skeptischer und kritischer Sichtweise gestanden haben. Schiller hat Reinhard anscheinend nicht geantwortet. Seine »mittelbare Antwort«[238] findet sich allerdings in der Urfassung seiner »Briefe über die ästhetische Erziehung des Menschen« vom Juni 1793 – zuvor hatte sich Schiller für ein Dreivierteljahr in seiner württembergischen Heimat aufgehalten und dabei auch bei seinem alten Freund von Hoven in Ludwigsburg logiert. Darin heißt es: *Politische und bürgerliche Freiheit bleibt immer und ewig das Heiligste aller Güter.* Doch in Schillers Augen waren die Deutschen dafür noch nicht reif und mussten erst zu Freiheit und politischer Selbstbestimmung erzogen werden: *Aber man wird diesen herrlichen Bau nur auf dem Grund eines veredelten Charakters aufführen, man wird damit anfangen müssen, für die Verfassung Bürger zu schaffen, ehe man den Bürgern die Verfassung geben kann.*[239]

Hier freilich schieden sich die Geister. Und was vielleicht noch wichtiger ist: Der Trennungsstrich zwischen dem Lager der idealistischen und der realpolitischen, aktiven Revolutionsfreunde ist keineswegs immer eindeutig zu ziehen, sein Verlauf änderte sich auch im letzten Dezennium des 18. Jahrhunderts.

Konsistorialsekretär Grüneisen ist eine schillernde Figur, wenn nicht geradezu ein Paradebeispiel für einen Mann, der mit den aktiven württembergischen Revolutionsfreunden auf der einen Seite und den Honoratioren und künftigen Ministern König Friedrichs auf der anderen Seite in enger familiärer oder freundschaftlicher Verbindung stand. Er war gleich mit zweien der Anfang 1800 als Revolutionäre Inhaftierten »verschwägert«: mit August Hauff und dem Stuttgarter Kaufmann Ludwig Friedrich Ofterdinger, der zu den führenden Köpfen der Stuttgarter Jakobiner zählte. Ofterdingers Frau war in erster Ehe mit Grüneisens 19 Jahre älterem Stiefbruder Johann Gottfried verheiratet, der jedoch früh starb. Aus dieser Ehe ist eine Tochter hervorgegangen, die nur knapp ein Jahr älter als Christiane Hegel war und bis zu ihrem frühen Tod 1793 im Haus ihres Stiefvaters Ofterdinger lebte. Sie wurde zusammen mit einer Schwester Ludwig Neuffers konfirmiert. Im Haus des Kaufmanns Ofterdinger in der Hirschgasse[240] haben sich die führenden Köpfe der Verschwörung, der sogenannten »Gesellschaft«, regelmäßig getroffen, hier war auch Grüneisens Schwager August Hauff hin und wieder zu Gast gewesen. Zugleich ging Grüneisen bei den Petersens, Cottas, Rapps, Hartmanns und Danneckers ein und aus und zählte den späteren Staatsminister von Vellnagel von Jugend auf zu seinen engsten Freunden. Auch die Minister von Wangenheim und von Otto gehörten zu seinem engeren Freundeskreis. Dem späteren Ministerialbeamten und Oberregierungsrat Grüneisen scheint dieser Balanceakt gelungen zu sein; vielleicht hat ihm dabei gerade auch sein großer Humor geholfen. Ob Grüneisen tatsächlich vorübergehend mit dem Gedanken der Gründung einer Süddeutschen Republik sympathisierte, bleibt sein Geheimnis.

Die Verbindung ständischer Führer mit der revolutionären Bewegung in Württemberg, das Schwanken zwischen Reform und Revolution im ausgehenden 18. Jahrhundert, der ständige Wechsel der Positionen, auch gegenüber dem revolutionären Frankreich – all das lässt erahnen, wie angespannt das politische Klima Württembergs in jener Zeit war. Bespitzelung, Zensur und Verhaftungen trugen das Ihre bei. Christiane Hegels vielschichtiges Freundschafts- und Beziehungsnetz ist ein Spiegelbild der Situation. Es verdeutlicht zugleich, welchem psychischen Druck auch Hegels Schwester ausgesetzt gewesen sein muss, war sie doch ganz offensichtlich politisch interessiert und stand mit maßgeblichen Köpfen des Reform- wie des Revolutionslagers in enger persönlicher Verbindung. Vor diesem Hintergrund gewinnt Hegels Einsatz für die süddeutschen Revolutionäre im Spätsommer 1799 zusätzlich an Kontur. Hegels Schwester wurde dadurch in hohem Maße gefährdet, da sie auch selbst Kontakt zu einer ganzen Reihe von Personen hatte, die damals auf die Listen der verdächtigten Personen geraten sind.

Hegels Engagement für die württembergischen Jakobiner und die Folgen

Hegel spielt den Briefkurier

Es gibt in den Geheimen Kabinettsakten Herzog Friedrichs, die sich im Hauptstaatsarchiv Stuttgart befinden, an entlegener Stelle einen ganz konkreten Hinweis auf die Verstrickung Hegels in die revolutionären Aktivitäten württembergischer Jakobiner am Ende des 18. Jahrhunderts. Die einschlägige Akte landete später, da es sich bei den beiden Hauptangeklagten um Militärpersonen handelte, in der Registratur der Geheimen Kriegskanzlei und ist deshalb nicht im Umfeld der bekannten Untersuchungsakten zu den politischen Gefangenen von 1800 überliefert. Dieser

Bestandteil der Kriegsakten wurde zudem 1988 aufgelöst, neu geordnet und umsigniert. So gesehen verwundert es nicht, dass der Hinweis auf Hegel bisher kaum Beachtung gefunden hat. Auf den ersten Blick ist er auch wenig spektakulär – erst der Kontext macht deutlich, welche Bedeutung ihm zukommt.

In einem Bericht[241] der Geheimen Untersuchungskommission heißt es im Geständnis des inhaftierten württembergischen Leutnants von Penasse, der zugab, mitten im Krieg mit einem Regierungsmitglied Frankreichs brieflich Kontakt aufgenommen zu haben, eher beiläufig: *Den Brief habe er übrigens [...] dem M. Hegel in Frankfurt, ohne daß er diesen jedoch mit Innhalt bekannt gemacht habe, zugeschikt, um ihn weiters zu befördern ...* Das klingt, was Hegel anbelangt, zunächst recht harmlos und mag deshalb auch den Revolutionsforscher und Publizisten Hellmut G. Haasis, der schon 1988 dankenswerterweise auf Hegels namentliche Nennung in den umfangreichen Untersuchungsprotokollen hingewiesen hat, veranlasst haben, die Sache auf sich beruhen zu lassen, indem er zu dem Schluss kam: »Die Nennung im Untersuchungsprotokoll [...] führte freilich zu keiner Sanktion.«[242] Sicherlich, Magister Hegel ist als Hauslehrer im fernen Frankfurt, einer freien Reichsstadt zumal, für die württembergischen Untersuchungsrichter schwer erreichbar gewesen, er wurde nicht persönlich vor die Untersuchungskommission zitiert. Denkbar wäre es gewesen, denn was taugte schon die Beteuerung von Penasses, er habe Hegel nicht über den Inhalt des Briefes informiert – derartige Beteuerungen finden sich in den Untersuchungsprotokollen zuhauf und wurden von den Verhörten erst revidiert, wenn das Gegenteil bewiesen war.

Bisher hat offenbar nur der französische Hegelspezialist Jacques D'Hondt in seiner großen Hegel-Biographie 1998 den so wichtigen Hinweis von Haasis auf die kriegsgerichtlichen Akten aufgegriffen. Doch auch er konstatiert nur, dass wir nicht mehr davon wüssten, die zwischenzeitliche Auflösung und Umsignierung des Bestandes mag das Ihre dazu beigetragen haben.[243]

Betrachtet man nun den Zusammenhang genauer, in dem Hegels Name in dem Bericht fällt, und fragt man sich, wer dieser Leutnant von Penasse war, was in dem Brief stand und welche Rolle er für die Anklage spielte, wird die Sache dann doch spannend.

Leutnant von Penasse war einer der aktivsten Köpfe des schwäbischen revolutionären Zentrums. Der Brief, für dessen Weiterbeförderung er Christianes Bruder in Frankfurt bemühte, war an den Mann gerichtet, mit dessen Wahl ins französische Direktorium die württembergischen Revolutionäre im Sommer 1799 neue Hoffnungen verknüpften: Abbé Sieyès. Er hatte sich in der Vergangenheit wiederholt für die Etablierung einer Süddeutschen Republik ausgesprochen. Mit ihm galt es sich nun abzustimmen.

Die Hoffnungen der württembergischen Jakobiner waren noch gewachsen, als Sieyès seinen Freund, den gebürtigen Württemberger Karl Friedrich Reinhard Ende Juli 1799 zum Nachfolger von Außenminister Talleyrand gemacht hatte – Reinhard traf allerdings erst Ende August 1799 aus Italien in Paris ein und blieb nur bis zum berühmten Sturz des Direktoriums am 9. November 1799 im Amt. Diese Details sind für die Datierung von Hegels Kurierdienst wichtig. Denn Leutnant von Penasse hat den Brief an Sieyès einem Schreiben an den französischen Außenminister Reinhard beigefügt, in dem er diesen bittet, den Brief Direktor Sieyès auszuhändigen. So gesehen muss Hegel zwischen Anfang September und Anfang November 1799 für die württembergischen Jakobiner aktiv geworden sein.

Einen entscheidenden Anstoß zu handeln mögen die württembergischen Revolutionäre auch dadurch erfahren haben, dass sich Herzog Friedrich eigenmächtig und ohne Mitwirkung der Landstände – ein glatter Verfassungsbruch – am 2. Juli 1799 dem Koalitionskrieg gegen Frankreich anschloss und dafür Tausende von Untertanen versprach. Das schürte nicht nur die revolutionäre Bereitschaft auf dem Lande und unter den Soldaten, Herzog Friedrichs eigenmächtige Vorgehensweise führte auch zu einer Radikalisierung der landschaftlichen Opposition, die ihrerseits aktiv wurde und heimlich einen Interessenvertreter nach Paris entsandte: den Verleger Cotta, der mit Reinhard befreundet war. In dieser Situation wollte sich nun auch das württembergische revolutionäre Zentrum Klarheit über Frankreichs Absichten verschaffen und zugleich Einfluss nehmen. Es plante zunächst, zwei Emissäre nach Mainz auf französisches Gebiet zu schicken. »Die Reise unterblieb zwar, aber Penasse sandte dafür über den Minister Reinhardt einen Brief an den neuen Direktor Sieyès.«[244] Hegel muss also in Frankfurt einen recht dicken Brief von Penasse erhalten haben. Dieser und seine Zustellung waren für das württembergische revolutionäre Zentrum von hoher Bedeutung. Von Penasse wählte den Weg über die freie Reichsstadt Frankfurt, da er als württembergischer Offizier im Kriegszustand unmöglich einen Brief an den amtierenden französischen Außenminister, geschweige denn an ein Mitglied des Direktoriums schicken konnte. Er machte sich nicht nur der revolutionären Verschwörung, sondern auch des Landesverrats schuldig. Gleich zwei Mittelsmänner waren vonnöten, um die brisante Aktion zu tarnen. Und er musste sich auf Hegel verlassen können.

Wer war Leutnant von Penasse?

Carl Friedrich von Penasse, Leutnant im Herzoglich-Württembergischen Infanterie-Bataillon des Obristen von Seckendorf in Stuttgart, war am 21. Januar 1800 unter dem dringenden Verdacht der Beteiligung an einem Revolutionierungsplan Württembergs verhaftet worden. Im gleichen Jahr wie Christiane Hegel geboren und in Ludwigsburg getauft, war er zum Zeitpunkt seiner Verhaftung 27 Jahre alt. Sein Vater war vom württembergischen Hauptmann zum Obristleutnant aufgestiegen und zuletzt als württembergischer Gesandter in Holland tätig gewesen; seine Mutter war die Tochter eines adeligen Hofrates am Reichskammergericht in Wetzlar namens Kirschbaum. Im Alter von 13 Jahren war von Penasse im Mai 1786 zusammen mit seinem drei Jahre jüngeren Bruder auf die Hohe Carlsschule in Stuttgart gekommen. Die Penasses müssen zuvor schon nach Stuttgart umgezogen sein, denn die Carlsschulakten[245] nennen bei der Aufnahme der beiden als Herkunftsort Stuttgart, auch ist der drei Jahre jüngere Bruder bereits in Stuttgart getauft worden.[246] Die Brüder Penasse zählten nicht nur zu den *Cavaliers-Söhnen*, sondern auch zu den bevorzugten Schülern, die weder Kostgeld zahlen noch für Bücher und Kleidung aufkommen mussten. Nahezu gleichzeitig mit den Brüdern von Penasse wurde der später mitangeklagte Leutnant Christian Bauer[247] aufgenommen; auch Hegels jüngerer Bruder fand im Sommer 1786 als Stadtstudent Aufnahme in die Carlsschule. Carl Friedrich von Penasse entschied sich für das Studienfach Jura, war also bis zur Auflösung der Akademie Schüler von Mines Vater, Professor Elsässer. Seine französischen Sprachkenntnisse waren schon damals exzellent, im Revolutionsjahr 1789 wurde er dafür besonders ausgezeichnet.

Für *die Grundsäze der Freiheit* [!] schwärmte von Penasse schon zu Akademiezeiten *enthusiastisch*, wie er später vor dem Kriegsgericht bekannte, er habe *von je her eine Vorliebe vor demokratische Regierungsverfassungen gehabt.*[248] So möchte man fast als sicher annehmen, dass er schon an der Hohen Carlsschule auch dem drei Jahre älteren Georg Kerner näher gestanden hat. Jedenfalls hat er Kerner später – vermutlich bei dessen Württemberg-Reisen 1794 – noch einmal in der Nähe Ludwigsburgs getroffen, sich 1799 Reinhard gegenüber *als einen Bekannten* Georg Kerners bezeichnet und sich Anfang 1802, nach seiner Begnadigung und Freilassung, in der Schweiz Hilfe suchend an diesen gewandt.[249] Carl Friedrich von Penasse soll zudem ein Freund von Georg Kerners jüngerem Bruder, dem Artillerieleutnant Karl Kerner gewesen sein, der ebenfalls 1800 in die Untersuchung einbezogen, jedoch als unschuldig entlastet wurde. Rein theoretisch hätte Mine Elsässer-Hauff also den gleichaltrigen Leutnant von Penasse bei ihren Vettern Karl und Justinus Kerner kennen lernen können, nachdem diese mit ihrer verwitweten Mutter 1799 wieder nach Ludwigsburg gezogen waren.

Leutnant von Penasses Name findet sich interessanterweise auch in der Liste der zwanzig Carlsschüler, die im Dezember 1791 an der Hohen Carlsschule eine »Lesegesellschaft« gründen wollten und dafür den scheinbar harmlosen Antrag auf Überlassung eines Versammlungszimmers stellten, was vom Herzog abgelehnt wurde.[250] Zu dieser Zeit erreichten die politischen Aktivitäten an der Carlsschule einen Höhepunkt: Es hatte sich ein politischer Club gebildet, dessen Mitglieder – soweit sie uns heute bekannt sind – zum Teil identisch sind mit den Gründungsmitgliedern der »Lesegesellschaft«. Parallel dazu formierte sich in Stuttgart auch unter den Professoren der Carlsschule eine *Demokratenparthie*[251], zu deren Mitgliedern Petersen und Duttenhofer zählten. Bekannt ist heute auch, dass es damals bereits politische Kontakte zwischen einzelnen Schülern und Lehrern gab. Auch der ältere Bruder des Verlegers Cotta, der Jurist Friedrich Christoph Cotta, hatte während seiner Lehrtätigkeit an der Hohen Carlsschule und vor seiner Emigration nach

Straßburg im Oktober 1791 einen kleinen Zirkel um sich geschart, der beispielsweise im Juni 1791 die gescheiterte Flucht des französischen Königs und am 14. Juli 1791 den zweiten Jahrestag des Sturms auf die Bastille gefeiert hatte und der am Hof als Jakobinerclub verschrien war.[252] Es sind zugleich die Monate, in denen Hölderlin seinen berühmten ersten »Hymnus an die Freiheit«[253] an Stäudlin zur Veröffentlichung in dessen »Musenalmanach fürs Jahr 1792« gegeben hat. Es ist also nicht ausgeschlossen, wenn auch nicht erwiesen, dass sich Hegel und Carl Friedrich von Penasse bereits Anfang der 1790er Jahre in Stuttgart im Umfeld gemeinsamer Freunde oder ihrer gleichaltrigen Brüder kennen gelernt haben.

Nach der Auflösung der Hohen Carlsschule immatrikulierte sich Carl Friedrich von Penasse am 23. Oktober 1794 an der Universität Tübingen im Fach Jura. Hegel hatte Tübingen zu dieser Zeit schon über ein Jahr verlassen. Spätestens hier lernte von Penasse nun den Mann kennen, der für ihn nach eigener Aussage der entscheidende Verbindungsmann zu den württembergischen Freiheitsfreunden wurde: Viktor Hauff, Hegels ehemaligen Stuttgarter Mitschüler am Gymnasium, der sein Jurastudium in Tübingen gerade beendete, als Penasse es dort aufnahm und der sich in den folgenden Jahren als junger Tübinger Bürgermeister, Landtagsabgeordneter, Mitglied des neuen Landschaftsausschusses und Anhänger des radikalen Flügels der Stände um Baz in dessen Kampf gegen den absolutistisch regierenden Herzog einen Namen machte. Jener Viktor Hauff, der schließlich 1799 Ströhlins Stieftochter Lotte heiratete und somit in den Stuttgarter Kreisen verkehrte, in denen auch Christiane Hegel zu Hause war. Von Penasse hat Viktor Hauff mit dieser Aussage später in große Nöte gebracht.

Nach Abschluss seines Jurastudiums ist von Penasse, wie er später in den Verhören angab, auf Drängen seines Vaters am 9. November 1797 in den württembergischen Militärdienst eingetreten, er startete standesgemäß als Leutnant im Infanterie-Regiment von Hügels. Für die »Gesellschaft«, die sich im Haus des Stuttgarter Kaufmanns Ofterdinger traf, dürfte er als Militärperson interessant geworden sein.

Hegels »gute alte Bekannte«: Das Ehepaar Eschenmayer

Über Viktor Hauff hat Penasse Anfang 1798 Kontakt zu einem weiteren Hauptangeklagten des Jakobinerprozesses von 1800 bekommen, zu dem er, wie er später zugab, in sehr intensive Verbindung trat: Philipp Christoph Heinrich Eschenmayer. Auch dieser Mann steht in enger Verbindung zu Christianes Bruder – wie dieser selbst einige Jahre später en passant verrät, wenn er anlässlich der Wohnungssuche in Heidelberg an einen dortigen Freund schreibt: *Sollte nicht mein Landsmann und Landsmännin, Eschenmayer, ohnehin Professor der Oekonomie, gute alte Bekannte von mir, dergleichen übernehmen? Ich glaube, beide würden es sehr gern tun.*[254]

Genau dieser Eschenmayer aber ist es, der spätestens seit 1798 in intensivem Kontakt mit Leutnant von Penasse stand. Der junge Leutnant duzte im Dezember 1798 den zehn Jahre älteren Gesinnungsbruder, der damals als Posthalter in Plochingen stationiert war. Eschenmayer erteilte von Penasse auch den Auftrag, mit dem französischen Geheimagenten Thérémin in Stuttgart heimlich Kontakt aufzunehmen. Thérémin war auf Initiative von Sieyès von Anfang November bis Mitte Dezember 1798 in Stuttgart, um das Terrain für eine von Sieyès favorisierte Süddeutsche Republik zu sondieren.[255] Leutnant von Penasse gelang es, Thérémin von der Ernsthaftigkeit der württembergischen Jakobiner zu überzeugen und ihm im Lager der oppositionellen Landschaftsmitglieder nur Baz als vertrauenswürdigen Unterhändler zu empfehlen. Er stellte darüber hinaus auch den Kontakt Thérémins zu den Mitgliedern der erwähnten »Gesellschaft« im Haus des Stuttgarter Kaufmanns Ofterdinger her. Wir wissen darüber so gut Bescheid, da sich Penasses spätere Geständnisse im Prozess mit den Geheimberichten decken, die Thérémin an das französische Direktorium geschickt hat. Gleicht man die Berichte[256] des französischen Geheimagenten, in denen viele Personen nur verschlüsselt genannt sind, mit Penasses protokollierten Geständnissen ab, so gelingt es, viele der Beteiligten zu identifizieren.

Eschenmayer sollte auch einer der beiden Emissäre sein, die das württembergische revolutionäre Zentrum ursprünglich nach Mainz senden wollte, um sich im Spätsommer 1799 Klarheit über Frankreichs Absichten zu verschaffen – jene Reise also, für die schon Geld gesammelt worden war und die dann doch unterblieb und anstelle derer Leutnant von Penasse seinen Brief via Frankfurt und Magister Hegel an die französische Regierung sandte. Eschenmayer zählt denn auch zu den ersten Staatsgefangenen, die im Januar 1800 verhaftet und auf der Festung Hohenasperg festgesetzt, und zu den letzten, die am 26. Oktober 1801 frei gelassen wurden.

Eschenmayers Frau reiste nach der Verhaftungswelle Anfang 1800 zu ihrem Bruder nach Frankfurt. Sie soll von dort die sogenannte *patriotische Correspondenz größtentheils* besorgt haben, wie aus einem späteren Untersuchungsprotokoll hervorgeht.[257] Zu der Zeit, als Hegels Landsmännin Eschenmayer aber in Frankfurt bei ihrem Bruder, dem Frankfurter Kaufmann Maximilian von Wogau wohnte, waren auch die beiden Brüder Hegel in Frankfurt ansässig – Ludwig Hegel zumal in einem Frankfurter Handelshaus angestellt. Kann man aus Hegels späterer Formulierung, das Ehepaar Eschenmayer würde ihm nur zu gerne bei der Wohnungssuche in Heidelberg behilflich sein, herauslesen, dass sie darin eine Gelegenheit sahen, sich bei Hegel zu »revanchieren«? Hatte er sich damals, von Frankfurt aus, für die Freilassung Eschenmayers in irgendeiner Weise stark gemacht, gar an den Aktionen der Eschenmayerin beteiligt? Hat Christianes Bruder sie möglicherweise unterstützt, sie gar von Frankfurt auf ihrer Reise nach Mainz zu seinem altem Stiftsfreund Harter begleitet, der ihr damals zu helfen suchte?[258] Am 19. September 1800 reiste Hegel jedenfalls nachweislich nach Mainz, die Reisegenehmigung, *einige auswärtige Universitäten besuchen zu dürfen*, hatte er bereits am 23. Mai 1800 erhalten.[259]

Hegels gute alte Bekanntschaft mit dem Revolutionär Eschenmayer und seiner Frau passt also nahtlos in die Aussage des jungen Leutnants, Hegel habe in Frankfurt Kurierdienste für seine verschwörerische Post übernommen. Die Verbindungen Leutnant von Penasses zum Freundeskreis der Geschwister Hegel waren so vielfältig, dass es kaum vorstellbar ist, Hegel habe nicht sehr genau gewusst, wessen Brief er da weiter beförderte und welche Bedeutung diesem Brief in der gegebenen politischen Situation zukam. Eschenmayer und von Penasse zählten Ende der 1790er Jahre zu den aktiven Köpfen der sogenannten »Gesellschaft«, die auf eine Revolutionierung Württembergs hinarbeitete. Hegel muss dies

gewusst haben, zu eng sind seine eigenen Verbindungen gewesen – zu
August und Viktor Hauff, zu Harter wie zu Eschenmayer.

August Hauff wird verhaftet

Man muss Leutnant von Penasse zugute halten, dass er bei seinen zahlreichen Verhören offenbar erst weitere Namen nannte, nachdem die Untersuchungskommission ihm einen Brief seiner Schwester vorgelegt hatte: Ganze acht Tage, nachdem von Penasse inhaftiert worden war, lagen der vierköpfigen Kommission – der auch Christianes »Stiefonkel« Heinrich Günzler angehörte – die sogenannten Erinnerungen von dessen Schwester schriftlich vor, wie es im Protokoll so schön heißt. Am 28. Januar 1800 wurde Leutnant von Penasse nunmehr, *besonders nach bekannten ernstl[ichen] Erinnerungen seiner Schwester, deren Schreiben ihm durch die Commission mitgetheilt worden, nochmals aufgefordert, in seiner Sache, und besonders, wie er in die Verbindung gekommen, die Warheit mehr anzugeben.*[260] Wir wissen nicht, wer diese Schwester ist und welche Motive sie leiteten, aber wir wissen damit, welche Druckmittel die Untersuchungskommission einsetzte, um die Inhaftierten zum Sprechen zu bringen. Denn unbestritten war es das oberste Ziel, möglichst viele Mitverschworene ausfindig zu machen. Penasses Aussagen und die seiner weiteren Mitgefangenen[261] führten denn auch zu einer zweiten Verhaftungswelle in der Nacht vom 1. zum 2. Februar, der unter anderem auch Mines Mann August Hauff zum Opfer fiel. Und nicht nur dieser. Aus Christianes Umfeld wurden auch der Stuttgarter Kaufmann Ofterdinger, Grüneisens angeheirateter Schwager, sowie der Stuttgarter Kanzleiadvokat Zeller, der ehemalige Kollege und Verteidiger Gotthold Stäudlins, verhaftet. Wie aus den Untersuchungsprotokollen August Hauffs hervorgeht, war dieser offenbar in seinem Engagement für die württembergischen Radikaldemokraten hin- und hergerissen gewesen. Hauffs Aussage, er habe sich eigentlich schon 1799 von der *Gesellschaft* zurückgezogen, klingt angesichts seiner Heirat und geplanten Familiengründung plausibel. Auf der anderen Seite konnte ihm aber offenbar nachgewiesen werden, dass er vom Revolutionierungsplan wusste und darüber hinaus auch die geplante Reise Eschenmayers finanziell unterstützen wollte. Herzog Friedrich kam daher am 22. Februar höchstpersönlich – und wider die Empfehlung der Untersuchungskommission – zu dem Schluss, dass August Hauff sich so sehr schuldig gemacht habe, dass er nicht gegen Kaution auf freien Fuß gesetzt werden könne.[262]

Aus Christiane Hegels näherem Bekanntenkreis gerieten jedoch auch noch eine ganze Reihe anderer Bekannter, ja Freunde auf die Liste[263] der verdächtigten Personen: Allen voran ist hier Christianes Weggefährte Ludwig Neuffer zu nennen. Daneben finden sich aber beispielsweise auch die Namen von Georg Kerners jüngerem Bruder, dem Artillerieleutnant Karl Kerner, und von Verleger Steinkopf.

Christiane wird also in ihrem persönlichen Umfeld vielfach, ja massiv mit den Auswirkungen der Verhaftungswelle konfrontiert gewesen sein. Da sie zur Zeit der pausenlosen Verhöre der Staatsgefangenen im Haus von Heinrich Günzlers Bruder wohnte – zusammen mit Mines Vetter Friedrich Haug, auch das darf man nicht vergessen –, wird das Gesprächsthema Nummer Eins nichts Anderes gewesen sein. Wir wissen freilich nicht, wie viel im Einzelnen von der Arbeit der »Herzoglichen Geheimen Untersuchungs Commisssion« nach außen gedrungen ist, wie viel beispielsweise Günzlers Frau von ihrem Mann erfahren hat, von dem Herzog Friedrich in den höchsten Tönen schwärmte und den er gerade *des Geheimnisses wegen* als Schriftführer der hochkarätig besetzten vierköpfigen Untersuchungskommission eingesetzt hatte. Der Herzog hatte ihn *erst kürzlich wegen seiner erworbenen Verdienste u. ausgezeichneter Tüchtigkeit zum Oberbeamten der Residenzstadt Stuttgart befördert* [...], *mit welcher Stelle zugleich die OberpolizeyAufsicht in dieser Residenz verbunden ist.*[264] Das bedeutet, dass die zahlreichen Spitzelberichte des Stuttgarter Polizeikommissars Huber über Günzlers Schreibtisch gelaufen sein dürften. Die eingerichtete erste Untersuchungskommission, die sich mit den Jakobinern beschäftigte, saß auf dem Hohenasperg, wo die Staatsgefangenen inhaftiert waren, sie musste aber immer wieder in Stuttgart Rapport geben. Günzlers Frau wird in besonderer Weise neugierig auf Informationen gewesen sein, da ihre jüngere Halbschwester 1799 einen Bruder Viktor Hauffs geheiratet hatte. Völlig offen ist auch, ob Christiane Hegel Zusatzinformationen über Oberst von Rau oder dessen Familie erhalten konnte, der zumindest in den 1780er Jahren den ersten Stock im Haus der

Hegels bewohnt hatte und hin und wieder zu geselligen Abendveranstaltungen eingeladen worden war. Im September 1798 war von Rau zum Kommandanten der Festung Hohenasperg ernannt worden, der nunmehrige Generalmajor war dort jedoch für die herkömmlichen Sträflinge zuständig – die Staatsgefangenen unterstanden einem ständig wechselnden militärischen Sonderkommando. Allerdings übernahmen Raus Sträflinge Dienstleistungen für die Staatsgefangenen. So bat beispielsweise der auf den Hohenasperg abkommandierte Leutnant von Mosheim am 19. April 1800 darum, die Sträflinge von Generalmajor Rau, *welche bisher für die Staatsgefangenen bestimmt waren, und welche wegen dem Essentragen und der Reinlichkeit unentbehrlich sind*, weiter im Einsatz zu lassen.[265] Hat Christiane bei ihrer Maskerade als Magd etwa Raus Dienste oder die seiner Tochter ausnützen können?

Mit der Festnahme des Ludwigsburger Bürgermeisters und radikalen Landschaftsführers Baz aber, die am 17. März 1800 in Wien erfolgte, gelang dem württembergischen Herzog der entscheidende Schlag auch gegen die Landschaft und die Anhänger einer eigenständigen Außenpolitik der Landstände. In Stuttgart wurde dafür eine zweite Untersuchungskommission eingerichtet, die sich mit jenen Landeskindern beschäftigen sollte, die es gewagt hatten, während des Krieges eigenmächtig und heimlich Kontakt mit dem Feind Frankreich aufzunehmen. Hierbei wurden auch eine ganze Reihe angesehener Stuttgarter Bürger in den Zeugenstand geladen.

Leutnant von Penasses Geständnis

Am 20. März 1800, drei Tage nach der Verhaftung von Baz, schrieb Leutnant von Penasse einen ausführlichen Brief[266] an den Vorsitzenden der Ersten Untersuchungskommission, Geheimrat Freiherr von Normann. Darin bekennt er erstmals, sich im Spätsommer 1799 brieflich an ein Regierungsmitglied Frankreichs gewandt zu haben. In seinem Brief an Normann erklärt von Penasse, was er seinerzeit an Sieyès geschrieben hat – Hegels Name fällt dabei noch nicht: *Ich habe zur Zeit des Eintritts Sieys in das Directorium an denselben geschrieben pr. Couvert an Minister Reinhardt. Der Grund hievon war Eitelkeit meine politische Blike einem solchen Manne hinzulegen*

[...]; die Veranlassung war Eine Rede Boulais in der N[ational]Versammlung, worin er sich äussert: *die fränkische Nation soll erklären: daß sie Frieden mit allen Nationen haben und sich in die Angelegenheiten keiner Regierung mischen wolle.* Ich stellte dies Sieys als lächerlich dar, und daß ein Glied der N[ational]Versammlung so wenig den Geist der fränkischen Revolution, als auch das Sistem seiner RegierungsVerfassung kenne, wodurch dem alten RegierungsSistem auf immer den Krieg angekündigt hätte, daß nur der Sturz des einen oder des andern dem einen von beiden Sicherheit gewähren könne. Ich habe ferner Sieys auf den Hauptpunkt ihrer Kriegsoperationen auf Teutschland aufmerksam zu machen gesucht, die Operationen in Italien blos als abhängig von denen in Teutschland dargestellt; ihm die größern Vorzüge Schwabens von Italien, als eine durch seine Cultur, Charakter und kriegerischen Geist seiner Einwohner vorzüglicheres Land zur Freiheit dargelegt denen nicht Sinn für dieselbe fehle, sondern blos mit einer Abneigung gegen das fränkische undisziplinirte Heer beseelt sey. Dies waren ungefehr die Punkte meines Briefes an denselben. An Reinhardt schrieb ich blos, daß ich mich als einen Bekannten von Secretair Kerner mit der Bitte an ihn wende, Inlage Sieyes zu geben und im Lauf dieses Krieges seines Vaterlandes eingedenk zu seyn.

Erst auf diese schriftliche Selbstanzeige hin ist Leutnant von Penasse nochmals mündlich vernommen worden, und erst in diesem Verhör, das vermutlich um den 20. März 1800 stattgefunden hat,[267] muss von Penasse Hegels Namen preisgegeben haben: Der zusammenfassende Bericht der Untersuchungskommission vom 5. Mai 1800 referiert, dass von Penasse auf die Frage Nr. 1537 mitgeteilt habe, dass er den hochverräterischen Brief über einen Magister Hegel in Frankfurt habe transportieren lassen.[268]

Bedenkt man, dass Christiane Hegels »Stiefonkel« Heinrich Günzler als einer der vier Untersuchungsrichter und vor allem als Protokollant in der Ersten Herzoglichen Geheimen Untersuchungskommission saß, vor der die nahezu pausenlosen Verhöre der politischen Gefangenen stattfanden, so kann man sich vorstellen, in welche Ängste Hegels Schwester damals im März 1800 geraten sein muss. Nicht nur der Freund August Hauff, nein, auch der eigene Bruder geriet ins Visier der Anklage, die auf Hochverrat lautete.

Nicht zuletzt bleibt auch zu bedenken, dass sich Leutnant von Penasse für seine verschwörerische Post eine Frau als Deckadresse ausgesucht hatte, die Jungfer Wernerin.²⁶⁹ Dies aber war der Untersuchungskommission dank der guten Arbeit der Polizeispitzel bekannt, und so lässt sich leicht nachvollziehen, welche Schlüsse sie daraus für ihre weiteren Nachforschungen gezogen hat.

Mag man in Christianes Botengängen auf die Festung Hohenasperg nur einen Liebesdienst für die schwangere Freundin Mine Hauff sehen, um deren Gesundheit Familie und Freunde nachweislich bangten. Die Kurierdienste des Bruders in Frankfurt jedenfalls eröffnen eine eindeutig politische Dimension, wobei auffällt, dass sich die »verschwörerischen« Kontakte Leutnant von Penasses durchaus mit dem persönlichen Umfeld Christiane Hegels decken. Auch wenn man der Mär des jungen Leutnants Glauben schenkt, Hegel habe den Inhalt des Briefes an Sieyès nicht gekannt, so belegt das Beziehungsnetz der Geschwister Hegel, dass Christianes Bruder sehr wohl gewusst haben muss, wessen Brief er an den Feind weitergeleitet hat und welche Bedeutung diese Transaktion zum damaligen Zeitpunkt hatte. Dies aber untermauert den begründeten Verdacht, dass die Geschwister Hegel im Jahr 1799 weit mehr in die Pläne zur Revolutionierung Württembergs involviert waren als bisher angenommen.

Hegels tatkräftige Unterstützung der württembergischen Revolutionäre im Spätsommer 1799 macht, mit Blick auf Christianes Lebensgeschichte, vor allem eines deutlich: Als sein Frankfurter Kurierdienst Ende März 1800 in der Stuttgarter Jakobineruntersuchung aufflog, geriet seine Schwester in eine äußerst schwierige Situation. Hier dürfte nicht nur das Initialerlebnis für Christianes spätere Psychose zu suchen sein, die sich bezeichnenderweise in der zwanghaften Vorstellung äußerte, als verschnürtes Postpaket verschickt zu werden. Hegels Engagement dürfte auch den letzten Ausschlag gegeben haben, dass Christiane im Spätsommer 1801 Stuttgart, ja Württemberg verließ. Sie war keineswegs die einzige, die sich damals mit Emigrationsgedanken trug, es gibt durchaus auch prominentere Köpfe, die daran dachten und von deren Plänen wir daher wissen. So spielte beispielsweise auch der Verleger Cotta im April 1800 mit dem Gedanken, seine Zelte in Württemberg abzubrechen. Auch Christianes alter Weggefährte Ludwig Neuffer tat sich schwer in Stuttgart und verließ schließlich im Spätjahr 1803 seine Vaterstadt – für immer, sieht man von den späteren Sommeraufenthalten in den 1820er Jahren einmal ab. In seiner erst 1842 posthum und an entlegener Stelle veröffentlichten Autobiographie beschreibt Neuffer die damalige Situation und Stimmung anschaulich: *Ich sehnte mich allmählig von Stuttgart weg, wo mir so manches Widrige zugestoßen war. [...] die Stürme der Revolution zerrütteten alle Bande des geselligen Lebens; ein neuer, mich nicht mehr ansprechender Geist entwickelte sich aus den Ereignissen, die sich fortwährend drängten, und ich selbst wurde an manchen Orten mit zweideutigen Blicken angesehen, weil meine politischen Ansichten mich in Ungunst gesetzt hatten. [...] Im Spätjahr 1803 verheirathete ich mich [...] und verließ meine Vaterstadt, um das mir angetragene Diakonat eines Landstädtchens zu beziehen.*[270]

Im Dienst des Freiherrn von Berlichingen (1801–14)

> *Ich misskenne nicht, was Sie an den Kindern geleistet haben; abgesehen von dem Wissenschaftlichen, haben Sie Ihnen eine strenge Moralität und unbefangene Heiterkeit beigebracht ...*
>
> Joseph von Berlichingen an Christiane Hegel, 8. August 1814

Abschied von Stuttgart

In Aufbruchstimmung

Sicherlich hat das politische Klima in der württembergischen Residenzstadt um 1800 eine wichtige Rolle für Christiane Hegels Entscheidung gespielt, Stuttgart zu verlassen und eine Anstellung als Erzieherin auf dem Lande zu suchen. Doch mögen es auch andere Gründe gewesen sein, die diesen Entschluss in ihr langsam zum Reifen gebracht haben, etwa die Tatsache, dass zwischen August und Dezember 1799 in ihrem engsten Freundeskreis gleich drei Ehen geschlossen wurden: Christiane Stäudlin vermählte sich mit dem Theologen Christian Friedrich Benjamin Vischer, Minc Elsässer heiratete August Hauff, und dessen ältere Schwester Gottliebin Hauff gab endlich Heinrich Grüneisen das Jawort.

Auch mag Christiane, die durch die Pflege des kranken Vaters eineinhalb Jahre lang an das Stuttgarter Elternhaus gefesselt war, nach dessen Tod im Januar 1799 den Drang nach »draußen« stärker empfunden haben als manche ihrer Freundinnen. Christianes Brüder hatten Württemberg schon einige Jahre zuvor den Rücken gekehrt und lebten in Frankfurt. Ein besonderer Einschnitt war zudem, dass das Haus ihrer Kindheit nun verkauft wurde und sie sich ein neues Zuhause suchen musste. Damit war das Kapitel der Stuttgarter Kinder- und Jugendzeit endgültig abgeschlossen. Christiane zählte zur Jahrhundertwende fast 27 Jahre. Sie hatte zwar ein bescheidenes Vermögen geerbt – davon allein konnte sie aber nicht leben. Auch dürfte sie aufmerksam verfolgt haben, dass Altersgenossinnen ihr Glück in der Ferne suchten: Etwa Nanette Endel, die das Hegelsche Haus bereits im Frühjahr 1797 verlassen hatte, um als Gesellschafterin bei der Baronin Bobenhausen abwechselnd im fränkischen Obbach und in der freien Reichsstadt Memmingen zu verbringen.

Neben der Chance, als Gesellschafterin oder Gouvernante in einer Adelsfamilie angestellt zu werden – so etwas wie die weibliche Variante des Hofmeister-Daseins examinierter Theologen –, bestand für diejenigen Frauen, die eine entsprechende Bildung mitbrachten, noch eine weitere berufliche Möglichkeit: Sie konnten als Privatlehrerin Kinder befreundeter bürgerlicher Familien gemeinsam in einem inoffiziellen Kreis unterrichten oder sogar als Lehrerin in einer der sich erst neu etablierenden Privatschulen Stuttgarts tätig werden. Ersteres ist bei Christiane Hegel anzunehmen, wenn auch nicht eindeutig zu belegen. Die Vermutung liegt allerdings nahe, da sie in den 1820er Jahren nachweislich in Stuttgart Privatunterricht – in den Fächern Französisch und weibliche Handarbeiten – erteilt hat. Im Kreise der mit ihr befreundeten und bekannten Familien war es durchaus üblich, Privatlehrer für den gemeinsamen Unterricht der Kinder zu engagieren, ohne dass diese im Einzelfall immer namentlich genannt sind.[271]

Christiane Hegel hat soweit bekannt nicht aktiv an den verschiedenen Plänen mitgearbeitet, die höhere Mädchenbildung in der Residenzstadt Stuttgart im ausgehenden 18. und beginnenden 19. Jahrhundert voranzutreiben,[272] obwohl sie all jene Männer persönlich gekannt hat, die sich damals für die Mädchen- und Frauenbildung in Stuttgart aktiv einsetzten: Diese hielten Vorlesungen speziell für Frauen, gründeten private Lehrinstitute oder veröffentlichten lehrreiche Taschenbücher und Monatsschriften. Erklärtes Ziel dieser Männer war es, dass *der abgeschmakte Dämon unsrer schwäbischen MädchenErziehung völlig ausgetrieben* werde.[273]

Hegels Schwester verließ Stuttgart gerade zu dem Zeitpunkt, als Märklin und Neuffer dort die Herausgabe ihrer »Monatsschrift für Geistes- und Herzensbildung junger Frauenzimmer« planten und Wilhelm Christoph Tafinger das »Lehrinstitut für junge Frauenzimmer aus den höheren Ständen« eröffnen wollte. Dieses Lehrinstitut hatte zunächst mit großen finanziellen Schwierigkeiten zu kämpfen. Tafingers Privatschule[274] war übrigens vorübergehend im Hause Friedrich Haugs untergebracht, das dieser Ende 1803 in der Calwer Straße erworben hatte. So dürfte Christiane gut informiert gewesen sein über Tafingers Institut, den Lehrplan und die Organisation des Unterrichts. Tafingers zunehmend erfolgreiche Stuttgarter Privatschule wurde schließlich im Jahr 1818 mit dem von der württembergischen Königin Katharina gegründeten Katharinenstift zusammengelegt. Jahre später, als die erste Vorsteherin des daran angeschlossenen Pensionats gestorben war, wurde die älteste Berlichingen-Tochter Luise, Christiane Hegels Schülerin, mit 49 Jahren von König Wilhelm auf diesen verantwortungsvollen Posten berufen: zu einer Zeit im Übrigen, als auch Mörike dort als Deutschlehrer angestellt war. Mörike widmete ihr im Jahr 1853 das Gedicht »Der Frau Generalin v. Varnbühler«.[275]

Angesichts der theoretischen Möglichkeiten einer beruflichen Tätigkeit in ihrer Heimatstadt stellt sich erneut die Frage: Warum blieb Christiane Hegel nicht in Stuttgart? Ging es ihr wie Hegel und seinen Freunden Schelling, Hölderlin und Neuffer? Wollte auch sie unter allen Umständen aus Württemberg hinauskommen, wurde auch ihr *alles zu enge hier*, wie es Schelling schon Anfang 1796 Hegel gegenüber ausgedrückt hatte, um kurz darauf seiner Heimat den Rücken zu kehren? Immerhin, seit Juni 1800 hatte Hölderlin für ein gutes halbes Jahr unter recht glücklichen Umständen im Hause des befreundeten Stuttgarter Kaufmanns Christian Landauer zugebracht. Nur wenige Schritte waren es von Christianes Domizil bei ihrem »Stiefonkel« Günzler im Haus Nr. 308 in der Landschaftsgasse, der heutigen Kronprinzstraße 18, in das Haus Landauers in der Gymnasiumstrasse 1 (Nr. 299). Doch im Januar 1801 verließ auch Hölderlin die württembergische Residenzstadt, um in der Schweiz eine Hauslehrerstelle anzunehmen. Und auch Ludwig Neuffer trachtete danach, seiner Geburtsstadt Lebewohl zu sagen, er brach schließlich Ende 1803 seine Zelte in Stuttgart ab – Neuffers intensive Kontakte zu den republikanischen Kreisen hatten ihm dort, wie schon zitiert, das Leben zunehmend schwer gemacht. Christiane Hegel wird die Situation, nach allem, was vorgefallen war, ganz ähnlich wie der Freund empfunden haben. Auch wird – gerade bei ihr – die Beziehung zu Gotthold Stäudlin so manches *Band des geselligen Lebens*, wie es Neuffer in seiner Autobiographie formuliert hat, *zerrüttet* haben.

Der Friede von Lunéville, der am 19. Februar 1801 geschlossen wurde, brachte zwar, darauf hatten die Franzosen gedrängt, die Amnestie der letzten in Haft gebliebenen Mitgefangenen von August Hauff – dieser war bereits am 10. Mai 1800 *seines Arrestes provisorie*[276] enthoben worden, durfte aber vorläufig seinen Amtsgeschäften nicht nachgehen und Stuttgart auch nicht verlassen – doch eine neue Gefahr zog herauf: Hegels Tübinger Stiftsfreund Harter[277], einst der revolutionären Konspiration verdächtigt und von Christianes »Stiefonkel« Günzler in einem dubiosen Diebstahlprozess verhört, wechselte, sei es aus Geltungssucht oder aus Geldmangel, nach der Jahrhundertwende die Fronten und erstellte nunmehr Spitzelberichte für Herzog Friedrich. Der erste – zumindest der erste erhaltene – Spitzelbericht datiert vom 3. April 1802. In diesen Berichten nennt Harter Herzog Friedrich, der einen erneuten Anschlag auf sein Leben fürchtete, demokratisch gesinnte Württemberger, so zum Beispiel auch den aus der Haft entlassenen Eschenmayer. Dessen Frau habe während der Inhaftierung ihres Mannes von Frankfurt aus die patriotische Post der württembergischen Jakobiner koordiniert, behauptet Harter in seinen Spitzelberichten. Die Spirale der Konspiration und Verfolgung drohte sich also erneut zu drehen. Dies könnte das Fass für Hegels Schwester in Stuttgart zum Überlaufen gebracht und sie bewogen haben, in Jagsthausen als Gouvernante in den Dienst des Joseph Freiherr von Berlichingen zu treten. Friedrichs zwielichtiger Spitzel Harter landete 1812 übrigens da, wo acht Jahre später auch Christiane Hegel hingeschickt wurde: in der »Staatsirrenanstalt Zwiefalten«, und zwar in einem eigens für ihn konstruierten eisernen Käfig, der ihn zum Krüppel werden ließ. Sein Aufenthalt dort wurde jahrelang geheimgehalten.

Die Familie von Berlichingen

Die Freiherren von Berlichingen-Jagsthausen zählten zur sogenannten freien Reichsritterschaft des Fränkischen Kreises und innerhalb dessen zum Kanton Odenwald. Jagsthausen war damals – aus der Perspektive

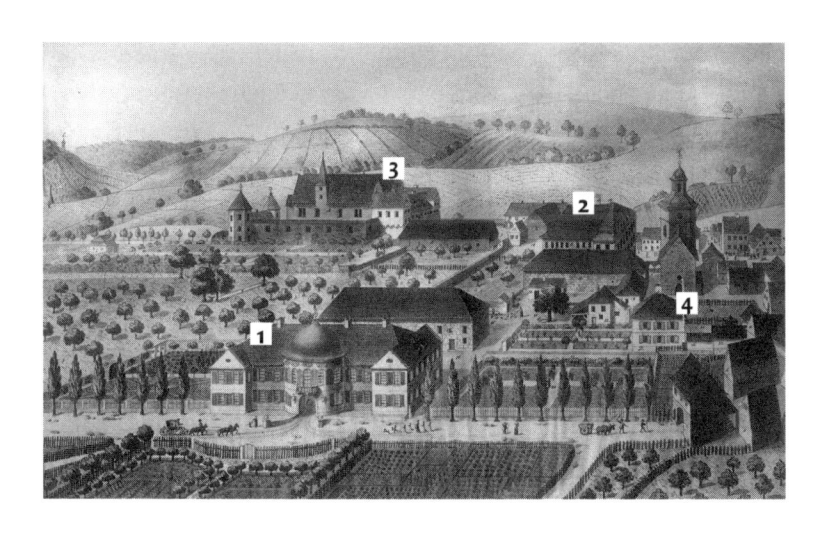

5 Jagsthausen im Jahr 1803
1 Weißes Schloss   2 Rotes Schloss   3 Götzenburg   4 Pfarrhaus

des Herzogtums Württemberg gesehen – also noch exterritoriales Gebiet. Joseph von Berlichingen, Christianes Dienstherr, war im Jahr 1801 noch souverän, ein »Freiherr« im eigentlichen Sinne des Wortes, der allein dem Kaiser in Wien untertan und zur Huldigung verpflichtet war. Die Familie teilte sich – jeweils nach dem Wohnsitz benannt – in eine Innere-Haus-Linie, die ihren Sitz in der berühmten Götzenburg hatte, und eine Äußere-Haus-Linie, deren Nachkommen zum einen das Rote Schloss gegenüber der Kirche und zum anderen das Alte Schlösschen und das Neue Schloss bewohnten.

Joseph von Berlichingens Vater[278] gehörte zur Äußeren-Haus-Linie; er hatte als kaiserlich-österreichischer Rittmeister gedient. Seine Mutter war eine ungarische Gräfin. In Ungarn 1759 geboren, katholisch getauft und vom Bischof von Kalocsa erzogen, der die Grundlagen für Josephs wissenschaftliche Bildung und sein lebenslanges Interesse an den Wissenschaften und Schönen Künsten legte, kam Joseph von Berlichingen mit 15 Jahren nach Wien und besuchte zunächst die Ingenieurakademie, wechselte jedoch 1778, dem Beispiel seines Vaters folgend, in die militärische Laufbahn und stieg bis zum kaiserlich-österreichischen Rittmeister auf. Als er dreißig Jahre alt war – im Revolutionsjahr 1789 – starb sein Vater, und da auch sein einziger Bruder früh gestorben war, quittierte er, gesundheitlich stark angeschlagen, den Dienst und zog zur Übernahme seiner fränkischen Stammgüter nach Jagsthausen. Joseph von Berlichingen galt als hochgebildet; er beherrschte Latein und sprach fließend Französisch, Italienisch, Ungarisch und Polnisch. 1790 heiratete er eine Verwandte, die zwanzigjährige Sophie von Berlichingen-Jagsthausen aus der Linie des Inneren Hauses. Neben der Götzenburg, die von Sophies Eltern und ihrem jüngeren Bruder Götz bewohnt wurde, und dem Roten Schloss mit seinem imposanten Mansardendach, in dem Vetter Gottfried von Berlichingen mit seiner Familie lebte, sowie dem Alten Schlösschen, das in der Folge als Amtshaus diente und später abgerissen wurde, baute Joseph von Berlichingen für sich und seine Familie das neue »Weiße Schloss«, das im Jahr 1792 fertiggestellt wurde. Von den zehn Kindern, die Sophie bis zu ihrem Tod im Jahr 1807 zur Welt brachte, überlebten nur fünf Töchter das Kleinkindalter: Luise (1793), Caroline (1795), Charlotte (1796),

Katharine (1798) und Josephe (1803), bei deren Geburt Christiane Hegel bereits im Haus war.

Beziehungen zum fränkischen Adel hat es in Christiane Hegels Freundeskreis mehrfach gegeben: Die Familie von Bobenhausen, bei der Nanette Endel untergekommen war, stammte aus dem Ritterkanton Odenwald. Baron Herman, bei dem Tafinger und sein Freund Wilhelm Christian Neuffer in Memmingen mehrere Jahre als Hauslehrer angestellt waren, war mit einer Freiin von Stetten verheiratet, sie stammte also aus einer freiherrlichen Familie aus der unmittelbaren Nachbarschaft zu Jagsthausen. Und Mine Hauffs Vater dürfte aus der gemeinsamen Dienstzeit beim Markgrafen von Ansbach Freiherr von Gemmingen gekannt haben, der nun Vorsitzender des fränkischen Ritterkantons Odenwald war.

Leo von Seckendorf

Die bei weitem interessanteste Spur zur Beantwortung der Frage, auf wessen Empfehlung Christiane Hegel im Hause Berlichingen angestellt wurde, führt zu Leopold (Leo) Freiherr von Seckendorf, jenem Mann also, der mit Hölderlin und Isaac von Sinclair, aber auch mit dem württembergischen Oppositionspolitiker Christian Friedrich Baz eng befreundet und später in den sogenannten Hochverratsprozess gegen Sinclair verwickelt war. In den Akten wurde er als einer der Männer genannt, *die an einer RegierungsVeränderung in Teutschland thätigen Antheil nehmen würden.*[279] Auch Leo von Seckendorfs Familie entstammte dem fränkischen Uradel. Sein Onkel, Alexander Freiherr von Seckendorf im fränkischen Sugenheim, der ihm nach seiner Freilassung aus der württembergischen Untersuchungshaft 1805 Asyl bot, war Vorsitzender des fränkischen Ritterkantons Steigerwald. Leo von Seckendorf war nicht nur – über den Hauslehrer seiner Stuttgarter Verwandten, die übrigens unmittelbar neben den Hauffs in der Kanzleistraße wohnten[280] – mit Tafinger gut bekannt,[281] er stand damals auch mit denjenigen in freundschaftlicher Verbindung, die um 1800 das engere Umfeld Christiane Hegels bildeten: Mine Hauff geb. Elsässer, Friedrich Hölderlin und Isaac von Sinclair. Mine, die Christiane die Botengänge zu ihrem inhaftierten Mann auf dem Hohenasperg zu verdanken hatte, wird den zwei Jahre jüngeren Leo von Seckendorf schon als Kind in der Zeit kennen gelernt haben, als beider Väter noch im Dienst des Markgrafen von Ansbach standen, bevor Leo von Seckendorfs Vater als württembergischer Geheimer Rat und Komitialgesandter in Regensburg ein treuer Diener des württembergischen Herzogs Friedrich wurde. Jedenfalls hat sich die 18-jährige Mine am 3. Juni 1792 in Tübingen als *Freundin* in Leo von Seckendorfs Stammbuch eingetragen, als sich dieser für ein Semester in Tübingen aufhielt. Damals in Tübingen hat der junge Jurastudent, der sich in den revolutionär gesinnten Studentenkreisen bewegte, auch Christianes Bruder und insbesondere Friedrich Hölderlin kennen gelernt, für dessen Werk er sich später auch einsetzte.[282] In Jena, wo Seckendorf sein Studium fortsetzte, machte er dann die Bekanntschaft des revolutionsbegeisterten Isaac von Sinclair.

Interessanterweise finden sich in Leo von Seckendorfs Stammbuch aus der Zeit seines Tübinger Sommersemesters 1792 nicht nur Einträge von Christianes Freunden Mine Elsässer und Friedrich Hölderlin[283]. Eingetragen hat sich damals auch Seckendorfs *Freund* Ludwig Eberhard von Gemmingen-Bürg; er legte auch einen hübschen Schattenriss bei.[284] Dieser Mann aber war der Vetter der Sophie Freifrau von Berlichingen und stammte aus deren unmittelbarer Nachbarschaft. Familiensitz der Freiherren von Gemmingen-Bürg war das Schloss »Bürg« hoch über dem Kochertal im heutigen Neuenstadt am Kocher. Hier residierte Ludwig Eberhards Bruder; er selbst wohnte in dem mächtigen Wasserschloss Presteneck im Neuenstädter Ortsteil Stein direkt am Kocher. Ludwig Eberhard von Gemmingen wohnte also in nächster Nähe zu Jagsthausen. Schließlich wurde er auch Sophies Schwiegersohn, allerdings erst nach deren Tod: Im April 1811 heiratete er, mittlerweile vierzig Jahre alt, die gerade 18-jährige Luise von Berlichingen, Christiane Hegels ältesten Schützling.

War es nun Mines Vater, der alte Elsässer, der für die Freundin seiner Tochter bürgte, waren es Isaac von Sinclair oder Leo von Seckendorf, die sich, möglicherweise über den befreundeten Ludwig Eberhard von Gemmingen, dafür stark machten, dass Christiane Hegel eine Anstellung als Gouvernante in einer fränkischen Adelsfamilie finden konnte – mehrere

Referenzen sind denkbar und möglich. Doch wie so oft im Leben der Christiane Hegel fehlen eindeutige Belege, um die eine oder andere These zu stützen – oder gar eine ganz neue aufzustellen.

Der Zeitpunkt der Einstellung

Nicht nur in Bezug auf die Frage, wie Hegels Schwester nach Jagsthausen gekommen ist, schweigen die Quellen, die Informationen über ihren Aufenthalt und ihre Tätigkeit in der Familie von Berlichingen sind überhaupt sehr mager. *Viele Jahre hindurch war sie auf dem Schloß Jaxthausen im v. Berliching'schen Hause Gouvernantin* – das ist alles, was Hegels Biograph Karl Rosenkranz im Jahr 1844 mitzuteilen weiß. Auch Justinus Kerner erwähnt die Anstellung nur ganz kurz; im Zusammenhang mit der Inhaftierung von August Hauff auf dem Hohenasperg spricht er davon, dass *die Schwester des berühmten Philosophen Hegel damals* [!] *als Gouvernantin bei dem Landvogte Grafen von Berlichingen in Ludwigsburg angestellt gewesen sei.* Zum Zeitpunkt der Inhaftierung Hauffs Anfang 1800 aber war der Freiherr weder Landvogt in Ludwigsburg noch Graf – das eine wurde er 1810, das andere 1815 –, auch wohnte er noch nicht in Ludwigsburg, sondern in Jagsthausen. Verschiedene Jahre, ja Jahrzehnte legen sich in der Erinnerung Kerners übereinander, seine Angaben sind so widersprüchlich, dass sie kaum brauchbare Anhaltspunkte bieten. Karl Schumm ist Justinus Kerner offenbar gefolgt, denn er schreibt 1953 in seinem Aufsatz über Hegels Schester: »Nach dem Tode ihres Vaters [...] wurde sie Gouvernante bei dem Landvogt Grafen von Berlichingen in Ludwigsburg. Ihre Tätigkeit übte sie vor allem bei den Kindern des Grafen in Jagsthausen aus. [...] Bei dem Grafen war sie bis zum Jahre 1814.«

Auch die schriftliche Anfrage im Archiv der Freiherren von Berlichingen in Jagsthausen, die Christiane Hegels Biograph Hans-Christian Lucas 1982 stellte, führte zu keinem neuen Ergebnis: »Es ließen sich dort keine Unterlagen zu Christianes Arbeitsverhältnis finden.« Dem Hinweis, dass Graf Joseph von 1809 bis 1818 in Ludwigsburg gewohnt habe und es daher durchaus möglich sei, dass Christiane von 1809 bis 1814 auch dort tätig war, ging Lucas damals nicht weiter nach. Er konstatiert daher im Jahr 1988 nüchtern: »Über das Arbeitsverhältnis Christiane Hegels im Hause Berlichingen wissen wir nur so viel, als sich aus brieflichen Mitteilungen im Umkreis der Auflösung [!] dieses Arbeitsverhältnisses erhalten hat.« Gemeint sind damit Hegels vier Briefe an die Schwester aus dem Jahr 1814 – die ersten überhaupt, die sich aus dem Briefwechsel der Geschwister erhalten haben – und der Brief des Joseph von Berlichingen an Christiane vom 8. August 1814, in dem er ihr die Kündigung des Arbeitsverhältnisses nahelegt. Christianes Briefe an den Bruder aus dem Jahr 1814, die ein unmittelbares Zeugnis ihres Befindens und ihrer Gedanken geben könnten, sind nicht erhalten, jedenfalls nicht bekannt.

Wieder einmal wissen wir über die späteren Jahre besser Bescheid – nahezu nichts dagegen über den Anfang. Doch gerade der genaue Zeitpunkt, zu dem Christiane Hegel ins Haus Berlichingen kam, ist wichtig: und zwar nicht nur in Hinsicht auf die Dauer ihres Anstellungsverhältnisses – die auch etwas über ihre Wertschätzung und Beziehung zu den Kindern aussagt –, sondern auch im politischen Kontext.

Karl Schumm setzt, wie bereits erwähnt, Christiane Hegels Anstellung bei den Berlichingen etwas vage »nach dem Tode ihres Vaters« an, was Verschiedenes bedeuten kann. Friedhelm Nicolin geht im kommentierten Personenregister der Hegel-Briefausgabe 1981 davon aus, dass Hegels Schwester »seit 1807 Gouvernante im Dienst des Grafen Josef von Berlichingen in Jagsthausen« gewesen ist. Diese Auffassung teilt noch 1998 der französische Hegelspezialist Jacques D'Hondt, wobei nicht nachvollziehbar ist, worauf sich die beiden dabei stützen. Möglicherweise haben beide Christiane Hegels Einstellung in Verbindung mit dem Tod der Sophie von Berlichingen im Juli 1807 gesehen. Hans-Christian Lucas verzichtet in seinen beiden Aufsätzen über Christiane Hegel auf exakte Jahreszahlen und formuliert vorsichtiger, dass sie »über einen längeren Zeitraum als Gouvernante im Dienste des Grafen Joseph von Berlichingen in Jagsthausen tätig« gewesen sei, wobei das Anstellungsverhältnis »von bedeutender Länge gewesen sein« müsse, da ihr der Graf im Jahr 1814 von sich aus eine lebenslängliche jährliche Pension in Höhe von hundert Gulden angeboten und auch ausbezahlt habe.

Ein erster Beleg dafür, dass Christiane Hegel nicht erst 1807, sondern bereits Ende 1802 in Jagsthausen wohnte, fand sich zufällig an einer Stelle, wo ihn wohl niemand gesucht hätte: im Stuttgarter Kirchenregister. Darin ist Christiane Hegel als Taufzeugin des Dichters Wilhelm Hauff aufgeführt.[285] Der Taufeintrag vom 3. Dezember 1802 hält nämlich auch fest: Die Taufzeugin Christiane Hegel wohnt *in Jaxthausen*. Auch bei der Taufe der Hauff-Tochter Marie am 11. Dezember 1805 dokumentiert das Stuttgarter Kirchenregister: *Jgfr. Christiana Hegel in Jaxthausen*. Bei der Taufe des ältesten Hauff-Sohnes Hermann hingegen, die am 1. September 1800 in Stuttgart stattfand, ist Christiane ohne Ortsangabe als Taufzeugin eingetragen, was auf den Wohnort Stuttgart schließen lässt, zumal sie im Stuttgarter Adressbuch vom März 1800 unter der Adresse ihres Stiefonkels Günzler aufgeführt ist.

Die Rechnungsbücher in Jagsthausen liefern schließlich das exakte Datum: Demnach trat Christiane ihren Dienst bei den Berlichingen am 20. September 1801 an.[286]

Beim freien Reichsritter in Jagsthausen (1801–06)

Trügerische Idylle jenseits der Grenzen Württembergs

Was möglicherweise in Anlehnung an Nanette Endels Modell, *im Schosse der schönen Natur das Glück zu suchen*, konzipiert und als Flucht in die ländliche Idylle gedacht war, um den Erfahrungen einer Politik der schrittweisen Entmachtung der württembergischen Landstände und der Verfolgung der »Republikaner« in der Residenzstadt Stuttgart zu entkommen, verkehrte sich bald ins Gegenteil: Kaum angekommen auf den freiherrlichen Besitzungen im idyllischen Jagsttal holte Christiane Hegel die skrupellose Machtpolitik Friedrichs ein, der seine neue Staatskonzeption durchzusetzen wusste. Hautnah wurde sie Zeugin der württembergischen Okkupationspolitik, die sich unter der Schirmherrschaft Napoleons im Zuge der sogenannten Mediatisierung nun auch gegen die bisher reichsunmittelbare Ritterschaft und die kleineren Reichsfürsten und Reichsgrafen richtete. Ihr Ausflug über die württembergische Staatsgrenze im Jahr 1801 endete schließlich im Gefolge ihres zum württembergischen Landvogt und Staatsrat avancierenden Dienstherrn 1809 in Ludwigsburg, der Sommerresidenz des zwischenzeitlich zum württembergischen König aufgestiegenen Herzogs Friedrich. Was bei Rosenkranz in Hegels Biographie so problemlos klingt: *Viele Jahre hindurch war sie auf dem Schloß Jaxthausen im v. Berliching'schen Hause Gouvernantin*, entpuppt sich bei näherem Hinsehen als durchaus nicht idyllisch. In Wirklichkeit verbrachte Christiane Hegel mit der Familie Berlichingen nur fünf Jahre kontinuierlich auf deren Stammsitz in Jagsthausen – und es waren alles andere als ruhige Jahre. Ende 1806 musste sie dann mit der Familie des Freiherrn für zweieinhalb Jahre in die Garnisonsstadt Schorndorf umziehen und im Sommer 1809 für fünf Jahre in Ludwigsburg Quartier nehmen. Die Wohnorte spiegeln im Kleinen die große Politik jener Jahre: Joseph Freiherr von Berlichingen verlor seine Souveränität, seine Besitzungen kamen zum größten Teil unter württembergische Oberhoheit, er wurde württembergischer Untertan und musste in den Dienst des württembergischen Königs treten.

Schon ein Jahr nach Christianes Dienstantritt in Jagsthausen ließ die militärische Besitzergreifung und Säkularisation des benachbarten Zisterzienserklosters Schöntal[287] am 15. Oktober 1802 erahnen, was wenig später bei der sogenannten Mediatisierung mit den Besitzungen der freien Reichsritterschaft geschehen sollte. Bereits im Spätherbst 1803 setzte auch im Ritterkanton Odenwald, zu dem die Berlichingenschen Besitzungen zählten, der sogenannte Rittersturm ein, bei dem zunächst die größeren Fürstentümer wie Hohenlohe, Krautheim, Löwenstein-Wertheim und andere die kleineren, reichsunmittelbaren Ritterschaften zu »schlucken« suchten.[288] An Weihnachten 1803 eskalierte die Situation auch in den Berlichingenschen Herrschaftsorten. Nur zu gerne griff Friedrich, nunmehr schon württembergischer Kurfürst genannt, als Schutzmacht ein, zumal er von den kleineren Herrschaften zum Teil ausdrücklich zu Hilfe gerufen worden war – und schickte württembergische Truppen. Am Weihnachtstag des Jahres 1803 hatten sich die sogenannten Schutztruppen bis Jagsthausen vorgeschoben. Vier Wochen später, am 21. Januar 1804, verwandelte Württemberg seine Schutzbesetzung in Okkupation, indem es Besitzergreifungspatente – etwa auch in den Berlichingenschen Orten Jagsthausen und Berlichingen – anheften ließ. Die postwendend an den Wiener Hof gerichteten Proteste und Hilferufe der Reichsritterschaft gegen die verschiedenen Okkupanten hatten Erfolg.

Unter Androhung der Reichsexekution – das letzte Mal vor der Auflösung des Reiches im Jahr 1806 – wurde am 23. Januar 1804 vom Reichshofrat in Wien die Wiederherstellung des Besitz- und Rechtsstandes der Reichsritter angeordnet. Württemberg zog seine Soldaten noch einmal zurück. Zu diesem Zeitpunkt war die jüngste Berlichingen-Tochter Josephe gerade einmal drei Monate alt.

Friedrichs Schulterschluss mit Napoleon und die Folgen

Doch mit dem Ausbruch des Dritten Koalitionskrieges – Österreich erklärte Frankreich am 3. September 1805 den Krieg – verschärfte sich die Situation erneut: Der württembergische Kurfürst Friedrich wechselte Anfang Oktober 1805 bei jenem denkwürdigen Auftritt Napoleons in Ludwigsburg die Fronten und schloss sich Frankreich an, das ihm zum Lohn die Königswürde und auch die Inbesitznahme der reichsritterschaftlichen und reichsständischen Gebiete in Aussicht stellte.

Im Hause Berlichingen kam zum drohenden Verlust der Souveränität und Reichsunmittelbarkeit noch ein Übriges – und darin mag die Hartnäckigkeit, mit der Friedrich seinen neuen Untertan Joseph Freiherr von Berlichingen später umwarb und mit Auszeichnungen und Beförderungen überhäufte, zu einem guten Teil begründet sein: Berlichingens Schwager, der Ehemann von Josephs einziger Schwester Augustine, mit der er, so die Familienchronik Berlichingen, zeitlebens in engem brieflichen Kontakt stand, hieß Graf von Bellegarde und war Präsident des österreichischen Hofkriegsrates sowie einer der führenden Generäle in der kaiserlich-österreichischen Armee im Kampf gegen Napoleon.[289]

Welche Auswirkungen Friedrichs außenpolitische Wende im Oktober 1805 auf die Menschen in Württemberg und ihre persönlichen Schicksale in den folgenden Jahren bis zum erneuten Koalitionswechsel des württembergischen Regenten am 2. November 1813 hatte, kann man sich nicht deutlich genug ausmalen. Für Christiane Hegel bedeutete der Schulterschluss mit Napoleon im Jahr 1805 ganz konkret: Sie verlor den drei Jahre jüngeren Bruder Ludwig, der für Napoleon und den württembergischen König Friedrich in Russland kämpfen musste – dieser hatte für seine Königswürde auch mit württembergischen Soldaten zu bezahlen –, und den Freund Leo von Seckendorf, der sich 1809 auf Seiten der Österreicher in den Kampf gegen Napoleon gestürzt hatte. In der württembergischen Lazarettstadt Ludwigsburg musste Christiane in den Jahren 1812 und 1813 mit ansehen, welcher klägliche Rest an württembergischen Soldaten aus Russland zurückkehrte: nur 300 von 15 800 Männern, grauenvoll zugerichtet, geschunden und desillusioniert.

Auch die Zivilbevölkerung musste Opfer bringen: Die von den Soldaten eingeschleppten Epidemien – Nervenfieber, Spitalfieber, Typhus – kosteten, betrachtet man einmal nur das nahe Umfeld Christianes, nicht nur dem Jagsthausener Pfarrer Baumann im Frühjahr 1814 das Leben, auch Mines Bruder, der Neuenstädter Arzt Heinrich Elsässer, und Christiane Städlins Mann, der Ludwigsburger Pfarrer Vischer, steckten sich bei ihrem Dienst in Spitälern und Lazaretten an und starben im Winter 1813/14. Zurück blieben ihre Frauen mit mehreren zum Teil noch sehr kleinen Kindern.

Joseph Freiherr von Berlichingen wird württembergischer Untertan

Als Mitte November 1805 der Sieg Napoleons unaufhaltsam schien, die österreichische Armee kapituliert hatte und Wien eingenommen war, begann Kurfürst Friedrich eilig – und noch bevor dies der Friede von Preßburg am zweiten Weihnachtstag des Jahres 1805 schriftlich fixierte – mit der Übernahme der reichsritterschaftlichen Territorien im Schwäbischen und Fränkischen Kreis, wobei die grundherrschaftlichen Eigentumsverhältnisse unangetastet blieben.[290] Am 28. und 29. November 1805, wenige Tage vor Napoleons grandiosem Sieg in der Dreikaiserschlacht bei Austerlitz, marschierten in den Berlichingenschen Ortschaften erneut württembergische Truppen ein. Noch regte sich leiser Widerstand, doch der Siegeszug des württembergischen Kurfürsten Friedrich, der sich anschickte, im Gefolge Napoleons nach der Königskrone zu greifen, war nicht mehr aufzuhalten. Am Neujahrstag 1806 ließ Friedrich öffentlich seine Annahme der Königswürde verkünden, die Österreich zu Weihnachten im Frieden von Pressburg hatte anerkennen müssen.

Dem Fränkischen Ritterdirektorium stand Leo von Seckendorfs Onkel, der Freiherr von Seckendorf in Sugenheim vor. Dieser empfahl und entwarf Anfang Januar 1806 ein Antwortschreiben auf die vom württembergischen König diktierten *Subjectionsanträge*, die nicht zu unterschreiben, sondern vielmehr höflich, aber bestimmt abzulehnen seien.[291] Doch König Friedrich ging mit der ihm eigenen Härte und Zielstrebigkeit zu Werke: Am 1. März des Jahres 1806 wurden Neuwürttemberg – die von Friedrich neu erworbenen Territorien – und Altwürttemberg staatsrechtlich vereint. Mit dem Organisations-Manifest vom 18. März 1806 konstituierte Friedrich seinen Staat, das Königreich Württemberg, von Grund auf neu. Er teilte es nach französischem Vorbild in zwölf Kreise, an deren Spitze er adelige Kreishauptleute stellte. Einer von ihnen sollte Joseph Freiherr von Berlichingen werden. Reichlich spät – wie die Akten belegen erst am 22. November 1806 – wurde er in Stuttgart zum Kreishauptmann von Schorndorf, dem fünften Kreis des Königreiches, vereidigt; monatelang war diese Stelle zunächst unbesetzt geblieben. Nachdem Friedrich mit der Unterzeichnung der Rheinbundakte im Juli 1806 nun auch gegenüber dem reichsständischen Adel freie Hand hatte, hoffte Berlichingen, im Zuge der im September 1806 erfolgten Eingliederung der hohenlohischen Fürstentümer eine Anstellung in der dortigen Verwaltung zu finden, um diese von seinem neu erbauten Weißen Schloss in Jagsthausen aus wahrnehmen zu können. Das geht aus seinem Bewerbungsschreiben hervor, mit dem er sich am 24. Oktober 1806 an König Friedrich wandte.[292]

Lange hatte Joseph Freiherr von Berlichingen mit diesem Schritt gewartet. Zehn Tage nach dem Sieg Napoleons über die Preußen in der Doppelschlacht bei Jena und Auerstedt am 14. Oktober 1806, der auch die letzten Hoffnungen auf eine Wende zunichte gemacht haben dürfte, ging der ehemalige »Freie Reichsritter« in die Offensive, trat die Flucht nach vorne an. Möglicherweise hoffte er damit noch Einfluss auf seine zivile Verwendung nehmen zu können und mit seiner Bewerbung einer Zwangseinberufung, gar in den Militärdienst, zuvorzukommen. Paragraph 28 des Organisations-Manifestes König Friedrichs vom 18. März 1806 schrieb fest, dass die ehemaligen Reichsritter nun wie jeder andere Untertan auch militärpflichtig waren. (Ein paar Jahre später gab Joseph von Berlichingen Friedrich Silcher den dringenden Rat, sich nicht aus dem öffentlichen Schuldienst zurückzuziehen, da ihm sonst der sofortige Einzug zum Militärdienst drohe.) Angesichts der im September 1806 *geschehenen Erwerbung der Hohenlohischen Lande* erkannte Joseph Freiherr von Berlichingen wohl eine Chance, die drohende Indienstnahme durch den württembergischen König, wie sie bereits beim reichsständischen Adel praktiziert wurde, in seinem Sinne günstig zu gestalten. Gleich im Herbst 1806 hatte König Friedrich dem frisch kassierten reichsständischen Adel die folgenden Auflagen gemacht: Sie mussten ihren Wohnsitz in Württemberg nehmen, auswärtige Dienstverhältnisse auflösen und in Friedrichs Dienste treten – damit ging er über die Bestimmungen der Rheinbundakte hinaus, die den mediatisierten Fürsten und Grafen zugestand, ihren Wohnsitz und ihren Dienst wenigstens innerhalb der Rheinbundstaaten frei wählen zu können: doch der württembergische König machte dies von seiner Zustimmung und Gnade abhängig. Bei Zuwiderhandlung drohte König Friedrich mit der Beschlagnahmung des Vermögens und der Einkünfte.[293] Dies ließ auch für die Behandlung der freien Reichsritter nichts Gutes hoffen. Möglicherweise war Joseph von Berlichingen auch über den einen oder anderen Kanal informiert: Über den Schreibtisch von Heinrich Grüneisens Freund Vellnagel, Geheimer Sekretär des Königs, lief Berlichingens Bewerbungsschreiben; Grüneisens Freunde von Otto und von Hartmann saßen in der württembergischen Delegation bei den Verhandlungen über die Aufteilung des Kantons Odenwald unter sieben Regierungen, die ihren Abschluss schließlich im August 1808 fanden. Karl Graf von Reischach, in dessen Familie Christianes Vetter und Freund Breyer drei Jahre als Hauslehrer gedient hatte, war nun als Generallandeskommissar zu Ellwangen führend mit der staatlichen Organisation Neuwürttembergs beauftragt.

Wie auch immer – Joseph Freiherr von Berlichingen sah mit politischem Weitblick voraus, was elf Monate später auch für ihn handfeste Realität wurde: Der Befehl König Friedrichs vom 11. September 1807, der nun den gesamten in Württemberg ansässigen ehemaligen Reichsadel zwang, *entweder in württembergische Dienste zu treten, oder aber innerhalb von drei Monaten seine Besitzungen aufzugeben*[294]. Eine Probe aufs Exempel hatten die von Württemberg kassierten ehemaligen Reichsritter bereits in Sachen Huldigung erlebt. Am 20. April 1806 hatten die Reichsritter die Aufforderung erhalten, dem württembergischen König Friedrich in Stuttgart zu huldigen. Bis dato hatten sie nur dem Reichsoberhaupt, also dem Kaiser huldigen müssen, der zu diesem Zeitpunkt noch nicht abgedankt hatte. Am 15. Mai 1806 legten gut sechzig Reichsritter den Treueid in Stuttgart ab, jedoch mit einigen Hindernissen, wie in der Chronik der Freiherren von Hornstein-Grüningen anschaulich überliefert ist: *Auf den 15. Mai 1806 wurde Honor Karl [von Hornstein-Grüningen] mit anderen seiner Standesgenossen nach Stuttgart zur Huldigung berufen. Sie fand mit einigen Hindernissen statt. Die Herren wollten gemeinsam eine Erklärung abgeben, die aber der Minister nicht zuließ. Auf dies hin kehrten die Herren unverrichteter Sache in ihr Hotel »König von England« zurück. Kurz darauf wurden sie mit einer Wache beehrt, die die Herren so lange festzuhalten hatte, bis sie sich zur Huldigung bereit erklärten. Ein Herr v. Berlichingen soll am längsten ausgehalten haben.*[295] Am 1. Juni 1806 zitierte Württemberg die ausgebliebenen Ritter erneut zur Eidesleistung, diesmal unter Androhung exekutorischer Maßregeln. König Friedrich demonstrierte, dass er es ernst meinte. Und von Kaiser Franz II., der am 6. August 1806 schließlich als Reichsoberhaupt abdankte und alle Reichsangehörigen von ihren Pflichten entband – also auch Joseph von Berlichingen, der kaiserlicher Würdenträger und Kammerherr gewesen war –, konnte man nichts mehr erhoffen. Schlag auf Schlag ging es nun: Am 23. August übernahm König Friedrich offiziell die Souveränität in allen neu angefallenen Gebieten; am 30. August verabschiedete sich der Ritterhauptmann des Ritterkantons Odenwald, Karl Friedrich Reinhard Freiherr von Gemmingen, aus seinem Amt, im September 1806 begann Württemberg mit der Besitzergreifung Hohenlohes, und seit Oktober wurden alle staatlichen Abgaben nach württembergischem Tarif eingezogen. Am 13. Oktober schlossen die jungen Königreiche Württemberg und Bayern einen Staatsvertrag über die an Württemberg gefallenen ehemals ritterschaftlichen Besitzungen – das betraf im Übrigen auch die Berlichingenschen Besitzungen, von denen ein kleiner Teil von nun an zu Bayern gehörte.

Wie ganz anders erlebte Hegel in Jena das Weltgeschehen: *Montags, den 13 Octrbr. 1806, am Tage, da Jena von den Franzosen besetzt wurde, und der Kaiser Napoleon in seinen Mauern eintraf,* so beginnt Hegel einen Brief an den

Freund Niethammer in Bamberg, gesteht ihm dann *eine Stunde der Angst beim Einmarsch der Soldaten*, gerät aber auch angesichts Napoleons ins Schwärmen: *... den Kaiser – diese Weltseele – sah ich durch die Stadt zum Rekognoszieren hinausreiten; – es ist in der Tat eine wunderbare Empfindung, ein solches Individuum zu sehen, das hier auf einen Punkt konzentriert, auf einem Pferde sitzend, über die Welt übergreift und sie beherrscht. Den Preußen [...] war freilich kein besseres Prognostikon zu stellen, – aber von Donnerstag bis Montag sind solche Fortschritte nur diesem außerordentlichen Manne möglich, den es nicht möglich ist, nicht zu bewundern.*

Während Hegel sich des Weiteren in seinem Brief Sorgen um die postalische Beförderung seiner Manuskripte macht, haben Napoleons Siege für Christianes Dienstherrn existentielle Folgen.

Auf Berlichingens Bittschreiben um eine Anstellung im württembergischen Zivildienst hin forderte König Friedrich von seinem Innenminister – und diese Anordnung ist vom Geheimem Sekretär Vellnagel abgezeichnet – einen Bericht über Joseph von Berlichingen, um über dessen Persönlichkeit informiert zu sein. Dieser Bericht, der vom 11. November 1806 datiert, fiel sehr positiv aus. Berlichingens *allerunterthänigste Bitte um eine Anstellung* blieb demnach, wie der Innenminister empfahl, *dem Allerhöchsten Ermessen Eurer Königlichen Majestät anheimzustellen*. König Friedrich notierte wie üblich seine Entscheidung in einem kurzen Satz auf der ersten Seite des Berichtes: *S.K.M. werden in Cuertze resp. Frh vorteilig Bedacht nehmen.*[296]

Allerdings scherte sich König Friedrich wenig um die Präferenzen des Freiherrn von Berlichingen und dessen Wunsch, im nahe gelegenen Hohenlohe seinen Dienst antreten zu dürfen, um damit bei seiner Familie im neu erbauten Schloss in Jagsthausen wohnen bleiben zu können. Die Stelle des Kreishauptmannes im Schorndorfer Kreis war noch nicht besetzt, hier brauchte es einen tüchtigen Mann.

Beim württembergischen Kreishauptmann in Schorndorf (1806–09)

Joseph von Berlichingens Anstellung im Staatsdienst hatte für Christiane Hegel auch ganz praktische Konsequenzen: Sie musste nun mit der Familie von Jagsthausen nach Schorndorf umziehen. Wie die Akten belegen, bat Joseph von Berlichingen bei seiner Vereidigung als Kreishauptmann am 22. November 1806 in Stuttgart, um *8. bis 12. Tage Urlaub, um ganz auf Schorndorf ziehen zu können.*[297] Während es nun in der »Beschreibung des Oberamts Schorndorf« aus dem Jahr 1851 heißt, dass das am oberen Stadttor gelegene Forstamtsgebäude als Wohnsitz des Kreishauptmanns gedient habe, geht aus den erhaltenen Akten zur »Wohnsitznahme des Kreishauptmanns von Berlichingen zu Schorndorf« im Staatsarchiv Ludwigsburg[298] eindeutig hervor, dass dieser im Dezember 1806 seine Wohnung im stattlichen, einst vom württembergischen Herzog Ulrich errichteten Schorndorfer Burgschloss nehmen durfte. Das Schloss gehörte dem württembergischen König und diente damals als Kaserne. Dass nicht nur der Freiherr, sondern auch seine erneut schwangere Frau und die fünf Töchter im Alter zwischen drei und dreizehn Jahren mit nach Schorndorf umgezogen sind, ergibt sich wiederum aus einem ganz anderen Kontext.

Friedrich Silcher wird Hauslehrer bei den Berlichingen

Bis heute hat sich im Gedächtnis der Familie Berlichingen die Erinnerung gehalten, dass der Komponist Friedrich Silcher einst von Joseph von Berlichingen als Hauslehrer engagiert worden ist. Auch gibt es dafür einen »handfesten« Beleg, Friedrich Silchers op. 1: »Variationen fürs Piano Forte über: Gieb mir die Blumen, componirt und dem Frei-Fräulein Caroline von Berlichingen hochachtungsvoll gewidmet von Friedrich Silcher«. Caroline war die zweitälteste Tochter von Joseph und Sophie, und ihre Konfirmation im Jahr 1809 war der Anlass für Silchers Komposition, die er noch eigenhändig lithographiert hat. Das junge Mädchen muss sehr gut Klavier gespielt haben, um Silchers Variationen über das damals sehr populäre Lied »Gieb mir die Blumen« meistern zu können. Dass der Komponist und Demokrat Friedrich Silcher, der damals erst am Anfang seines Weges zum führenden deutschen Volksliedkomponisten stand, von 1807 bis 1815 als Haus- und Musiklehrer der Töchter Berlichingen angestellt war – das heißt gleichzeitig mit Hegels Schwester – und im Spätjahr 1809 der Familie auch nach Ludwigsburg folgte, eröffnet ein ganz neues Feld und lässt auch Rückschlüsse auf die Biographie Christiane Hegels zu. Denn Silchers Engagement beweist, dass auch die Familie zwischen 1807 und 1809 nicht überwiegend in Jagsthausen, sondern in Schorndorf wohnte. Friedrich Silcher war im Sommer 1807 bei dem Schorndorfer Schulmeister Stirn in Privatunterricht gekommen und an der dortigen Schule als Schulgehilfe (Schulprovisor) unentgeltlich tätig: Der gerade 18-Jährige durfte noch nicht als Lehrer angestellt werden, war also auf ein Zubrot angewiesen. So spielte er gelegentlich auch in der Schorndorfer Stadtkirche die Orgel – auf diese Weise könnte die Bekanntschaft mit dem Kreishauptmann 1807 zustande gekommen sein, wie der Silcher-Spezialist Hermann Josef Dahmen in seiner einschlägigen Biograhie vermutet. Sicher weiß man es nicht, denn auch zu Silchers Anstellung im Hause Berlichingen sind nur ganz wenige Details bekannt: Sie beruhen überwiegend auf mündlicher Überlieferung, das heißt auf Erzählungen von Silchers Kindern und Schülern, auf die Silchers erste Biographen[299] zurückgegriffen haben. Schon bald nachdem er nach Schorndorf gekommen war, wurde demnach der mittellose Schulgehilfe Silcher von Josef von Berlichingen als Hauslehrer engagiert. Wie Silcher in einem späteren Bewerbungsschreiben angibt, unterrichtete er Berlichingens Töchter in den Schulfächern und in Musik,[300] und natürlich wird er auch den Klavierunterricht übernommen haben. Möglicherweise ist nach dem Tod der Sophie von Berlichingen am 25. Juli 1807 Christianes Aufgabenbereich deshalb modifiziert worden: Anstelle der Wissensvermittlung standen nun erst einmal – wenn auch vorübergehend – Erziehungsaufgaben im Vordergrund. Auch das zunehmende Alter der Kinder mag hier eine Rolle gespielt haben.

Friedrich Silcher muss seine Arbeit so gut gemacht haben, dass der Kreishauptmann nicht auf seine Dienste verzichten wollte, als er zwei Jahre später Schorndorf mit seiner Familie verlassen musste.

Ludovike Simanowiz

Ob die aus Schorndorf stammende Malerin Ludovike Simanowiz schon dort Zugang zum Hause Berlichingen hatte, ist ungewiss.[301] Bekannt dagegen ist, dass der Komponist Friedrich Silcher bereits von Schorndorf aus im Remstal mit dem Skizzenbuch unterwegs war und sich auch im Federzeichnen und Aquarellieren übte, worin er später in Ludwigsburg Unterricht bei Ludovike Simanowiz erhielt, die dort im Hause des Freiherrn von Berlichingen verkehrte und schließlich auch alle Familienmitglieder porträtierte. Auf acht kleinformatigen Ölbildern[302] hat sie die Familie festgehalten.

Es ist darüber hinaus gut denkbar, dass sich Christiane Hegel und Ludovike Simanowiz geb. Reichenbach bereits von früher her, aus Stuttgart, kannten: Ludovike[303], 1759 in Schorndorf geboren und in Ludwigsburg neben der Familie Schiller aufgewachsen, war eine enge Freundin von Schillers ältester Schwester Christophine. Wiederholt lebte sie für längere Zeit in Stuttgart, zuletzt von 1798 bis 1811, nachdem ihr Mann, Leutnant Simanowiz, dorthin versetzt worden war. Zweimal war sie zu Studienzwecken in Paris und hat dort auch ihre Landsleute Georg Kerner und Karl Friedrich Reinhard getroffen. Als sie 1793 aus Paris zurückgekehrt war, malte sie während Schillers Aufenthalt in der württembergischen Heimat das bekannte Portrait, mit dem sie berühmt wurde und das bis heute die am weitesten verbreitete Schiller-Darstellung ist. Christiane Hegel und Ludovike Simanowiz verkehrten damals in den 1790er Jahren in den gleichen Kreisen. Es ist daher gut vorstellbar, dass sie einander näher standen, als es die bisher bekannte Überlieferungslage vermuten lässt. Da Ludovike Simanowiz, wie man weiß, auch viele ihrer Freundinnen und Freunde porträtiert hat, ist die Vorstellung reizvoll, dass ihr auch Christiane Hegel Modell für eine Zeichnung oder Skizze gesessen hat und dass sich deren Antlitz vielleicht hinter einem der Frauenporträts verbirgt, die die Forschung heute als Porträts Unbekannter ausweisen muss. Der Hinweis von Karl Rosenkranz, dass Christiane Hegel ihrem Bruder sehr ähnlich gesehen haben soll, reicht für eine sichere Identifizierung allerdings nicht aus. Die Silhouette, die Hegels Biograph noch vorlag, ist verschollen. Bis heute ist keine Abbildung von Christiane Hegel bekannt.

Von Friedrich Silcher wird weder die eine noch die andere Frau je erwähnt – es liegen uns aber auch keine autobiographischen Notizen aus seiner Feder vor. Und auch in den Papieren und Briefen der Ludovike Simanowiz findet sich keinerlei Hinweis auf Hegels Schwester.[304] Umgekehrt gibt es auch in den spärlichen Papieren der Christiane Hegel keinen einzigen Anhaltspunkt zu einer näheren Bekanntschaft mit dem Komponisten und der Malerin.

Der Tod der Freifrau von Berlichingen

Als Sophie von Berlichingen ihrem Mann mit den Kindern nach Schorndorf folgte, war sie erneut schwanger. Einmal mehr wird sie gehofft haben, einen männlichen Erben in die Welt zu setzen, der die Äußere-Haus-Linie der Freiherren von Berlichingen-Jagsthausen fortsetzen sollte, die ansonsten auszusterben drohte. Fast 37 Jahre zählte sie nun schon. Ihre Hoffnung erfüllte sich jedoch nicht. Wieder war es ein Mädchen, das sie zur Welt brachte. Doch diesmal sollte sie die Geburt nicht überleben. Nur drei Jahre älter als Christiane Hegel, starb Sophie Freifrau von Berlichingen am 25. Juli 1807. Einen Tag zuvor war ihre älteste Tochter Luise 14 Jahre alt geworden. Josephe hingegen, die jüngste, zählte beim Tod der Mutter noch nicht einmal vier Jahre. Das neugeborene Mädchen überlebte die Mutter offenbar nur um wenige Tage. Am 30. Juli wurde es auf den Namen Sophie zu Hause notgetauft: *Das Kind verschied, ohne vorgetragen zu werden*, ist im Schorndorfer Taufregister dazu vermerkt.[305]

Vor diesem Hintergrund wird deutlich, dass Christiane Hegels Aufgabe und Stellung im Hause Berlichingen in Schorndorf eine besondere war oder wurde. Hegels spätere Formulierung, Christiane sei nicht nur eine *Untergebene* gewesen, die Kinder des Hauses seien ihr vielmehr *anvertraut* worden, deutet in diese Richtung.

Joseph von Berlichingen heiratete vier Monate nach dem Tod seiner Frau Sophie deren neun Jahre jüngere Cousine Caroline: Die Töchter benötigten eine standesgemäße Mutter, die Familie einen männlichen Erben – zwei Söhne, die Sophie geboren hatte, waren bereits im Kleinkindalter gestorben. Zum Vormund der fünf Töchter wurde der jüngere

Bruder der Freifrau Sophie, Götz von Berlichingen bestellt, der damals erst 25 Jahre zählte und noch unverheiratet auf der Götzenburg lebte. Er heiratete erst im Januar 1810. Joseph von Berlichingens »rechte Hand« in Jagsthausen, Rentamtmann Fest, der im Roten Schloss wohnte, wurde zum Vermögensverwalter der Kinder ernannt.[306] Christiane Hegel blieb ihre *Gouvernantin*. Sie hatte gegenüber der neuen Stiefmutter einen entscheidenden Vorsprung in der Beziehung zu den Kindern: Über fünf Jahre hatte sie eng mit ihnen zusammengelebt.

Beim Landvogt und Staatsrat in Ludwigsburg (1809–14)

Umzug nach Ludwigsburg

Schon ein Jahr, nachdem Joseph von Berlichingen in den Dienst des württembergischen Königs getreten war, wurde er am 1. Januar 1808 mit dem Königlichen Civil-Verdienst-Orden ausgezeichnet. Auch war er bereits in den Kreis der Königlichen Kammerherren aufgenommen worden, zählte also zum Hofstaat Friedrichs. Doch dabei blieb es nicht.

Am 26. August 1809, gut zwei Jahre nach dem Tod seiner ersten Frau, wurde Joseph von Berlichingen von König Friedrich zum Kreishauptmann im Kreis Ludwigsburg ernannt[307], dem zweiten Kreis im Königreich Württemberg. Ludwigsburg war zugleich königliche Sommerresidenz. Angesichts der Bedeutung dieses Kreises ist Berlichingens Ernennung als Beförderung zu werten; auch rückte er damit dem württembergischen Regenten räumlich näher.

Erneut war ein Umzug angesagt. Und wieder sollte die Familie folgen. Da Joseph von Berlichingen auch in der Zukunft nicht auf den Privatunterricht Friedrich Silchers verzichten wollte, bat er diesen, sich an der Ludwigsburger Mädchenschule als Lehrer zu bewerben. Silcher wurde denn auch unter den drei Bewerbern ausgewählt und begann am 11. November 1809 mit dem Unterricht in der zweiten Klasse der Mädchenschule.[308] Das sollte auch für seine eigene Entwicklung weitreichende Konsequenzen haben. Denn der damalige Schulleiter der Ludwigsburger

Mädchenschule, Johann Friedrich Lehrer, war ein begeisterter Anhänger Pestalozzis. Als sogenannter erster Stadt-Provisor verdiente Silcher allerdings nur 145 Gulden im Jahr, war also auch weiterhin auf zusätzliche Einnahmen aus Privatunterricht angewiesen. Dass der Komponist Friedrich Silcher mehrere Jahre in Ludwigsburg gelebt hat und dort auch, was ihn nachhaltig beeindruckte, mit Carl Maria von Weber zusammentraf, ist in den Ludwigsburger Annalen und Stadtführern hinreichend beschrieben, wenn auch nicht ganz klar ist, wo Silcher damals gewohnt hat. Sein Zimmer soll unweit der Wohnung Webers in der Seestraße 1 gelegen haben. Das könnte dafür sprechen, dass Friedrich Silcher ein Zimmer in der geräumigen Amtswohnung des Kreishauptmannes von Berlichingen hatte, die sich vis-à-vis in der Eberhardstraße 1 befand.[309]

Dass aber auch Hegels Schwester seit Herbst 1809 mehrere Jahre in Ludwigsburg verbracht hat, darüber schweigen nicht nur die Stadtführer und die »Ludwigsburger Geschichtsblätter«, sondern auch die Quellen. Es gibt vor Ort buchstäblich keinerlei Anhaltspunkte für ihren Ludwigsburger Aufenthalt; auch die Magazine des Stadtarchivs bergen keinen einzigen Beleg. Doch blickt man sich in Christiane Hegels neuem Umfeld um, lichtet sich das Dunkel etwas: Es eröffnet sich ein interessantes, vielfältiges Spektrum an alten und neuen Beziehungen und Aktivitäten. Die Kreise, in die Friedrich Silcher hier Eingang fand und die für seine weitere Entwicklung so wichtig wurden, decken sich weitgehend mit Christiane Hegels früherem Bekanntenkreis.

Wiedersehen mit Christiane Stäudlin-Vischer

Christianes Jugendfreundin Christiane Stäudlin, Gotthold Stäudlins jüngste Schwester, die 1799 den jungen Pfarrer Christian Friedrich Benjamin Vischer in Stuttgart geheiratet hatte, wohnte seit 1806 mit ihrer Familie in Ludwigsburg, und zwar unweit von Christianes neuem Domizil in der Eberhardstraße, nämlich in einem der beiden evangelischen Pfarrhäuser am Ludwigsburger Marktplatz (Stadtkirchenplatz 1). In ihrem Besitz waren die wenigen erhaltenen letzten Briefe ihres Bruders Gotthold Stäudlin. Als Hegels Schwester vermutlich noch im September 1809 nach Ludwigsburg zog, war der kleine Friedrich Theodor Vischer gerade zwei

Jahre alt. Als sein Vater im Januar 1814 an Typhus starb, zählte er noch nicht einmal sieben Jahre. Christiane konnte ihrer Freundin in dieser schweren Zeit kaum mehr zur Seite stehen, denn nach der Quarantäne, die über das Haus verhängt worden war, zog Christiane Stäudlin-Vischer mit ihren drei Kindern nach Stuttgart.[310] Ludovike Simanowiz porträtierte damals den kleinen Friedrich Theodor Vischer – es ist eines ihrer berühmtesten Kinderporträts geworden.

Christiane Stäudlin-Vischer war nicht die einzige alte Bekannte von Hegels Schwester in Ludwigsburg. Zwei Häuser um die Ecke von Christianes neuem Domizil lag die Wohnung der Familie Mörike. Sie war im Ludwigsburger Amtshaus (Obere Marktstraße 2) gelegen, wo der kleine Eduard Mörike zwischen 1808 und 1817 aufwuchs, bevor er nach dem Tod des Vaters zum Stuttgarter Onkel Georgii, dem Freund Heinrich Grüneisens, geschickt wurde. Als Christiane nach Ludwigsburg kam, war Eduard Mörike fünf Jahre alt. Sein Vater, ein Vetter von Christianes Stuttgarter Jugendfreundin Auguste Breyer, war Oberamtsarzt in Ludwigsburg und seit 1810 sogenannter Landvogteiarzt. Er dürfte daher auch dienstlich hin und wieder mit seinem Nachbarn, dem Landvogt Joseph von Berlichingen, zu tun gehabt haben.

Auch die Mutter von Georg und Justinus Kerner, die verwitwete Oberamtmännin Kerner, wohnte in unmittelbarer Nachbarschaft. Als Christiane Hegel im Herbst 1809 nach Ludwigsburg kam, befand sich Justinus Kerner auf einer Bildungsreise bei seinem Bruder Georg in Hamburg, die ihn später auch nach Wien führte und von der er erst im Mai 1810 zurückkehrte. Mit Sicherheit hat Justinus Kerner seine Mutter dann in Ludwigsburg besucht, möglicherweise sogar bis Oktober 1810 bei ihr gewohnt, bevor er seine erste Stelle als Arzt in Dürrmenz bei Mühlacker antrat. Aus diesen Sommermonaten könnten seine Erinnerungen an Christianes Anstellung *als Gouvernantin bei dem Landvogte Grafen von Berlichingen in Ludwigsburg* herrühren.

Dekan Jonathan Friedrich Bahnmaier

Unmittelbar neben dem Haus der Vischers, am Stadtkirchenplatz 2, wohnte seit Frühjahr 1810 der Amtskollege und enge Freund von Christiane Vischers Mann, Dekan Jonathan Friedrich Bahnmaier[311], der entscheidenden Einfluss auf den Werdegang Friedrich Silchers hatte. In seinem Haus fand Silcher freundliche Aufnahme und Unterstützung, und Bahnmaier ist es schließlich auch gewesen, der später Silchers Berufung an die Universität Tübingen erfolgreich betrieb. Bahnmaier, der übrigens nur ein Jahr jünger als Christiane Hegel war, erkannte Silchers musikalische und pädagogische Begabung und wusste sie geschickt mit seinen eigenen Interessen zu verbinden. Er engagierte den jungen Künstler für seine Hausmusikabende und Feste – Silcher begleitete am Klavier, sang als Tenor und vertonte Gelegenheitsgedichte Bahnmaiers. Als Dekan war der damals 35-jährige Bahnmaier zugleich Schulinspektor und damit auch Friedrich Silchers Vorgesetzter an der Ludwigsburger Mädchenschule. Er wurde dessen Mentor und war es wohl auch, der Silchers Interesse an Pestalozzi entscheidend förderte.

Bahnmaier gilt als einer der wichtigsten Agitatoren der Pestalozzischen Methode in Ludwigsburg, wo er eine Arbeitsgemeinschaft für Lehrer sowie eine Lehranstalt für erwachsene Töchter der gebildeten Stände gründete. Wie sein Kollege Vischer war er um sittlich-religiöse Volksbildung und Jugenderziehung bemüht. Nachdem er im Frühjahr 1815 auf den Lehrstuhl für praktische Theologie und Pädagogik in Tübingen berufen worden war, edierte er das christliche Familienblatt »Cäcilia«, zu dessen Mitarbeitern auch Friedrich Haug und Ludwig Neuffer zählten. Neuffer stand im Übrigen mit beiden Ludwigsburger Pfarrern, Vischer wie Bahnmaier, in enger Verbindung. Mit Vischer hatte er in Tübingen vom ersten Tag an zusammen studiert, und Bahnmaier war sein Vetter, dem er zudem manchen Beitrag für dessen »Familienblatt« schickte. Bahnmaier engagierte sich außerdem für die Einführung von Industrieunterricht in Ludwigsburg, den er in Anlehnung an Pestalozzi mit sittlich-religiöser Erziehung und Schulunterricht zu verbinden suchte. Hegels Schwester wird später in Aalen in dieser Richtung weiterarbeiten.

Es ist so gesehen kaum vorstellbar, dass Christiane Hegel nicht auch Zugang zu diesem Ludwigsburger Kreis um Jonathan Friedrich Bahnmaier hatte, sei es über ihren Kollegen Friedrich Silcher oder über die Freundin Christiane Stäudlin-Vischer.

Wichtige Impulse dürfte sie dabei nicht nur in pädagogischer Hinsicht erhalten haben. Christianes *tief religiöses Wesen*, von dem Rosenkranz in Kenntnis der von ihr angefertigten Predigtabschriften und anderer Zeugnisse spricht, könnte in dem stark pietistisch geprägten Umfeld Bahnmaiers, der im Übrigen auch in engem Kontakt zur Baseler Missionsbewegung stand, eine entscheidende Prägung erfahren haben. Bedenkt man ferner, dass durch das Verbot politischer Gesprächskreise zu Beginn des Jahres 1809, durch verschärfte Zensurvorschriften und der Abschreckung dienende Verhaftungen erneut ein Klima der Angst geschaffen wurde, so liegt es nahe anzunehmen, dass der gesellige Hausmusikabend oder der pietistische Hauskreis auch als Gelegenheit zur Zusammenkunft politisch Gleichgesinnter wahrgenommen wurde – ähnlich wie ein paar Jahre später in der Sängerbund-Bewegung, die ja von dem Demokraten Friedrich Silcher einen entscheidenden Impuls bekommen hat. Wie wir aus der Autobiographie seines Sohnes Friedrich Theodor wissen, war auch Christiane Stäudlins Mann und Bahnmaiers Freund Christian Friedrich Benjamin Vischer ein Napoleon-Hasser erster Güte: *... ein Todfeind Napoleons (ich bewahre noch ein Gedicht voll flammenden Grimmes), vom tiefsten Schmerz erfüllt über die Schmach des Rheinbundes,* hatte [er] *noch die Schlacht bei Leipzig, das Ende des verabscheuten Bündnisses, den Zug des deutschen (und russischen) Heeres nach Frankreich erleben dürfen*[312], bevor er sich im Januar 1814 im überfüllten Militärhospital in Ludwigsburg den Typhus holte und mit 45 Jahren seinen Tribut an die Befreiungskriege zahlen musste.

Auch Dekan Bahnmaier hat aus seiner deutsch-nationalen Gesinnung nie einen Hehl gemacht, sein »Patriotismus« war aber wohl eher anti-napoleonisch als demokratisch ausgerichtet. Allerdings musste er später in Tübingen, als er zum Rektor der Universität Tübingen aufgestiegen war, seinen Posten wieder räumen, da er einen zu verständnisvollen Bericht über die Stimmung der Studenten nach der Ermordung des konservativen Schriftstellers Kotzebue am 23. März 1819 durch den Studenten Karl Ludwig Sand verfasst hatte: Bahnmaier hatte wahrheitsgemäß angegeben, dass die Ermordung des Diplomaten und Bühnenschriftstellers in manchen Kreisen nicht als reines Verbrechen, sondern als unglückliche, aus patriotischem Interesse begangene Verirrung angesehen werde.³¹³ Kotzebues Ermordung hat die repressiven »Karlsbader Beschlüsse« ausgelöst, mit denen nationale und liberale Bewegungen im Keim erstickt werden sollten.

Als Christiane Hegel in Ludwigsburg lebte, also zwischen 1809 und 1814, existierte auch im Pfarrhaus zu Erdmannhausen unweit von Ludwigsburg ein politischer Gesprächskreis. Er hatte sich um die Geschwister der Malerin Ludovike Simanowiz, ihren Bruder Friedrich Reichenbach, den Erdmannhäuser Pfarrer, und seine Schwester Johanne Reichenbach, die ihm den Haushalt führte, gebildet. Auch Ludovike Simanowiz soll sich, seit sie wieder in Ludwigsburg wohnte, gelegentlich in diesem Zirkel ihres Bruders aufgehalten haben.³¹⁴ Dies wird dem mit ihr befreundeten, politisch gleichgesinnten Friedrich Silcher nicht unbekannt geblieben sein.

Christianes Dienstherr macht Karriere

Gut ein Jahr, nachdem die Familie Berlichingen nach Ludwigsburg gekommen war, wurde Joseph Freiherr von Berlichingen zum Landvogt ernannt. Mit der Neuorganisation des Königreiches durch das Königliche Manifest vom 27. Oktober 1810 wurden die bisherigen zwölf Kreise des Landes in zwölf Landvogteien mit jeweils etwa 100 000 Einwohnern umgebildet. Der Ludwigsburger Kreishauptmann avancierte nun zum »Landvogt an der Enz« mit Sitz in Ludwigsburg. Die Landvögte unterstanden den Stuttgarter Ministerien und hatten die Oberaufsicht über die innere Verwaltung ihres Amtsbereiches, dienten im Grunde aber nur als Verbindungsinstanz zwischen der Regierung in Stuttgart und der Lokalverwaltung. Die Ludwigsburger Vogtei³¹⁵, wie der imposante Bau mit den hervorstechenden barocken Korbgittern auch heute wieder heißt – dazwischen wurde er, je nach Verwendung, auch Präsidentenbau, Postamtsgebäude oder Oberamtei genannt –, steht unweit des Marktplatzes dort, wo die schmale Eberhardstraße in die Wilhelmstraße mündet. Vis à vis lagen und liegen auch heute noch die sogenannte Kanzleikaserne, das Ludwigsburger Rathaus und der Ratskeller. Letzterer hatte übrigens in den unruhigen Jahren zwischen 1790 und 1797 Prinz Friedrich vor seinem Amtsantritt als Palais gedient. Während Christianes Ludwigsburger

Zeit wohnte König Friedrichs Bruder, Herzog Ludwig, dort. Bei diesem war Carl Maria von Weber von 1807 bis 1810 als Privatsekretär angestellt – er arbeitete also gewissermaßen in Sichtweite Friedrich Silchers und Christiane Hegels auf der gegenüberliegenden Straßenseite und hatte die undankbare Aufgabe, den desolaten Finanzhaushalt Herzog Ludwigs in Ordnung zu halten. Daneben erteilte Weber der herzoglichen Familie sowie Kindern von Ludwigsburger Familien Musikunterricht.

Mit der Ernennung zum Landvogt im Oktober 1810 hatte Christianes Dienstherr noch nicht die letzte Stufe seiner Karriereleiter erklommen. Als König Friedrich am 1. Juli 1811 einen 25-köpfigen Staatsrat zur Beratschlagung wichtiger Staatsangelegenheiten einrichtete, dem auch die Prinzen und Staatsminister angehörten, berief er Joseph von Berlichingen in dieses Gremium, das nach des Königs Tod von seinem Sohn und Thronnachfolger Wilhelm im November 1816 sofort wieder aufgelöst wurde. Als Staatsrat aber repräsentierte Berlichingen in noch viel exponierterer Weise Friedrichs Obrigkeitsstaat und eine repressive Staatspolitik, welche die politische Entmündigung der Bürger forciert betrieb. Im Jahr 1812 wurde der Freiherr außerdem mit der Verleihung des Prädikats »Excellenz« ausgezeichnet. Parallel dazu verabschiedete König Friedrich im Jahr 1812 seine verhassten Gesetze wegen Majestätsverbrechen, die Majestätsbeleidigungen und Angriffe auf seine Königliche Majestät mit Staatsverbrechen gleichsetzten. Um jede napoleonfeindliche Äußerung im Lande zu unterbinden, verschärfte er die Zensurvorschriften, verbot politische Gespräche, ließ in alter Manier bespitzeln und auf dem Hohenasperg zur Abschreckung auf unbestimmte Zeit inhaftieren, wie beispielsweise 1812 einen Stuttgarter Perückenmacher, der sich erlaubt hatte, laut über die *politischen Konjunkturen*[316] nachzudenken. Joseph von Berlichingen wurde vom württembergischen Staats- und Polizeiminister wiederholt auf seine Pflicht hingewiesen, als Landvogt von allem unterrichtet sein zu müssen, *was seine Amtsuntergebenen thun.*[317] In dem nicht namentlich gezeichneten Nachruf auf Joseph von Berlichingen, der 1834, zwei Jahre nach seinem Tod am 23. April 1832 im »Neuen Nekrolog der Deutschen« veröffentlicht wurde, heißt es denn auch vielsagend über ihn – wenigstens zwischen den Zeilen: *Den Regierungsbehörden gegenüber bewegte er sich mit Pünktlichkeit, Umsicht und Gediegenheit. Gegen Alle, mit denen* ihn die Ausübung seiner Berufspflichten zusammenführte, zeigte er eine wohlwollend entgegenkommende Theilnahme und sein humaner Sinn bestrebte sich stets, die damaligen strengen Regierungsformen in den einzelnen Fällen mit möglichster Schonung in Anwendung zu bringen.

Christianes Aufgabenfeld

Folgt man Justinus Kerners Bericht, so musste Christiane Hegel im Hause Berlichingen zwei Aufgaben nachkommen: Zum einen hatte sie die berühmte Eiserne Hand des Götz von Berlichingen *unter ihrer Verwahrung*. Zum anderen aber war sie mit der Erziehung und Bildung der fünf Töchter beauftragt.

Götz von Berlichingen und die Eiserne Hand

Justinus Kerner erwähnt in seinem »Bilderbuch aus meiner Knabenzeit«, dass es gerade Christiane Hegels Aufgabe gewesen sei, interessierten Fremden die Eiserne Hand des Götz von Berlichingen zu zeigen und zu erklären: Christianes *Gefälligkeit*, so Kerner, sei häufig auch dadurch zum Ausdruck gekommen, *dass sie die eiserne Hand des alten Götz von Berlichingen unter ihrer Verwahrung hatte, die bald in jenes, bald in dieses Haus, zur Betrachtung für Einheimische und Fremde gewünscht wurde, und die sie immer gefällig selbst brachte und erklärte.*

Die Eiserne Hand war erst im November 1798 von Franziska Freifrau von Berlichingen nach dem Tod ihres Mannes, des K.K. Obersten Emanuel Joseph Freiherr von Berlichingen-Rossach, aus Wien nach Jagsthausen gesandt worden, wo sie als gemeinsames Familieneigentum in den Räumen der Götzenburg das Kernstück des Familienarchivs bilden und jedermann gezeigt werden sollte. Franziska hatte die Eiserne Hand ihrerseits erst im Jahr 1788 wieder für das Haus Berlichingen erwerben können, da sie nach dem Tod Götz von Berlichingens durch Heirat an die Familie von Hornstein gekommen war. Ein Jahr nach dem Erwerb der Eisernen Hand, im Revolutionsjahr 1789, legte sie ein »Stammbuch der eisernen Hand« an, *gestiftet*, so der patriotische Untertitel, *für Freunde deut-*

schen Muthes und Biedersinnes. Auch dieses übersandte sie 1798 nach Jagsthausen. Unter den Einträgen dieses Stammbuches finden sich auch die von Kaiser Franz I. von Österreich und Kaiserin Elisabeth sowie von zahlreichen anderen Berühmtheiten der Zeit. Auch Friedrich Haug hat sich darin – allerdings wie so viele andere – ohne Datum mit ein paar Versen verewigt. *Wol über 6 000 Personen aus beinahe aller Herren Ländern, welche die eiserne Hand gesehen, haben ihre Namen in das Stammbuch eingeschrieben, und gewiß hat noch niemand Jagsthausen verlassen, ohne die größte Bewunderung für den deutschen Bayard und seine Eisenhand!*[318], heißt es dazu, etwas übertreibend, in der 1861 erschienenen Familienchronik des Hauses Berlichingen, die sich mit ihrem Titel »Geschichte des Ritters Götz von Berlichingen mit der eisernen Hand und seiner Familie« ausdrücklich in die Nachfolge des berühmten Vorfahren stellt.

Leider verraten die wenigen Akten zur »Rüstung des Götz von Berlichingen«, die sich im Archiv der Freiherren von Berlichingen zu Jagsthausen erhalten haben, nichts über Christianes diesbezügliche Aufgaben. Denkbar wäre ja immerhin, dass sie mit Franziska Freifrau von Berlichingen in Wien korrespondierte, als diese dem Königlich-Preußischen Hofrat Christian von Mechel in Berlin den Auftrag erteilte, die Hand zu zerlegen, zu zeichnen und ihren Mechanismus zu erklären. Mechel konnte sie dann allerdings nicht mehr richtig zusammensetzen, sodass seitdem ein Finger »steif« ist. Im Jahr 1815 erschien in Berlin Mechels Prachtausgabe der Eisernen Hand, wobei Titel und Widmung für sich selbst sprechen: *Die eiserne Hand des tapfern, deutschen Ritters Götz von Berlichingen, wie selbige noch bei seiner Familie in Franken aufbewahrt wird, sowohl von Außen als von Innen dargestellt. Den gekrönten Befreiern Europa's, jetzt in Wien versammelt: Kaiser Franz I. von Oesterreich, Kaiser Alexander I. von Russland und König Friedrich Wilhelm III. von Preußen ehrfurchtsvoll gewidmet von Chr. von Mechel, Königl. Preuß. Hofrath.*

Angesichts der Beachtung, die Götz von Berlichingen und seine Eiserne Hand dank Goethes erfolgreichem Schauspiel, aber auch im Kontext der Befreiungskriege erfuhren, muss man von einer gewissen Vertrauensstellung der Christiane Hegel sprechen, wenn gerade ihr das einmalige Requisit anvertraut war und es zu ihrem Aufgabenbereich zählte, den Mechanismus der Prothese zu erklären. Seit den 1790er Jahren war das Interesse für die Stätten, die in Goethes Schauspiel vorkommen, gewachsen.[319] Ob Christiane auch das »Stammbuch der eisernen Hand« mit seinen wertvollen handschriftlichen Einträgen in Verwahrung hatte und herumreichen durfte, wissen wir nicht. Dass sie den antinapoleonischen, deutsch-patriotischen Geist, der viele der Eintragungen prägt, weitgehend teilte, erfahren wir aus einem bisher unbekannten und unveröffentlichten Brief an ihren kleinen Neffen Karl, der sich im Privatnachlass Karl Schumms erhalten hat.[320] Er stammt vermutlich aus der zweiten Hälfte des Jahres 1821, ist also nach Christianes Entlassung aus Zwiefalten geschrieben worden. Der Brief ist sehr schwer lesbar – das dünne Papier ist beidseitig dicht mit braunschwarzer, stark durchschlagender Tinte beschrieben. In diesem Brief macht Christiane ihren Neffen Karl auf das Berliner Monument aufmerksam, das wie kein anderes den Sieg über Napoleon versinnbildliche: die Quadriga mit der Siegesgöttin auf dem Brandenburger Tor, die Napoleon nach seinem Sieg über die Preußen bei Jena und Auerstedt im Dezember 1806 hatte abnehmen und auf dem Wasserweg nach Paris abtransportieren lassen. Nach dem siegreichen Einzug der Verbündeten am 30. März 1814 wurde die Quadriga im April 1814 nach Berlin zurückgebracht und wieder aufgestellt.

Christiane schreibt an Hegels achtjährigen Sohn in Berlin, sichtlich bemüht, den Ton des Jugendlichen zu treffen: *... wenn du einmal wieder zum Brandenburger Thor hinausgehst, so sehe es recht an, das ist das schönste Thor, das es giebt, so schön ist keins hier, keins in Wien und keins in Paris, denke nur, die Franzosen haben die schönen Figuren, die darauf sind einmal mit fort genommen, aber die Preußen haben dann den Franzosen recht ausgewischt [!] und sie im Krieg so geschlagen, daß sie Alles wieder hergeben mussten.* Es ist die einzige bisher bekannte Stellungnahme Christiane Hegels zu den Wirren der Napoleonzeit. Sie bestätigt, dass Christiane die patriotische, antinapoleonische Haltung ihres nahen Umfeldes teilte.

Goethes Sohn August zu Besuch in Jagsthausen

Goethe, der die Freiherren von Jagsthausen mit seinem Schauspiel damals weit über die Grenzen Württembergs hinaus berühmt gemacht hat, hat Jagsthausen nie aufgesucht. Anders sein Sohn: Der 19-jährige Student August von Goethe besuchte zusammen mit drei Studienfreunden im April 1809 die Götzenburg und berichtet dem Vater in einem Brief darüber, der sich allerdings nur in einer Abschrift erhalten hat, die Goethe für Frau von Stein anfertigen ließ. Die Reise führte die jungen Leute von Heidelberg über Heilbronn und Neuenstadt nach Jagsthausen und Schöntal, und von dort weiter durch den Odenwald nach Frankfurt. August von Goethes Briefpassage über Jagsthausen lautet: *Den 3ten früh gingen wir zu Fuß nach Jagsthausen, welches sechs Stunden davon [Heilbronn] entfernt liegt. Unterwegs stießen wir bei Neustadt auf eine Linde, deren Äste eine Laube von 163 Schritten im Umfang bildeten und von 120 steinernen Säulen getragen wurden. Das Jagsttal ist sehr angenehm, und Jagsthausen liegt bezaubernd schön. Die jetzigen Herren v. Berlichingen haben zwei neue Schlösser daselbst erbaut, welche sie bewohnen; das Stammschloß aber wird nur von einem Verwalter bewohnt. Es ist ganz so, wie es der Kupferstich auf meiner Stube zeigt, und ich bin selbst auf dem Standpunkt gewesen, von wo aus es gezeichnet ist. Mir wurde ganz wohl auf diesem klassischen Boden. Von hier gingen wir nach dem Kloster Schöntal, eine Stunde von Jagsthausen, einem der herrlichsten Gebäude, welches ich je sah.*[321]

Aus Augusts unveröffentlichtem Tagebuch geht hervor, dass die Töchter des Freiherrn von Berlichingen an diesem 3. April 1809 in Jagsthausen weilten. Sie ließen sich den Auftritt der schmucken Studenten offenbar nicht entgehen – und vergaßen dabei fast ein bisschen ihre gute Erziehung. Denn August notiert in seinem Tagebuch stichwortartig: *... nach Jagsthausen, wir wurden begafft[,] da Markt war[,] besonders sahen uns die jungen Fräuleins vom Schloß nach. Wir besahen nachher das alte Schloß des Goetz von Berlichingen, welches 4 Thürme hat u. sehr angenehm an einem Abhang liegt. Von da gingen wir immer im Jagstthal bis Kloster Schönthal eine Stunde von Jagsthausen ...*[322] Eine Gouvernante ist nicht erwähnt. Offenbar ist August von Goethe auch nicht in den Genuss gekommen, Götz von Berlichingens berühmte Eiserne Hand zu besichtigen. Er hätte mit Sicherheit seinem Vater davon berichtet und diese Episode auch in seinem Tagebuch festgehalten.

Das »Unterrichten« der Kinder

Christianes Hauptaufgabe im Hause Berlichingen aber war es, sich um die Töchter des Hauses zu kümmern – vier waren es zunächst im Alter zwischen drei und acht Jahren, als Christiane eingestellt wurde. Josephe, die jüngste von Christianes fünf Schützlingen, wurde erst im Oktober 1803 geboren. Gerade zu ihr, die noch nicht einmal vier Jahre alt war, als ihre Mutter starb, dürfte die emotionale Beziehung besonders eng gewesen sein, auch wenn wir dazu nur wenige Anhaltspunkte haben: Nach Christianes Tod bat Josephe beispielsweise deren Stuttgarter Vetter Göriz, ihr ihre Zeichnungen, die sich in Christianes Besitz befanden, zurückzugeben. Hegels Schwester hatte sie offensichtlich gesammelt und aufbewahrt, und Josephe, die mittlerweile in Stuttgart-Münster auf dem Schloss als Freifrau von König lebte, wusste dies und hing an diesen Erinnerungsstücken.[323]

Als Christiane ihre Anstellung nach fast 13-jähriger Tätigkeit im August 1814 kündigte, zählte Josephe noch keine elf Jahre. Ihre vier älteren Schwestern waren inzwischen herangewachsen: Katharine[324] und Charlotte waren 16 und 18, Silchers begabte Klavierschülerin Caroline 19 Jahre alt. Luise, die älteste, hatte das Haus bereits verlassen. Schon im Oktober 1811 hatte sie mit 18 Jahren Ludwig Eberhard Freiherr von Gemmingen-Bürg geheiratet, durch dessen Vermittlung Christiane Hegel möglicherweise ins Haus Berlichingen gekommen ist. Die Ehe war indessen nicht glücklich und wurde nach fünfeinhalb Jahren, im März 1817, geschieden. Bereits vier Wochen nach der Scheidung verheiratete sich Luise mit dem ebenfalls sehr viel älteren verwitweten Generalmajor Ferdinand Freiherr von Varnbüler, der seinerzeit Leutnant von Penasse nach der Haftentlassung außer Landes gebracht hatte.

Laut Justinus Kerner war Christiane Hegel im Hause Berlichingen als *Gouvernantin* angestellt, wie man damals noch vorzugsweise sagte, der Begriff Gouvernante setzte sich erst etwas später durch. Im deutschen Sprachgebrauch des 18. und 19. Jahrhunderts verbanden sich mit dem Wort *Gouvernantin* insbesondere zwei Bedeutungen: Zum einen bezeichnete man damit eine Frau, die für die Aufsicht und Erziehung der Kinder zuständig, also in erster Linie als Erzieherin tätig war. So war es am Katharinenstift und dem ihm angeschlossenen Mädchenpensionat den sogenannten Gouvernantinnen oder Erzieherinnen vorbehalten, *die erforderliche Aufsicht u. Leitung über Alles, was bei den Zöglingen außer den Lehrstunden vorkommt, zu übernehmen und dafür zu sorgen, daß Sittsamkeit, Anstand u. wohlgeordnetes Betragen allen Schülerinnen eigen sey,* wie es in einer entsprechenden »Instruktion für die Gouvernantinnen« aus dem Gründungsjahr 1818 heißt.[325] Für den Unterricht selbst waren Lehrer vorgesehen, doch durften die Gouvernantinnen *auch in der Lehranstalt in Fächern, wozu sie Neigung, Kenntnis u. die Verfügung der Direction bestimmt, täglich Unterricht ertheilen* oder auch im Krankheitsfalle eines Lehrers einspringen.

Mit dem Begriff *Gouvernantin* bezeichnete man damals aber auch Frauen, die die Funktion einer Hauslehrerin oder Hofmeisterin innehatten, die also für den Unterricht der Töchter im Hause zuständig waren. Als Joseph von Berlichingen Hegels Schwester 1814 aus gesundheitlichen Gründen die Auflösung des Arbeitsverhältnisses nahelegt, spricht er davon, dass *das fernere Unterrichten der Kinder nicht mehr wohl Ihre Sache sein* könne. Er bedankt sich bei Christiane für die geleistete Arbeit und beginnt dabei mit der etwas eigentümlichen, aber für unseren Zusammenhang aufschlussreichen Formulierung: *abgesehen von dem Wissenschaftlichen*[326], das Christiane den Kindern vermittelt habe, sei ihr auch für eine ganze Reihe anderer Erziehungserfolge zu danken. Sie hat also nicht nur als Erzieherin, sondern auch als Lehrerin im Hause Berlichingen gewirkt und muss demzufolge über eine gute Allgemeinbildung und ein umfangreiches Fachwissen verfügt haben. Ihr Vetter Louis Göriz ist dafür, freilich ganz ungewollt, ein wichtiger Zeuge: Zu der langen Litanei seiner Vorwürfe, die er Hegels Schwester im Sommer 1820 macht, zählen auch Christianes *Ansprüche auf Gelehrsamkeit*, von denen sie endlich lassen solle. Ihre Kenntnisse müssen also derart gewesen sein, dass sie damit bei ihrem Vetter Anstoß erregte, weil sie als Frau die Grenze zwischen Bildung und Gelehrsamkeit überschritten hatte.

Gelehrsamkeit aber, darüber war man sich zu Beginn des 19. Jahrhunderts weitgehend einig, war die Domäne der Männer. Auch diejenigen, die sich um eine bessere Bildung der württembergischen Mädchen bemühten, wie beispielsweise Wilhelm Christoph Tafinger mit seinem 1802 in Stuttgart gegründeten »Lehrinstitut für junge Frauenzimmer aus den höheren Ständen«, betonten wiederholt, dass es ihnen nicht darum gehe, *gelehrte Frauenzimmer zu bilden*, und dass die Art von Bildung, die auf ihrem Lehrplan stehe, *ganz und gar nicht auf Gelehrsamkeit abzwecke*. Vielmehr sei es ihr Ziel, die Mädchen auf ihre Rolle *als künftige Freundinnen gelehrter Männer, als Vorsteherin des Hauses und besonders als Erzieherin einer geglückten Nachkommenschaft vorzubereiten*.[327]

Nimmt man den Vorwurf der Gelehrsamkeit, den ihr Göriz machte, ernst, so muss Christiane Hegel eine für die damaligen Verhältnisse außergewöhnlich gebildete Frau gewesen sein. Damit wissen wir allerdings immer noch nicht gesichert, über welche Kenntnisse sie im Einzelnen verfügte, worin sie Unterricht erteilte und in welchem Umfang. Zu dem von Christiane Hegel praktizierten Unterricht, sei es in Jagsthausen, Schorndorf oder Ludwigsburg, konnten bislang keinerlei Unterlagen gefunden werden. Schulhefte, Notizen oder Zeichnungen ihrer Schülerinnen waren nicht zu entdecken. Auch die Hoffnung, Christiane Hegels Aufgabenbereich in Abgrenzung zum Lehrauftrag Silchers besser zu fassen, erwies sich als trügerisch. Silchers Unterrichtsinhalte lassen sich nur schwer umreißen, da einschlägige Quellen auch dafür fehlen. Der Silcher-Spezialist Dahmen nennt pauschal die Schulfächer und die Musik als Silchers Ressort, ohne allerdings konkrete Anhaltspunkte dafür zu haben. Von Christiane Hegels Existenz und Aufgaben im Hause Berlichingen wusste er allerdings nichts.

Aus einem unveröffentlichten späteren Brief des Grafen an seine ehemalige Gouvernantin, der vom 15. April 1826 datiert – und der sich zufällig deshalb erhalten hat, weil ihn ein Neffe Christiane Hegels später der Universitätsbibliothek in Tübingen geschenkt hat, wo er als Professor der Land- und Forstwirtschaft tätig war –, wissen wir, dass Hegels Schwester über sehr gute Lateinkenntnisse verfügt haben muss. Denn mit diesem Schreiben schickte Joseph von Berlichingen Christiane eines der wenigen 1825 gedruckten Exemplare seiner lateinischen Übersetzung von Goethes Versepos »Hermann und Dorothea« zu und berichtete ihr dabei ausführlich über die Entstehung der Arbeit.[328] Christiane hatte offensichtlich in Stuttgart bei ihrem alten Lehrer Abel Berlichingens

Arbeit gesehen und sich mit der Bitte um ein Exemplar an ihn gewandt, der folgendermaßen antwortete:

Geehrteste Freundin.
Gerne schicke ich Ihnen ein Exemplar meiner Übersetzung. Es muß Sie befremdet haben, vom Hr Prälat Abel zu hören, daß ich mein weniges, seit 50 Jahren verlassenes, Latein wieder hervorsuche. Damit Sie aber wissen, wie ich dazu gekommen bin, muß ich Sie mit dem Hergang bekannt machen: Herr Fischer, vormals Professor zu Schönthal, und jetzt Pfarrer zu Plieningen, hatte Luise von Voss ins Lateinische übersetzt; ich ließ mir dieses Werk kommen, und sprach darüber mit dem Hn Übersetzer, dem es fremd war, einen Landjunker davon sprechen zu hören; er zeigte mir darauf seinen, damals erst angefangen[en], Theil seiner, später bei Metzler 1822 herausgekommen[en], Übersetzung von Herm[ann] und Dor[othea;] ich fand sie sehr gut lateinisch, aber ganz frei, und fragte: ob man es nicht auch in derselben Strophenzahl geben könne; bekam aber zur Antwort: daß dabei unübersteigliche Schwierigkeiten im Wege ständen. Da Fischer aber schon im ersten Gesange um 27 Strophen mehr hatte als Goethe; so machte ich den Versuch einer Übersetzung Strophe für Strophe, hatte aber dabei keineswegs die Absicht, die Arbeit zu vollbringen; es wurde aber allmählig eine Liebhaberey daraus, die erst in Eitelkeit, und zuletzt in Eigensinn übergegangen ist. Obschon ich mir nicht anmaße, mich einem Professor gleich zu stellen, und ich selbst sehe, und gerne bekenne, daß Fischers Latein gegen dem meinigen nicht verglichen werden darf, so bin ich doch Goethes Ausdrücken getreuer geblieben, und es wird kaum 12 mal vorkommen, daß ein Wort von Goethe in die vorgehende oder folgende Strophe übergetragen ist. Das Vorwort im Deutschen ist vom Hn Hofrath Schreiber. Verdrießlich ist es mir aber, daß der Buchdruker Class in Heilbronn mir das Werk, der vorangegangenen Correcturen ungeachtet voller Fehler geliefert hat, die ich zwar alle verbessert habe, das Ganze jedoch dadurch verunstaltet ist.

Dieser detaillierte Entstehungsbericht dokumentiert nicht nur den respektvoll-freundschaftlichen Umgangston des Grafen mit seiner früheren Angestellten.

Interessant an Berlichingens Brief ist vor allem auch dessen Beilage. Denn da Hegels Schwester eine Ausgabe erhalten sollte, die vom Buchdrucker Class in Heilbronn fehlerhaft geliefert worden war, sah sich Joseph von Berlichingen offensichtlich genötigt, Christiane gleichzeitig auch eine minutiöse, handschriftlich von ihm verfasste Liste der *Geänderte[n] Stellen* beizulegen. Sie verzeichnet jeweils unter der römischen Nummer der neun Kapitel zahllose Versziffern, die zu berichtigen waren. Die Beilage war aber nur sinnvoll, wenn Christiane sehr detaillierte Kenntnisse der lateinischen Sprache besaß. Auch der einleitende Satz des Briefes, in dem sich der *Landjunker* bei der ehemaligen Privatlehrerin seiner Töchter für seine Liebhaberei geradezu entschuldigt, spricht dafür, welchen Respekt Joseph von Berlichingen Christianes Lateinkenntnissen zollte. Bisher konnte man aufgrund der präzisen Angaben, die Christiane zum frühen, durch die Mutter erteilten Lateinunterricht ihres Bruders gemacht hat, nur vermuten, dass auch sie selbst von ihrer Mutter darin unterrichtet worden war und über sehr gute Lateinkenntnisse verfügte. Berlichingens unveröffentlichter Brief belegt nun, dass auch Hegels Schwester die lateinische Sprache auf hohem Niveau beherrscht haben muss.

Der Unterrichtsstoff

Christiane Hegels Kontakte zu den Männern, die sich in Stuttgart um eine Verbesserung der Mädchenbildung einsetzten und dabei insbesondere eine breitgefächerte Wissensvermittlung anstrebten, werden ihr mit Sicherheit für ihre Aufgabe im Hause Berlichingen genutzt haben. Auch wird man davon ausgehen dürfen, dass sie mit dem Unterrichtskonzept von Tafingers Stuttgarter »Lehrinstitut für junge Frauenzimmer aus den höheren Ständen« vertraut war.

Auf Tafingers Lehrplan standen die Fächer Naturgeschichte, Physik, Lehre vom menschlichen Körper und Gesundheitslehre, Geographie, Geschichte, Arithmetik, Geographie, Deutsch und Französisch, die Schönen Künste (wozu er Schönschreiben, Zeichnen, Singen und Tanzen zählte), weibliche Handarbeiten und Bewegung im Freien. Hinzu kamen die sogenannten philosophischen Wissenschaften wie Seelenlehre, Logik, Geschmackslehre, Moral und Religion, Klugheitslehre, Erziehungslehre für Erwachsene.[329] Wie gesagt: Nicht *gelehrte*, aber *gebildete Frauenzimmer* wollte Tafinger heranbilden. Die Maximen seiner Mädchenerziehung stützten sich dabei auch auf die Vorstellungen des Pädagogen Christian Gotthilf Salzmann, dessen Institut er besucht hatte.[330] Salzmanns Ideen aber haben damals auch im Hause Berlichingen großen Anklang gefunden: Der jüngere Bruder der Freifrau Sophie, Götz von Berlichingen, war von 1799 bis 1802 Schüler auf Salzmanns berühmter Erziehungsanstalt im thüringischen Schnepfenthal.[331] Salzmann, der an seinem Institut auch Lehrerinnen einsetzte, forderte unter anderem auch, die Frauen auf ihre verantwortungsvolle Aufgabe, die Erziehung des zukünftigen Menschengeschlechts, vorzubereiten und ihre Teilnahme am geistigen Leben zu fördern. Auch Frauen sollten lernen, sich selbst ein Urteil zu bilden, unabhängig und vorurteilsfrei ihren Verstand zu gebrauchen und ihre Meinung frei zu äußern. All dies klingt in Berlichingens späterem Dankschreiben an Christiane an. Darin heißt es: *Ich misskenne nicht, was Sie an den Kindern geleistet haben; abgesehen von dem Wissenschaftlichen, haben Sie Ihnen eine strenge Moralität und unbefangene Heiterkeit beigebracht, ihr Herz vortrefflich gebildet, und was ich sehr hoch anschlage, einen gewissen richtigen Takt in sie gelegt, nach welchem ein gebildetes Frauenzimmer sich in Gesellschaft frei und zugleich sittlich zu benehmen hat.*

Vergleicht man Tafingers Lehrplan mit dem Brief des Freiherrn an Christiane, so liegen die darin besonders hoch veranschlagten Erfolge Christiane Hegels im Bereich der »philosophischen« Wissenschaften. Weibliche Arbeiten, die sie später auch in Aalen und Stuttgart nachweislich unterrichtete, werden wohl ebenfalls ihr Metier gewesen sein. Ferner wird man davon ausgehen können, dass Christiane die Grundlagen in Französisch, eventuell auch in Latein gelegt hat. Als Friedrich Silcher 1807 in Schorndorf als Hauslehrer engagiert wurde, wird er mit Sicherheit einen guten Teil der Schönen Künste abgedeckt haben, desgleichen später die Malerin Ludovike Simanowiz. Den Religionsunterricht, davon kann man ausgehen, werden die jeweiligen Ortspfarrer übernommen haben.

Außerordentlich bemerkenswert, ja beinahe anrührend, ist Berlichingens Bemerkung, Christiane habe seinen Töchtern eine *unbefangene Heiterkeit* beigebracht – welche Leistung für eine Frau, die selbst mit Depressionen zu kämpfen hatte. Und Berlichingens Zeilen offenbaren noch einen anderen wichtigen Punkt: *sich in Gesellschaft frei und zugleich sittlich zu benehmen*, das dürfte nicht nur die Erziehungsmaxime für seine Töchter gewesen sein, sondern auch das Grunddilemma seiner eigenen Existenz, eines aufgeklärten Staatsrates unter einem absolutistisch regierenden Monarchen.

Der Einfluss Pestalozzis

Unverkennbar klingen in Berlichingens Brief auch die Vorstellungen des Pädagogen an, der damals in Sachen Erziehung zunehmend Maßstäbe setzte und dessen pädagogische Ansätze mit der Anstellung Friedrich Silchers noch entschiedener Eingang in das Haus Berlichingen gefunden haben dürften: Johann Heinrich Pestalozzi. Christianes Dienstherr betont, dass sie Kopf und Herz der Kinder vortrefflich gebildet, also die intellektuellen und die sittlich-religiösen Fähigkeiten gleichermaßen entfaltet habe. Das entspricht Pestalozzis neuen Erziehungsgrundsätzen, die sich von reinem Buchwissen und schematischem Auswendiglernen verabschiedeten und die Anschaulichkeit in den Mittelpunkt stellten. Pestalozzi wollte dabei die Elementarbildung der Kinder wieder in der Familie, und hier besonders bei der Mutter, verankert wissen. Die Mutter sollte die erste Lehrerin der Kinder sein.

Friedrich Silcher wurde zu einem glühenden Verehrer Pestalozzis, und so wird man sagen dürfen, dass sein jahrelanges Engagement dafür spricht, dass Joseph von Berlichingen Pestalozzis Erziehungsgrundsätzen wohlwollend, ja aufgeschlossen gegenüberstand. Die Pestalozzische Methode wurde zudem zwischen 1808 und 1812 von König Friedrich in den württembergischen Elementarschulen propagiert, als er daran ging, die Schulordnung in Württemberg grundlegend zu reformieren. König Friedrich beauftragte deshalb im Jahr 1808 Bahnmaiers Jugendfreund Karl August Zeller, den »Pestalozzi Württembergs«, Fortbildungskurse für Lehrer und Geistliche anzubieten. Zeller und Bahnmaier gingen zudem daran, Mütterkurse anzubieten. Zeller schrieb den Frauen auch eine gesellschaftliche Aufgabe zu, sie sollten sich auch als Mütter der Armen und Waisen verstehen. Pestalozzis Modell seiner Armenanstalt auf dem Neuhof, in der er industrielle Tätigkeit – Spinnen und Weben – mit Schulunterricht und sittlicher Erziehung verband, hat Christiane – auch insofern ist ihre Verbindung zu den Kreisen um Bahnmaier und Zeller interessant – anschließend in Aalen im Kleinen mit ihrer Strickschule umzusetzen versucht.

Auch bei Christianes Stuttgarter Freunden fand Pestalozzi mit seinen neuen Ideen großen Anklang – etwa bei Heinrich Grüneisen oder dessen Freund Karl August von Wangenheim.

Selbst nachdem König Friedrich die Anwendung der Pestalozzischen Methode in den Volksschulen im Februar 1812 ohne ersichtlichen Grund wieder verboten hatte, wurde sie ohne großes Aufheben von Lehrern und Pfarrern weiter praktiziert.[332] Auch Friedrich Silcher ließ sich nicht abhalten und besuchte 1814 die bekannte Pestalozzische Musterschule von Gruner in Frankfurt.

Christianes Sonderstellung im Hause Berlichingen

Es ist gewiss mehr als nur eine Geste der Höflichkeit gewesen, wenn der Graf in seinen späteren Briefen an Christiane Hegel die Anrede *Geehrteste Freundin* verwendet, und es ist mehr als bemerkenswert, wenn Hegel seiner Schwester ins Bewusstsein ruft, dass sie *nicht bloß eine Untergebene* sei, sondern dass man ihr die Kinder *anvertraut* habe. Das lässt vermuten, dass sie ganz im Sinne Pestalozzis nach dem Tod Sophie von Berlichingens die Rolle der Mutter übernommen hat. Ihre außerordentliche Bildung, aber auch ihr Geschlecht qualifizierten sie für diese Aufgabe, die sich damit auch grundsätzlich von der des männlichen Hauslehrers Friedrich Silcher unterschied. Entscheidend für Christianes Rolle als Ersatzmutter dürfte gewesen sein, dass sie noch zu Lebzeiten Sophies ins Hause gekommen und den Kindern deshalb vertraut war. Aus Christianes Dienststellung wurde also eine Vertrauensstellung. Spätestens jetzt wird sie ihre Anstellung im Hause Berlichingen nicht nur als Beruf, sondern als Berufung verstanden haben. Christiane wurde offensichtlich auch aus dem Vermögen der verstorbenen Freifrau bezahlt, wie aus handschriftlichen Notizen des Rentamtmanns Fest auf Christianes Quittungen über ihre Pensionszahlungen in den 1820er Jahren hervorgeht, die sich im Archiv der Freiherren von Berlichingen erhalten haben.[333] Auch in den Rechnungsbüchern der »Neuen-Schloss-Linie« taucht ihr Name nach Sophies Tod nicht mehr unter der Rubrik *Dienstbotten-Lohn* auf: 88 Gulden betrug bis dahin ihr jährliches Gehalt als Gouvernantin, im Vergleich zur Kindsmagd (14 Gulden) und Köchin (6 Gulden) war sie damit sehr gut gestellt.[334] Offen ist, ob Sophie dies testamentarisch verfügt hat. Dass diese Sonderstellung neben dem Standesunterschied ausreichend Konfliktstoff mit der neuen Stiefmutter bot, die kurze Zeit später ins Haus kam, liegt auf der Hand.

Als Christiane Hegel Ende März 1814 wegen ihres schlechten Gesundheitszustandes ernsthaft mit dem Gedanken spielte, ihre Anstellung im Hause Berlichingen aufzugeben, kamen auch ihre Sonderstellung und das schwierige Verhältnis zur zweiten Frau Joseph von Berlichingens zur Sprache. Von Christianes Gesundheitszustand wissen wir wieder einmal nur sehr vage aus Hegels Antwortbrief vom 9. April 1814, in dem er überraschend herzlich und hilfsbereit auf die schlechten Nachrichten aus Jagsthausen reagiert und seiner Schwester die Möglichkeit einräumt, auf immer zu ihm und seiner Frau zu ziehen: *Dein Zustand, liebe Schwester, den Du in dem gestern erhaltenen Briefe beschreibst, geht mir und meiner Frau sehr zu Herzen. Was zu tun ist, ist keine Frage; ist Dein Krankheitsanfall so beschaffen, daß eine Reise zu Deiner Zerstreuung und Aufrichtung hinreicht, so besuche uns und kehre, wenn Du gestärkt bist, wieder zu Deinem Geschäfte zurück; bist Du aber nicht fähig, den Pflichten Deiner Verhältnisse länger vorzustehen, so bist Du von uns eingeladen, auf immer zu uns zu ziehen, bei uns zu leben und die Pflege, die Du nötig hast, zu erhalten; Du bist uns herzlich willkommen.*

Fühlte sich Christiane mit ihrer vertrauensvollen Aufgabe, vielleicht mit einem Sophie am Sterbebett gegebenen Versprechen, die Töchter in deren Sinne zu erziehen, im Laufe der Jahre überfordert? *Deine Stellung war ein Amt, das Du selbst nach Deinem eigenen Wissen und Gewissen zu verwalten hast* – so hätte Christianes Bruder niemals über sein eigenes Anstellungsverhältnis als Hauslehrer in Bern und Frankfurt gesprochen. Hegel erinnert seine Schwester in einem weiteren Brief im April 1814 an die Besonderheit ihrer Verhältnisse und an ihre Vorteile: *... bei allen Schritten, die Du tust, bringe ja die Vorteile sehr in Anschlag, die Du in Deinen Verhältnissen im v. Berlichingen'schen Hause hast; wenn Du einerseits darin nicht befriedigt bist, manches nicht tun zu können, was Du tun möchtest, so ist dies andererseits eine um so größere Erleichterung und Freiheit nach Deinen körperlichen Umständen, Dich ruhig zu pflegen; nach den Angaben Deiner letzten Briefe ist Deine Lage sehr großmütig von*

Seiten Deines Herrn Prinzipalen, da so wenig von Dir gefordert wird, und höchst dankbar anzuerkennen; sie ist gewiß ein seltner Fall.

Konnte Christiane manches, was sie tun wollte, nicht tun, weil es ihr nicht erlaubt war oder weil sie nicht die Konstitution dazu hatte? Hegel interpretierte es eindeutig als einen glücklichen Umstand bei Christianes körperlichen Umständen, dass von ihr so wenig gefordert wurde. Wollte sie selbst mehr tun, doch die Kräfte reichten nicht? Christiane wünschte sich durchaus klare Anweisungen von Josephs zweiter Frau Caroline, erhielt sie aber nicht, wie wir wiederum nur aus Hegels Antwortschreiben vom 9. April 1814 wissen, das einer der sensibelsten und schönsten Briefe Hegels an seine Schwester ist: *Beruhige vornehmlich Dein Gemüt; Deine Art und Natur kann sich vornehmlich, wie es scheint, nicht bei der Haltung der Fr(au) v(on) B(erlichingen) beruhigen; wenn Du sie offen fragst, was Du tun oder lassen solltest, so gibt sie Dir keinen gehörigen Bescheid, schreibst Du; Du verlangst freundschaftliche Mitteilung oder auch eine Anordnung und Regierung über Dein Tun und Lassen. – Ich kenne jene Art sehr wohl; sie hat ihren Grund vornehmlich darin, wenn man selbst nicht rechten Bescheid zu geben und zu regieren weiß, so ist man ordentlich in Verlegenheit, wenn man, was (zu) tun ist, angeben soll; es fällt nichts so beschwerlich als die Anfragen darüber; und das Angenehmste, ja selbst Empfehlende und Verbindende ist, wenn dann der andere die Sachen nach seinem selbständigen Gutdünken macht. Um so mehr bist Du in dem Falle, Deine Handlungsweise auf Dich nehmen zu müssen, als es der Frau im Hause zugebrachte Kinder sind, die Dir anvertraut sind, und sie insofern in Dir nicht bloß eine Untergebene zu sehen hat. Rat und Vorschrift von andern hilft ohnehin nicht viel, indem ja auch die Ausführung der Vorschrift doch von unserm eigenen Charakter abhängt. Deine Stellung war ein Amt, das Du selbst nach Deinem eigenen Wissen und Gewissen zu verwalten hast, und man erwirbt sich um so mehr die Zufriedenheit und das Zutrauen der andern, je mehr man selbst Zutrauen zu sich hat und mit Selbständigkeit handelt, wodurch man den andern eine Stütze für sie in sich zeigt.*

Christianes Schwierigkeiten mit Caroline, die sechs Jahre jünger als sie war, lagen also wohl nicht darin, dass Christiane von ihr als bloße Angestellte und Untergebene behandelt wurde, wie Hellmut G. Haasis meint: »Der Graf heiratete 1807 wieder, Christiane wurde dem Personal eingegliedert, was ihr gegen den Strich ging. Von der neuen Schlossherrin fühlte sie sich nicht anerkannt.«[335] Doch muss es kontroverse Auffassungen gegeben haben, oder Christiane hatte Schwierigkeiten im Umgang mit den Töchtern und wünschte klare Anweisungen von deren Stiefmutter.

Möglicherweise sind Christiane Hegels mangelndes *Zutrauen zu sich* und ihre Unsicherheit, *mit Selbständigkeit* zu handeln – beides mahnt der Bruder in seinem Brief an –, Symptome einer inneren Labilität, die zu Autoritätsproblemen mit den heranwachsenden Töchtern führte. Auch der Standesunterschied mag wie erwähnt mehr oder weniger offen eine Rolle gespielt haben. Christiane muss – 41 Jahre alt – dabei auch die Frage nach dem Sinn ihrer Tätigkeit gestellt haben, denn Hegel rechnet ihr vor, dass der *Lohn* ihrer Mühen nicht nur ökonomisch, sondern auch *in dem Werk selbst, dem geistigen und leiblichen Gedeihen der Dir anvertrauten Wesen* zu suchen sei. Hegel hatte freilich aus der Sicht seiner unverheirateten Schwester gut reden. Im Juni 1813 war ihm der erste Sohn geboren worden, und für September 1814 kündigte sich bereits wieder Nachwuchs an: Immanuel, bei dem Christiane Patin werden sollte. Kein Wunder, dass Hegels Schwester hier ins Grübeln kam und nach dem Sinn ihrer Existenz fragte. Eigene Kinder, das dürfte ihr damals bewusst geworden sein, hatte sie nicht mehr zu erwarten.

Hegels psychologische Erklärungen für Christianes schwieriges Verhältnis zu der offensichtlich selbst unsicheren Caroline von Berlichingen verweisen aber auch noch auf einen anderen Kontext: Josephs zweite Frau war nicht nur sechs Jahre jünger als Christiane, sie war auch zwanzig Jahre jünger als ihr Mann und hatte ihre Mutter mit ins Haus gebracht, die altersmäßig weit eher zu ihrem Ehemann gepasst hätte. Vier Jahre nur trennten die beiden, und betrachtet man die Porträts der Ludovike Simanowiz, so geben auf den ersten Blick Maria Benedicta Freifrau von Gemmingen-Hornberg und Joseph Freiherr von Berlichingen das Paar ab. Erschwerend kam hinzu, dass Josephs zweite Frau nur 14 Jahre älter als ihre älteste Stieftochter Luise war – Kompetenz- und Autoritätsprobleme scheinen in dieser Konstellation vorprogrammiert gewesen zu sein. Caroline von Berlichingen wird es nicht leicht gehabt haben. Die Ehe blieb kinderlos, der von ihr erwartete Stammhalter der Äußeren-Haus-Linie blieb aus, die mit dem Tod Joseph von Berlichingens im Jahr 1832 ausstarb. Es lässt tief blicken, wenn die Familienchronik des Hauses Berlichingen der zweiten Frau des Grafen Joseph bescheinigt, dass sie alle Eigenschaften besessen hatte, um ihm und seinen Kindern den Verlust der trefflichen ersten Gemahlin zu ersetzen. Die zweite Ehe war kinderlos. Betrachtet man Caroline von Berlichingens Porträt, das Ludovike Simanowiz ungefähr zum Zeitpunkt von Christianes Abschied von Jagsthausen gemalt hat, kann man sich gut vorstellen, dass diese Frau sich schwer tat, klare Anordnungen zu erteilen, selbstbewusst aufzutreten, eigene Standpunkte durchzusetzen: weit energischer blicken da ihre Stieftöchter in die Welt. Nur die älteste, Luise, scheint ein wenig gezeichnet vom Schicksal ihrer ersten unglücklichen Ehe mit Eberhard Ludwig von Gemmingen-Bürg.

Aus einem weiteren erhaltenen Brief Hegels an seine Schwester, der ebenfalls noch vom April 1814 datiert, erfahren wir, dass es Christiane gesundheitlich bereits wieder etwas besser ging und dass sie, zumindest kurzfristig, nicht zu ihm nach Nürnberg kommen musste: *Es ist mir auch insofern lieb, dass die Notwendigkeit, Deine Zuflucht zu uns zu nehmen, noch nicht eingetreten ist, da ich noch immer und in diesen Zeiten der Veränderung mehr als je die Hoffnung einer Veränderung meines Aufenthalts auf den Herbst hege. Das Erfreulichste ist, daß Dein Gesundheitszustand sich leidlich befindet ...*

Vier Monate später jedoch reichte Hegels Schwester ihre Kündigung ein.

Der lange Abschied von Jagsthausen (1814/15)

Ein folgenreicher Stellenwechsel im Pfarrhaus

Ein direkter Zusammenhang zwischen Joseph von Berlichingens rasch erfolgter zweiter Heirat im November 1807 und Christianes Auflösung des Arbeitsverhältnisses im Sommer 1814 – wie von Hellmut G. Haasis behauptet – besteht so sicher nicht, knapp sieben Jahre liegen dazwischen. Und auch Josephs Karriere, die ihn und seine Familie zwang, in Ludwigsburg zu leben und ein großes Haus zu führen, war nur ein Baustein von Christianes *Missvergnügen*. Zu gut hat sie sich auf der anderen Seite mit ihrem *Prinzipalen* verstanden, der freundschaftliche Kontakt, in dem die beiden geblieben sind, lässt hier kaum einen Zweifel zu. Die Situation war weitaus komplexer. Christiane Hegels Ausscheiden aus dem Dienst der Familie von Berlichingen im Sommer 1814 wie auch ihr endgültiger Abschied von Jagsthausen ein Jahr später hingen, wie die Akten im Archiv der Freiherren von Berlichingen zu Jagsthausen[336] verdeutlichen, ganz entscheidend mit der Anstellung des neuen Jagsthausener Pfarrers Friedrich Gräter zusammen.

Nach dem völlig überraschenden Tod des 57-jährigen Pfarrers Gottlob Friedrich Baumann Mitte Mai 1814 musste die Jagsthausener Pfarrstelle, eine sogenannte Patrimonialpfarrei, von den drei Patronatsherren neu besetzt werden. Diese hatten das Recht – eines der letzten Patrimonialrechte, die den Freiherren noch geblieben waren –, dem Königlichen Konsistorium einen Kandidaten vorzuschlagen, allerdings innerhalb einer Frist von drei Monaten, das hieß im konkreten Fall – und sollte noch eine Rolle spielen – bis zum 13. August 1814. Übereinstimmend wählten Joseph von Berlichingen, Sophies Bruder Götz von Berlichingen und der dritte sogenannte Condominus für die Pfarramtsbesetzung, Josephs Vetter Gottfried von Berlichingen, unter den zahlreichen Bewerbern zunächst Johann Christian Faber aus, der damals gerade erster Diakon in Kirchheim geworden war. Er wurde am 29. Juli 1814 von Joseph von Berlichingen schriftlich nominiert, allerdings unter einer Bedingung, die Christianes bisherigen Aufgabenbereich tangierte: *Wir machen hierbei blos die Bedingung, daß Sie es übernehmen, einige Ihrer Nebenstunden regelmässig dem Unterricht der Kinder der Gutsherrn zu widmen, was Ihnen um so weniger unangenehm seyn wird, da Sie dadurch mit jenen in eine vertraute und freundschaftl. Berührung kommen, die für Ihren Aufenthalt in Jagsthausen nicht anders als vortheilhaft seyn kann.*

Doch Faber hatte es sich in der Zwischenzeit anders überlegt, wie der Landvogt am 1. August aus Ludwigsburg seinen beiden Condominis in Jagsthausen berichtete. Nun war der Weg frei für Joseph von Berlichingens eigentlichen Favoriten, obwohl sich dieser noch gar nicht offiziell auf die Stelle beworben hatte: Pfarrer Friedrich Gräter, den Berlichingen in seinen Schorndorfer Jahren kennen gelernt hatte. Der 1776 in Pflummern südlich von Zwiefalten geborene Gräter[337] war seit 1806 als *Evangelischer* und *Garnisonsprediger* in der kleinen Oberamtsstadt

Gmünd tätig gewesen, die damals zu Berlichingens Schorndorfer Kreis gehörte. 1809 trat Gräter für ein Jahr in den Feldspitaldienst, bevor er 1810 die Pfarrstelle Metterzimmern in der Diözese Besigheim erhielt. Berlichingens besonderes Interesse an Gräters Bewerbung bestand schon bei der Nomination Fabers. Die Gutachten, die Joseph über Gräter angefordert hatte, datieren bereits vom 18. Juni sowie vom 14. und 23. Juli. Letzteres stammt aus der Feder Abels, der seit 1812 das Evangelisch-theologische Seminar im nahen Schöntal leitete. Abel gibt zu, Gräter selbst zu wenig zu kennen, um angemessen urteilen zu können. Gräter hatte von 1795 bis 1800 in Tübingen Theologie studiert – Abel war in dieser Zeit dort Professor für praktische Philosophie gewesen:

Eure Hochfreyherrlichen Excellenz muss ich mich um so mehr für verpflichtet halten, die vorgelegte Frage aufs gewissenhafteste zu beantworten, je wichtiger das Amt eines Seelsorgers für eine ganze Gemeinde und je grösser also besonders der Einfluss seiner eigenen Moralität ist; allein unglücklicher weise kann ich von H. Pf. Graeter nur wenig sagen. In Tübingen behauptete er den Ruf eines recht guten Kopfs, wurde aber zur Strafe in eine jüngere Promotion, die nächste nach der seinigen, versetzt. Die besondern Umstände sind mir nicht mehr bekannt. Nach Absolvirung sr. Studien wurde er als Hofmeister in die Schweiz gerufen, wo man, wie ich höre, mit ihm zufrieden war. Während seiner Anstellung in Gmünd als Garnisonsprediger verbreiteten sich einige Gerüchte, über deren Zuverlässigkeit oder Unzuverlässigkeit ich durchaus nicht urtheilen kann, ob ich gleich verpflichtet zu seyn glaube, wenigstens davon, dass sich solche verbreitet, Erwähnung zu thun. […] In so fern, als mancher, mit dem man in jüngern Jahren nicht zufrieden war, in Reifung sich gebessert, wäre allerdings das wichtigste, das moralische Betragen H. Gr und seine ganze Amtsführung in Metterzimmern zu kennen; allein gerade von dieser weiss ich am wenigsten …

Doch die Zeit drängte und Joseph von Berlichingen wollte sein altes Patrimonialrecht auf keinen Fall verfallen lassen. Am 6. August reiste Gräter nach Jagsthausen, um sich persönlich den Freiherren Götz und Gottfried von Berlichingen vorzustellen und eine Predigt zu halten. Gräter ging auch sogleich auf die Bedingung ein, den Kindern Unterricht zu erteilen. Er wollte die Stelle unter allen Umständen, denn er brauchte dringend Geld, die Gläubiger waren ihm auf den Fersen. Ein Einkommensvergleich unter den damaligen Patronatspfarreien zeigt, dass die

Pfarrei Jagsthausen überdurchschnittlich gut abschnitt – Staat und Gutsherrschaft teilten sich die Kosten. Auf 1073 Gulden und 41 Kreuzer beliefen sich die Einkünfte des Pfarrers im Jahr, rechnet man die Vergütung in Form von Naturalien wie Getreide, Holz und Wein dazu. Das waren fast vierhundert Gulden mehr, als Gräter in Metterzimmern erhielt. Das konnte ihm nur recht sein, denn seit Mai 1808 wurde ein Drittel seines Einkommens vom Königlichen Konsistorium einbehalten, um damit Gläubiger zu bedienen.[338]

In welchem Umfang bei den *Nebenstunden* auch an die inzwischen weitgehend herangewachsenen Töchter des Staatsrates und hier insbesondere an Josephe gedacht war, sofern sie sich vorübergehend in Jagsthausen im Weißen Schloss aufhielten, muss dahingestellt bleiben. Die Kinder der in Jagsthausen ansässigen Freiherren Götz und Gottfried von Berlichingen waren noch sehr klein, doch befanden sich darunter auch männliche Nachkommen. Abel spricht in seinem Gutachten von *einer besonders auch für die jüngere Familie der Herrn Barone in Jagsthausen so wichtigen Sache*. Nur Josephe war mit ihren elf Jahren noch in besonderem Maße auf den Unterricht angewiesen, und bei ihr stand auch noch die Konfirmation bevor. Das könnte erklären, warum sich Joseph von Berlichingen so stark für seinen Favoriten Gräter eingesetzt hat – und dies, obwohl bekannt war, dass dieser ein Spieler und zudem hochverschuldet war. Davon war auch den beiden Jagsthauser Gutsherren etwas zu Ohren gekommen, die alles andere als begeistert auf Josephs Vorschlag reagierten. Wie Berlichingens Rentamtmann Fest am 6. August 1814 nach Ludwigsburg berichtet, hatte *die Predigt des Herrn Pfarrer Gräters der hiesigen Gemeinde nicht gefallen*. Auch erregte es Misstrauen, dass *verschiedene Gerüchte um einen Hang zum Spiel und Trunk um ihn im Umlauf seyen, die mit dessen Zeugnissen im Widerspruch stünden. Josephs Vetter Gottfried von Berlichingen wollte daher lieber einen andern jungen Mann für die hiesige Pfarrey nominieren*, überließ es aber letztlich Joseph von Berlichingens Urteil und erteilte ihm eine Generalvollmacht für die Nomination. Auch Rentamtmann Fest plädierte dafür, in letzter Minute noch einen anderen Kandidaten zu befragen.

Doch wider alle Warnungen entschied sich Joseph von Berlichingen postwendend für Gräter und nominierte ihn am 9. August 1814 auf die

Pfarrstelle: *Wenn ich nicht die volle Ueberzeugung hätte, daß ihr mit ihm sehr zufrieden seyn werdet, so würde ich ihn nicht so dreist vorgeschlagen haben, denn an Eurem Zutrauen liegt mir mehr, als am Pfarrer.*

Ob Christiane damals diese so positive Beurteilung Friedrich Gräters noch teilte, wissen wir nicht. Interessant ist, dass der zuständige Dekan in Neuenstadt Gräter ebenfalls uneingeschränkt gelobt und die Nomination ausdrücklich empfohlen hat.[339] Der Dekan hatte seine Stelle erst kurz zuvor im März 1814 angetreten. Für Christiane Hegel war er alles andere als ein Unbekannter: Jakob Friedrich Märklin war sein Name, jener Stuttgarter Mitschüler und Studienkollege Hegels, der auch mit Christianes Vetter Louis Göriz und Jugendfreund Ludwig Neuffer befreundet gewesen war. Mit ihm holte Christiane ein Stück ihrer Stuttgarter Vergangenheit wieder ein.

Christianes Kündigung

Doch was bedeutete all das für ihr Leben? Der Brief, mit dem Joseph von Berlichingen Christiane, wenn auch sehr taktvoll und einfühlsam, die Beendigung ihres Anstellungsverhältnisses nahe legt und mit dem er ihr – für sie vielleicht die menschlich noch größere Enttäuschung – nicht persönlich, sondern nach seiner Abreise aus Jagsthausen schriftlich aus Ludwigsburg erklärt, *was mir mündlich zu tun zu schwer gefallen ist,* datiert vom 8. August 1814. Darin heißt es: *Ihre Gesundheit ist von der Art, daß ihr Anstrengung schädlich wird, daher kann das fernere Unterrichten der Kinder nicht mehr wohl Ihre Sache sein, und nur Ruhe und Pflegung kann auf Ihren Körper wohltätig wirken.*

Einen Tag zuvor hatte sich Gräter persönlich in Jagsthausen vorgestellt und seine Predigt gehalten, einen Tag danach hatte ihn Berlichingen nominiert. Am 10. August bat Gräter das Königliche Oberkonsistorium in Stuttgart um die noch erforderliche *Konfirmation seiner Nomination auf die Patrimonialpfarrei Jagsthausen,* wie es in den Akten umständlich heißt.[340] Am selben Tag schrieb er auch an die Freiherren Götz und Gottfried von Berlichingen in Jagsthausen und betonte seine Freude darüber, *einigen Antheil an der Bildung Ihrer Kinder in scientifischer Hinsicht* übernehmen zu dürfen.

Die Chronologie der Fakten spricht für sich. Auch wenn unterschwellig vielleicht schon länger klar war, dass Christiane Hegel ihren Aufgaben zunehmend nicht mehr gewachsen, dass sie körperlich und psychisch angeschlagen war, worauf von Seiten der Familie Berlichingen schon monatelang Rücksicht genommen worden war, so muss doch die Art und Weise, wie Christianes *bisher unentschiedenes Verhältnis mit dem Berlichingenschen Hause*, so Hegel, beendet wurde, sie verletzt haben. Sie wird sich in ihrer ohnehin schon angeschlagenen Verfassung zurückgesetzt gefühlt haben. Christiane räumte das Feld, sie reichte ihr Entlassungsgesuch ein. Eins kam zum anderen.

Gemischte Gefühle dürften darüber hinaus auch die verschiedenen Gerüchte um Gräters *Hang zum Spiel und Trunk* in ihr ausgelöst haben. So einer sollte sie nun in Jagsthausen im *Unterrichten der Kinder* ablösen? Und noch etwas kam hinzu: Gräters schillernde Persönlichkeit. Auch heute noch sticht die graziöse Handschrift des Pfarrers in den Akten buchstäblich ins Auge. Und auch der geschliffene Stil seiner Briefe offenbart den Ästheten, ja den hochgebildeten, im gesellschaftlichen Umgang wortgewandten Redner. Dieses Persönlichkeitsprofil des neuen Jagsthausener Pfarrers aber mag nicht nur uns, sondern auch Hegels Schwester an einen anderen Mann in ihrem Leben erinnert haben: Gotthold Stäudlin.

In seinem Brief an Christiane stellte Joseph von Berlichingen ihr eine jährliche Pension in Aussicht, die nach Möglichkeit hundert, im schlechtesten Falle jedoch fünfzig Gulden im Jahr betragen sollte.

Drei Wochen nach Berlichingens Brief – am 28. August 1814, dies wissen wir wiederum indirekt aus Hegels Antwortbrief vom 8. September – teilt Christiane ihrem Bruder aus Jagsthausen mit, dass der Staatsrat ihr Entlassungsgesuch angenommen habe, allerdings ohne sein Versprechen einer jährlichen Pension nochmals angesprochen zu haben. Hegel schreibt: *Aus Deinem Briefe vom 28. vor. Monats aus Jaxthausen ersehe ich, daß Dein bisher unentschiedenes Verhältnis mit dem Berlichingenschen Hause insofern eine Bestimmung erhalten hat, daß sie Dein Erbieten, dasselbe zu verlassen, angenommen haben; aber diese Bestimmung ist nur zur Hälfte; es wäre zu erwarten gewesen, daß Herr v. Berlichingen in seinem, wie Du sagst, verbindlichen Schreiben seiner Verbindlichkeit einer Beihilfe für Deine fernere Subsistenz erwähnt und sich seines Dir darüber gemachten Versprechens erinnert hätte.*

Demnach hat Christiane ihre Kündigung eindeutig erst nach Berlichingens Brief vom 8. August, in dem er erstmalig von einer Pension spricht, verfasst und damit erst nach Gräters Nomination. Zugleich hat sie offenbar angeboten, nicht nur das Arbeitsverhältnis, sondern auch das Haus Berlichingen zu verlassen, denn in Hegels Brief heißt es weiter: *Das Anerbieten des Amtmanns, so freundschaftlich es von seiner Seite sein mag, bei ihm zu bleiben, erscheint vor der Hand in keiner Verbindung mit jener Verbindlichkeit; und wenn es damit zusammenhängen sollte, so ist nicht abzusehen, warum Herr v. Berl(ichingen) in seinem Schreiben nicht im Allgemeinen wenigstens (es) erwähnt hat; Du gedenkst, selbst die Sache zu einer Erklärung zu bringen, und ich finde, daß dies sehr nötig ist; Du hattest zu erwarten, daß Herr v. Berl(ichingen) seinerseits sich geneigt und mit bestimmter Zusicherung sich erklären würde, was er für Deine vieljährigen Dienste tun wolle. Was der Amtmann für sich Freundschaftliches tun will, ist ganz getrennt von jener Seite, und Du hast Dich durch das, was der Amtmann Dir bezeigen wollte, nicht abhalten und geschwaigen zu lassen, Deine Ansprüche auf die Dankbarkeit des Berl(ichingen) zu erwähnen. Dadurch, daß Du das Erbieten, das Haus zu verlassen, gemacht hast, hast Du Dir der Form nach etwas vergeben, aber das Reelle, Deine langjährige Dienstzeit und, wie ich hoffe, auch die Gesinnungen des Herrn v. Berl(ichingen) selbst bleiben darum dasselbe. Wenn Dir dieser in Jaxthausen einen Aufenthalt bei dem Amtmann ausgemacht hat und wenn etwa das Anerbieten des letztern den Sinn hat, dies zur Probe einzuleiten, wie Du Dich dabei befindest und wie beide Teile sich miteinander vertragen, so finde ich dieses Arrangement sehr edelmütig und konvenabel. Sollte aber darin gar nichts anderes liegen als eine bloße freundschaftliche Handlung des Amtmanns für sich, so ist (es) seinerseits schätzbar, aber von Seite des Berl(ichingenschen) Hauses ist dann nichts getan, und es könnte vielleicht nur die Einleitung sein, Dich diesen Gesichtspunkt näher vergessen zu machen und ihn am Ende gar zu übergehen. Deswegen tust Du recht, es zu einer bestimmten Erklärung zu bringen; läufte es auf eine bloße Freundschaft hinaus, so hast Du gegenüber meine und meiner Frau Freundschaft, und hast dann zwischen beiden zu wählen.*

Soweit Hegels Brief mit seinen detaillierten Anweisungen – wenn man so will, ein anschauliches Beispiel Hegelscher Alltags-Dialektik. Seine Befürchtung, dass das Wohnungsangebot des Rentamtmannes mit der angekündigten Pension Christianes verrechnet werden sollte, ist nicht ganz von der Hand zu weisen. Immerhin wurden Rentamtmann Fest selbst jährlich einhundert Gulden für seine freie Wohnung verrechnet und somit weniger an Gehalt ausbezahlt. Auch besaß dieser in finanziellen Angelegenheiten des Freiherrn Handlungsfreiheit. Johann Friedrich Fest war bereits 1783 mit 14 Jahren in den Dienst Joseph von Berlichingens getreten und dessen Kriegsgefährte, ja Freund geworden. Als sich Joseph von Berlichingen in Jagsthausen niederließ, behielt er Fest in seinen Diensten und stellte ihn als Rentamtmann ein. Am 20. September 1802 erteilte er Fest in Anerkennung von dessen langen, treuen und uneigennützigen Diensten eine Generalvollmacht, in der es heißt: *Ich übertrage ihm daher nunmehr förmlich die Verwaltung aller meiner Einkünfte, Domainen und Oeconomien. Er soll von nun an in allen meinen CameralSachen frei und unumschränkt Gewalt haben.* Gleichzeitig schrieb er für Fest ein Jahresgehalt von dreihundert Gulden sowie *freie Kost und Trunk mit mir über Tisch, Wohnung, Holz, Licht, Bett und Wäsch in meinem Hause* fest.[341]

Die vorübergehende Ungewissheit über ihre Pension und ihren weiteren Aufenthalt dürfte Christiane zusätzlich verunsichert und ihr Verhältnis zu dem Staatsrat belastet haben. Allerdings war es noch so gut, dass sie den Bruder beruhigte: Sie könne und werde die Angelegenheit selbst klären.

Das ist ihr offensichtlich auch gelungen, wie ein wieder aufgetauchtes Dokument verrät, das seit Jahren als verschollen galt: Christiane Hegels eigenhändiges kleines Kassenbuch. Denn in ihm hat sie auf Blatt 4 den Empfang ihrer Pension vermerkt, und zwar zunächst unter der Überschrift: *D[en] 1. September*. Im Nachhinein hat sie dieses Datum wieder durchgestrichen und korrigiert in: *D[en] 1. Julius*. Berlichingen muss ihr also rückwirkend bereits für den Monat Juli eine Pension gezahlt haben, die künftig halbjährlich ausbezahlt wurde. Zur Erklärung fügte Christiane – offenkundig nach Josephs Erhebung in den Grafenstand Anfang Januar 1815 und ebenfalls in brauner Tinte – hinzu: *Mit dem ersten Jul. 1814 fängt mein Ruhegehalt von Sr. Excellenz H. Staatsrath, Landvogt Grafen von Berlichingen an, und habe solchen vom 1. Jul 1814 bis letzten Xbr. [Dezember] desselben Jahres mit 50 fl erhalten, das Ganze beträgt jährlich hundert Gulden*. Wie sie später, in schwarzer Tinte, vermerkte, erhielt sie die nächsten fünfzig Gulden *Auf das Halbjahr vom 1ten*

Jan bis 30. Jun. am 9. Juli 1815, das heißt wenige Tage vor ihrer Abreise nach Nürnberg.

Es war Karl Schumm, der Christianes Kassenbuch seinerzeit noch in Händen gehabt und in seinem Aufsatz 1953 ausgewertet hat, ohne allerdings den genauen Standort des Originals anzugeben. Die Hegelforschung bezog sich in der Folge nur auf das, was Schumm daraus zitiert oder paraphrasiert hat.[342] Über den Verbleib des Kassenbuches wie auch anderer Quellen Schumms herrschte nach seinem Tod Ungewissheit, ja Rätselraten.[343] Mit viel Glück und tatkräftiger Unterstützung der Nachkommen Karl Schumms gelang es, Christiane Hegels *Verzeichniß meiner Einnahmen*, wie sie es selbst nannte, im Privatnachlass Karl Schumms, der in einer Dachbodenkiste in seinem Haus in Neuenstein schlummerte, aufzustöbern.[344] Der 1976 überraschend an einem Herzinfarkt gestorbene Archivrat Karl Schumm, der das Hohenloher Zentralarchiv begründet hat, wo auch sein wissenschaftlicher Nachlass aufbewahrt wird, war mit Marianne Hegel, einer Urenkelin des Philosophen, verheiratet; vermutlich kamen über diese Linie die Hegeliana[345] in den Besitz der Familie Schumm. Wie die Tochter berichtet, hatte das Ehepaar Schumm im Zweiten Weltkrieg einen Koffer mit wichtigen Unterlagen und Dokumenten in ein kleines Dorf ausgelagert, um das Material zu sichern. Dieser Koffer, dessen genauer Inhalt nicht bekannt ist, verbrannte 1945 beim Einmarsch der alliierten Truppen. Das könnte beispielsweise erklären, warum wir heute zwar Christianes Kassenbuch, nicht aber ihr Testament oder eine Abschrift davon besitzen. Das eine war als Familiendokument wertvoll genug, um im Koffer zu landen, das andere wurde als weniger wichtig eingestuft und blieb draußen.

Christianes Kassenbuch gibt auch Auskunft über ihre damalige finanzielle Situation. Zum Zeitpunkt ihrer Pensionierung im August 1814 hatte sie demnach vier Kapitaldarlehen in Höhe von insgesamt 3 500 Gulden verliehen, die ihr jährlich 175 Gulden Zins einbrachten. Bis zu ihrem Tod hat Christiane gewissenhaft unter dem jeweiligen Datum den Eingang der Zinseinnahmen notiert. Auch wenn sie mit der Buchführung erst 1814 im Zusammenhang mit ihrer Pensionierung angefangen hat, so waren die Darlehen schon früher ausgegeben. Bereits am 1. Mai 1809 hatte sie Joseph von Berlichingen 1 500 Gulden zur Verfügung gestellt, wie aus den Schuldakten der Neuen-Schloss-Linie ersichtlich ist.[346] Und auch das Darlehen für dessen Vetter Gottfried in Höhe von 1 200 Gulden hatte sie bei ihrer Pensionierung schon mindestens ein Jahr »stehen«. Auch die 300 Gulden, die sie ihrem Bruder Wilhelm geliehen hat, müssen schon einige Jahre vorher ausgegeben worden sein, denn in ihrem Kassenbuch vermerkte sie diesbezüglich, *den Zins bis auf den ersten Xbr. 1814 mit 15 Gulden alljährlich richtig erhalten zu haben.* Am 1. Juni 1814 vergab sie dann nochmals ein Darlehen an die »Gräflich von Berlichingensche Rentbeamtung in Jagsthausen«, es belief sich auf 500 Gulden, für die Christiane jährlich 25 Gulden Zinsen zu erwarten hatte. Das könnte ein Indiz dafür sein, dass Christianes labile psychische Verfassung im Frühjahr 1814 auch mit der Sorge um ihr weiteres finanzielles Auskommen zusammenhing: Mit welchem Einkommen konnte sie rechnen, wenn sie infolge ihrer körperlichen und seelischen Verfassung arbeitsunfähig werden sollte?

Umzug vom Schloss ins Pfarrhaus

Fast noch ein Jahr blieb Christiane nach dem Ausscheiden aus dem Dienst des Freiherrn von Berlichingen in Jagsthausen. Dann jedoch spitzte sich die Situation so zu, dass sie Zuflucht beim Bruder in Nürnberg suchte, der ihr dies ja schon im April 1814 angeboten hatte. Was tat sich in diesem Jahr? Ganz ausdrücklich hatte Joseph von Berlichingen in seinem Brief an Christiane am 8. August 1814 formuliert: *Dabei verändert sich nichts an unsern freundschaftlichen Verhältnissen; es wird mir immer angenehm seyn Ihnen nüzliche Dienste leisten zu können; und freuen wird es mich jedes Mal wenn Sie uns auch auf längere Zeit besuchen wollen. Ihr Freund und Diener Joseph von Berlichingen.*

In das Weiße Schloss, das hatte Christiane Hegel somit schriftlich – und dies sollte sechs Jahre später eine wichtige Rolle spielen –, konnte sie also immer wieder *auch auf längere Zeit* zu Besuch kommen. Allem Anschein nach hat Christiane jedoch das Weiße Schloss in Jagsthausen und damit auch die Landvogtei in Ludwigsburg zunächst verlassen – wohin die Hegels ihre Briefe noch geschickt hatten – und ist vorübergehend in Jagsthausen zu Josephs Rentamtmann Fest gezogen.

Die Wohnung von Johann Friedrich Fest, der vier Jahre älter als Christiane war, lag damals wie das Berlichingensche Rentamt selbst im ersten Stock des wuchtigen Roten Schlosses. Fest hatte erst ein Jahr zuvor, am 2. Juli 1813, im Alter von 44 Jahren geheiratet, und zwar die dreißigjährige Tochter seines Kollegen im benachbarten Olnhausen. Kinder waren noch keine im Hause, ein Sohn wurde erst zehn Jahre später geboren. Wie lange Christiane probeweise bei Fest gewohnt hat, ob sie dafür ein Kostgeld entrichten musste oder in irgendeiner Form bei ihm angestellt war, ihm eventuell bei Verwaltungs-, Archiv- oder Forschungsarbeiten zur Hand ging, wissen wir nicht. Fest hat sich damals lebhaft um die Ausgrabungen römischer Siedlungsreste in und um Jagsthausen bemüht.[347]

Irgendwann in den folgenden Monaten muss Christiane jedoch zu Friedrich Gräter ins Pfarrhaus gezogen sein. Gräter hatte seine neue Stelle in Jagsthausen am 18. November 1814 angetreten, sein Umzug hatte sich immer wieder verzögert. Anders als ursprünglich geplant brachte er seine kränkliche alte Mutter nicht mit; sie zog zu seiner Schwester. Der unverheiratete Gräter wollte offenbar zunächst *die alte Baumännin ansprechen, dass sie ihn wenigstens über den Winter in die Kost nimmt; dafür pressiert es also gar nicht mit dem Auszug der Pfarrerin*, wie der Patrimonialherr Joseph von Berlichingen seinen Vetter Gottfried von Berlichingen beruhigte, sahen sich die beiden doch in der Verantwortung gegenüber der Witwe des alten Pfarrers. Mit dem Auszug der Witwe Baumann, dessen genaues Datum nicht mehr zu eruieren ist, fehlte Gräter nun ein Haushaltsvorstand. Und so ist Christiane schließlich ins Pfarrhaus eingezogen. Das 1798 neu errichtete stattliche Gebäude, das über sieben heizbare Zimmer und eine Dachkammer verfügte, und der dazugehörige Gemüsegarten wollten gepflegt sein, und Gräter wird in Anbetracht seiner finanziellen Situation nicht in der Lage gewesen sein, alle Arbeiten durch Dienstboten erledigen zu lassen. Seine Mutter war zu krank, sie starb im Mai 1815 im Haushalt der Schwester. Gräters Bedrängnis in Sachen Haushalt spricht aus dem Heiratsgesuch, das er über seinen Vorgesetzten, den Neuenstädter Dekan Märklin, am 22. Oktober 1815 an den württembergischen König richtete. In ihm argumentiert er taktisch klug, aber nicht ganz wahrheitsgetreu folgendermaßen: *Durch den vor einiger*

Zeit erfolgten Tod meiner Mutter sind meine häuslichen Angelegenheiten einer Aufsicht und Leitung beraubt, deren sie um so mehr bedürfen, als ich durch weitläufige und häufige amtliche Geschäfte abgehalten bin, den Details derselben eine fortgesetzte Aufmerksamkeit zu geben.[348]

Am 3. November erhält er *die allerhöchste Genehmigung zur Verehelichung*. Postwendend bittet er daraufhin, von der Proklamationsfrist befreit zu werden, denn *ihm war um seiner häuslichen Verhältnisse willen daran gelegen, seine eheliche Verbindung [...] so bald als möglich vollziehen zu können und deswegen auch des Aufschubs, welchen die Proclamation voraussieht, überhoben zu seyn*, wie Dekan Märklin in seinem Beibericht zu Gräters dringendem *Dispensationsgesuch* am 7. November 1815 schreibt.[349]

In Wirklichkeit war Friedrich Gräter aber nicht durch den Tod seiner Mutter im Mai 1815, sondern durch Christiane Hegels Abreise aus Jagsthausen Mitte Juli 1815 in die Bredouille gekommen. Denn dass sie zuvor im Pfarrhaus gewohnt hat, geht eindeutig aus ihrem späteren Briefwechsel hervor: *Was will ich in Jagsthausen?*, lautet die rhetorische Frage Christianes in ihrem Brief an den Bruder im November 1815, als es um die Frage ging, wo sie in Zukunft ihre Bleibe haben sollte. Und zur Erklärung fügte sie hinzu: *Der Pfarrer heiratet eine mir ganz fremde Frau.* (Als Christiane vier Jahre später wiederum Aalen fluchtartig verlassen wollte, schickte sie ihr Vetter Louis Göriz ins *Pfarrhaus nach Jaxthausen*, arrangierte mit Gräter, dass Christiane *eine Wohnung im Pfarrhaus* bekomme.) Hatte Christiane schon in ihren Jugendjahren Kostgänger im Hause Hegel versorgt, so liegt der Gedanke nahe, dass sie mit dem Jagsthausener Pfarrer ein ähnliches Arrangement gefunden hat: Sie durfte im geräumigen Pfarrhaus wohnen und besorgte dafür *die Aufsicht und Leitung* des Haushaltes. Durch die Eheschließung des Pfarrers am 21. November 1815 mit der 25-jährigen Tochter Charlotte des hochangesehenen Heilbronner Senators und Oberamtsgerichtsassessors Ludwig Titot, die, wie es in den landeskirchlichen Akten heißt, *nicht unvermöglich war*, wurde Christiane Hegel entbehrlich. Gräter wird mit dieser Heirat ohne Zweifel auch den Gedanken verbunden haben, das Vermögen seiner Frau zur Tilgung seiner enormen Schulden einzusetzen, die im Jahr 1818 höher waren als sein jährliches Einkommen. Die Familie Titot hatte jedoch vorgesorgt und sich vor der Eheschließung vertraglich abgesichert, Lotte Gräter konnte sich daher im späteren Verfahren vor dem Appellationsgerichtshof in Tübingen im Jahr 1818 von aller Verbindlichkeit zur Bezahlung der Schulden lossagen.

Wie aus dem *Bericht an den Königl. Appelationsgerichtshof in Tübingen in Betreff des Schuldenwesens des Pfr. M. Gräter in Jagsthausen* hervorgeht, der gemeinschaftlich vom Oberamt Neckarsulm und Dekanat Neuenstadt am 16. Februar 1818 erstellt wurde, war Gräter der Aufforderung nicht nachgekommen, das von ihm verlangte vollständige Verzeichnis seiner Schulden am 21. Dezember 1817 dem Dekanat vorzulegen – möglicherweise war er dazu gar nicht mehr in der Lage. Interessant an diesem Bericht ist nun aber, dass auch Rentamtmann Fest – so heißt es dort ausdrücklich – die Überwachung der Schuldenzahlung und die Einbehaltung eines Drittels der freiherrlichen Pfarrbesoldung zur Befriedigung der Gläubiger nicht so genau genommen hatte, sodass diese Aufgabe nun dem Amtmann Österlen in Neuenstadt übertragen werden sollte.[350] Abgesehen von dem rein spekulativen Gedanken, dass sich auch Christiane Hegel einmal mit Dekan Märklin in Neuenstadt, einem ihrer alten Stuttgarter Jugendbekannten, über Gräters Situation und Rentamtmann Fests Nachlässigkeit ausgetauscht haben könnte,[351] bleibt festzuhalten: Christianes *Tadel des Pf(arrers) von Jaxthausen* und ihr *lautes Missvergnügen mit dem Amtmann Fest* können ganz handfeste Gründe gehabt haben. Auch wenn sich bisher nicht nachweisen ließ, ob und, wenn ja, mit wie vielen Gulden Christiane Hegel Pfarrer Gräter ausgeholfen hat – in ihrem *Verzeichniß meiner Einnahmen* findet sich dazu natürlich kein Eintrag – liegt der Verdacht nahe, dass sie Gräter Geld geliehen hat und dass dieser sie immer wieder, etwa mit der ausstehenden Erbschaft vertröstete. Rentamtmann Fest wiederum wird sich nicht konsequent genug für Christianes Ansprüche eingesetzt und aus Gräters Einkommen den Betrag abgezweigt haben, zumal das Rentamt selbst bei Christiane im Zahlungsverzug war. Letzteres zumindest lässt sich anhand ihres Kassenbuches nachweisen: Der Zins für das Darlehen von 500 Gulden über 25 Gulden, der zum 1. Juni 1815 fällig gewesen wäre, wurde Christiane erst am 9. Juli 1815 ausbezahlt. Die ausführlich zitierten Akten zum Fall Gräter zeigen jedenfalls, dass Christiane Hegel keineswegs die einzige war, die ihren Unmut damals lautstark äußerte. Diesen Eindruck vermittelt der mangels anderer Quellen von der Hegelforschung immer wieder zitierte Briefentwurf des Louis Göriz aus dem Jahr 1820. Darin nennt Göriz neben dem Pfarrer und dem Amtmann eine ganze Reihe von Personen, über die sich Christiane angeblich bei ihrer Ankunft in Aalen im November 1815 hysterisch aufgeregt hat, wobei Göriz seiner Cousine in einem Atemzug *nicht blos Schwäche u. Verwirrung des Verstandes*, sondern *auch Bosheit u. Verdorbenheit des Herzens* vorwirft. Dass ihr damit im Falle Gräters und Fests bitter Unrecht getan wurde, scheint offensichtlich.

Wann Christiane von den Heiratsabsichten Gräters erfahren hat, wissen wir nicht. Am 9. Juli 1815 erhielt sie, wie gesagt, vom Jagsthausener Rentamt den seit sechs Wochen fälligen Zins, wenige Tage später verließ sie Jagsthausen in Richtung Nürnberg.

Christianes Dienstherr Joseph von Berlichingen ist am 26. März 1818 mit seiner Familie von Ludwigsburg wieder auf seinen Landsitz nach Jagsthausen gezogen, wie das Ludwigsburger Kirchenregister auf den Tag genau notiert.[352] Die Landvogteien wurden aufgelöst, und Berlichingen wollte kein weiteres Amt von König Wilhelm, etwa in einem Ministerium, annehmen – er war mittlerweile 59 Jahre alt. Sein Vetter Gottfried von Berlichingen starb am 8. Mai 1818 – damit erlosch die Rote-Schloss-Linie, die Stammgüter fielen Joseph zu. Nun konnte er seinen wissenschaftlichen Neigungen endlich mehr Zeit widmen, sich um die Ordnung des Familienarchivs kümmern, lesen und übersetzen.

Zwei Jahre später stand Christiane Hegel wieder vor seiner Haustür.

Letztes Wiedersehen mit dem Bruder in Nürnberg (1815)

Meinem Bruder geht es recht gut hier, er hat eine äusserst liebenswürdige, vorzügliche Frau und gesunde Kinder.

Christiane Hegel an Wilhelm Christian Neuffer, Nürnberg, 25. Oktober 1815

Über 16 Jahre seit dem Tod des Vaters und dem Verkauf des Stuttgarter Elternhauses im Frühjahr 1799 hatten sich Christiane und Wilhelm Hegel, wie es aussieht, nicht mehr gesehen. Knapp vier Monate verbrachte Hegels Schwester im Jahr 1815 bei ihrem Bruder in Nürnberg, das seit 1806 zum Königreich Bayern gehörte. Als sie wieder abreiste, war es ein Abschied für immer. Denn auch in den folgenden 16 Jahren, die Hegel noch an Lebenszeit blieben, sahen sich die Geschwister nicht mehr wieder, obwohl es dazu die eine oder andere Möglichkeit gegeben hätte.

Dies hat dazu geführt, in Christianes Nürnberger Aufenthalt den Dreh- und Angelpunkt in der Beziehung der Geschwister zu sehen, zumal Hegel in der Zwischenzeit geheiratet hatte. Als schwere Hypothek für die Beurteilung des Nürnberger Intermezzos hat sich indessen auch entpuppt, was Karl Rosenkranz zu Christianes Besuch in Nürnberg notiert hat: Christianes *tiefer Schmerz an ihrem Leben,* der seit dem Tod ihres abgewiesenen Verehrers an ihr *nagte* und der sich *bald in manchen Aufgeregtheiten und Wunderlichkeiten geäußert habe, sei zuerst in Nürnberg 1815 entschiedener ausgebrochen.* Mehr erfahren wir von Rosenkranz nicht – auch nicht, auf welche Quellen er sich dabei stützte. Da uns so gut wie keine direkten Zeugnisse aus dieser kurzen Zeit des Nürnberger Zusammenlebens der Geschwister vorliegen, waren und sind Spekulationen Tür und Tor geöffnet – wie etwa der Theorie vom Geschwisterkomplex, der Hegels Schwester in den Wahnsinn und schließlich nach Hegels Tod in den Selbstmord getrieben habe.

Mitte Juli 1815, das ist gesichert, brach Christiane Hegel von Jagsthausen nach Nürnberg auf, wo ihr Bruder in der Zwischenzeit zusammen mit seiner jungen Frau Marie und den beiden kleinen Söhnen Karl und Immanuel lebte. Hegel kam seiner Schwester auf ihrer Reise gut vierzig Kilometer entgegen – am 18. Juli 1815 wollten sich die beiden Geschwister in Ansbach treffen, wie Hegel seinem Freund und Vorgesetzten Niethammer am 17. Juli mitteilte: *ich [mache] morgen eine Reise nach Ansbach. Meine Schwester will mich hier besuchen, und diese will ich von da abholen.* Welche der beiden Reiserouten Christiane genommen hat, die ihr der Bruder schon im Vorjahr vorgeschlagen hatte, wissen wir nicht. In Anbetracht ihres Gesundheitszustandes hatte Hegel seiner Schwester damals, am 9. April 1814, geraten: *... mit dem Postwagen, der Tag und Nacht geht, wird es nicht angehen; bist Du noch förmlich krank, so geht es überhaupt noch nicht an. Der Weg zu uns geht über Aalen; da kannst Du vielleicht einen ersten Ausruhepunkt bei Vetter Göriz machen; von da gibt es eine Gelegenheit nach Ansbach. Vielleicht findest (Du) aber Gesellschaft für den ganzen Weg bis hieher.* Im Herbst 1814 hingegen, als Christianes Kommen anlässlich Maries bevorstehender Niederkunft erneut in Erwägung gezogen wurde, hatte Hegel seiner Schwester die Route über Mergentheim und Rothenburg nach Ansbach vorgeschlagen.

Als sich Christiane im Juli 1815 endlich auf den Weg nach Nürnberg machte, sprach Hegel seinem Freund Niethammer gegenüber wohlgemerkt von einem *Besuch*. Das ist wichtig, denn im April 1814 hatte Hegel seiner Schwester großzügig angeboten, auf immer zu ihnen zu ziehen: *Einstweilen also sieh mein Haus als den Zufluchtsort an, der Dir offen steht und Dich zu jeder Zeit aufzunehmen bereit ist. Kannst und willst Du noch länger in Deiner jetzigen Lage bleiben, so tust Du es aus freier Wahl und kannst sie jeden Augenblick abbrechen und Dich davon zurückziehen. Ich sehe mit inniger Befriedigung dem Zeitpunkte entgegen, wo ich Dir für das viele, was Du mir von jeher getan hast, etwas vergelten kann und Du bei mir Ruhe und Zufriedenheit finden wirst.*

Hegel hatte sich damals auch schon ganz konkret Gedanken über Christianes Aufenthalt gemacht: *... ein eigenes Zimmerchen können wir Dir in einer Art von Mansardstübchen (das natürlich heizbar ist) einräumen.*

Christianes Bruder wohnte mit seiner kleinen Familie im *Gymnasialgebäude zu Nürnberg*[353]. Seit Ende 1808 war er Gymnasialprofessor und

6 Der Nürnberger Egidienplatz um 1820. Rechts das Egidien-Gymnasium,
in dem die Familie Hegel auch wohnte

Rektor des Nürnberger Gymnasiums, das im heutigen Haus Nr. 10 am Egidienplatz unmittelbar neben der Egidienkirche untergebracht war. Die Amtswohnung lag über den Klassenräumen.[354] Das Gebäude steht auch heute noch, doch ist das Egidien-Gymnasium, das inzwischen nach seinem berühmten Mitbegründer Melanchthon-Gymnasium genannt wird, mehrfach umgezogen. Diese Anstellung hatte Hegel vor allem seinem Freund, dem Oberschulrat Immanuel Niethammer zu verdanken, der maßgeblich an der Schulreform Bayerns beteiligt war und der sich auch für den verstärkten Philosophieunterricht an den Gymnasien eingesetzt hatte. Zu Hegels Aufgabenbereich gehörte neben dem Schulunterricht auch die Neuorganisation des Gymnasiums, das 1808 im Zuge der Eingliederung der freien Reichsstadt Nürnberg in das Königreich Bayern verstaatlicht worden war und um einige Unterklassen erweitert werden sollte. Der baulich miserable Zustand der Schulgebäude – Hegel monierte beispielsweise monatelang das Fehlen von *Abtritten* –, das Fehlen eines Pedells und eines Schreibgehilfen, die oft über Monate verzögerte Ausbezahlung der Gehälter, fehlendes Unterrichts- und Schreibmaterial und vieles mehr haben Hegel am Anfang das Leben wahrlich nicht leicht gemacht: Das Geld fehlte an allen Ecken und Enden. Am liebsten hätte Hegel den Rektoratsposten gleich wieder aufgegeben, da er mit nur hundert Gulden zusätzlich zum Lehrergehalt von neunhundert Gulden schlecht bezahlt war und anfänglich gar noch mit dem Recht auf freie Wohnung vergütet werden sollte. Hegels finanzielle Situation verbesserte sich, als er im Dezember 1813 zusätzlich zum Lokalschulrat ernannt wurde, was ihm jährlich weitere dreihundert Gulden einbrachte. Neben dem Schulunterricht in Philosophie und Religionslehre, den er angeblich mit viel Hingabe, aber auf hohem Niveau absolvierte, schrieb Hegel damals an seinem eigentlichen Hauptwerk, der »Wissenschaft der Logik«, dessen drei Teile 1812, 1813 und schließlich 1816 erschienen.

Hegel wird also kaum Zeit gefunden haben, sich um seine Schwester zu kümmern, noch dazu in seiner neuen, ungewohnten Familiensituation. Knapp vier Jahre war der nunmehr 45-Jährige erst verheiratet, drei Geburten hatte seine junge Frau Marie schon hinter sich: am 15. September 1811 hatte Hegel die über zwanzig Jahre jüngere Nürnberger

Liebe Leserin, lieber Leser,

gerne informieren wir Sie über unsere neuen Bücher. Schicken Sie einfach diese Karte zurück.

Wenn Sie möchten, beantworten Sie doch bitte unsere Fragen auf der Rückseite. Damit tragen Sie dazu bei, daß Sie zukünftig Bücher bei uns finden, die genau SIE interessieren.

Wir revanchieren uns für Ihre Mühe: Unter allen Einsendern verlosen wir monatlich 5 Bücher Ihrer Wahl.

VORNAME NAME

STRASSE HAUSNUMMER

PLZ ORT

E MAIL

Bei Angabe Ihrer Adresse erhalten Sie rund 7 mal jährlich unseren Newsletter, der Sie über neue Thorbecke-Bücher informiert.

ANTWORT

JAN THORBECKE VERLAG

Senefelderstraße 12
D-73760 Ostfildern

Ihre Meinung ist uns wichtig!

Diese Karte lag in dem Buch:

....

Ihre Meinung zu diesem Titel

....
....
....
....
....

Wie sind Sie auf diesen Titel gestoßen?

- ○ Buchbesprechung in: ....
- ○ Werbung / Anzeige in: ....
- ○ Verlagsprospekt
- ○ Entdeckung in der Buchhandlung
- ○ Internet
- ○ Empfehlung

Kannten Sie Thorbecke bereits?

○ ja   ○ nein

Für welche Themen interessieren Sie sich?

- ○ Kräuter und Garten
- ○ Essen und Trinken
- ○ Lebensart und Nostalgie
- ○ Geschenkbücher
- ○ Kalender

- ○ Vor- und Frühgeschichte
- ○ Antike
- ○ Mittelalter
- ○ Neuzeit
- ○ Kulturgeschichte
- ○ Geschichtswissenschaften

- ○ Baden-Württemberg
- ○ Kulturraum Bodensee

Einen Überblick des gesamten Thorbecke-Programms finden Sie unter www.thorbecke.de

Fordern Sie gerne unseren Novitäten-Katalog an:
per Mail: info@thorbecke.de | Telefon: +49.711.4406-194
oder Fax: +49.711.4406-199

Patriziertochter Marie von Tucher geheiratet. Ihre Eltern stammten aus angesehenen Nürnberger Familien. Der Vater war der Senator Jobst Wilhelm Karl Tucher von Simmelsdorf, die Mutter Susanne eine geborene Haller von Hallerstein. Letzteres ist für uns wichtig, da Susanne von Tuchers Bruder Rudolph Haller von Hallerstein in Stuttgart lebte und seine Frau Wilhelmine[355], die im Familienkreis kurz Mine genannt wurde, sich später in Stuttgart immer wieder um Christiane Hegel kümmerte und an die Verwandten nach Nürnberg berichtete.

Wann und wie sich Hegel und Marie von Tucher kennen gelernt hatten, wissen wir nicht. Hegels junge Frau hat nach einer Tochter, die bereits nach wenigen Wochen im August 1812 gestorben war, im Abstand von 15 Monaten zwei Söhne zur Welt gebracht: im Juni 1813 Karl, im September 1814 Immanuel, das Patenkind Christiane Hegels und Niethammers. Christiane hat offensichtlich regen Anteil an dem jungen Familienglück der Hegels genommen, wie aus dem unveröffentlichten Teil eines Brieffragmentes von Marie an Christiane vom April 1814 hervorgeht, das unvermittelt mit den Worten einsetzt: *... wenn man so viel von seinen Kindern schwatzt, aber dir Liebe muß ich von ihnen erzählen weil du mich dazu aufforderst u weil ich weiß daß du mit uns durch unsere Elternfreude glücklich bist.*

Die beiden Kinder waren bei Christianes Ankunft in Nürnberg im Juli 1815 gerade einmal zwei Jahre bzw. zehn Monate alt. Für eine Frau, die ein Jahr zuvor ihre Stellung als Gouvernante aufgegeben hatte, weil sie der *Ruhe und Pflegung* bedurfte, waren dies nicht gerade optimale Bedingungen. Zwar hatte Hegel seiner Schwester genau das, nämlich *Ruhe und Zufriedenheit* versprochen, ohne Zweifel aber auch nicht ganz uneigennützig gehofft, dass sie seiner Frau helfen könnte: Drei Schwangerschaften in drei Jahren und weitere Fehlgeburten hatten der jungen Frau zugesetzt. Nur zu gern hätte Hegel seine Schwester ja auch schon 1814 als Hilfe im Haus gehabt. Damals räumte er jedoch schon ein, dass es dafür einer stabilen Gesundheit bedürfe: *meine Frau steht im Begriffe, in vierzehn Tagen, 3 Wochen oder 4, oder auch morgen in die Wochen zu kommen*, hatte er am 8. September 1814 an Christiane geschrieben: *... es würde uns eine große Gefälligkeit und Beruhigung sein, wenn Du in dieser Zeit bei uns wärst und das Hauswesen beaufsichtigtest; Du müßtest nur in Ansehung Deiner Gesundheit da-*

bei Dich erstarkt fühlen; sonst würdest Du Dich bei der Masse und großem Haushalt, den eine Wöchnerin, ein kleines Kind und ein Bube, der noch nicht allein gehen kann, es aber jetzt lernt, erfordert, würdest Du Dich nicht wohl bei uns befinden.

Fast könnte man meinen, Hegel schriebe sich hier das eigene Erstaunen über die veränderte Lebenssituation von der Seele, Christiane wird diese gut gemeinten Hinweise nicht nötig gehabt haben, nachdem sie fünf kleine Kinder im Hause Berlichingen aufgezogen hatte.

Christiane ist Hegels *Einladung und Bitte*, seiner Frau zur Seite zu stehen, im Herbst 1814 dann doch nicht gefolgt – warum, wissen wir nicht. Sie antwortete wohl auch nicht sofort auf Hegels nächsten Brief, in dem er sie fragte, ob sie zusammen mit Niethammer die Patenschaft für den am 24. September 1814 geborenen zweiten Sohn übernehmen wolle, dessen Taufe am 16. Oktober im Hause Hegel stattfinden sollte: *Dein Mitgevatter Niethammer hat früher etwas von sich hören lassen als Du und dabei mir aufgetragen, Dich herzlich zu grüßen, wenn Du Dich anders noch seiner erinnerst [...]. Meine Frau und die beiden Jungen befinden sich ganz wohl; nur daß erstere diesmal etwas länger Zeit brauchte, sich zu erholen. Ich hoffe, daß das Ausbleiben Deiner Antwort mehr in einem Zufall, dem Verlorengegangensein eines Briefs, seinen Grund hat als in einem Uebelbefinden*, schrieb Hegel im Oktober 1814[356] nach Jagsthausen, wobei seine Schriftzüge große Eile verraten.

Dann erfahren wir über ein Jahr lang nichts mehr – sieht man einmal von der kurzen Ankündigung des Besuches der Schwester in Hegels Brief an Niethammer vom 17. Juli 1815 ab. Der überlieferte Briefwechsel der Geschwister setzt erst wieder ein, als Christiane Nürnberg wieder verlassen hat. Es bleibt also offen, von wem die Initiative zu ihrem Aufenthalt in Nürnberg im Sommer 1815 ausgegangen ist. Offen bleibt auch, ob Hegels Schwester im Sommer 1815 einen Zufluchtsort *auf immer* gesucht hat oder ob sie nur einen Besuch machen wollte, etwa um Hegels Frau und die beiden Kinder des Bruders endlich kennen zu lernen oder um der jungen Familie ein wenig zu helfen. Marie war während Christianes Nürnberger Aufenthalt erneut schwanger, Mitte Dezember 1815 erlitt sie jedoch wieder eine Fehlgeburt.[357] Auch dieser bislang nicht beachtete Aspekt könnte eine Rolle gespielt und Christiane in ihrem Entschluss, Nürnberg bald wieder den Rücken zu kehren, bestärkt haben.

Zu Christianes Abreise aus Nürnberg liegen einige wenige schriftliche Zeugnisse vor. Es muss daher nicht verwundern, wenn sich die Hegelforschung im Zusammenhang mit ihrem viermonatigen Aufenthalt in Nürnberg bisher fast ausschließlich auf das Ende des Besuchs konzentriert hat. Noch dazu, da sich die Geschwister danach nie mehr wiedersahen. Einzig bemerkenswert an Christianes Nürnberger Zwischenspiel scheint demnach, darin ist man sich weitgehend einig, das »bestürzend abgeschlossene«[358] Ende des Besuchs und »der Ausbruch einer krankhaften Eifersucht auf die Schwägerin«[359].

Worauf stützt sich diese Annahme? Auf welche Quellen können wir zurückgreifen? Da ist zum einen Christianes Brief an den Bruder, der nur im Entwurf erhalten ist und auf dem Marie später vermerkte – was übrigens wiederum ein Beweis dafür ist, dass Papiere aus Christianes Hinterlassenschaft in den Händen von Hegels Witwe gelandet sind: *Concept eines Briefes den uns Christiane nach ihrer Abreise v. Nürnberg nach Aalen geschrieben. Sie hatte uns Gemüthskrank verlassen.*[360]

Der andere Beleg datiert aus späterer Zeit und ist noch dazu von dem Mann verfasst, der ein Interesse daran hatte, Christiane als »verrückt« abzustempeln: Vetter Louis Göriz. Er erinnerte seine Cousine im Sommer 1820, als es darum ging, ihre Einweisung in die »Staatsirrenanstalt Zwiefalten« zu rechtfertigen, an den katastrophalen Zustand, in dem sie 1815 aus Nürnberg kommend bei ihm eingetroffen sei. Auch dieser Brief ist erstaunlicherweise nicht im Original, sondern nur als Entwurf erhalten: *So schwach ist doch Dein Verstand nicht, daß Du vergessen haben könntest, wie Du vor mehr als 4. Jahren hirhergebracht und von mir freundlich empfangen wurdest, wie Du entzweyt mit Dir selbst Tage lang laut jammernd und schreyend auf unserm Sopha lagst, wie ein tiefer Haß gegen Deine Schwägerin – eine hohe Unzufriedenheit mit Deinem Bruder, lautes Mißvergnügen mit dem Amtmann Fest, Tadel des Pf(arrers) von Jaxthausen – Unmuth über die Frau Gräfin von Berlichingen der fortdauernde Gegenstand (darüber: Inhalt) Deiner Gespräche war, und wie Du aufgemuntert von uns Dich endlich wieder faßtest ...* Wir kennen das schon und wissen, dass Christiane Hegels Vorwürfe gegen den Jagsthausener Rentamtmann wie auch den dortigen Pfarrer nicht ganz unbegründet waren.

Christianes eigene Sicht der Dinge stellt sich indessen etwas anders dar. Der Brief, mit dem sie sich bei ihrem Bruder nicht allzu lang nach ihrer Ankunft in Aalen meldete und in dem sie auf die gemeinsamen Nürnberger Wochen zurückblickt, lautet (wohlgemerkt im Entwurf, das Original des Briefes, das Hegel wirklich bekommen hat, ist – sei es Zufall oder Absicht – nicht erhalten, der Entwurf ist daher auch nicht unterschrieben):

Lieber Wilhelm, Gottlieb, dem ich für seine Begleitung noch einmal bestens danke, wird Euch gesagt haben, daß ich meine Reise gut gemacht und glücklich vollendet habe.

Für alle mir erwiesene Liebe und alles Gute, das mir bei Euch zuteil wurde, danke ich herzlich; ich habe Eure Hausordnung gestört, das ist mir sehr leid, nicht Euern Hausfrieden, dies beruhigt mich. Mein Zustand in den letzten Tagen meines Aufenthaltes ging besonders Dir zu Herzen, dafür danke ich Dir am ganzen Herzen.

Ich war erst willens, nur den Winter hier zuzubringen, dann eine Reise über Schorndorf, Kirchheim, Pfullingen, Stuttgart und Ludwigsburg nach Jaxthausen zu machen und, im Falle es mir hier gefiele, mit meinen Sachen hieher zu ziehen oder im umgekehrten, im letzten Orte zu bleiben. Allein ich fühle, einmal daß größere Zerstreuungen mir nicht taugen, und zum andernmal, was will ich in Jaxthausen? Der Pfarrer heiratet eine mir ganz fremde Frau. Ich bin nun entschlossen, mich dahier häuslich niederzulassen. [...] Somit bin ich im Vaterlande bei meinen von Jugend auf gewohnten Sitten und Gebräuchen. Aalen ist im Ganzen nicht mehr als ein großes Dorf, und (ich) kann dahier ruhig und ohne Zwang leben.

Mit meinen zurückgelassenen Sachen hat es keine besondere Eile, und wäre mir lieb, wenn Marie so gut wäre, sie mir mit etwaiger Gelegenheit zu schicken, samt den Handschuhen nach Jaxthausen, um die Frau Aebtissin nicht damit zu beschweren. Von hier aus habe ich über Hall manchmal Gelegenheit nach Jaxthausen.

Inliegenden Brief bitte ich Dich zu besorgen. Lebt wohl, Gott erhalte Euch alle gesund, dies ist der herzliche Wunsch

Eurer

Euch liebenden

Warum Christiane erst einen Entwurf geschrieben hat – auf der Rückseite sind Mathematikaufgaben eines Aalener Schülers –, ob sie den endgültigen Brief so oder anders formuliert hat, ja ob sie ihn überhaupt abgeschickt hat, ist unbekannt. Doch wird man den Eindruck nicht los, daß

Christiane von einem schlechten Gewissen geplagt worden ist und das Gefühl gehabt hat, sich mehrmals bedanken und etwas wieder gutmachen zu müssen.

In Begleitung von Maries jüngerem Bruder Gottlieb von Tucher, der damals noch Hegels Nürnberger Gymnasium besuchte, hat Christiane demnach ihre Rückreise nach Württemberg angetreten. Ihr Zustand war nicht so schlecht, dies zeigt ihr zitiertes Schreiben an den Bruder aus Aalen, dass sie nicht klar die Alternativen ihrer zukünftigen Lebensplanung vor Augen hatte und sich für eine plausibel begründete Option entscheiden konnte. Ungewöhnlich für einen Zustand, den Marie Hegel Jahre später als *gemüthskrank* bezeichnete, ist auch, dass Christiane klare Anordnungen zur Regelung ihrer Angelegenheiten traf. Wer depressiv oder gar geistig verwirrt ist, macht sich keine Gedanken darüber, ob er anderen – in diesem Falle der Äbtissin des Freiherrlich von Huttenschen Fräuleinstiftes zu Nürnberg, Marianne Freifrau Rüdt von Collenberg, einer geborenen von Berlichingen und Cousine Joseph von Berlichingens – Umstände macht.[361] Christianes Wortwahl in ihrem Briefentwurf an den Bruder lässt vielmehr vermuten, dass vor allem ihr körperlicher Zustand desaströs war. Die weit verbreitete Annahme, es habe sich um einen »bestürzend abgeschlossenen Besuch« gehandelt, gründet wohl einzig auf Christianes Bemerkung über ihre *zurückgelassenen Sachen*.

Dass die Welt bis in den späten Oktober hinein noch in Ordnung, das Verhältnis zu Bruder und Schwägerin nicht zerrüttet und Christiane nicht geisteskrank war, diesen Eindruck vermittelt auch ein bisher völlig unbekannter Brief der Christiane Hegel, der rein zufällig in einem ganz anderen Zusammenhang zutage kam. Es handelt sich um einen dreiseitigen Brief, den sie am 25. Oktober 1815 noch aus Nürnberg an Wilhelm Christian Neuffer, einen Studienfreund Hegels, geschrieben hat. Dieser hatte sie um Hilfe gebeten wegen eines Stipendiums für seinen am Evangelisch-theologischen Seminar in Schöntal studierenden 16-jährigen Neffen. Dieser Wilhelm Christian Neuffer, der sich im Oktober 1815 hilfesuchend an Christiane Hegel wandte, war einer der engsten Freunde Tafingers, der seinerzeit in Stuttgart das »Lehrinstitut für junge Frauenzimmer« gegründet hatte. Neuffer war seit 1807 als Pfarrer in der Gemeinde Horrheim bei Vaihingen an der Enz tätig. Der Brief hat sich im

Landeskirchlichen Archiv in Stuttgart erhalten und kam bei der Suche nach Unterlagen zum Aalener Dekan Göriz ans Licht. Er ist in den Akten des Dekanatamtes Aalen jedoch nicht deshalb überliefert, weil Hegels Schwester mehrere Jahre im Umfeld von Göriz gelebt hat, sondern weil der Sohn des Briefadressaten Jahre später seinerseits Dekan in Aalen geworden ist. Das Schriftbild des Briefes ist klar, der Stil geschliffen. Im persönlichen Schlussteil des Briefes, der für unseren Zusammenhang wichtig ist, schreibt Christiane: *Äußerst leid thut mir, daß ich nimmer das Vergnügen hatte Sie in Schönthal zu sehen, ich hatte mich so sehr auf Sie gefreut; doch gebe ich die Hoffnung nicht auf Sie künftigen Sommer in Horrheim zu besuchen, wozu sowohl Sie, als Ihre Frau mir die Erlaubnis gegeben haben. Meinem Bruder geht es recht gut hier, er hat eine äusserst liebenswürdige, vorzügliche Frau und gesunde Kinder, er freute sich sehr Ihres Bedenkens, indem er Sie vorzüglich achtet und liebt, er gab mir viele herzliche Grüße an Sie auf. Ihnen und Ihrer Frau empfehle ich mich gehorsam Ihre Sie hochschätzende Freundin Christiane Hegel.*

Warum sollte Christiane in diesem Brief ihre Schwägerin in den höchsten Tönen loben, wenn sie es nicht so empfand? Sie hätte Marie auch mit anderen, weniger überschwänglichen Worten erwähnen können. Und ist der kleine Hinweis auf den erhofften Besuch in Horrheim im kommenden Sommer ein Indiz dafür, dass Christiane auf jeden Fall wieder nach Jagsthausen zurückkehren wollte?

Ein weiterer Brief, diesmal aus der Hand von Maries Mutter, erhellt die Situation unmittelbar vor Christianes Abreise, die demnach frühestens am 1. November erfolgte, noch etwas besser. Susanne von Tucher berichtet darin ihrem Sohn Sigmund am 31. Oktober nach München: *Der junge Niedhammer ist hier angekomen. [...] Bei Mari ist er übrigens in einen fatalen Augenblick gekomen, das heißt, Sie kann ihn nicht so genießen wie Sie gerne mögte, weil ihre Schwägern [!] nicht wohl ist, u eine so große Sehnsucht nach ihrem Vaterlande hat, daß der heutige Tag schon bestimt war zu ihrer Abreiße, wo sie Gottlieb begleiten sollte, heute Morgen fühlte sie sich aber so kraftlos, daß sie erklärte sie wolle nicht fort. Du kannst denken, daß dadurch Mari nicht auf die angenehmste Art angehalten ist, ihren lieben Gast zu unterhalten. Inzwischen freut sich Gottlieb daß er heute noch hier bleiben kann.*[362]

Und noch zwei weitere, wenn auch winzige Puzzleteile, die sich im Nachlass Hegels befinden, bisher jedoch nicht im Wortlaut veröffentlicht³⁶³ und beachtet wurden, werfen ein wenig Licht auf Christianes Nürnberger Aufenthalt. Es sind zwei Kinderbriefe, geschrieben von Hegels Söhnen Karl und Immanuel im Sommer 1821 an Christiane kurz nach ihrer Entlassung aus der »Staatsirrenanstalt Zwiefalten«. Offenbar waren die Kinder von den Eltern – man kennt das – angehalten worden, jeweils einen Brief zu verfassen, der dem der Eltern beigelegt wurde. Die Hegels waren mittlerweile in Berlin zu Hause.

Der nunmehr achtjährige Karl löste die schwierige Aufgabe, an eine ihm weitgehend Unbekannte schreiben zu müssen, galant:

Liebe Tante Christiane!
Ich weiß noch wie du bei uns warst in Nürnberg, daß du 1ne Treppe höher als wir gewohnt hast, und daß du mir da aus einem Wandschrank Bonbon gegeben hast, die mir recht gut geschmeckt haben. Sonst weiß ich mir nichts mehr zu erinnern, weil seitdem schon 5 bis 6 Jahren vergangen sind. Die Mutter hat mir von dir erzählt, daß du krank warst, das du aber jetzt wieder gesund bist[,] bleibe nur immer gesund und reise mal zu uns hieher es ist recht schön in Berlin. [...] In Stuttgart, wo du und der Vater geboren bist, da ist es auch recht schön. Von Heidelberg bin ich mit den Eltern vor 3 Jahren hingereißt. Lebewohl liebe Tante u. behalte lieb Deinen Karl Hegel.

Der jüngere Immanuel musste hingegen zugeben:

Liebe Tante Christiane! Ich weiß mir nicht mehr zu erinnern das du bei uns in Nürnberg warst, weil ich noch klein war und noch nicht sprechen konnte, aber die Mutter hat mir gesagt, das du mich lieb gehabt hast und daß du eine gute Tante von mir bist. Da will ich einen Brief an dich schreiben das du siehst das ich größer gewachsen bin und das ich kein so kleines Kind mehr bin das noch nicht sprechen kann. Ich bin 6½ Jahr alt und gehe seit 1½ Jahr mit Karl in die Schule [...] Der Onkel Gottlieb ist jetzt hier; ich soll dich grüßen. Lebe wohl liebe Tante Christiane.
Dein Imanuel.

Christiane bewohnte also in Nürnberg offensichtlich das Mansardenstübchen, das ihr der Bruder angeboten hatte und das eine Treppe über der Amtswohnung der Hegels lag. Auch *Gottlieb* taucht in diesem Brief wieder auf, Maries jüngerer Bruder, der Christiane auf ihrer Rückreise begleitet hatte. Rührend aber wirkt fast, wie sehr die Kinder bemüht waren, zum Ausdruck zu bringen, dass Christiane nach Aussage der Mutter *eine gute Tante* sei.

Sicherlich haben die Geschwister in Nürnberg auch über Hegels berufliche Zukunft gesprochen. Dieser spielte mit dem Gedanken, eine andere Stelle zu suchen und wieder an eine Universität zu gehen. Gut denkbar, dass Christiane, die in Nürnberg zunehmend unter Heimweh litt, ihren Bruder bewegen wollte, nach Württemberg zurückzukehren. Ganz ausgeschlossen war für ihn diese Möglichkeit offenbar nicht: Hegel hat sich drei Jahre später, Karls Kinderbrief streift dies, in Stuttgart aufgehalten, auch, um Sondierungsgespräche für die Universität Tübingen zu führen. Christiane hat er übrigens bei dieser Gelegenheit nicht im nahen Aalen besucht, ihr auch erst im Nachhinein von der Reise erzählt, was ihm bittere Vorwürfe der Schwester eintrug.

Wie weit sich Hegel zwischenzeitlich – nach immerhin über 16 Jahren – auch innerlich von seiner Heimat entfernt hatte, wird Christiane in Nürnberg erst richtig bewusst geworden sein. Vor allem dann, wenn sie mit ihm über die aktuelle württembergische Tagespolitik sprach. Das hat sie sicher getan, denn zeitlich gesehen fällt Christiane Hegels Reise zum Bruder nach Nürnberg mit der Eskalation des württembergischen Verfassungskampfes im Jahr 1815 zusammen. Hegels Schwester hatte, wie Rosenkranz bezeugt, *eine lebendige Theilnahme für die Württemberger Kammerverhandlungen* gehabt – im Übrigen bei ihm der einzige Hinweis auf ein politisches Interesse Christianes und daher umso bemerkenswerter.

Gemeint sind damit die Verhandlungen in der Versammlung der Landstände des Königreichs Württemberg, die am 15. März 1815 von König Friedrich eröffnet worden waren. Die Versammlung sollte die vom König vorgeschlagene Verfassung für den neuen Gesamtstaat Württemberg verabschieden.

Christianes langjähriger Dienstherr Joseph Freiherr von Berlichingen hatte nicht nur Sitz und Stimme in dieser Versammlung der Landstände, er war darüber hinaus auch Mitglied im »Committee zur Leitung der Verfassungs-Unterhandlungen«. Zwei Monate vor der Einberufung der Versammlung war er von König Friedrich – ein geschickter Schachzug des Monarchen – in den erblichen Grafenstand erhoben worden, wovon in der Folge allerdings kein Gebrauch gemacht wurde. Die Verhandlungen der Versammlung der Landstände gestalteten sich indessen schwierig. König und Stände konnten sich nicht auf eine Verfassung einigen. König Friedrich lehnte den Wunsch der Landstände strikt ab, die Verfassung von Altwürttemberg auf Neuwürttemberg zu übertragen, was auch eines der Hauptziele der Mediatisierten war. Am 26. Juli 1815 schloss der König die Verhandlungen. Aus Protest demonstrierte an diesem Tag die Bevölkerung in Stuttgart für die Stände. Die Stimmung heizte sich auf, so sehr, dass sich der Verleger Cotta im Sommer 1815 gar vor dem Ausbruch von Unruhen, ja einer Revolution fürchtete.[364] Genau in dieser spannenden Phase ist Christiane zu ihrem Bruder nach Nürnberg gekommen.

Christianes Bruder hat sich intensiv mit den Verhandlungen in der Württembergischen Ständeversammlung, die im Herbst 1815 auf Druck der Garantiemächte weitergeführt wurden, befasst und schließlich im Jahr 1817, auffallend gut über die Details informiert, anonym dazu Stellung genommen: in seiner sogenannten Zweiten Württemberg-Schrift, die zugleich seine einflussreichste und umfangreichste politische Schrift darstellt. An Polemik fehlte es ihr nicht. Hegel hat im Konflikt zwischen dem württembergischen König und den Landständen »nahezu uneingeschränkt die Partei des Königs«[365] ergriffen, und zwar für den ursprünglichen, nicht revidierten Verfassungsentwurf des Königs, der so sehr umstritten war. Hegels Schrift vorausgegangen war eine heftige Kontroverse mit seinem langjährigen Freund und früheren Nürnberger Vorgesetzten Paulus, dem *Gott unserer Landstände*[366], wie Hegel ihn spöttisch nannte, die schließlich Anfang 1817 zum Bruch führte, was auch zeigt, wie rigoros und unerbittlich Hegel in diesem Fall politisch Stellung bezogen hat – ohne Rücksicht auf persönliche Beziehungen.

Könnte man, so fragt sich, in Hegels Bruch mit Paulus nicht auch ein Paradigma für den Konflikt der Geschwister Hegel in Nürnberg sehen? Hat Christiane in Nürnberg den Anwalt der Landstände und Mediatisierten gespielt, deren Freud und Leid sie jahrelang geteilt hatte? Wir wissen zwar nicht, inwieweit Hegel damals schon im Gespräch mit seiner Schwester artikulierte, was er zwei Jahre später pointiert formulierte, doch die Richtung wird dieselbe gewesen sein. Nahm Christiane Wilhelms abfällige Bemerkungen über die württembergischen Landstände, die ihre Zeit *verschlafen* hätten, und den Vorwurf der *Versumpfung ins Privatinteresse* und der *Privat-Plünderung* des Landes persönlich? Wusste sie als Augenzeugin der Mediatisierungspolitik Friedrichs auch um die praktische Auswirkung von Hegels Staatsrechtslehre, wenn er meinte und dann 1817 formulierte: *Der Übergang von Verwaltung eines Privatbesitzes in Verwaltung von Staatsrechten ist einer der wichtigsten, welcher durch die Zeit eingeleitet worden?*[367]

Liest man das wenige zu Christiane Hegels Nürnberger Aufenthalt im Kontext, das heißt nicht nur mit Blick auf den Bruder und einen möglichen Geschwisterkomplex, so ist die Situation bei weitem nicht so dramatisch, wie sie gerne dargestellt wird. Christiane muss sich daneben benommen, möglicherweise eine Szene gemacht haben. Doch sie schreibt dem Bruder daraufhin sehr rasch und entschuldigt sich in sehr herzlichen Worten. Auch gibt es keinen überzeugenden Anhaltspunkt für Christianes angeblich krankhafte Eifersucht, ja ihren Hass auf die Schwägerin, wie Vetter Göriz meint. Gut denkbar, dass sie ein wenig eifersüchtig auf die Situation der jungen Schwägerin, Ehefrau und Mutter gewesen ist. Aber krankhafte Eifersucht und Hass? Dagegen spricht im Übrigen auch der spätere sehr freundschaftliche Briefwechsel der beiden Frauen, der allerdings nur sehr bruchstückhaft überliefert ist und zudem, sofern er um private Dinge der Frauen kreist, nur ansatzweise veröffentlicht ist.

Machen wir uns die Situation noch einmal deutlich: Ruhe und Erholung, wie vom Bruder angekündigt, konnte ihr die junge Familie mit Sicherheit nicht bieten, im Gegenteil: Helfende Unterstützung im umtriebigen Alltag wird man von ihr erwartet haben. Christianes Bruder wurde ferner erstmals damit konfrontiert, zwei Frauen unter dem eigenen Dach zu haben, die sein Leben entscheidend geprägt hatten. Der Altersunterschied war groß: Christiane hätte fast Maries Mutter sein können. Und Hegels – fast gleichaltrige – Schwiegermutter Susanne von Tucher, die er sehr schätzte und die sich zeitlebens stark in die Belange der jungen Familie einmischte, dürfte die Situation nicht eben erleichtert haben. Hegel hatte seine Schwester lange nicht gesehen – wohl mehr als

16 Jahre. Christiane hatte intensive, erlebnisreiche Jahre hinter sich, war gereift und hatte gelernt, auf eigenen Füßen zu stehen. Sie war schon aus dem Arbeitsleben ausgeschieden, gesundheitlich angeschlagen, ja verbraucht. Hegel dagegen wollte noch etwas erreichen, er kämpfte um seine Karriere, stand erst am Beginn seines Aufstiegs. Und Christiane stand schon wieder daneben, neben einer jungen Ehe und einer deutlich jüngeren Ehefrau, sollte wieder einmal das fünfte Rad am Wagen sein. Mehr als je zuvor musste ihr, gerade in der Familie des Bruders, bewusst werden, dass sie alleinstehend und kinderlos war. Brach auch deshalb die alte Wunde, *der tiefe Schmerz*, die Trauer über die gescheiterte eigene Liebesbeziehung wieder auf, wovon Rosenkranz zu berichten weiß? Und forderte Hegel, der sich so sehr von seinen Landsleuten distanzierte, nicht Christianes Unverständnis, ja ihren Zorn heraus? Er hatte die schwierigen Jahre der Verfolgung und Verschwörung, den Kampf der Landschaft und der Demokraten gegen den absolutistisch regierenden Herzog Friedrich nur von außen miterlebt, als Christiane und ihre Freunde den Kopf hinhielten und Festungshaft riskierten oder erlitten. Und nun wagte er es, ein Urteil zu fällen, die württembergische Verfassungsfrage zwar scharf- und weitblickend, jedoch theoretisch, aus ihrer Perspektive von außen, zu analysieren? Johann Friedrich Cottas Schritt in die aktive Politik Württembergs war, um ein anschauliches Beispiel zu wählen, durch den Verfassungsbruch des württembergischen Herzogs im Juli 1799 ausgelöst worden, als dieser sich eigenmächtig – ohne Mitwirkung der Stände und gegen den Separatfrieden von 1796 – auf die Seite der Koalition gegen Frankreich gestellt hatte: Cotta reiste nach Paris, um den Separatfrieden Württembergs mit Frankreich und das »alte Recht« außenpolitischer Mitsprache der Landschaft zu verteidigen. Als Cotta aus Paris zurückkehrte, war er entsetzt, welche Auswirkung seine Gesandtschaftsreise auf seinen Freundeskreis hatte, klagte in einem Brief an seinen Freund Reinhard am 30. Januar 1800 über die Verhaftung landständischer Mitglieder und Freunde, für die er sich auch verantwortlich fühlte: *Sorgen und Schrecken ist an der Tagesordnung. [...] Wenn man nicht für sich zittert, so zittert man für seine Freunde, u. ich kann mich rühmen, dis letztere bei vielen verursacht zu haben.*[368] Gerade diese emotionale Komponente, die Vernetzung der Akteure und Interessen, hat Christianes Bru-

der ohne Zweifel gefehlt. Empfand Christiane Wilhelms Umdenken als Verrat an den alten Freunden? Und vor allem als Verrat an Gotthold Stäudlin, der sich im Herbst 1796 ertränkt hatte, nachdem die kaiserlichen Truppen unter Erzherzog Karl die Franzosen geschlagen hatten und damit der Sommer der Republikträume Württembergs ausgeträumt war? Hier genau könnte die Schnittstelle liegen für Christianes persönliches Desaster in Nürnberg, für ihren dort *entschiedener* ausgebrochenen Lebensschmerz und ihre Aufgeregtheit, von der Rosenkranz wissen will.

Und auch die Wohnsituation wird eine Rolle gespielt haben. Christiane hatte die Weitläufigkeit der Jagsthausener Schlösser, des Schorndorfer Burgschlosses und der Ludwigsburger Landvogtei gegen ein kleines Mansardenzimmer unterm Dach tauschen müssen. Womit sie sich in Nürnberg geistig auseinandersetzte und beschäftigte, wissen wir nicht. Hegels philosophisches Werk wird ihr fremd, in vielen Punkten auch unverständlich gewesen sein: Nach seinem Tod bittet sie Marie bezeichnenderweise um eine kleine Schrift von ihm, die für sie *verständlich* sei.

Wie stark ihr Kontakt zu Maries Familie, den alteingesessenen Nürnberger Patrizierfamilien von Tucher und Haller von Hallerstein, war, ist nicht bekannt. Doch litt sie zunehmend an Heimweh. Das stimmte sie depressiv, schwächte sie – so sehr, dass ihre Abreise verschoben werden musste. Von einem fluchtartigen Verlassen Nürnbergs kann also nicht die Rede sein.[369]

In Nürnberg mag Christiane allerdings klar geworden sein, dass die äußere Distanz zum Bruder im Laufe der Zeit auch zu einer gewissen inneren Distanz geführt hatte. Die Geschwister hatten sich auseinandergelebt.

Beide, Bruder und Schwester, haben in den nächsten vier Jahren ihre Korrespondenz miteinander »schleifen« lassen, sich nur hier und da geschrieben. Man nahm oberflächlich aneinander Anteil, tauschte höchstens einmal im Jahr die wichtigsten Informationen über Orts- und Berufswechsel aus. Aus der Zeit bis zu Christianes Einweisung in die württembergische »Staatsirrenanstalt Zwiefalten« im Frühjahr 1820 liegen nur drei Briefe Hegels an die Schwester vor; Christianes Gegenbriefe, die genauso spärlich flossen, sind uns nicht erhalten, auf ihre

Existenz und ihren Inhalt ist nur durch Hegels Antwortbriefe zu schließen. Für Christiane sollte diese Kontaktarmut gut vier Jahre später gravierende Folgen haben. Für Hegel nicht weniger: Er hatte ein maßlos schlechtes Gewissen, als er erfuhr, wie schlecht es seiner Schwester ging. Selbst nicht im Bilde, war er auf die Information anderer angewiesen und musste doch wichtige Entscheidungen treffen. Nun erst wurde es kompliziert. Will man schon von einem Komplex in der Beziehung der Geschwister Hegel sprechen, so gibt es weit mehr Anlass, von einem Schuldkomplex Hegels zu sprechen. Er verließ sich im entscheidenden Moment auf den Falschen – das hat die Beziehung zu seiner Schwester dramatisch verschlechtert, in den späteren Jahren, nach Christianes Entlassung, aber auch zu einer auffälligen Fürsorglichkeit Hegels und seiner Frau Marie geführt.

Intermezzo in Aalen:
Bei Vetter Göriz (1815–20)

Die Bemühungen ... der Jungfer Christiane Hegel, welche sich seit einigen Jahren hier aufhält, verdienen einige Aufmerksamkeit.

Dekan Göriz: Wünsche des ArmenVereins zu Aalen. 1817

Als Christiane im November 1815 Nürnberg den Rücken kehrte, steuerte sie das kleine Städtchen Aalen am Fuße der Schwäbischen Alb an, wo sie zunächst *nur den Winter* verbringen wollte. Ihr Vetter Louis Göriz, inzwischen 51 Jahre alt, lebte seit wenigen Jahren mit seiner sechs Jahre jüngeren Frau Catharine dort. Sie war seine zweite Frau. Die beiden hatten im Juni 1801 – ein gutes Jahr nach dem frühen Tod von Louis' erster Frau – geheiratet und in dem nahe Aalen gelegenen Städtchen Heidenheim gelebt, wo Göriz seit 1799 die Stelle eines Diakons versah. Nur eine Tochter war dem Ehepaar Göriz geschenkt worden, die jedoch im Alter von acht Jahren gestorben war. In den Tagen, als Christiane in Aalen eintraf, feierte Catharine Göriz ihren 45. Geburtstag; sie war also nur gut zwei Jahre älter als Christiane.

Lange hatte Louis Göriz in Heidenheim auf eine Beförderung warten müssen. 1811 war er endlich zum Aalener Stadtpfarrer und Dekan der jungen Diözese Aalen berufen worden – in der evangelischen Kirche wurde in jener Zeit mit Diözese der Bezirk eines Dekans oder Superintendenten bezeichnet. Aalen gehörte noch gar nicht lange zu Württemberg. Im Zuge der napoleonischen Kriege hatte die kleine Stadt ihre Reichsfreiheit verloren und war 1803 an Württemberg und damit auch an die württembergische Landeskirche gefallen. Aalen wurde in eine württembergische Oberamtsstadt umfunktioniert und zugleich Sitz eines neuen Dekanatamtes. Die Diözese Aalen, der Louis Göriz seit Frühjahr 1811 vorstand, umfaßte ein recht großes Gebiet, das bis zur östlichen

Landesgrenze Württembergs reichte: 21 weit über das Land verstreute Pfarreien unterstanden dem Dekan. Sie waren in Ortschaften angesiedelt, für deren staatliche Verwaltung wiederum vier verschiedene Oberämter zuständig waren. Einige dieser Ortsgemeinden zählten dabei zu den ärmsten Orten des Königreichs Württemberg. Auch waren sie konfessionell stark gemischt, der katholische Bevölkerungsanteil traditionell sehr stark vertreten. So zählten zu Göriz' Diözese beispielsweise auch die wenigen protestantischen Seelen der einstigen Fürstpropstei Ellwangen, das der württembergische Regent zum Regierungssitz Neuwürttembergs erhoben hatte.

Man kann sich also gut vorstellen, welche vielfältigen und schwierigen Aufgaben Louis Göriz meistern musste. Erschwerend kam hinzu, dass die Stelle des zweiten Pfarrers an der Stadtkirche Aalen wegen der zu niedrigen Besoldung jahrelang nicht besetzt werden konnte, sodass die Arbeitsbelastung enorm war. Auch darf nicht vergessen werden, dass Louis Göriz als gebürtiger Stuttgarter, aber auch kraft seines neu eingerichteten Amtes in den Augen der Bevölkerung nicht nur ein Fremder war, sondern dass er auch als Repräsentant des württembergischen Königs galt. Seine sich vielfach in den Akten niederschlagenden heftigen Auseinandersetzungen etwa mit dem Aalener Stadtmagistrat sind auch Ausdruck dessen, dass der Altwürttemberger Göriz kämpfen musste, Friedrichs Gesetze in den neuwürttembergischen Landesteilen durchzusetzen.

Christiane Hegel ist also in einer sehr schwierigen Zeit nach Aalen gekommen, in der die politische und kirchliche Neuorganisation der ehemaligen Reichsstadt und der umliegenden Gemeinden auf der Tagesordnung stand und zu vielfachen, teils heftigen Reibereien und Streitigkeiten des Dekans nicht nur mit der Aalener Bürgerschaft, sondern auch mit den württembergischen Ober- und Unterbeamten führte. Von besonderer Intensität war dabei der Kampf, den sich Dekan Göriz mit dem Aalener Oberamtmann lieferte. Letzterer hatte bis zur Gemeindereform 1819 auch den Vorsitz im Aalener Stadtmagistrat, dem 14 Mitglieder angehörten. In Göriz' Auseinandersetzung mit Oberamtmann Röslin ging es in erster Linie um die Anerkennung neuer Gesetze und Verordnungen für Neuwürttemberg und um die Abgrenzung der Zuständigkeitsbereiche geistlicher und weltlicher Beamter. So monierte Göriz beispielsweise, dass die Aalener Tradition, an Sonntagen zum Tanz aufzuspielen oder die »Englischen Reiter« beim Kunstreiten mit Pauken und Trompeten zu begleiten, das Glockengeläute des Nachmittagsgottesdienstes störe. Oberamtmann Röslin konterte etwas lästerlich, die Aalener hätten sich so sehr an diese Musik gewöhnt, *dass sie die Andacht nur erhöhen* könne, im Übrigen wolle er aber mit solchen Bagatellen in Ruhe gelassen werden, die Aufsicht darüber komme der Polizei zu.[370] Schwierig gestaltete sich auch die im Schulbereich vorgeschriebene Zusammenarbeit – von einem *Gemeinschaftlichen Oberamt* des Dekans und Oberamtmannes konnte hier kaum die Rede sein. Röslin, der wie Göriz sein Amt im Jahr 1811 angetreten hatte, räumte schließlich 1819 das Feld. Doch auch mit dessen Nachfolger Seeger legte sich Göriz sogleich an, da auch dieser sich in seinen Augen wenig kooperativ zeigte, sich willkürlich über Gesetze hinwegsetzte oder sich nach Gesetzen richtete, die nicht mehr in Kraft waren, wie Göriz seinem Vorgesetzten, dem Ulmer Prälaten, in einem inoffiziellen Schreiben klagte: Oberamtmann Seeger fluche in öffentlichen Verhandlungen oder versteige sich in Ausrufen wie: *Potzblitz, bleiben Sie mir mit Ihrem Oberkonsistorium vom Hals, das hat mir nichts zu befehlen!* oder *Was gehen mich diese Gesetze an? Ich kann sie nun einmal nicht leiden.* Göriz' Klage gegenüber dem Prälaten gipfelte im Oktober 1819 in der Behauptung, Seeger verbreite die Meinung, er, der Dekan, sei nicht ganz richtig *im Kopf*.[371] Immer wieder monierte Louis Göriz, dass die weltlichen Beamten die geistlichen degradierten oder aber deren Ansehen in der Bevölkerung schmälerten. Das Königliche Oberkonsistorium reagierte besonnen, gab Göriz zwar in der Sache in vielen Punkten Recht, man bat ihn aber ausdrücklich, mit gutem Beispiel voranzugehen.[372] Im Stuttgarter Konsistorium wusste man sicherlich nicht nur vom Sendungsbewusstsein und Bienenfleiß, sondern auch von der Streitbarkeit und Überempfindlichkeit, ja Geltungssucht des Aalener Dekans. Jahrelang hatte Göriz als Diakon im nahe gelegenen Heidenheim auf eine Beförderung gewartet. Die Angst, auf dem Abstellgleis zu sitzen, weil ihn Herzog Friedrich zur Zeit der Jakobinerprozesse 1800 für einen Komplizen der auf dem Heidenheimer Schloss inhaftierten und der Kollaboration mit den Franzosen angeklagten Generalmajore von Bilfinger[373] und Wolf hielt, trieb ihn um. Zurückversetzt, übergangen oder gar ausgelacht zu werden – diese einschneidende und offensichtlich tief sitzende Erfahrung hatte Göriz schon als Kind gemacht – nicht von ungefähr wird er einst am Tische Schillers in Jena die Geschichte erzählt haben, wie ihn die Stuttgarter Nachbarskinder wegen seines von den Blattern entstellten Gesichtes hänselten und mieden.[374] Dieses Psychogramm ihres Vetters aber sollte auch für Christiane Hegel noch eine Rolle spielen.

Aalen zählte im Jahr 1813 knapp 2 300 Seelen, die Frauen waren dabei in leichter Überzahl. 440 Ehen sind damals in der Stadt registriert. Christianes erster Eindruck, es handle sich mehr um ein großes Dorf als um eine Stadt, charakterisiert die Ackerbürgerstadt treffend. Aalens Bürger gingen nicht nur ihrem Handwerk nach, sie pflegten auch ihre Gärten und bewirtschafteten kleine Äcker und Wiesen, die sich oft bis an die Häuser erstreckten; die Unterschiede zwischen städtischer und ländlicher Lebensweise waren in dieser Kleinstadt traditionell gering ausgeprägt. Der dörfliche Charakter verstärkte sich noch, als 1812 die alten Stadtmauern abgetragen wurden und auf den eingeebneten Wällen weitere Gärten und sogenannte Grabenhäuser entstanden. Auch das zweistöckige evangelische Dekanatsgebäude von 1813 lag am damaligen Stadtrand, jenseits der ehemaligen südlichen Stadtmauer, drei Straßenzüge von der evangelischen Stadtkirche entfernt; es steht auch heute noch als Haus Nr. 4 in der später nach ihm genannten Dekanstraße. Der Dekan hatte allerdings keine Freude an seinem neuen Domizil, denn beim Bau des Hauses war derart geschlampt worden, dass er bis zu seinem Tod unter den massiven Baumängeln zu leiden hatte: Der Keller war feucht – was zwar ein generelles Problem in der Stadt war, im Hause des Dekans hatte man aber noch dazu auf eine Abzugsdole und Backsteinpflaster verzichtet. In den Wänden klafften Ritze, die Feuerwand zwischen Studier- und Vikariatszimmer war gar *feuergefährlich*, die Kamine von unten *bis über das Dach hinaus schadhaft*, und 1817 waren bereits *sämtliche Beschläge und Schlösser* an Türen, Läden und Fenstern reparaturbedürftig. Die permanenten Klagen über das ungesunde Wohnklima in seiner Arbeits- und Wohnstätte waren also durchaus begründet, der verantwortliche Maurermeister wurde allerdings erst nach Göriz' Tod im Jahr 1823 vor Gericht zur Verantwortung gezogen und verurteilt.

7   Aalen von Süden (Anf. 19. Jh.)

Die Baumängel im Dekanatsgebäude dürften ein wichtiger Grund gewesen sein, warum Christiane Hegel schließlich doch nicht, wie ursprünglich durchaus beabsichtigt, bei ihrem Vetter einzog: Dieser habe *Hoffnung, daß ihm noch ein Zimmer gebaut werde*, in diesem Falle aber habe sie *das Versprechen, es bewohnen zu dürfen*, meldet Christiane ihrem Bruder gleich nach ihrer Ankunft in Aalen im November 1815 – sie hatte sich zunächst *in der Nachbarschaft eine kleine Wohnung gemietet*. Wie die Bauakten des Kameralamtes Aalen[375] verraten, sind zwar im Frühherbst 1817, unmittelbar nachdem Göriz' zweite Frau am 16. August 1817 an *hitzigem Fieber* gestorben ist, zwei Dachzimmer im Dekanatsgebäude ausgebaut worden, Christiane ist jedoch trotzdem nicht bei ihrem Vetter eingezogen. Dies wissen wir gesichert, denn Hegels Schwiegermutter, die Christiane im Sommer 1818 in Aalen besuchte, berichtet ihrer Tochter Marie am 4. August 1818 über die Wohnsituation der Schwägerin Folgendes: *Sie ist so gut eingerichtet als es nur immer in Aalen möglich ist, sie hat sich ein großes Zimmer, welches sie zur Miethe hat, worinn sie schläft und Unterricht gibt, unterschlagen lassen, dadurch gewann sie ein artiges Cabinet, in welches sie sich eine Ottomane und Seßel machen ließ. Die Frauen, deren Kinder sie in weiblichen Arbeiten unterrichtet, haben sie mit hübschen Tassen und anderen Kleinigkeiten zu ihrer Einrichtung beschenkt. Wir tranken Thé bei ihr, dann führte sie uns spazieren und zum Herrn Decan …*[376]

Offensichtlich fühlte sich Christiane in ihrer komfortablen Mietwohnung sehr wohl, konnte sie auch finanzieren, war also nicht mehr so sehr auf die Unterstützung des Vetters angewiesen. Dass sie stets großen Wert auf ihre Unabhängigkeit legte, wissen wir von ihrem Bruder, der Göriz gegenüber betonte, dass *ihre Unabhängigkeit immer ein Hauptpunkt war, der sie beschäftigte*.[377] Möglicherweise wollte sie sich aber auch äußerlich von ihrem streitbaren Vetter distanzieren. Denkbar ist freilich auch, dass Dekan Göriz, dem in Aalen der Ruf eines strengen Sittenwächters vorauseilte, als Witwer sein *Versprechen* nicht einlösen wollte, seine Cousine bei sich im Haus aufzunehmen, um nicht ins Gerede zu kommen. Erst als er zwei Jahre später, im Oktober 1819, erneut heiratete, stand diese Option wieder zur Diskussion. Dann allerdings ist sie gründlich schief gegangen.

In welchem Aalener Haus sich Christiane Hegel eingemietet hat, ist nicht mehr eindeutig nachzuvollziehen. Mit Hilfe des Aalener Brandversicherungskatasters und eines Aalener Stadtplans aus dem Jahr 1830 können – über die eingetragenen Hausnummern – wenigstens die Hausbesitzer der umliegenden Häuser des Dekanatsgebäudes identifiziert werden.[378] Die Mieter waren für die Feuerversicherung unerheblich und deshalb auch nicht eingetragen. Ein Adressbuch oder Seelenregister wie in Stuttgart liegt für diesen Zeitraum in Aalen nicht vor. Einige wenige Anhaltspunkte haben wir immerhin: Das Haus muss *in der Nachbarschaft* des Dekanats, also in der Südstadt gelegen haben, wie Christiane dem Bruder gegenüber erwähnt. Und es muss sich um eines der wenigen geräumigen Häuser Aalens gehandelt haben, da Hegels Schwiegermutter von einem *großen Zimmer* spricht, das zudem noch in zwei kleinere *unterschlagen*, also geteilt werden konnte. Das typische Aalener Stadthaus aber ist schmal, niedrig, eng – kleine, niedrige Stuben und finstere, steile Treppen zeichnen es aus.[379] Als Christiane Nürnberg verließ, wollte sie zunächst *nur den Winter* in Aalen verbringen – probeweise – und sich dann entscheiden, ob sie nun endgültig in Jagsthausen oder aber in Aalen bleibt. Doch müssen die Würfel sehr schnell, innerhalb weniger Tage, für Aalen gefallen sein, denn sie teilt dem Bruder bereits im November mit, dass sie ihre noch in Jagsthausen deponierten *Sachen* nach Aalen bringen lassen will, um sich dort *häuslich niederzulassen*.

    In welcher körperlichen und seelischen Verfassung Christiane Hegel im November 1815 in Aalen eintraf, lässt sich heute nach wie vor schwer beurteilen. Ebenso wenig wissen wir, wie schnell sie sich von ihrer *Krankheit* erholt hat. Ohne Zweifel aber haben sich Louis und Catharine Göriz geduldig um sie gekümmert.[380] Die Tatsache, dass sich Christiane bereits im November 1815 in der Nachbarschaft des Vetters eingemietet und klare Dispositionen für ihre Zukunft getroffen hat, lässt den Schluss zu, dass ihr damaliger Zustand so schlimm nicht gewesen sein kann. Im Sommer des Jahres 1816 geht Hegel, als er sich nach mehreren Monaten wieder einmal bei seiner Schwester meldet, davon aus, dass sie gesund ist: *Diesen Herbst ziehe ich also mit Frau und Kindern nach Heidelberg, Du kannst nicht glauben, wie glücklich ich mich dadurch fühle; wenn nur meine Frau immer gesund bleibt, die Dich herzlich grüßen läßt; von Dir hoffe ich ein gleiches zu hören; meine Kinder sind wohl auf; Karl holt mich alle Tage von oben zum Essen und bemerkt gewöhnlich in der Stube, die du bewohntest: Tantele ist verreist.* Anlass dieses Briefes, der das Datum des 28. August 1816 trägt, ist also der unmittelbar bevorstehende Umzug der Hegels von Nürnberg nach Heidelberg; möglicherweise war Hegel auch etwas irritiert, von seiner Schwester zu seinem Geburtstag am Vortage keine Zeile erhalten zu haben. Jedenfalls plagte ihn wieder einmal das schlechte Gewissen, da er selbst so lange nichts hatte von sich hören lassen, denn er begann den Brief mit den Worten: *Liebe Christiane! Dir weitläufig zu erzählen, warum ich Dir solange nicht geschrieben habe, würde zu nichts führen; denn daß es nicht Gleichgültigkeit gegen Dich war, wirst Du voraussetzen.* Dann aber sah er sich doch genötigt, sein langes Schweigen zu erklären, und fuhr fort: *Eine vierteljährige Krankheit meiner Frau, daneben eine ununterbrochene schriftstellerische Arbeit neben meinen andern Geschäften verboten mir an irgend etwas anderes zu denken ...* Christiane wird sich in den nächsten Jahren an diese Prioritätensetzung ihres Bruders gewöhnen müssen.

Am 16. Januar 1817 setzte Christiane Hegel in Aalen ihre Unterschrift unter ein unscheinbares Blatt – untrügliches Zeichen dafür, dass sie wieder voll einsatzfähig war: Ihr tatkräftiges Engagement im Wohltätigkeitsverein Aalens, das sie mit ihrer Unterschrift besiegelte, war bisher ein Geheimnis der Akten. Es belegt, dass Christiane sich spätestens zu Beginn des Jahres 1817 wieder guter Gesundheit erfreut haben muss. Die Akten verraten aber auch, dass Christiane mit ihrem ehrenamtlichen Einsatz in Aalen schließlich zum Spielball unterschiedlicher Interessen wurde und zwischen die Fronten rivalisierender Kräfte in der Armenpolitik von Staat, Stadt und Kirche geriet.

Auch in Aalen sollte zu Beginn des Jahres 1817 – wie vielerorts in Württemberg auf Anregung der jungen Königin Katharina – ein lokaler Wohltätigkeitsverein gegründet werden. Nach dem Tod König Friedrichs war die russische Zarentochter Katharina am 30. Oktober 1816 an der Seite ihres zweiten Mannes und Vetters Wilhelm, Friedrichs Sohn, auf den württembergischen Königsthron gekommen – nicht einmal zweieinhalb Jahre blieben ihr bis zu ihrem frühen Tod am 9. Januar 1819. Bekannt und beliebt wurde die hochintelligente, aber auch ehrgeizige junge Königin durch ihre engagierte Sozialpolitik. Die wenigen Jahre, die ihr als Frau König Wilhelms I. blieben, waren geprägt von rastloser Tätigkeit. Es waren Jahre einer schweren Wirtschaftskrise, von Massenarmut und leeren öffentlichen Kassen. Extreme Witterungsverhältnisse hatten 1816 zu einer katastrophalen Missernte und rapide steigenden Lebensmittelpreisen geführt.[381] Königin Katharinas Augenmerk richtete sich zunächst auf das Armenwesen. Noch im Jahr 1816 entstand auf ihre Anregung hin und unter ihrer Leitung ein allgemeiner Wohltätigkeitsverein: Im ganzen Königreich Württemberg sollten sich auf Gemeindeebene Privatleute – sogenannte »Armenfreunde« – in Lokal-Vereinen zusammenschließen, um vor Ort die Armut zu bekämpfen. Einzelne Initiativen dazu hatte es schon früher gegeben, so war beispielsweise in Stuttgart 1805 eine »Privatgesellschaft freiwilliger Armenfreunde« gegründet worden. Königin Katharina bemühte sich nun, diese Initiativen zu bündeln, flächendeckend Armenvereine zu installieren und deren Leitung zentral zu steuern. Gerade den Frauen wurde dabei eine wichtige Rolle zugedacht, verstanden sich die Wohltätigkeitsvereine in ihrem Kern doch als eine Form organisierter Mütterlichkeit. Am 29. Dezember 1816 fand unter Königin Katharinas Vorsitz im Stuttgarter Schloss die konstituierende Sitzung der »Centralleitung des Wohltätigkeitsvereins« statt, der neben zehn Männern sieben Frauen angehörten[382]: Eine ganze Reihe davon kannte Christiane Hegel aus ihrer Jugendzeit in Stuttgart, wie beispielsweise den Vorsitzenden, Geheimrat Hartmann, oder Grüneisens Freund Georgii, sowie den Prälaten Flatt, den Verleger Cotta oder den Stuttgarter Kaufmann Lotter. Bereits am 6. Januar 1817 erging ein öffentlicher Aufruf an Württembergs Bürger, Lokal-Vereine im Rahmen des allgemeinen Wohltätigkeitsvereins zu gründen und lokalen Leitungsgremien zu unterstellen.[383] Am 10. Januar 1817 wandte sich auch der Ulmer Prälat Schmid im Auftrag des Königlichen Oberkonsistoriums an den Aalener Dekan und forderte ihn zur Gründung eines Lokal-Vereins auf. Aufgaben und Zielsetzung umschrieb er dabei folgendermaßen: Euer Hochwürden ist jetzt der Plan zu Wohltätigkeitsvereinen im ganzen Königreich ohne Zweifel zu Händen gekommen. Beauftragt durch ein Schreiben des Hrn. OKR D. Flatt, bin ich so frei, diese Sache, die sich übrigens von selbst empfiehlt, Ihrem besondern Eifer u. der Thätigkeit Ihrer Herren Diözesanen zu empfehlen, damit auch diese nach Beschaffenheit der Örtlichkeit zu Ausführung dieses schönen Planes mitwirken. Vorzüglich wird von den Frauen der Herrn Geistlichen erwartet, daß sie sich durch Aufsicht, Pflege u. Unterricht – wie sie wollen u. können – der Armen, der alten u. der jungen, thätig annehmen. Inzwischen ist zu bemerken, daß hierbei auch nicht auf die entfernteste Weise Zwang statt finden darf, indem nur eine Freiwilligkeit aus religiösem Antrieb um Mitwirkung angenehm wird. Schwierigkeiten wird es in Menge geben; wo ist aber je etwas Gutes ohne Hindernisse u. Beschwerlichkeiten zu Stande gekommen?[384]

Louis Göriz ist gleich zur Tat geschritten und konnte schon sechs Tage später, am 16. Januar 1817, den erfolgreichen Zusammentritt einzelner Armenfreunde vermelden. Da in der Lokalleitung nicht nur von Amts wegen mit der Armenpflege betraute »obrigkeitliche Personen«[385] sitzen sollten, sondern auch geeignete Privatleute, die dem Verein beigetreten waren, rief Göriz insbesondere *erfahrene, sorgliche Hausfrauen* dazu auf, die hiesige Lokal-Armen-Leitung bei der Leitung durch Rat und Tat zu unterstützen: *Der freywillige Zusammentritt einzelner Armenfreunde zur Erleichterung der Noth unserer hiesigen Mitbürger ist nun zu Stande gebracht. Zur* Leitung *dieses menschenfreundlichen Vereins sind aber besonders auch erfahrene, sorgliche Hausfrauen nöthig, welche diese Anstalt durch ihren Rath, durch Aufsicht über manche Einrichtungen und durch ihre Erfahrungen unterstützen. Es werden deßwegen alle diejenigen hiesigen Frauen, deren häusliche Verhältnisse die Übernahme einer solchen Sorge gestatten, und welche sich dazu geneigt fühlen, hiedurch geziemendst ersucht, ihre Namen hier zu unterzeichnen. Aalen 16. Jan. 1817. Im Namen der hiesigen Lokal-Armen-Leitung, Dekan Goeriz.*[386]

In Aalen folgten zwanzig Frauen dem Aufruf des Dekans und setzten ihre Unterschrift unter das Blatt. Dazu gehörte nicht nur Catharine Göriz, sondern auch Christiane Hegel.

Doch dabei allein blieb es nicht. Nur drei Wochen später, am 7. Februar 1817, eröffnete Christiane Hegel in Aalen eine Strickschule für arme Mädchen – ganz im Sinne der Maxime des Wohltätigkeitsvereins, Armenbeschäftigung wider den Bettel einzuführen. Sechs oder sieben Mädchen armer Eltern unterrichtete sie zunächst täglich drei Stunden im Stricken, die Wolle dazu steuerte sie zum Teil selbst bei oder bekam sie von Aalener Bürgern gestiftet. Für ihre Arbeit erhielt sie keine Vergütung. Auch das Brennholz, das in der kalten Jahreszeit bitter nötig war, musste sie organisieren – das Frühjahr setzte in diesem Jahr noch dazu sehr verspätet ein. Vermutlich hat Christiane Hegel die Mädchen in ihrer eigenen großen Wohnstube »unterrichtet«, wobei anzunehmen ist, dass sie den technischen Unterricht genutzt hat, um auch etwas für die Erziehung und Bildung der Mädchen zu tun.[387]

Das Gefühl, gebraucht zu werden und etwas Sinnvolles zu leisten, hat Christiane ganz offensichtlich innere Befriedigung verschafft und ihr seelisches Gleichgewicht wieder hergestellt. Sie muss dem Bruder davon berichtet haben, wie aus seinen Antwortbriefen hervorgeht: von der *Befriedigung* ihres *Gemüts*, von *der segensreichen Tätigkeit* Christianes ist da die Rede. Durch ihr uneigennütziges Engagement muss sie aber auch die Herzen der Aalener Frauen für sich gewonnen haben und zu Ansehen gelangt sein, denn Hegel spricht auch anerkennend vom *Zutrauen*, das Christiane *von den Einwohnern Aalens gefunden* habe, oder später gar vom *dankbaren Andenken der Aaler*. Dies dürfte, auch mit Blick auf den streitbaren Vetter, nicht unwichtig gewesen sein.

Man muss also bei Christianes *nützlicher Beschäftigung und Tätigkeit des Unterrichts*[388] differenzieren: Christiane hat die Töchter wohlhabender Aalener Frauen im Stricken wie auch in anderen Handarbeiten unterrichtet und dabei nicht schlecht verdient und auch das eine oder andere Accessoire für ihre Wohnungseinrichtung bekommen. So geht es aus dem bereits zitierten Bericht von Maries Mutter hervor, die Christiane, wie gesagt, im Sommer 1818 in Aalen besuchte. Daneben hat sie jungen armen Mädchen Strickunterricht erteilt, um diese nicht nur von der Straße oder aus ihrem verwahrlosten Zuhause zu holen und sinnvoll zu beschäftigen, sondern ihnen auch ein Handwerk beizubringen, mit dem sie in der Zukunft zu ihrem Lebensunterhalt beitragen konnten.

Der einzige Satz, den Karl Rosenkranz über Christianes Aalener Zeit verliert, wiegt uns in der Illusion, Christiane Hegel habe wohlbehütet unter den Fittichen des Aalener Dekans gelebt: *Die eifrigste väterliche Theilnahme widmete ihr ein Verwandter, der Pfarrer Göriz zu Aalen.* Doch so ganz uneigennützig war die *väterliche Theilnahme* des neun Jahre älteren Vetters nicht. Denn er verfolgte den ehrgeizigen Plan, aus Christianes Strickanstalt eine Beschäftigungsanstalt größeren Stils zu machen, wie sie, so ein Erlass der Centralleitung des Wohltätigkeitsvereins vom 5. Mai 1817, als wichtigste Aufgabe der Armenfürsorge von den Lokal-Leitungen erwartet und verlangt wurde. Noch im selben Monat Mai kam der Stuttgarter Oberregierungsrat Mosthaf im Auftrag der Centralleitung zur

Visitation nach Aalen, um nach den bisher erreichten Wirkungen zu sehen, welche die Einrichtung des Wohltätigkeits-Vereins dort hervorgebracht hatte. Anlässlich dieses Besuches notierte Dekan Göriz die Wünsche des Armen-Vereins zu Aalen und setzte an die erste Stelle den folgenden Punkt: *Die Bemühungen der Tochter des ehemaligen Expeditionsraths und ältesten Sekretärs bey der Kammer zu Stuttgart der Jungfer Christiane Hegel, welche sich seit einigen Jahren hier aufhält, verdienen einige Aufmerksamkeit. Sie giebt 7. Mädchen armer Eltern seit dem Anfang des Februar täglich unentgeltlichen Unterricht im Stricken, jedes Mal 2–3. Stunden. Die hiesigen Frauen haben Garn dazu gegeben. Die Kinder stricken zum Theil schon recht gut. Könnte nicht dieser kleine Anfang die Grundlage von einem grösseren bleibenden Institut werden, da ohnehin viele hiesige Einwohnerinnen nicht stricken, es also auch ihre Kinder nicht lehren können.*[389]

Doch mit diesem Plan stieß der Aalener Dekan auf den erbitterten Widerstand des Magistrats und der Bürgerschaft, die angesichts leerer Kassen wenig aufgeschlossen waren, neue Experimente zu machen, und die vor allem im Stricken eine Konkurrenz zum Gewerbe der Wollweber sahen. Tuch- und Zeugmacher beschäftigten bisher in Aalen die Stadtarmen: Seit langem war es in Aalen und den umliegenden Dörfern Tradition, arme Familien mit Baumwollspinnen zu beschäftigen und zu ernähren. Das einst florierende Gewerbe der Baumwollgarnhändler litt allerdings durch die zunehmende Konkurrenz mit den Besitzern von Spinnmaschinen. Die Baumwollgarnhändler im Oberamtsbezirk Aalen baten daher um staatliche Subventionen, um mehr Arme in ihren Privatunternehmen beschäftigen zu können. Die öffentliche Hand müsse dann auch keine Arbeitshäuser errichten, argumentierte man, denn: *Die Baumwolle kann jeder zu Hause spinnen.* Als die Königliche Armen-Commission per Fragebogen vom 5. Oktober 1819 in allen Oberamtsbezirken Württembergs die Frage stellte: *Welche Beschäftigung kann den Armen aufgegeben werden?*, lautete die Antwort des Oberamtsbezirks Aalen: *Durchaus das Spinnen der Baum- und Schafwolle, des Flachses und des Hanfes.* Auf die Frage: *Welche Arbeiten sollten von Staats wegen gefördert werden?*, erklärte man kurz und bündig: *Baumwolle-Spinnen. Ehe die Maschinen aufkamen, nährten sich hievon viele hundert Familien; alle nährten sich wirklich, und man kannte, betagte Arbeitsunfähige abgerechnet, keine Arme.*

Auch der Versuch des Dekans, mit Hilfe der Stuttgarter Centralleitung im Aalener Spital eine Stube zum Schafwollspinnen als Armen-Beschäftigungsanstalt einzurichten – und damit zugleich Christianes Engpässe in der Wollbeschaffung für ihre Strickanstalt zu beheben –, scheiterte letztlich. Die Gemeinde Aalen wollte kein Geld für eine Beschäftigungsanstalt ausgeben, und schon gar nicht für eine Beschäftigungsart, die dem Gewerbe der Tuch- und Lodenmacher ins Gehege kam. Klipp und klar war dies auf der Sitzung des Kirchenkonvents am 2. Oktober 1818 dem vorsitzenden Dekan erklärt worden.[390]

Gleichzeitig wurde Christianes Strickanstalt in den Listen und Statistiken der Centralleitung des Wohltätigkeitsvereins offiziell als Aalener Beschäftigungsanstalt ausgewiesen: Im November 1817 hieß es in einer Übersicht über die in den verschiedenen Oberamtsbezirken ergriffenen *Industrie-Zweige zur Beschäftigung der Armen* für den Oberamtsbezirk Aalen: *In der IndustrieSchule wird im Stricken und andern weiblichen Arbeiten Unterricht gegeben.*[391] Christianes Strickschule diente den Aalenern also als Alibi, obwohl sie weder von der Gemeinde noch von der Centralleitung öffentliche Gelder dafür erhielt. Dekan Göriz hat sich über diesen Zustand nicht nur bei seinem Vorgesetzten, dem Ulmer Prälaten, sondern auch bei den ihm persönlich bekannten Mitgliedern der Stuttgarter Centralleitung beklagt und schließlich sogar, beim Besuch des Königspaares in Aalen am 13. Oktober 1818, bei einer Audienz Königin Katharina sein Anliegen vorgetragen. Diese sagte ihm *kräftige Unterstützung* zu: *Ihre Majestät die Königin haben mir heute die I[ndustrie]anstalten aufs wärmste und dringendste mündlich empfohlen, u. mir aufgegeben mich unmittelbar schriftlich an Sie zu wenden, und ihr jeden Einzelfall zu berichten,* verkündete Göriz noch am selben Tag stolz seinen Herren Kollegen in der Diözese und legte *ein höchstes Dekret in Betreff der IndustrieAnstalten* bei.[392] Doch Göriz wird das nicht mehr viel geholfen haben, da die Königin wenige Wochen später starb. Zudem richtete sich das Augenmerk der Centralleitung des Wohltätigkeitsvereins in erster Linie auf die umliegenden bitterarmen Ortsgemeinden im Oberamtsbezirk Aalens, wo die Not am größten war. Am 22. März 1819 findet Louis Göriz in seinem »Dekanatamtlichen Bericht über den Zustand des Armenwesens in der Diöcese Aalen« klare Worte für die verfahrene Situation und kommt dabei auch auf Christianes Einrichtung zu sprechen:

Desto wahrer ist die Behauptung, daß es so sehr an rechtem *guten Willen u. Einverständniß der Vorsteher fehlt, das Befolene gewissenhaft und mehr als nur auf dem Papier auszuführen, aber auch der Unterbehörden und daß man überall auf Schwierigkeiten stößt, von denen man sich nicht hatte träumen lassen. Ein Beyspiel davon mag seyn, daß, als das gemeinschaftliche Oberamt in Aalen einige von ihren Eltern ganz verwahrloste Kinder im Spital mit Wollenspinnen beschäftigen u. darum eine IndustrieAnstalt ganz im Kleinen errichten wollte, sich von allen Seiten, besonders von den Gemeindedeputirten Widersprüche erhoben, aus denen man wohl sah, daß sie auf das Mißtrauen gegründet waren, man werde in das Gewerbe der Wollenweber eingreifen u. Schaden thun. Darum liegt die Sache ganz. Ebenso steht es mit der Strick-Anstalt von Aalen, welche Christiane Hegel Tochter des Hn. Expeditionsrath Hegel zu Stuttgart hier errichtet hat. Sie unterrichtet schon seit 3. Jahren 6 Mädchen* [eingefügt: im Ganzen 12] *ganz umsonst im Stricken tägl. drey Stunden und das Garn dazu theils selbst hergegeben, theils von guten Menschen erhalten. Man erwartete von der Gemeinde wenigstens Anerkennung und nur ein* ganz kleines *Wollgeld oder einige Klaftern Holz. Aber vergeblich. Und das Institut, für welches sie gar nicht belohnt ist,* [durchgestrichen: prangt] *ist als ein öffentliches in den Tabellen der Centralleitung angeführt.*[393]

Christianes Strickanstalt für arme Mädchen hat also Ende März 1819 noch existiert. Göriz' Hoffnung, die Christiane sicher teilte, dass *dieser kleine Anfang die Grundlage von einem grösseren bleibenden Institut werden könnte,* hatte sich nicht erfüllt. Christianes Institut blieb eine reine Privatinitiative und wurde, glaubt man Göriz, misstrauisch beäugt. Hegels und Susanne von Tuchers so positiver Eindruck von Christianes *segensreicher* Tätigkeit in Aalen rührt genau aus der Zeit, als Göriz und sie ihre Hoffnungen auf den persönlichen Einsatz von Königin Katharina setzten. Doch im entscheidenden Jahr 1819 bricht der Kontakt zwischen Hegel und Christiane sowie Vetter Göriz für über ein Jahr ab. Hegel ist in der Zwischenzeit mit seiner Familie nach Berlin gezogen. Nach seiner Antrittsvorlesung am 22. Oktober 1818 hält er pro Semester zwei große Vorlesungen, die seinen Weltruhm begründen: über Logik, Rechtsphilosophie, Religionsphilosophie, Philosophie der Weltgeschichte und Ästhetik. Da bleibt kaum Zeit für die Schwester in Aalen. Deren gesicherte Verhältnisse mögen Hegel von einer übermäßigen Fürsorgepflicht entbunden haben. Irgendwann im weiteren Verlaufe des Jahres 1819 muss

Christiane jedoch ihre Arbeit eingestellt und die Strick-Anstalt aufgegeben haben.[394] Denn in den Antworten zum oben bereits zitierten Fragebogen, den die Königliche Armen-Kommission am 5. Oktober 1819 ausgab, um sich über den Stand der Beschäftigungsanstalten, Arbeitshäuser und Kinder-Industrieschulen in jedem einzelnen Oberamtsbezirk Württembergs zu informieren, taucht Christianes Anstalt nicht mehr auf, vielmehr heißt es zu Aalen: *Die Kinder müssen von früher Jugend an ihren Eltern mit Baumwollspinnen an die Hand gehen, wodurch sie außer der Schule hinlänglich beschäftigt werden. – Eine besondere Industrie-Anstalt besteht nicht; wären aber die erforderlichen Geldmittel vorhanden, so stünde der Einführung der Industrie-Schulen gar nichts im Wege.*[395]

Ob Christiane bei der Aufgabe des Instituts dem Rat des Vetters gefolgt ist, der möglicherweise ein Exempel statuieren und dem Aalener Magistrat beweisen wollte, wer der stärkere ist, bleibt offen, liegt aber sehr nahe. Hatte nicht Hegel seiner Schwester dringend ans Herz gelegt, sich ganz dem Rat des Vetters zu unterwerfen? Hatte sie beherzigt, was der Bruder im Juli 1817 über Louis geschrieben hatte: *... es ist mir eine besondere Erleichterung zu wissen, daß Du an ihm einen solchen treuen und wahren Freund und Berater hast; vertraue Dich ihm ganz und unterwerfe Deine Gedanken seinem wohlmeinenden Rate und seinen Einsichten ...*

Nun, nach der Schließung von Christianes Strickanstalt, fiel es in den Listen der Centralleitung des Wohltätigkeitsvereins sehr wohl auf, dass Aalen zu den ganz wenigen Gemeinden zählte, in denen es keine öffentliche Beschäftigungsanstalt gab.[396] Da für den entscheidenden Zeitraum – Oktober 1818 bis November 1819 – keine Kirchenkonventsprotokolle vorliegen und sich auch in den weiteren dekanatsamtlichen Berichten von Göriz keinerlei Hinweise mehr auf Christiane Hegels Institut finden, bleiben Einzelheiten einmal mehr im Dunkeln.

Hegel hat seiner Schwester später, im August 1821, schwere Vorwürfe gemacht, dass sie ihre Arbeit und damit ihre selbstständige Existenzgrundlage in Aalen aufgegeben und sich dadurch in Abhängigkeit von Vetter Göriz begeben habe: *... ich kann es nie genug bedauern, daß Du dies Verhältnis in Aalen aufgegeben und Dich in ein anderes, der Abhängigkeit von solchen, auf die Du meintest, Dich verlassen zu können und das wohl Deine Krankheit verursacht hat, begeben hast; wenn Du Dich auf Dich selbst verlassen willt, bist Du am* sichersten innerlich und äußerlich geborgen, – auf Dich selbst, das heißt zugleich auf ein auf Höheres gerichtetes Gemüt.

Damit hat er seiner Schwester freilich schwer Unrecht getan, denn er selbst ist es gewesen, der ihr dringend empfohlen hatte, sich Göriz' Einsichten ganz zu unterwerfen.

Hegels Hinweis, Christiane habe sich in Abhängigkeit von Vetter Göriz begeben, lässt darauf schließen, dass sie offensichtlich auch ihren kommerziellen Unterricht aufgegeben hat oder hat aufgeben müssen, weil die Aalener ihr das Vertrauen entzogen.

Vielleicht war die Schließung des Instituts im Laufe des Jahres 1819 aber auch Christianes ganz eigener Entschluss. Möglicherweise war sie es ja leid, für ihren Vetter das Aushängeschild barmherziger und tätiger Nächstenliebe zu sein. Es kam nämlich im Herbst 1819 noch etwas anderes hinzu, was das Fass offensichtlich wieder einmal zum Überlaufen brachte und sich hinter Hegels Formulierung, Christiane solle ihr Gemüt *auf Höheres* richten, versteckte: Vetter Göriz heiratete am 20. Oktober 1819 im Alter von 55 Jahren zum dritten Mal, und zwar die zwanzig Jahre jüngere Maria Magdalena Faber du Faux. Welche Gründe den Aalener Dekan bewogen haben, in diesem Alter noch einmal in den Stand der Ehe zu treten – vier Jahre später starb er bereits –, ob es vor allem der Wunsch nach einem Stammhalter war oder ob der einstige Frauenheld Göriz in seiner Position und als bekannter strenger Sittenwächter Aalens klare Verhältnisse schaffen musste, wissen wir nicht. Über zwei Jahre hatte Christiane Hegel wie eine *Schwester*[397] an der Seite des Witwers gewirkt und an seinem Tisch gegessen – und dafür, wie sie später findet, ein viel zu hohes Kostgeld gezahlt; er hatte sich für sie und ihre Arbeit intensiv eingesetzt, und sie wiederum hatte mit ihrem ehrenamtlichen Engagement die sozialen Aufgaben und Pflichten einer Frau Dekanin erfüllt. Nimmt man Hegels oben zitierten Brief vom 12. August 1821 wörtlich, so muss sich Christiane nach der Auflösung ihrer Strickschule in ein verhängnisvolles Abhängigkeitsverhältnis von Göriz begeben haben – möglicherweise hat sie sogar ihre Mietwohnung aufgegeben und ist ins Dekanatshaus eingezogen, sei es nun vor oder nach seiner Heirat.'[398] Hatte sie sich ursprünglich sogar Hoffnungen gemacht – und Göriz wusste dies auszunutzen –, durch eine Heirat Aalens Frau Dekanin zu werden?

Doch der Vetter heiratete eine andere, wesentlich jüngere Frau – Christiane Hegel musste wieder in die zweite Reihe zurücktreten. Wieder war sie fünftes Rad am Wagen, wieder verdrängte sie wie vier Jahre zuvor in Jagsthausen eine wesentlich jüngere Frau aus dem Pfarrhaus.

Hochmut und Herrschsucht warf ihr der Aalener Vetter schließlich vor, Ansprüche auf Gelehrsamkeit und Arbeitsscheu, seine Vorwürfe gipfelten in der Äußerung, sie wolle die Gräfin spielen: Das aber passt nicht ins Bild von der Armenpflegerin, die sich jahrelang selbstlos mit ihrer Arbeitskraft für arme Kinder eingesetzt hat. Doch an der subjektiven und reichlich emotional aufgeladenen Sichtweise des Vetters wird ein Körnchen Wahrheit gewesen sein. Christianes Selbstwertgefühl muss im Laufe der Zeit in Aalen empfindlich gelitten haben. Die mangelnde Anerkennung ihrer Wohlfahrtstätigkeit, die den Aalenern keinen Kreuzer wert war, ihre geistige Unterforderung im Vergleich zur Tätigkeit im Hause Berlichingen und schließlich, auf emotionaler Ebene, die persönliche Zurücksetzung, als sich der Vetter eine vergleichsweise junge Frau nimmt. Da kann einem schon der Gedanke kommen, ausgenutzt worden zu sein. Und so wird nachvollziehbar, dass Christiane Hegel ihren jahrelangen selbstlosen Dienst organisierter Mütterlichkeit dadurch kompensiert hat, indem sie in das Gegenteil verfiel und vehement all das einforderte, worauf sie so lange verzichtet hatte: die Verwirklichung ihrer eigenen Bedürfnisse und anspruchsvollen Wünsche in geistiger wie materieller Hinsicht. Das Aufgeben ihrer regelmäßigen Betätigung, das mit dem Verlust wertvoller sozialer Kontakte Hand in Hand ging, wird zu ihrer Isolation beigetragen haben.

Zuwendung, Anerkennung und Wertschätzung sind es, die Christiane Hegel brauchte. Die hatte sie vorübergehend auf dem Schloss in Jagsthausen gefunden. Und deshalb wollte sie dorthin zurück, nachdem sie beruflich wie privat in Aalen gescheitert war. Auf das Weiße Schloss, das hatte sie schriftlich, konnte sie immer wieder *auch auf längere Zeit* zu Besuch kommen. Von diesem Angebot hat sie schließlich Anfang März 1820 Gebrauch gemacht.

Zu diesem Zeitpunkt wollte Christiane Aalen unter allen Umständen verlassen. Das Verhältnis zu Louis Göriz war gründlich zerrüttet. Beide machten sich gegenseitig die bittersten Vorwürfe. Darüber sind wir bestens informiert, liegt uns doch der Briefentwurf des Dekans an Christiane aus dem Jahr 1820 vor. Göriz spricht von einer vierwöchigen Phase vor ihrer Abreise, in der sie eingebildete Nahrungssorgen geplagt hätten. Christiane hingegen fühlte sich von ihrem Vetter finanziell ausgenutzt, ja sogar betrogen. Ein viel zu hohes Kostgeld habe er von ihr bezogen, es sei in keinem Verhältnis zu dem gestanden, was sie konsumiert habe, berichtet sie später dem Bruder. Man begann aufzurechnen. 370 Gulden Kostgeld im Jahr, das ist eine hohe Summe und übersteigt bei weitem das, was Christiane jährlich an Zinseinnahmen (175 Gulden) und aus ihrer Pension (100 Gulden) erwarten konnte. Nach ihrer Abreise nach Jagsthausen will sie ihre zurückgelassenen Möbel und Sachen in Aalen regelrecht bewacht wissen, was ihr Bruder zunächst für einen Spleen hält. Wie aus Göriz' unveröffentlichtem Briefwechsel mit Niethammer hervorgeht, hatte er sich schon nach dem Tod seiner ersten Frau im Jahr 1800 auf das heftigste mit seinem Schwiegervater über deren Nachlass gestritten – bis hin zur Wäsche; Göriz stand damals hoch in der Kreide, auch bei seinem Freund Niethammer. Auch macht es stutzig, dass Göriz seiner Cousine Geiz vorwarf, während Hegel der Meinung war, die unberechenbare Verschwendungssucht seiner Schwester sei krankhaft und zwinge dazu, sie unter Kuratel zu stellen.

Später monierte Christiane zu Recht, dass Göriz, den der ahnungslose Bruder zu ihrem Vormund und Vermögensverwalter während ihres Zwiefaltener Aufenthalts ernannte, keine ordentliche Abrechnung über die in dieser Zeit gemachten Zinseinnahmen und Ausgaben vorlegte – der Verbleib von über hundert Gulden bleibt fragwürdig.

Christiane muss ihrem Vetter in den letzten Wochen ihres Aalener Aufenthaltes heftig Paroli geboten haben. Vom *unbändigen Willen ihres kranken Gemüthes* spricht Hegel gegenüber dem Grafen, dem man nur mit *Zwang* hätte erfolgreich beikommen können, worauf Göriz aber letztlich nicht habe zurückgreifen wollen.[399]

Louis Göriz hat schließlich Christianes Wunsch, wieder nach Jagsthausen zu ziehen, tatkräftig unterstützt. Auf ihre Veranlassung hin ließ er – wohl im Februar 1820 – über den Jagsthausener Pfarrer Gräter beim Grafen von Berlichingen anfragen, ob dieser Christiane bei sich aufnehmen könne. Dieser gab zwar grundsätzlich seine Zustimmung, wollte

Christiane jedoch erst im Sommer empfangen. Daraufhin muss Göriz in Absprache mit dem Jagsthausener Pfarrer Gräter, dem Rentamtmann Fest und den Jagsthausener Fräuleins ausgehandelt haben, dass Christiane die Zwischenzeit überbrücken könne, indem sie sich bis zum Sommer abwechselnd bei diesen aufhalte. Zunächst sollte sie aber ins Pfarrhaus nach Jagsthausen zu Gräter gehen. So jedenfalls lässt sich der *ganze schöne Plan* rekonstruieren, folgt man Göriz' späterem großen Rechtfertigungsbrief und Hegels Bericht.[400]

Am 11. März 1820 machte sich Christiane auf die Reise. Sie ließ die Kutsche, mit der sie Göriz von Aalen nach Jagsthausen bringen ließ, am Weißen Schloss des Grafen vorfahren. Begleitet wurde sie von einer Putzmacherin, möglicherweise also von ihrer Freundin Nanette Endel oder deren Schwester Babette, die allerdings nicht mit den Jagsthausener Örtlichkeiten vertraut war. Christianes Begleiterin konnte deshalb auch nicht korrigierend eingreifen und das Pfarrhaus finden, um Christiane dort abzuliefern, wie es mit dem Jagsthausener Pfarrer abgesprochen war. Christianes selbstherrliches Verhalten, mit dem sie sich über die getroffenen Abmachungen und den ausdrücklichen Wunsch des Grafen hinwegsetzte, muss zu einiger Konfusion geführt und den Eindruck ihrer Unzurechnungsfähigkeit verstärkt haben. Die verfahrene Situation wird Christianes *Geistesverwirrung, in der sie angekommen war* und von der der Graf berichtet, noch erheblich gesteigert haben. Graf von Berlichingen wandte sich daher acht Tage später direkt an Hegel in Berlin. Christianes Bruder aber fiel buchstäblich aus allen Wolken, wusste von dem ganzen Plan und der Reise nichts, wähnte Christiane noch in Aalen.

Louis Göriz hatte ihm zwar – wohl gegen Ende Februar – völlig überraschend vom *unglücklichen Zustand* der Schwester berichtet, als er Hegels Bitte gefolgt war und ihm seinen Taufschein nach Berlin schickte,[401] doch die Nachricht kam für Hegel in einem denkbar ungünstigen Moment. Er hatte andere Sorgen. Es sind die Monate, in denen er an dem im Herbst erscheinenden Buch »Grundlinien der Philosophie des Rechts« arbeitete, das aus seinen Vorlesungen über Rechtsphilosophie hervorging und in dem er seine Theorie des modernen Staates entwickelte. Es sind zugleich die Monate, in denen die repressiven Maßnahmen der Karlsbader Beschlüsse der studentischen Burschenschaftsbewegung und der Zensurfreiheit der Hochschulen ein Ende setzten, was Hegel in seinem unmittelbaren Umfeld zu spüren bekam. Zudem war er völlig ratlos, da der Kontakt zu Schwester und Vetter über ein Jahr geruht hatte und er nicht einmal über die erneute Heirat des Dekans informiert war. So schob Hegel die Antwort hinaus und schrieb erst nach Abschluss seiner Vorlesungen am 19. März 1820: ... *meine Geschäfte hielten mich ab, Dir früher darüber zu antworten; gestern habe ich meine Vorlesungen geschlossen; aber auch heute weiß ich nicht, was ich darüber schreiben soll; die Nachricht hat mich tief bewegt, es ist das Härteste, was den Menschen treffen kann. [...] Auch jetzt bezeichnest Du den Hauptzustand als hysterisch, wie er damals war. Der einzige Trost, den ich dabei haben kann, ist, sie in Deiner liebevollen Aufsicht zu wissen; wie Du mich bereits in Deinem Briefe versicherst, daß ihr nichts abgehe.*

Auch nahm Hegel die Nachricht nicht allzu ernst: *Von dem frühern Anfall, der sie befiel, wie sie noch bei Herrn von Berlichingen war, ist sie doch wieder in kurzer Zeit genesen; aber sie hatte freilich eine unglückliche, gereizte Stimmung davon behalten; sollte dieser Rückfall vielleicht mit ihrem gegenwärtigen Lebensalter zusammen(hängen) und die jetzt erst eintretende Veränderung in der weiblichen Konstitution – was der Regel nach aber wohl schon vor etlichen Jahren bei ihr hätte der Fall sein können – eine solche Wirkung gehabt haben?* Er schließt den Brief an den Vetter mit der Bitte: ... *ich darf dich noch bitten, mir von Zeit zu Zeit Nachricht von ihr und Wendungen, die ihr Zustand nimmt, zu geben ...*

An dem Tag, an dem Hegel seinem Vetter endlich antwortete, hatte auch schon Joseph von Berlichingen in Jagsthausen zur Feder gegriffen, um Hegel in Berlin über Christianes Ankunft in Jagsthausen und ihren bedenklichen Zustand zu unterrichten und ihn zu fragen, was ferner mit ihr geschehen solle. Diesen Brief Berlichingens hat Hegel erst zehn Tage später, am 29. März, erhalten. Nun sah er sich allerdings genötigt, postwendend zu antworten. Das alles wissen wir wiederum nur aus zweiter Hand: Hegel berichtet es Louis Göriz in einem Brief, der vom 31. März 1820 datiert und der erst vor einigen Jahren entdeckt worden ist.[402] Von den Briefen, die Berlichingen mit Hegel in Berlin zwischen März und Mai 1820 wechselte, konnte bisher jedoch keine Zeile gefunden werden.[403]

Das ungehörige, ja anmaßende Verhalten seiner Schwester hat Hegel offensichtlich tief getroffen. Es muss ihm in hohem Grade peinlich gewesen sein, vom Staatsrat und Grafen zur Verantwortung gezogen zu werden. Das schlechte Gewissen, nicht rechtzeitig auf die Benachrichtigung durch Göriz reagiert und die Angelegenheit verharmlost zu haben, mag ein Übriges dazu beigetragen haben. Nur so lässt sich erklären, warum Hegel gegenüber Joseph von Berlichingen sogleich mit dem Vorschlag kam, dass *allein eine förmliche vormundschaftliche Einrichtung hinreichend sein könne*, um ferner *solche Handlungen, wie diese Reise, und etwa weiter zu befürchtende Abirrungen, zu verhüten* ...[404]

Fernab vom Ort des Geschehens und über die Maßen in Arbeit verstrickt, war Hegel nun ganz und gar auf die Hilfe und Fürsorge des älteren Vetters angewiesen. Schon einmal hatte dieser Christiane wieder aufgeholfen, als sie den Bruder und dessen Familie in Nürnberg *gemüthskrank* verlassen und Zuflucht in Aalen gesucht hatte. Da Hegel zudem über ein Jahr ohne Verbindung zu seiner Schwester gewesen war, konnte er zum Zeitpunkt der Benachrichtigung kein eigenes Bild von ihrem Zustand haben: *Bey der Geistesverwirrung, in der sie angekommen, fordert er mich zur Äußerung auf, was ferner mit ihr geschehen soll.* Mit dieser Anfrage des Grafen war Hegel im fernen Berlin überfordert.

Joseph von Berlichingen aber war gezwungen zu handeln. Schon in seinem ersten Brief an Hegel, der vom 19. März 1820 datiert, also acht Tage nach Christianes Ankunft in Jagsthausen geschrieben wurde, zieht der Graf die folgenden drei Alternativen in Erwägung und signalisiert zugleich, dass er sich notfalls auch allein für eine entscheiden werde. Davon wissen wir, weil Christianes Bruder sich am 31. März 1820 hilfesuchend an Göriz gewandt hat: *Während der Zeit, bist du diesen Bericht erhältst, wird Hr. Staatsrath ohne Zweifel gesorgt haben, sie entweder wieder nach Aalen zurückzubringen, oder sie sonst privatim unterbringen, oder wie er am Schlusse seines Briefes sagt, zu anderweitiger Versorgung die nöthigen Einleitungen durch die Obrigkeit treffen zu lassen.*[405]

Ganze zehn Tage war Berlichingens Brief von Jagsthausen nach Berlin unterwegs gewesen, und bis die Rückantwort von dort eintreffen konnte, drohten insgesamt drei Wochen ins Land zu gehen. So lange aber konnte und wollte der Graf nicht warten. Er hat sich offensichtlich zunächst in Absprache mit dem Neuenstädter Unteramtsarzt Dr. Uhland, der Christiane behandelte, für eine Privatpflege im nahe gelegenen Neuenstadt entschieden. Im April 1820 ist Christiane dort gegen dreihundert Gulden im Jahr in einem Privathaus untergebracht – wo genau, ist bisher unbekannt.[406]

Hegel übertrug die Entscheidung über das weitere Schicksal seiner Schwester Ende März 1820 Louis Göriz: *Meine dringende Bitte an dich ist, in dieser Lage meine Stelle zu vertreten, und deine Freundschaft gegen meine Schwester und mich fortgesetzt eintreten zu lassen. Was bestimmt zu thun ist, muß ich deinem erleuchteten Ermessen, der du an Ort und Stelle bist überlassen. Ist ihr Zustand so, daß Rath und Geduld hinreicht, ihr bewegtes Gemüth in Ruhe zu bringen und zu erhalten, so weiß ich daß diese ihr bey dir nicht ermangeln. Ist aber eine weitere Autorität, als bloß des Freundes, in den sie bey geordnetem Bewußtsein soviel Zutraun hat, nöthig, um sie in Ordnung zu halten und ihren Körper und Seele zu heilen, so weiß ich Niemand, den ich mehr bitten möchte, sich mit förmlicher vormundschaftlicher Vollmacht bekleiden zu lassen, als dich, mit welcher Vollmacht du dann, in Berathung mit dem Arzte, die weitern nöthigen Veranstaltungen zu bestimmen und zu treffen die Güte hättest; ist ein Privat-unterkommen für sie zu finden, wo gehörig für sie gesorgt werden kann, desto besser, machte ihr Zustand es nöthig, sie in eine allgemeine öffentliche Anstalt zu bringen, so müßte ich es freylich im höchsten Grade beklagen, aber mich mit dem Willen Gottes und damit beruhigen, daß in solchen Anstalten, nach allen Seiten, die zweckmäßigen Mittel für die Herstellung des körperlichen und geistigen Zustandes getroffen und vorgenommen werden können, wenn sie anders gut eingerichtet sind, wie ich es von Würtemberg doch hoffe. Eine anständige Besorgung und Behandlung ihr zu verschaffen, dazu sollte theils ihr Einkommen nebst der Pension hinreichen, indem ich mich zugleich anheischig machte, einen Zuschuss von 100 bis 150 f jährl. zu machen. Als Vormund würdest du Sorge tragen, daß ihr Vermögen ihr aufbewahrt und nach zu hoffender Wiederherstellung, deren Wahrscheinlichkeit auch Hr Staatsrath Gr. Berlich. annimmt, ihr zurückgegeben würde. – In seinen Gedanken, sie in ein Privathaus gegen Zusicherung ihres Vermögens nach ihrem Ableben u. den Bezug ihrer Pension unterzubringen habe ich, bey der Collision von Interessen, die in einem solchen Verhältniß liegt, nicht mich beruhigen können, auch darum nicht, weil bey dem Unstäten ihrer Gedanken, eine solche, in ihrem jetzigen Zustande ohnehin unzuverlässige Zusicherung sie bald reuen, und ihr ein solches Verhältnis leicht ganz unerträglich werden könnte, indem ihre*

Unabhängigkeit immer ein Hauptpunkt war, der sie beschäftigte. Ehe ich aus meiner weiten Entfernung etwas definitives zusagen kann, muß ich dich bitten, mir theils zu berichten, wie ihr Zustand beschaffen und ob sie sich noch selbst überlassen werden kann oder nicht, oder ob und welche Vorkehrungen für sie zu treffen sind; ferner was ihr Vermögen, das so viel ich weiß, meist in Hr Gr v. Berlichingens Händen ist, nebst der von ihm bezogenen Pension für sie zu thun erlaubt. – Vor der Hand, sollte ich meynen, möchte eine Einrichtung auf ein halb Jahr für den künftigen Sommer, vielleicht auf dem Lande, und von allen ihren bisherigen Verbindungen entfernt, denn für Gemüthskranke ist solche Entfernung oft am ersprießlichsten – das beste Mittel seyn, theils, wenn dringend etwas zu beschließen ist, theils für ihre Genesung, und dann auch dafür, um in dieser Zeit etwas definitives entscheiden zu können. Ihr ohnehin längst geschwächter Körper muß von diesen Stürmen aufs Neue heruntergebracht seyn und vor Allem auch der Pflege und Stärkung bedürfen.

Dein Brief, worin du mich von ihrer Krankheit benachrichtigt hattest, hatte mir die Beruhigung gegeben, daß sie gut versorgt sey und daß es ihr an nichts abgehe; ich hoffe wenigstens, daß sie wieder nach Aalen indeß zurückgekommen sey, und von deiner Liebe in Obhut genommen sey – Es ist das letzte von meinen Geschwistern, und du bist es, den ich um die nähere brüderliche Sorge für sie bitten muß. Meine obigen Äußerungen enthalten ebenfalls nichts als Bitten an dich, um Zustimmung zu Dispositionen, deren Entscheidung ich dir aus Ansicht der Sache, und der ärztlichen Gutachten überlassen muß. [...]

Wenn es der Zustand meiner Schwester verträgt, so werde ich an sie schreiben, wenn ich vorher von dir Nachricht erhalten, wessen sie empfänglich und bedürftig ist.[407]

Hegels langer Brief belegt zugleich, dass ihm Christianes Zustand durchaus zu Herzen gegangen ist und dass er sich nun sehr differenziert mit der Situation auseinandergesetzt hat. Er hat zu diesem Zeitpunkt nicht gewusst – und hier rächte sich, dass die Geschwister über ein Jahr lang keinen Kontakt miteinander hatten –, wie sich die Dinge im Aalener Dekanatshaus im letzten Jahr entwickelt hatten und welch negativen Einfluss der in seiner Persönlichkeit so schwierige und streitsüchtige Vetter auf Christianes Gemütsverfassung genommen hatte. Darüber hinaus verdeutlicht der große Rechtfertigungsbrief, den Göriz im Juni 1820 an Christiane richtete, in erschreckender Weise seine Unfähigkeit, mit Christianes psychischer Erkrankung angemessen umzugehen: Göriz wirft seiner kranken Cousine schwere Charakterfehler vor – in ihrem depressiven Zustand muss das wie Gift gewirkt haben. Erst viel später, nach der erfolgreichen Behandlung Christianes durch den Zwiefaltener Anstaltsarzt Dr. Elser, gelangt Hegel zu der tragischen Einsicht: *Daß Du nicht wieder in ein Verhältnis mit dem Dekan Göriz kommen kannst, – es scheint mir immer mehr, daß dies Verhältnis die Ursache Deiner Krankheit gewesen –, versteht sich nach Allem, was Du mir geschrieben, von selbst.*[408]

Dieser Brief, in dem Christiane das Geschehene aus ihrer Sicht darlegt, ist freilich nicht erhalten.

In der Staatsirrenanstalt Zwiefalten (1820/21)

... daß er zu Heilung derselben keine besondere Zwangsmittel werde nöthig haben ...

Bericht in Bezug auf die Gemüthskranke Christiana Hegel, 24. Juni 1820

Die Einlieferung

Der 15-monatige Aufenthalt der Christiane Hegel in der »Staatsirrenanstalt Zwiefalten« – wie Württembergs erste staatliche psychiatrische Klinik im 19. Jahrhundert häufig bezeichnet wurde[409] – ist in mehrfacher Hinsicht ein dunkles Kapitel: Ihr psychischer Zustand war im Frühjahr 1820 offenbar so schlecht, dass die Einweisung in eine öffentliche Anstalt erforderlich schien. Im Dunkeln liegen aber auch die Wege, auf denen sie dorthin kam. Und: Ausgerechnet zu ihr lässt sich nahezu nichts in den so umfangreichen Akten finden, die uns über die Geschichte dieser staatlichen Einrichtung, ihre Patienten und das Pflegepersonal seit der Eröffnung im Jahr 1812 genauestens Auskunft geben und die heute in den Staatsarchiven Sigmaringen, Ludwigsburg und Stuttgart aufbewahrt werden.[410]

Christiane Hegel ist weder in den exakt geführten Aufnahmebüchern noch in den Krankenlisten, ärztlichen Halbjahresberichten zu Georgii und Martini oder in den Rechnungsbüchern eingetragen – und es gibt vor allem keine Krankenakte von ihr. Nur ein einziges Mal findet sich ihr Name in einer Liste des sogenannten Irrenhausarztes Dr. Andreas Elser, als es diesem darum ging, seine Erfolgsstatistik ein wenig aufzubessern. Nachträglich trug er Christiane Hegel als Nr. 13 in der Spalte der *Wiedergenesenen Weiber* ein, was ihn zur Korrektur der Summe zwang: 42 der insgesamt 121 *Irren*, die zwischen 1818 und 1825 aufgenommen worden waren, konnten *entweder unbedingt oder auf Probe entlas-*

sen werden: 29 Männer und, Christiane Hegel in diesem Falle mitgerechnet, nur 13 Frauen.[411]

Wenn in Hegels Nachlass nahezu alle Briefe fehlen, die mit dem Kapitel Zwiefalten zu tun haben, so ist dies verständlich. Sie wurden wohl als zu persönlich eingestuft und aussortiert oder erst gar nicht aufgehoben. Dass ihr Bruder, der in Berlin fernab vom Geschehen saß, gezwungen war, einen intensiven Briefwechsel mit verschiedenen Personen vor Ort in Süddeutschland zu führen, liegt auf der Hand und geht aus den wenigen Briefen hervor, die sich erhalten haben. Ähnlich sieht es mit den Papieren derjenigen aus, die unmittelbar oder mittelbar mit Christiane Hegels Einweisung zu tun hatten: der sie behandelnde Arzt Dr. Ernst Uhland in Neuenstadt, Vetter Louis Göriz in Aalen sowie Graf von Berlichingen und Pfarrer Gräter in Jagsthausen. Doch warum findet sich nichts zu ihr in den Zwiefaltener Anstaltsakten? Hier ist die Überlieferungslage ausgesprochen gut, ja hervorragend. Von der Familie in diese erste staatliche psychiatrische Klinik Württembergs eingeliefert zu werden, war auch im Jahr 1820 an strenge Auflagen und an ein ganz bestimmtes Verfahren gebunden. Daran waren verschiedene staatliche Instanzen beteiligt, die auch außerhalb der Krankenakte ihre Spuren in den Archiven hinterließen und deren Akten auch kaum durch Kriegseinwirkung dezimiert wurden. Viele andere Aufnahmeverfahren und Patienten-Lebensläufe sind bestens dokumentiert – warum ist dies bei Christiane Hegel nicht der Fall?

Das normale Einweisungsverfahren sah damals vor, dass der behandelnde Arzt oder aber der zuständige Oberamts- bzw. Unteramtsarzt beim übergeordneten Kreismedizinalrat einen Antrag auf Einweisung in die Staatsirrenanstalt stellte und ein ärztliches Gutachten beilegte. Der Kreismedizinalrat – von diesen gab es im Königreich Württemberg analog zu den Kreisregierungen vier – musste den Antrag, so er ihm zustimmte, an die Donau-Kreisregierung in Ulm weiterleiten, da diese die Oberaufsicht über die Irrenanstalt Zwiefalten hatte und letztlich über die Einweisung entschied. Hielt der Kreismedizinalrat die Einweisung nicht für nötig, so konnte sich der einweisende Arzt an das Stuttgarter Königliche Medizinalkollegium wenden. Letzte Entscheidungsbefugnis hatte jedoch immer die Donau-Kreisregierung in Ulm. Die Kosten des Aufenthaltes trugen bei unvermögenden Personen in der Regel die Heimatgemeinden.

Im Falle Christiane Hegels ist die Situation insofern etwas komplizierter, als sie sich zum Zeitpunkt ihrer Erkrankung nicht in ihrem Heimatort Stuttgart befand, der gerichtlich und finanziell für sie zuständig war. Wie wir wissen, war sie in den Wochen vor ihrer Einlieferung in der Unteramtsstadt Neuenstadt unter der Linde untergebracht, die nur wenige Kilometer von Jagsthausen entfernt liegt, und nicht im bayrischen Neustadt an der Aisch, wie es in der Hegel-Briefausgabe irrtümlich heißt: Hier war Hegels Frau Marie 1820 mit den Kindern zur Kur gewesen. Neuenstadt, das zum Oberamt Neckarsulm gehörte, wurde von den Zeitgenossen wie auch von Hegel häufig nur Neustadt genannt, daher die Verwechslung. Doch Christiane wurde, wie aus Hegels Briefen hervorgeht, von einem Dr. Uhland behandelt, damals Unteramtsarzt in Neuenstadt unter der Linde. Er war ein Vetter des Dichters Ludwig Uhland. Bemerkenswert ist, dass Dr. Uhlands eigener Vater im Alter von vierzig Jahren angeblich *närrisch geworden ist*, wie Louis Göriz in einem Brief am 17. Februar 1798 schrieb.[412] Dr. Uhland jun. muss also schon sehr früh eigene leidvolle Erfahrungen im Umgang mit psychisch Kranken gemacht haben.

Seine Aufgabe wäre es nun gewesen, ein ärztliches Gutachten über Christiane Hegel anzufertigen und es bei der für Neuenstadt zuständigen Neckar-Kreisregierung in Ludwigsburg einzureichen. Vielleicht ist es an die Stadtdirektion Stuttgart gegangen, da die Residenzstadt nach damaligem Heimatrecht für Christiane Hegel zuständig war. Von der Stadtdirektion Stuttgart oder der Neckar-Kreisregierung in Ludwigsburg hätte der Antrag dann den Weg zu Kreismedizinalrat Dr. Endres bei der Donau-Kreisregierung in Ulm nehmen müssen. Im Zweifelsfall wäre noch das Königliche Medizinalkollegium in Stuttgart als zweite Aufsichtsbehörde eingeschaltet worden. Doch findet sich in den Beständen der Ober- und Mittelbehörden rein gar nichts zu einem offiziellen Aufnahmeverfahren der Christiane Hegel.

Wir wissen bisher, dass Dr. Uhland im April 1820 Hegels Schwester für dreihundert Gulden im Jahr eine Privatpflege in dem Städtchen Neuenstadt vermittelt hat – bei wem sie untergebracht war, ist unbekannt. Wir wissen ferner, dass Dr. Uhland mit Hegel und Göriz wegen der Einweisung in eine öffentliche Anstalt im April bzw. Mai 1820 in Verbindung stand, wie aus Hegels Brief an Louis Göriz, der vom 13. Mai 1820 datiert, eindeutig hervorgeht: ... *habe ich Herrn Dr. Uhland gebeten, über ihren Zustand Dich zu benachrichtigen, woraus hervorgehen wird, ob sie in einem Privatverhältnisse bleiben könnte oder aber, ob sie in die Verpflegung einer öffentlichen Anstalt gegeben werden müßte. In jenem sie ruhig und ergeben zu erhalten, ist nach Allem, was mir berichtet ist und was Du wohl selbst schon erfahren hast, nur eine obrigkeitlich berechtigte Autorität gegen sie von Nöten; das Andere kann aber noch mehr nur eine förmliche Kuratel entscheiden.*

In jedem der beiden Fälle also, so Hegel, sei eine *obrigkeitlich berechtigte Autorität gegen sie von Nöten*, im Falle der öffentlichen Anstalt dann sogar eine förmliche Kuratel. Aber auch die Privatpflege zwinge zur Vormundschaft, um sie darin ruhig und ergeben zu erhalten. Auch Graf von Berlichingen habe zur Vormundschaft geraten, da Christiane sich offensichtlich nichts vorschreiben ließ und ständig etwas anderes wollte: *Sie ist zwar in Neustadt, und zwar, wie sie mir selbst schreibt, sehr gut untergebracht, aber fand doch schon in dieser Lage Umstände, wegen der sie Veränderungen derselben wünscht.*

Vetter Louis Göriz soll die *gerichtliche Autorität für die Behandlung* Christianes erhalten und wird von Hegel in diesem Brief bevollmächtigt, die erforderlichen *Anträge zu weiterer gerichtlichen Autorisation zu machen*. Darüber hinaus bittet Hegel Göriz in diesem so wichtigen Brief vom 13. Mai 1820, sich direkt mit dem ihm doch bekannten Jagsthausener Pfarrer Gräter in Verbindung zu setzen und über diesen mit Dr. Uhland, damit er, Göriz, möglichst rasch entscheiden könne, ob die Unterbringung in einer Anstalt oder aber in einem Privatverhältnis angebracht sei. Hegel trat also die Entscheidung an seinen Vetter ab.

Ob nun Christianes Arzt Dr. Uhland ein entsprechendes Gutachten verweigert und sich gegen die Aufnahme in eine öffentliche Anstalt und für eine Privatpflege ausgesprochen hat, wissen wir nicht. Es scheint jedoch gerade auch in Anbetracht der fehlenden Akten zum üblichen Einweisungsverfahren nahe zu liegen. Und dennoch landete Hegels Schwester bereits am 20. Mai 1820 in der Staatsirrenanstalt Zwiefalten – wie eine neu aufgefundene Quelle eindeutig belegt.

Angesichts dieses Aufnahmedatums wird klar, dass Hegel seinen Brief mit den wichtigen Regieanweisungen nur sieben Tage vor Christianes Ankunft in Zwiefalten verfasst hat. Bedenkt man die Dauer der Postwege zwischen Berlin und Süddeutschland, so wird eines ganz deutlich: Die Würfel für Zwiefalten müssen bereits an anderer Stelle gefallen sein. Dafür spricht auch folgende Beobachtung: Zwischen dem 13. und 20. Mai schreibt Christiane an Hegel und er ihr nach Neuenstadt – sie ist aber, wie er durch einen Brief von ihr zu spät erfährt, schon abgereist nach Stuttgart und wohnt dort vermutlich bei ihrer Tante oder den Geschwistern von Vetter Louis Göriz, für deren Mühen sich Hegel später brieflich bedankt. Hegel schreibt dann sofort nach Stuttgart, erhält aber die Nachricht, dass seine Schwester wiederum bereits weg sei. Das heißt, alles ging Schlag auf Schlag in dieser Woche. Und Christiane musste, da sie die Briefe des Bruders nicht erreichten, den Eindruck haben – was sie auch später formulierte –, von ihrem Bruder im Stich gelassen zu sein. All dies wissen wir aus Hegels späterem großen Rechtfertigungsbrief vom 12. August 1821. Louis Göriz wiederum, dem Hegel die Verantwortung für seine Schwester aufgebürdet hatte, rechtfertigte sich in seinem Schreiben an Christiane schon im Juni 1820: *Mit meinem Willen wärst Du nie nach Zwiefalten gekommen.* Allein dieser Satz belegt, dass Christiane gegen ihren Willen nach Zwiefalten geschickt worden ist.

Welche Assoziationen Christiane damals mit dem Begriff »Irrenhaus« verband, können wir nur erahnen. Justinus Kerner, der als junger Lehrling in unmittelbarer Nachbarschaft zum damals noch in Ludwigsburg befindlichen sogenannten »Tollhaus« wohnte, beschreibt seine Eindrücke recht drastisch in seinen Lebenserinnerungen: *Das Irrenhaus (...) war meinem Schlafgemache so nahe, daß ich oft vor dem Singen, Lachen, Fluchen und Toben seiner armen Bewohner nicht in Schlaf kommen konnte. Ganze Nächte hindurch hörte ich da oft den Gesang einer wahnsinnigen Frau, der nur in den Worten ›Ririroldidi‹ bestand. Sie sang dieses Unwort immerwährend in gleicher Modulation fort, wobei sie ohne Aussetzen mit dem Fuße auf den Boden stampfte. Erst gegen Tag hörte man die Töne immer schwächer und schwächer, so sich endlich Schlaf und Erschöpfung ihrer zu erbarmen schienen. Ein anderer Wahnsinniger schrie die ganze Nacht fort die Worte: ›Totenköpfe und Krautsalat‹ und ras-*

selte dazu mit den Ketten; denn da schloß man die Tobsüchtigen noch an. Dazwischen hörte man oft Töne, als schlüge er den Kopf gewaltsam an die Wand.[413]

Im Jahr 1812 wurde das Ludwigsburger Tollhaus geschlossen und seine Insassen in das ehemalige Benediktinerkloster Zwiefalten verlegt, das im Zuge der Säkularisation 1802 an Württemberg gekommen und zur Staatsirrenanstalt Zwiefalten umgebaut worden war. Die Verlegung des Tollhauses erregte damals großes Aufsehen und Hegels Schwester, die seit 1809 in Ludwigsburg wohnte, wird davon mit Sicherheit Kenntnis genommen haben.

Aufgrund der defizitären Materiallage können wir nur spekulieren, wie es zur Einlieferung Christianes in Zwiefalten gekommen ist, wobei eine Möglichkeit zumindest plausibel scheint: Pfarrer Gräter in Jagsthausen, der Vertraute des Grafen von Berlichingen und zugleich der Mann, in dessen Pfarrhaus Göriz seine Cousine Anfang März geschickt hatte, stammte aus dem Ort Pflummern. Sein verstorbener Vater war dort freiherrlicher Obervogt gewesen, seine ebenfalls inzwischen verstorbene Mutter war eine Pfarrerstochter aus Pflummern. Das evangelische Pfarramt Pflummern aber war im katholischen Nachbarort Zwiefalten zuständig für die wenigen evangelischen Seelen, auch die in der Staatsirrenanstalt. Der Pflummerner Pfarrer hatte theoretisch alle 14 Tage den Gottesdienst in Zwiefalten zu versehen – praktisch sah die Situation wohl etwas anders aus. Es ist also denkbar, dass Pfarrer Gräter mit seinem Kollegen Jakob Friedrich Schmoller im Mai des Jahres 1820 Kontakt aufgenommen hat, um eine möglichst rasche Lösung des Problems zu finden. Zwiefalten war damals in Württemberg die einzige staatliche Anstalt dieser Art. Privatpflege oder öffentliche Anstalt – bis diese Frage auf offiziellem Weg und noch dazu zwischen Berlin, Jagsthausen, Neuenstadt, Aalen und Stuttgart gelöst war, drohte viel Zeit zu verstreichen. Christiane Hegel war offensichtlich unberechenbar in ihren Handlungen, angedrohte oder tatsächliche Selbstmordversuche sind nicht auszuschließen – und so könnte die »geniale« Idee, nämlich Privatpflege im unmittelbaren Umfeld der öffentlichen Anstalt, auch die schnellstmögliche Lösung gewesen sein.

Christiane kam nämlich bereits am 20. Mai 1820 nach Zwiefalten, früher als bisher angenommen. Und sie kam nicht in eine der berüchtigten Zellen, sondern in Kost und Logis zu einem der drei Irrenmeister, dem 53-jährigen Christian Heinrich Fischer und seiner Familie. Zwei neu aufgefundene Quellen belegen dies. Am 24. Juni 1820 notiert Oberinspektor Ege, der Anstaltsleiter, in seinem »Bericht-Conceptbuch« folgenden »Bericht in Bezug auf die Gemüthskranke Christiana Hegel von Stuttgart«: *Dem erhaltenen Befehl [...] gemäß, habe ich sogleich über den Gemüthszustand der dahier in privat Pflegung bei dem Irrenmeister Fischer befindlichen Christiana Hegel von Stuttgart, mit dem Irrenhausarzt comuniciert.*[414]

Das sogenannte Bericht-Conceptbuch diente dazu, genau Buch zu führen über alle Berichte, die Ege an vorgesetzte Behörden, insbesondere aber an die seit 1818 aufsichtsführende Donau-Kreisregierung in Ulm verfasste und abschickte. Erstaunlicherweise ist der von Ege erwähnte erhaltene Befehl nicht im sogenannten Befehlsbuch eingetragen, in dem er gewissenhaft alle erhaltenen Befehle notierte.[415]

Der zweite Beleg ist weitaus abgelegener. Er nennt das Aufnahmedatum Christianes und bezeugt zugleich, dass Christiane noch bis Mitte August 1821 in Zwiefalten wohnte. Der Beleg findet sich im Staatsarchiv Ludwigsburg im Protokoll einer Zeugenvernehmung, die Oberinspektor Ege am 7. August 1821 mit Christiane Hegel führte und deren Protokoll er am 14. August 1821 an das Oberamt Münsingen schickte. Christiane war dabei Zeugin im Streit zwischen dem Irrenhausarzt Dr. Elser und dem ehemaligen Irrenhaus-Praktikanten und Tübinger Medizinstudenten Johann David Weber. Zu ihrer Person machte sie dabei folgende Angaben: *Christiane Louise Hegel, 48. Jahr alt, ledig, gebürtig von Stuttgart, seit dem 20ten May 1820 in Kost und Wohnung bey dem Irrenmeister Fischer in Zwiefalten.*[416]

Ihre zu Protokoll genommenen Aussagen unterschrieb sie eigenhändig. Knapp drei Wochen später, am 27. August 1821, wird Hegels Schwester dann erstmals wieder in Stuttgart aktenkundig, als sie bei der Stadtdirektion Stuttgart persönlich vorstellig wurde und um ein *Holzgratial* bat.

Die anfängliche Vermutung, Christiane sei deshalb anders als üblich in Zwiefalten aufgenommen und behandelt worden, um zu vermeiden, dass ihre »Geschichte« bekannt und aktenkundig werde, ließ sich nicht erhärten.[417] Die aufgefundenen neuen Quellen zeigen, dass der eigentliche Grund dafür, dass Christiane Hegels Aufnahme und Aufenthalt in Zwiefalten fast spurlos geblieben sind, ein anderer ist. Er besteht darin, dass sie zur *Privatcur*[418] in Württembergs Staatsirrenanstalt kam. Was für sie in ihrer Situation 1820 ohne Zweifel ein großes Glück im Unglück war – der Status einer Privatpatientin – stellt sich für die Forschung heute als Nachteil dar: Ihr Fall wäre wie bei den anderen Patienten auf das genaueste dokumentiert und kommentiert, wir verfügten über eine saubere Anamnese und eine Diagnose ihrer Krankheit, könnten Tag für Tag im penibel geführten medizinischen Tagebuch des behandelnden Irrenhausarztes Dr. Elser nachlesen, wüssten Bescheid, wann wer warum einen Antrag auf Einweisung in die Staatsirrenanstalt gestellt hat und vieles mehr. In einem umfangreichen »Bericht« über sein Behandlungskonzept, der von Martini 1825 datiert, schreibt Dr. Elser: *Kommt ein Irre [!] im Institut an, so wird er dem Hausarzt vorgeführt, und dieser bestrebt sich, von dem Begleiter die nöthigen Notizen über dessen Gemüthscharacter, Temperament, frühere Lebensverhältnisse als Bürger, Gatte, Vater etc., so wie über den muthmaßlichen Entstehungsgrund der Krankheit Aufschluß zu erhalten.*[419]

Gut möglich, ja wahrscheinlich, dass sich Dr. Elser auch bei der Privatpatientin Christiane Hegel derartige Notizen gemacht hat. Doch sie sind in den Zwiefaltener Anstaltsakten nicht überliefert, und ein Privatnachlass des Arztes ist nicht bekannt.

So bleibt vor allem auch eine Frage offen, die anhand einer überlieferten Krankenakte mit Sicherheit zu beantworten wäre: Welches in der Vergangenheit *erlittene Unrecht*, so Hegel in seinem Brief an die Schwester vom 12. August 1821, hat sie krank gemacht?

Der Aufenthalt beim Irrenmeister

Christiane war also vom 20. Mai 1820 bis Mitte August 1821 in Kost und Logis bei Irrenmeister Fischer. Die Wohnung Fischers lag zwar in einem Gebäude der Anstalt und nicht etwa im Ort Zwiefalten, aber außerhalb der Klausur, also der geschlossenen Abteilungen.

Die 1812 im ehemaligen Benediktinerkloster Zwiefalten neu eröffnete Staatsirrenanstalt Zwiefalten, die das zu klein gewordene ehemalige

Tollhaus in Ludwigsburg ablöste, erstreckte sich auf die gesamte ehemalige Klosteranlage.[420] In den verschiedenen Gebäudeflügeln waren die Zellen der eingelieferten «Irren», wie die Patienten bezeichnet wurden, sowie diverse Wirtschaftsräume untergebracht. Die Wohnung des Irrenmeisters Fischer lag in einem Extragebäude, dem ehemaligen Priorat bzw. Forsthaus, einem auch heute noch existierenden kleineren Bau an der Südostecke der Klosteranlage, der – nach außen gelegen – an den Querbau im Süden anschloss (heute Garten- und Forstbau genannt). Fischers Wohnung lag im ersten Stock direkt unterhalb der Wohnung des Irrenhausarztes Dr. Elser.[421] Im Erdgeschoss des ehemaligen Forstgebäudes gab es lediglich fünf Zellen, von denen Ende Juni 1820 aber nur zwei belegt waren; eine Zelle war wegen Schimmels unbewohnbar.[422] Wie die Akten in einem anderen Zusammenhang verraten, fand unmittelbar vor Christianes Ankunft eine Umlegung statt. So meldete Oberinspektor Ege der vorgesetzten Behörde in Ulm am 23. Mai 1820: *Verflossene Woche sind auf Anordnung des Arztes mit einigen Irren die Zellen gewechselt worden, ohne daß Fischer beim Rapport mir davon etwas gemeldet hat.*[423]

Insgesamt standen zur Zeit von Christianes Ankunft 85 nutzbare Zellen für 65 Patienten zur Verfügung. Bevor Fischer seine Stelle in Zwiefalten antrat, hatte es bereits Streit zwischen ihm und dem jüngeren, aber dienstälteren zweiten Irrenmeister Johann Michael Hahn um die Irrenmeister-Wohnung gegeben, da Hahn die Chance sah, mit seinen fünf Kindern in die zwar gleich große, jedoch weitaus ruhiger gelegene Dienstwohnung wechseln zu können.[424] Den recht hübschen Blick aus der Wohnung nach Westen und Süden ins Freie hat fünfzig Jahre später der Oberwärter Karl Baumeister in zwei Zeichnungen festgehalten. Die Wohnung Fischers bestand aus einer großen Stube, zwei Nebenzimmern, einer Küche und einem Keller. Christiane mietete also vermutlich eines der beiden Nebenzimmer; die große Stube diente zu ihrer Zeit als Aufenthaltsraum für »gutartige« oder sich auf dem Wege der Besserung befindende ruhige Patienten, die dort beschäftigt wurden. Wie frei diese sich bewegen konnten, veranschaulicht der Fall des Gastwirtes Johann Georg Schweitzer, der am 10. Juni 1821 ausbrach. Oberinspektor Ege hatte die unangenehme Aufgabe, diesen Vorfall der Kreisregierung zu melden, wobei er sich genötigt sah, in seinem Bericht vom 20. Juli 1821 die dem Schweitzer gewährten Freiheiten zu rechtfertigen, da sich dieser während seines sechswöchigen Aufenthaltes *sehr ruhig und verträglich* verhalten habe: *Es wurde ihm daher gestattet, auch ohne besondere Aufsicht in der Gesellschaft des gleichfalls dahier befindlichen Kaufmanns Pfriemer von Hechingen ausgehen, oder dem hiesigen Bräumeister als seinem Collegen zum öftern besuchen zu dürfen, weil Niemanden eine Spur von einem Wahnsinn an ihm wahrnahm, und weil er bei jeder Gelegenheit sich als ein vernünftiger und solider Mann betrug. Dieses in ihn gesetzte Zutrauen missbrauchte aber Schweitzer zu Bewerkstelligung seiner Flucht von hier. Am 10. v. M. nachmittags, gerade zur Zeit, wo die beiden Irrenmeister zur Aufsicht in den Unterhaltungshöfen von ihren Wohnzimmern abwesend waren, schlich er sich aus dem Zimmer des Irrenmeister Fischers unter dem Vorwand weg, einige Stunden auf seinem Bette ausruhen zu wollen. Man vermisste ihn daher nicht eher als bis abends 6. Uhr, wo man ihm das Essen bringen wollte.* [...] *Soviel ist indessen gewiß, daß man dahier an dem Schweitzer keine Spur eines Wahnsinns bemerkt hat, welches auch mich und den Arzt bestimmte, ihn nicht wie einen wahnsinnigen, sondern wie einen von einem widrigen Schicksal verfolgten Menschen zu behandeln, daß er nicht,* [...] *durch Härte oder gefühllose Behandlung noch mehr darnieder gedrückt, sondern durch menschenfreundliche Theilnahme, und durch die möglichste Erleichterung seiner Lage wieder empor gehoben werde.*[425]

Hier wird nicht nur ein Stück privilegierter Alltag in der Staatsirrenanstalt Zwiefalten geschildert, sondern auch ein Teil der Philosophie des Hauses unter der Leitung Dr. Elsers offenbar, wenn dies freilich auch taktisch bedingt war, um dem zu erwartenden Vorwurf der mangelnden Aufsichtspflicht vorzubauen.

Der seit August 1817 angestellte Arzt Dr. Andreas Elser, der ein halbes Jahr älter als Christiane war, hatte sich in der kurzen Zeit seiner Tätigkeit in Zwiefalten bei den Königlichen Medizinalräten in Stuttgart schnell den Ruf erworben, *daß bey wirklich noch vorhandenen großen Mängeln dieses Instituts es als Resultat seiner Anstrengungen anzusehen sei, daß innerhalb 2er Jahre seiner Anstellung als Irrenarzt mehr Irren geheilt entlassen wurden, als vorher innerhalb 5 Jahren, und daß hiervon nur ein einziger als recidiv wieder eingeliefert worden ist.*

Elsers außergewöhnliches Engagement in der Staatsirrenanstalt, das er formal gesehen nur im Nebenamt als Hausarzt auszuüben hatte,

8   Aussicht aus der Irrenmeister-Wohnung im Jahr 1874,
    an der sich seit 1820 kaum etwas geändert hat

hinderte ihn allerdings oft daran, in seinem eigentlichen Hauptberuf als Unteramtsarzt tätig zu sein und diese Einnahmequelle für sich auszuschöpfen. Die Stuttgarter Medizinalräte sprachen sich daher am 3. April 1820 dafür aus, der *Bitte des Irrenhausarztes Dr. Elser in Zwiefalten um eine Besoldungserhöhung zu entsprechen und sein Gehalt um zweihundert Gulden aufzubessern,*[426] was kurz darauf von König Wilhelm bewilligt wurde.

Die Heilungserfolge Elsers und der Ausbau besserer Unterkünfte ließen, so die Medizinalräte, auf eine *größere Zahl von zahlenden Pensionairs* hoffen, was wiederum die Staatskasse entlasten würde. Die Renovierung einiger Zellen in bessere Unterkünfte, die zur Zeit von Christianes Aufenthalt diskutiert wurde, zielte in diese Richtung. Ob Christiane Hegel nun wirklich die erste Privatpatientin Zwiefaltens war, lässt sich schwer nachweisen. Die Gelder für ihre ärztliche Behandlung gingen zwar direkt an den Arzt Dr. Elser, die für Unterkunft und Verpflegung flossen jedoch noch nicht in die Institutskasse, sondern in die Tasche Fischers – dessen Dienstwohnung war Teil seines Gehalts. Doch wurde die Wohnung des Irrenmeisters damals in die Renovierungspläne einbezogen, wie aus Eges Bericht vom 12. Juli 1820 hervorgeht. Realisiert wurden diese Pläne so allerdings zunächst noch nicht. Sie veranschaulichen jedoch sehr gut die Situation zum Zeitpunkt von Christianes Ankunft in Zwiefalten und verdeutlichen ein Grundproblem, das aus Kostengründen und entgegen dem Rat von Experten in Zwiefalten nicht gelöst wurde – die Trennung der Heilbaren von den Unheilbaren, das heißt der Behandlungsfälle von den Pflegefällen, der Unruhigen von den Ruhigen[427]: *Für die gutartigen Heilbaren, periodisch vernünftigen, noch auf Probe der Besserung sich hier befindende männliche Irren oder für Irren die bessere Erziehung genossen, und übrigens nicht bösartig sind, könnte die Wohnung des Irrenmeisters Fischer, die gerade unter der Wohnung des Hausarztes sich befindet, zu 6 oder 7 ganz artigen Zellen eingerichtet werden, welche ganz von den übrigen getrennt wären und wo sie nicht so leicht einen ihrer Leidensbrüder hören oder wahrnehmen könnten. [...] Auf gleiche Weise könnten aber so viele Zellen für Heilbare, periodisch gutartige Weibspersonen in der Wohnung des Unterarztes, welche sich unter meiner [d.i. Eges] Wohnung befindet, eingerichtet werden, wo sie wieder von den andern Irren weder etwas hören noch sehen würden ...*[428]

Eges Bericht verdeutlicht, wie relativ komfortabel für Zwiefaltener Verhältnisse Christianes Wohnsituation war. Übrigens hatte es auch schon im Ludwigsburger Tollhaus für Kranke von Stand oder gebildete Patienten eine individuelle Behandlung gegeben. Trotzdem drohte auch Christiane Hegel in Zwiefalten die Einsperrung in eine der sogenannten Irrenzellen, die aus den ehemaligen Mönchszellen nach dem Vorbild der von Professor Autenrieth im Tübinger Klinikum eingerichteten Zimmer geschaffen worden waren. Zwei Drittel der ursprünglich insgesamt 93 Einzelzellen – von denen 1820 noch 83 bewohnbar waren – waren so ausgebaut, »dass je eine Palisadenreihe von 9 Zentimeter dicken Tannenstämmchen den Wohn- und Schlafraum der Kranken, der ein mit dem Holzfußboden verschraubtes Bettgestell und einen Abort enthielt, von der Fensterwand und einem kleinen Vorraum mit Ofen trennte.«[429] Denn Vetter Göriz formuliert am 2. Juni 1820, als Christiane schon gut zwei Wochen in Zwiefalten war, einen Antrag, in dem er als Aalener *Dekan u. Stadtpfarrer Goeriz [...] um Einräumung einer Zelle im Irrenhause [...] für Christiane Hegel [...] zum Behuf Wiederherstellung ihrer zerrütteten Gesundheitsumstände durch das[elbigen] Irrenhausarzt bittet.* Der Antrag wurde am 7. Juni 1820 bei der Donau-Kreisregierung in Ulm eingereicht.[430]

Ob es sich hier um eine reine Formsache, die Göriz von Dr. Elser angetragen worden war, oder aber um eine Eigeninitative von Göriz handelt, lässt sich schwer entscheiden. Denkbar ist, angesichts der Vorgeschichte, dass in den ersten Tagen oder Wochen nach Christianes Einlieferung noch akute Fluchtgefahr bestand und Elser sich dagegen absichern wollte. Dagegen spricht indessen Elsers Reaktion auf diesen Antrag. Die Kreisregierung forderte nämlich am 9. Juni von der Anstaltsleitung einen »Bericht über den Gemüthszustand der das[elbst] in Privatverpflegung befind[lichen] Christiana Hegel«. Und so berichtet Ege am 24. Juni 1820, dass der Arzt glaube, *daß er zu Heilung derselben keine besondere Zwangsmittel werde nöthig haben; und daß im äußersten Fall allenfalls eine Einsperrung in eine abgesonderte Zelle auf ein paar Stunden eintrethen könnte, wozu immer leere Zellen vorhanden sind, ohne daß dadurch die übrige Hausordnung beeinträchtigt werden darf.*[431]

Eges Bericht ging am 1. Juli bei der Kreisregierung ein, die am 3. Juli 1820 folgenden Befehl an die Irrenhaus-Oberinspektion erteilte, der sich im Befehlsbuch neben der Randnotiz findet: *Die Einräumung einer Zelle im höchsten Nothfall für die Irrin Christiane Hegel von Stuttgart betr.: K. Regierung für den DonauKreis. Dem Irrenhauspflegamt wird auf den Bericht vom 24.ten v. M. die Legitimation ertheilt, der Gemüthskranken Christiane Hegel, von Stuttgardt, im höchsten Nothfalle und auf Begehren des Hausarztes eine Zelle im Irrenhaus einzuräumen, ohne dass jedoch hierdurch dem Institut Kosten verursacht werden dürfen.*[432]

Damit waren die Grenzen abgesteckt. Dr. Elser konnte darüber entscheiden, ob und wie lange Christiane Hegel im *höchsten Nothfalle* in eine der gefürchteten Irrenzellen gesteckt werden durfte. Die Kosten für den Aufenthalt in einer Zelle hatte Christiane selbst zu tragen. Ob ein solcher notwendig geworden ist, ist nicht dokumentiert. Der Arrest war eines der wenigen Zwangsmittel, die Dr. Elser einsetzte. Wie er in seinem Bericht vom November 1825 ausführt, diente er auch als Strafmittel: *Auch in Hinsicht auf die Zellen wird ein Irre [!] belohnt oder bestraft; es findet hier eine beständige Aus- u. Einquartierung statt, je nachdem sich ein Irre beträgt.* Noch weiter ging Dr. Elser bei gewalttätig werdenden Patienten: *Vergreift sich ein Irre an einem andern, oder an einem Knecht, so wird er sogar auf einige Tage in einer von den 3 finstern u. ungesunden Clausen im Fraterbau eingesperrt.*

In Einzelfällen, beim bösartigen tückischen Zorn, wurde der Patient mit Arrest, schmaler Kost, mit Hunger, u. in seltenen Fällen auch mit Schlägen bestraft (dieser Fall ereignet sich in einem ganzen Jahre kaum 3 bis 4 mal) die Prozedur wird ohne alle Leidenschaftlichkeit vorgenommen u. bloß angewendet, wenn der Irre sich nicht im Zustande der moralischen Unfreyheit befindet, denn es wäre ebenso unmenschlich als unvernünftig, einen solchen Unglücklichen für ein Vergehen zu bestrafen, welches er in moralischem und intellectuellem Sinn gar nicht begangen hat.

Als Zwangsmittel setzte Dr. Elser generell nur wenige der damals üblichen Martermittel ein. Neben dem Arrest dienten ihm der Zwangskittel und der Zwangriemen zur Bestrafung bzw. Ruhigstellung von Patienten: *Von den übrigen Qual- u. Martermitteln, um nach Autenrieth, den Kranken zum Selbstbewusstseyn zu bringen oder nach Horn u. Sandtmann die übermäßige Reitzung des Cerebralsystems oder Centralorgans auf die Peripherie abzuleiten [...], habe ich nie in Anwendung bringen mögen: der Zwangsack, in welchen der Unglückliche aufgehängt wird, u sich beynahe zu Tode zappelt; der Zwangstuhl, worin der Patient am Leibe u. an Händen u. Füßen fest gebunden wird, u. wovon wir schon oft* noch die Spuren an den eingelieferten Irren bemerkten; – die Birne u. die Maske, welche dem Armen mit Ersticken drohen; die Schwitzkammer mit erhitztem Boden, worin die Irren beynahe verschmachten; die Ketten etc. sind hier unbekannte Dinge.[433]

Wie hoch das Arzthonorar war, das Christiane entrichten musste, lässt sich nicht mehr ermitteln. Christianes Bruder beklagt sich am 17. Juni 1820 bei Vetter Göriz, dass es *im Verhältnis zum Kostgeld [...] allerdings etwas teuer sei*. Laut Dekret vom 29. November 1811 mussten »die Irren von größerem Vermögen, welche neben der besseren Kost auch bessere Wohnung erhalten«[434], 330 Gulden im Jahr an die Institutskasse bezahlen. Für die in Neuenstadt ausgehandelte Privatverpflegung hätte Christiane nur 300 Gulden im Jahr zahlen müssen, wie Hegel Göriz in seinem Brief vom 13. Mai 1820 mitteilt, wobei er einen Zuschuss von 100 bis 150 Gulden im Jahr beizusteuern bereit war. Kurz nach Christianes Ankunft wurde in Zwiefalten am 4. Juni 1820 von Dr. Elser und Oberinspektor Ege ein verbesserter Speiseplan entworfen, nachdem im Visitationsbericht von 1819 scharfe Kritik vor allem an der Verpflegung der unteren Klasse geübt worden war. Nach wie vor gab es zwei Verpflegungsstufen, eine *geringere Kost* und eine *bessere Kost*, für die ein Kostenaufwand von rund 78 bzw. 131 Gulden im Jahr errechnet wurde. Bei der besseren Kost standen nun beispielsweise sonntags zum Frühstück *geschmälzte weiße Brodsuppe* und zum Mittagessen *Fleischsupppe mit weißem Brod. ½ [Pfund] Siedfleisch. Gemüse, abwechselnd mit Reis oder Nudeln auf dem Programm, zum Nachtessen sollte es Riebelsuppe /: geriebene Gerste:/ in Fleischbrühe, den Teig dazu mit Eier angemacht. ¼ [Pfund] EinmachKalb- oder Hammelfleisch auf die Person geben*. Fleischsuppe mit Weißbrot sowie ein halbes Pfund Siedfleisch gab es mittags auch an allen anderen Wochentagen, dazu abwechselnd *Gemüs oder Spatzen oder durchgetriebene Erbsen, im Spätjahr u. Winter statt Gemüse auch Erdäpfelschnitze in der Fleischbrühe oder verdämpfte Erdäpfel*. Zwei- bis dreimal in der Woche stand beim Nachtessen Salat auf dem Speiseplan. Demgegenüber sah der Plan bei der *geringeren Kost* mittags nur alle zwei Tage ¼ Pfund Siedfleisch und statt Weißbrot Schwarzbrot vor. Gemüse sollte *nach Verschiedenheit der Jahreszeit oder in dessen Ermanglung Gerste* gereicht werden. Das Frühstück war wenig abwechslungsreich: *geschmälzte schwarze Brodsuppe, gebrannte Suppe mit Schwarzbrot, Riebelsuppe oder Habergrütze* wechselten sich ab. Das Nachtessen unterschied sich davon kaum, Salat stand allerdings auch bei der *geringeren Kost* dreimal die Woche auf dem abendlichen Speiseplan.[435] Gemüse und Salat wurden im ehemaligen Konventgarten angebaut, wobei die Gartenarbeit auch als Beschäftigungstherapie für einzelne Patienten eingesetzt wurde. Als in der Nacht zum 24. Juni 1821 durch unerwarteten Spätfrost das Gemüse im Klostergarten erfror, war dies Grund für einen Bericht des Oberinspektors an die Kreisregierung.[436]

Christiane hat jedoch vermutlich nicht das Anstaltsessen bezogen, sondern am Tisch Fischers gegessen. Das Jahresgehalt des Irrenmeisters betrug – bei freier Wohnung und vier Klaftern Holz – dreihundert Gulden. Hegel sandte in einem Brief vom 17. Juni 1820 einen Wechsel über dreihundert Gulden an Göriz – genau die Summe, die ihm Christiane schon vor Jahren gegen Zinsen verliehen hatte. Sie sollte zur Deckung der Kosten in Zwiefalten eingesetzt werden, es handelte sich also um Christianes Geld: *... was ich weiterhin für die Versorgung meiner Schwester zu tun willens und imstande sein kann*, schrieb Hegel an Göriz im selben Brief, *hänge schlicht und ergreifend davon ab, ob Christiane die förmlich vom Waisengericht in Stuttgart noch zu erteilende Vormundschaft des Vetters anerkenne: ... aber bleiben ihre Handlungen in ihrer Willkür, so kann ich in keiner Rücksicht, wenn ich auch das Geld übriger hätte, als ich es habe, gesonnen sein, es zur Unterstützung ihrer Extravaganzen – darunter gehört wohl auch noch die verlangte Ueberwachung ihres ganzen Hausrats – und der dadurch gemachten Kosten aufzuwenden. Eine solche Sicherung kann allein in einer gerichtlich geregelten Einrichtung, die ihre Benehmungen nicht mehr ihrem allen guten Rat zurückstoßenden Eigenwillen überlässt, liegen; der Arzt in Zwiefalten bedarf auch notwendig einer solchen Autorisation über ihr Benehmen für seine Kur ...*

Hegel bittet seinen Vetter Louis Göriz definitiv darum, die Vormundschaft über Christiane zu beantragen, und zwar am dafür zuständigen Waisengericht in Stuttgart. Christiane war zu diesem Zeitpunkt schon vier Wochen in Zwiefalten. Ob Göriz dieser Aufforderung nachgekommen ist und ob die Vormundschaft noch eingeräumt wurde, lässt sich nicht mehr überprüfen, da die Akten des Waisengerichts Stuttgart leider erst von 1834 an erhalten sind. In Christiane Hegels wiedergefundenem Kassenbuch lässt sich auf Blatt 7 allerdings dazu nachlesen: *Von H. Dekan M. Göriz in Aalen wurde ich vom May 1820 bis auf den August 1821 auf Ansinnen* ms. Bruders, Prof. in Berlin administriert, habe noch keine Abrechnung erhalten, weiß also –

Hier bricht der Eintrag ab. Weiß also nicht, möchte man in Gedanken ergänzen, da die beiden letzten Worte *weiß also* von Christiane wieder durchgestrichen wurden – offensichtlich wusste sie nicht, was sie schreiben sollte, war immer noch im Unklaren über ihre Vermögensverwaltung, wollte vielleicht auch an das Thema nicht mehr rühren. Die Formulierung *auf Ansinnen meines Bruders, Prof. in Berlin administriert* legt die Vermutung nahe, dass Christiane nicht offiziell unter Vormundschaft gestellt wurde, sondern dass ihr Vermögen auf Anordnung ihres Bruders von Louis Göriz verwaltet wurde. Auch der oben zitierte Zwiefaltener Bericht über ihren Gemütszustand lässt daran zweifeln, ob Christianes Zustand für eine Entmündigung ausgereicht hat oder ausgereicht hätte – auch dafür war ein ärztliches Gutachten zwingend.

Auf Blatt 10 des Kassenbuches vermerkt Christiane weiter: *Von H. Dekan Göriz abschläglich erhalten im August 1821 bis zur Abrechnung 90 [Gulden]. Desgl. im April 1822 15 [Gulden].* Demnach hat Christiane also keine genaue Abrechnung von Göriz erhalten, sondern bis zum April 1822 nur zwei Abschlagszahlungen. Ein Jahr später, im Mai 1823, ist Louis Göriz gestorben.

Wie Christianes Kassenbuch offenlegt, konnte sie im Jahr insgesamt mit 275 Gulden fixer Einnahmen rechnen – das ist auch die Summe, die Göriz in seinem Brief vom Juni 1820 als Christianes jährliches Kapitaleinkommen nennt: Halbjährlich erhielt sie ja je 50 Gulden als Pension von Graf von Berlichingen, und auf 175 Gulden beliefen sich ihre Zinserträge. Überprüft man nun im Detail die Eintragungen in Christianes Kassenbuch, so sind in den Jahren 1820 und 1821 insgesamt 385 Gulden nicht bei Christiane Hegel »eingegangen«. 105 Gulden hat sie nach ihrer Entlassung laut Kassenbuch als Abschlagszahlung von Göriz zurückerhalten: Wie viel von den restlichen 280 Gulden zur Deckung der Unkosten in Jagsthausen, Neuenstadt und vor allem in Zwiefalten – über das von Hegel zurückbezahlte Darlehen in Höhe von 300 Gulden hinaus – verwendet wurde, lässt sich nicht nachvollziehen, da Christiane wie gesagt keine korrekte Abrechnung dazu erhalten hat und wir auch keine genauen Angaben darüber haben, wie hoch Kostgeld und Arzthonorar waren. Gut möglich, dass hierin der Vorwurf gegen Göriz gründet, ihre Gelder veruntreut zu haben. Die von Christiane *verlangte Ueberwachung ihres ganzen Hausrats*437 in Aalen während ihrer Abwesenheit, Hegels späterer Gesinnungswandel gegenüber dem Vetter und die notorische Geldnot und Verschuldung des Dekans schaffen diesen Verdacht keinesfalls aus der Welt. Das auch nach ihrer Entlassung freundschaftliche Verhältnis zum Grafen von Berlichingen und seinen Töchtern legt nahe, dass die Zinsen von dieser Seite korrekt ausgezahlt und mit den entstandenen Unkosten verrechnet worden sind.

Christianes Formulierung *auf Ansinnen meines Bruders, Prof. in Berlin administriert* verrät, welche Kluft das Kapitel Zwiefalten zwischen die Geschwister riss. Christiane zweifelte nicht ohne Grund an der Fähigkeit des Bruders, ihren Gesundheitszustand beurteilen zu können, nachdem er sich zuvor nur sehr sporadisch aus der Ferne um sie gekümmert hatte. Extravaganzen und einen *allen guten Rat zurückstoßenden Eigenwillen* lastete er seiner Schwester an. Wichtigster Informant Hegels war ohne Zweifel Louis Göriz in Aalen. In dessen vernichtendem Brief an Christiane, den er ihr unmittelbar nach ihrer Einlieferung in Zwiefalten geschrieben hat, fiel die Beurteilung, ja moralische Verurteilung noch weitaus krasser aus: *Das ist nicht blos Schwäche u. Verwirrung des Verstandes(,) das ist auch Bosheit u. Verdorbenheit des Herzens(,) woran Du krank bist. Besserst Du dich darin nicht (,) bleibt Dein Hochmuth(,) Dein Geiz und Deine Undankbarkeit, so kannst Du freylich nicht gesund werden.*

Dass Hegel seine Schwester, ohne es freilich zu wissen, dem Mann ausgeliefert hatte, der für ihn rückblickend in erster Linie schuld an ihrer Erkrankung war, hat sie dem Bruder vielleicht nie verzeihen können.

Anstaltsalltag in Zwiefalten

Der 53-jährige Christian Heinrich Fischer, in dessen Obhut Christiane Hegel kam, stammte aus Ludwigsburg und arbeitete erst seit Mitte Februar 1819 als Irrenmeister in Zwiefalten. Er selbst war sechs Jahre, seine Frau Agathe nur zwei Jahre älter als Christiane, beide hatten mehrere, noch »unversorgte« Kinder. Zuvor hatte Fischer 25 Jahre Militärdienst geleistet, war zum Feldwebel aufgestiegen, hatte dann in den Zivildienst gewechselt und war zuletzt in Ludwigsburg bei der Neckar-Kreisregierung angestellt gewesen. Da ihm der *laufende Dienst* als Kanzleidiener aus gesundheitlichen Gründen zu anstrengend wurde, hatte er im September 1818 den Antrag gestellt, mit dem damaligen Irrenmeister Alexander Martin in Zwiefalten eine *Diensts-Vertauschung* vornehmen zu dürfen – die beiden hatten sich schon abgesprochen. Martin sollte sich, auch das halten die Personalakten penibel fest,[438] wegen seiner Unterleibsschmerzen mehr an der frischen Luft bewegen, und außerdem verstand sich seine Frau nicht mit der des zweiten Irrenmeisters in Zwiefalten. Die Details des Stellenwechsels zwischen Fischer und Martin zu erwähnen, ist insofern von Interesse, als sich daraus – zumindest theoretisch – folgende Möglichkeit ergibt: Graf von Berlichingen konnte sich leicht in Ludwigsburg bei der Neckar-Kreisregierung nach deren Kanzleidiener Fischer erkundigen und bei dem ehemaligen Irrenmeister Martin Informationen über die Irrenmeister-Wohnung in Zwiefalten einholen. Wichtig an diesem Stellenwechsel ist in jedem Fall, dass Irrenmeister Fischer zu dem Zeitpunkt, als Christiane zu ihm zog, noch nicht viel Erfahrung in seinem neuen Beruf hatte.

In der Zwiefaltener Anstalt gab es insgesamt drei sogenannte Irrenmeister. Sie hatten die Aufsicht über sämtliche Patienten, also auch die weiblichen, was in der Praxis auch deren Beschäftigung einschloss. 65 *Irre* zählt Elsers ärztlicher Bericht vom 10. November 1820[439]: 35 Männer und 30 Frauen (Christiane nicht mitgerechnet!). Von den Frauen waren rund zwei Drittel ledig. Neu aufgenommen wurden im ganzen Jahr 1820 bei den *Weibern* – so das »Journal über den Personalstand der Irren im hiesigen Irrenhaus«[440] – lediglich drei. Zwischen April und November 1820 waren insgesamt fünf Patienten gestorben, vier Männer und eine Frau. Der mysteriöse Tod der Geisteskranken Luise am 19. Juli 1820 hatte eine Medizinalvisitation und Untersuchung durch das Oberamt Tübingen, aus dem die Verstorbene stammte, zur Folge.[441] Dieser Vorfall mag mit dazu beigetragen haben, dass das Stuttgarter Innenministerium am 15. November 1820 erneut Druck machte[442] und von der Donaukreis-Regierung einen Bericht anforderte über die *Veränderungen, welche die Irrenanstalt während der letzten 4 Jahre in ihrer äußern und inneren Einrichtung* erlitten hat und die aufgrund der katastrophal ausgefallenen Visitationsberichte von 1816 und 1819 hätten zügig durchgesetzt werden sollen.

Es war keineswegs das erste Mal, dass Minister von Otto – ein guter Freund von Heinrich Grüneisen – in Sachen »Irrenhaus Zwiefalten« Druck auf die Donaukreis-Regierung in Ulm ausübte: Eine Woche vor Christianes Ankunft in Zwiefalten, am 13. Mai 1820, rügte er die Kreisregierung scharf, da ihm der letzte Visitationsbericht, der vom Mai 1819 datierte, eben erst vorgelegt worden sei. Und dies, obwohl darin massive Missstände festgestelllt worden waren, die *nach den Pflichten der Menschlichkeit eine schleunige Abhilfe erfordert hätten.*

Erst im Jahr 1824, also drei Jahre nach Christianes Entlassung, konnte Dr. Elser seinen bereits zu Christianes Zeiten mehrfach formulierten Wunsch durchsetzen, eine *Irrenmutter* für die Aufsicht und Beschäftigung der weiblichen Patienten anzustellen. Schon im Jahr 1820[443] wies er ausdrücklich darauf hin, wie wichtig es für eine erfolgreiche Therapie sei, die Frauen zu beschäftigen. Wenige Monate nach Christianes Entlassung, am 7. November 1821, begründete er die Tatsache, dass im letzten halben Jahr insgesamt elf Männer, aber nur eine Frau als geheilt entlassen werden konnten, folgendermaßen: *Warum! Weil keine Anstalt hier ist, um die Weiber unter gehöriger Aufsicht einer Irrenmutter zu beschäftigen, u. die Frauen der beyden Irrenmeister weder Beruf noch Zeit haben, sich anhaltend mit den Irren abzugeben. [...] Müssiggang ist aller Laster Anfang.*

Gab es also erst nach Christianes Aufenthalt eine organisierte Form der Beschäftigung der Patientinnen durch eine sogenannte Irrenmutter, so hatte es die Zwiefalter Anstaltsleitung zu Christianes Zeiten immerhin geschafft, so Eges Bericht vom April 1821 an das Innenministerium, für die Frauen ein großes heizbares *Conversations-Zimmer im vordern Gastbau*[444] einzurichten. In ihm hielt sich nachweislich auch Christiane Hegel hin und wieder auf, wie aus ihrer späteren Zeugenvernehmung gegen den Praktikanten Weber hervorgeht. Außerdem war zur *geistigen Beschäftigung der lecturfähigen Irren* nach und nach ein kleiner Vorrath an Büchern u. Zeitschriften gesammelt, auch wurden zur körperlichen Beschäftigung der Arbeitsfähigen mancherlei Geräthschaften und Werkzeuge angeschafft. So durfte beispielsweise *die Krebsin* seit dem 28. November 1820 zum Spinnen in die Wohnung des Irrenmeisters kommen: *Die Krebsin beträgt sich so gut, daß der*

Irrenmeister sich entthschließt, sie in seine Wohnung zum Spinnen aufzunehmen. Zwei Wochen später allerdings musste Dr. Elser unter dem 12. Dezember notieren: *Die Krebsin fällt wieder in ihren Blödsinn zurück, sie muß neuerdings in ihre Zelle eingeschlossen werden.*[445]

Denkbar ist, dass Christiane Hegel in der Wohnstube der Irrenmeisterwohnung die Spinn- und Strickarbeiten beaufsichtigte oder anleitete, da ihr dies vertraut war und der Arzt es unter therapeutischen Gesichtspunkten für äußerst wichtig hielt, die Patientinnen sinnvoll zu beschäftigen.

Dr. Elser scheute auch nicht davor zurück, in seinem Bericht vom 25. Juni 1820 für die Donau-Kreisregierung eine recht drastische Schilderung der Situation zu geben und sich damit in die zeitgenössische Diskussion um die Trennung von Pflege- und Heilanstalten einzuschalten: *Eine Heil- und Beschäftigungsanstalt ist das erste Bedürfnis für die Anstalt, wenn man die Irren nicht blos verwahren, sondern auch heilen soll, in den Zellen, d. s. ein Gefängnis, ist man außer Stande, wohltätig auf Geist und Gemüth einzuwirken. – Manche sind schon in der geisttödtenden Einsamkeit aus lauter Langeweile blödsinnig geworden, u. haben ihre Geisteskräfte unwiederbringlich eingebüßt, die unter angemessener Beschäftigung noch hätten gerettet werden können. – Manche zerstören aus lauter Langeweile nach dem allen Menschen angeborenen Thätigkeitstriebe ihre Kleider und Betten, u. müssen nun nackt auf dem Strohlager ihr Leben hinschleppen, und durch Kälte im Winter dahinsterben. Manche, – wie z.B. die Friederike Koch dem Hausarzt versicherte, – zerrissen das Stroh, blos um sich durch diese Arbeit vor der Kälte zu schützen.*

Die Irrenmeister mussten neben den Patienten auch das Dienstpersonal beaufsichtigen: Zwei Irrenknechte und eine Irrenmagd teilten sich die Arbeit. Ihnen wurden immer wieder aus Personalmangel einzelne Strafgefangene zugeteilt, die vorübergehend zum Arbeitsdienst in die Anstalt geschickt wurden, obwohl man sich von dieser Ludwigsburger Tollhaus-Tradition eigentlich in Zwiefalten hatte verabschieden wollen. Sie rührte daher, dass in Ludwigsburg das Tollhaus dem Zuchthaus angegliedert war. Auch einzelne Patienten wurden zu Hausarbeiten herangezogen. Das Dienstpersonal hatte die Patienten zu versorgen und zu pflegen, das gesamte Haus zu reinigen, die Öfen zu heizen und die Wäsche zu waschen. Zum Dienstpersonal zählten ferner eine Köchin, seit Sommer 1820 auch eine Krankenwärterin und ein Krankenwärter. Die Irrenmeister mussten jeden Morgen in allen Zellen Visite machen und danach Oberinspektor Ege Rapport geben, bei der Austeilung des Essens zugegen sein, sie waren für die vom Dienstpersonal vorzunehmende ordentliche Reinigung und Lüftung der Zellen verantwortlich – die im Visitationsbericht vom 27. Mai 1819[446] scharf gerügt worden war –, sie begleiteten den Hausarzt auf seiner Visite, erstatteten ihm Bericht und assistierten bei der Aufnahme und Untersuchung der einzelnen Patienten. Sie hatten ferner die Aufsicht beim Ausgang im Freien, wobei sich die Frauen in einem eingezäunten Teil des ehemaligen Konventgartens vor dem Forstgebäude aufhalten durften – getrennt von den Männern, die sich in einem der Innenhöfe des Klosters bewegen durften.

Dass Irrenmeister Fischer den vielfältigen Anforderungen und Belastungen dieses Berufs nicht immer gewachsen war, zeigt ein Eklat, zu dem es drei Tage nach Christianes Ankunft am 23. Mai 1820 in der Küche der Zwiefaltener Anstalt gekommen ist. Bei einem Streit der Dienstboten mischte sich Irrenmeister Fischer ein, geriet in Rage und wurde schließlich auch gegenüber seinem Vorgesetzten, Oberinspektor Ege, ausfällig. Dieser reichte noch am gleichen Tag Dienstbeschwerde bei der Kreisregierung in Ulm ein und kritisierte dabei an Fischer auch: *Selbst in seinen übrigen Dienstverrichtungen habe ich nicht Ursache so ganz mit ihm zufrieden zu seyn. So hat er z. B. schon einigemahl Freunden die Anstalt gezeigt, ohne mir weder vor noch nachher eine Meldung davon zu machen. Verflossene Woche sind auf Anordnung des Arztes mit einigen Irren die Zellen gewechselt worden, ohne das Fischer beim Rapport mir davon etwas gemeldet hat. – Gegen den § 12 seiner Instruktion führt er mit den Anverwandten von einigen Irren Briefwechsel, und empfängt Gelder zu ihrer Privat-Unterstützung ohne mir hievon Anzeige zu machen.*[447]

Die Personalakte Fischers zeigt, dass dieser mit dem Arzt Dr. Elser hingegen gut zurechtkam: In der Verteidigungsschrift, die er auf Eges Anzeige hin verfasste, weist er darauf hin, dass ihm der Oberinspektor am Anfang seiner Dienstzeit die Aufsicht über die Gesindestube erteilt habe, da er am nächsten zu ihr wohnte. Als er dieser Aufgabe nachkam und in mehreren Fällen Ege darauf aufmerksam machte, wie Dienstmägde und Dienstknechte Irre schmählich behandelten – so schlug zum

Beispiel eine Dienstmagd einer Irrin mit einer Speiseschüssel das Gesicht blutig –, habe Ege darauf nicht reagiert. So habe er, Fischer, es schließlich aufgegeben, Oberinspektor Ege von derartigen Fällen Meldung zu machen und sich nur noch an den Irrenhausarzt Dr. Elser gewandt.[448] Die Affäre wirft ein recht positives Licht auf die Persönlichkeit Fischers, der offensichtlich noch nicht so »abgebrüht« war, um nicht sensibel auf Missstände zu reagieren und gegen sie anzugehen.

Dass sich Christiane Hegel mit Fischer und Dr. Elser offensichtlich verstand und ein gewisses Maß an Vertrauen zu beiden entwickelte, belegt eine andere Geschichte, die zufällig in den Akten überliefert ist und deren Auslöser Christianes Tabakdose war. Das Schnupfen von Tabak war damals auch unter den weiblichen Patienten durchaus üblich – über zwei Zentner Schnupftabak bezog die Zwiefaltener Anstalt jährlich.[449] Die Darstellung der Situation durch Fischer und Dr. Elser spiegelt dabei auch den unterschiedlichen Bildungsgrad der beiden.

Auslöser der Episode war der ehemalige Medizinstudent und Irrenhaus-Praktikant Weber[450], der auf Vorschlag der Tübinger Professoren Autenrieth und Eschenmayer schon 1817 ins Haus gekommen war, um während der Universitätsferien bei freier Kost und Wohnung in der Staatsirrenanstalt Zwiefalten zu hospitieren.

Wie in den Jahren zuvor verbrachte Weber auch den Herbst 1820 in Zwiefalten, allerdings ohne sich bei Oberinspektor Ege an- und abzumelden, ohne die Kranken zusammen mit Dr. Elser zu besuchen oder sich mit diesem gar über die Behandlung auszutauschen. Ege und Dr. Elser waren sich in ihren Berichten und Gutachten über den Praktikanten Weber dieses Mal einig, dass es ein großes Unglück wäre, wenn dieser in der Staatsirrenanstalt eines Tages angestellt würde. Elsers Gutachten über Weber vom 6. Februar 1821 fiel vernichtend aus: Weber wolle ihn nur schnellstmöglich beerben, sei wenig gebildet, doch hochmütig, vor allem aber – und hier kommt Christiane Hegel als Zeugin ins Spiel – mangele es bei ihm an Religiosität: *Endlich taugt Weber wegen Mangel an Religiosität nicht in ein Irreninstitut; in ein Haus von Unglücklichen, denen die Trostgründe der Religion noch den letzten Nothanker in ihrer verzweiflungsvollen Lage darbiethen: man braucht hier wahrlich keinen Atheismus-Apostel!* – Weber äußerte kurz vor seiner letzten Abreise nach Tübingen gegen den Krankenwärter Berthold im Conversationssaale in Gegenwart der weiblichen Irren ganz unverhohlen: »Nur dumme Leute glauben heutiges Tages noch an einen Gott; – gebildete Menschen lachen über alle die Ammenmärchen, die in der Bibel vorkommen.

Elsers Vorwürfe und Eges Berichte führten schließlich zu einer von Minister von Otto anbefohlenen genauesten Untersuchung, wobei zur Bewahrheitung der von Dr. Elser gegen Weber wegen irreligiösen Äußerungen erstatteten Anzeige als Zeugen auch Christiane Hegel, Irrenmeister Fischer und Krankenwärter Anton Berthold protokollarisch vernommen werden sollten, nachdem Weber zunächst abgestritten hatte, irreligiöse Äußerungen gemacht zu haben. Krankenwärter Berthold gab dabei auf die Frage: *Wem er es denn entdeckt habe, daß Weber das Daseyn Gottes abgeläugnet habe?*, zu Protokoll: *Der Jungfrau Hegel, welche bei dem Irrenmeister Fischer gewesen seye.*

Die von Oberinspektor Ege am 7. August 1821 durchgeführte Vernehmung von Christiane Hegel wurde wie folgt zu Protokoll genommen:
1.) Ang. der Pers.: Christiane Louise Hegel, 48. Jahr alt, ledig, gebürtig von Stuttgart, seit dem 20ten May 1820 in Kost und Wohnung bey dem Irrenmeister Fischer in Zwiefalten.
2.) Ob sie den Chirurg Joh. David Weber von Börtlingen kenne?
Ja! Sie habe ihn dahier beim Irrenmeister Fischer gesehen.
3.) Ob sie gesehen, daß derselbe während seines Aufenthaltes in Zwiefalten in den Unterhaltungssaal der weiblichen Irren gekommen seye?
Nein! Sie habe ihn nie daselbsten gesehen.
4.) Ob sie wisse, oder gehört habe, daß Weber irreligiöse Äußerung gegen den Krankenwärter Berthold in Beyseyn andrer weiblicher Irren sich erlaubt habe?
Sie habe nie solche Äußerungen von dem Weber gehört, sondern nur der Krankenwärter Berthold habe ihr gesagt, der Chirurg Weber habe ihn aufgefordert zu beweisen, daß es einen Gott gebe.
5.) Ob sie mit dem Weber selbsten nie darüber in der Folge gesprochen habe?
Nein, sie habe überhaupt nie mit ihm gesprochen.
6.) Ob sie nicht gehört habe daß von dem Irrenmeister Fischer, dem Weber dergleichen unüberlegte Reden verwiesen worden seyn? –
Ja! Und Weber habe darüber geäußert, daß es ihm leid thue, sich mit dem Berthold über diesen Gegenstand eingelassen zu haben, er werde es aber in Zukunft unterbleiben lassen.

7.) Ob sie sonsten nichts weiters anzugeben wisse?
Nein! Durchaus nichts.
U [Unterschrift:] *auf Vorlesen. Christiane Louise Hegel.*

Irrenmeister Fischer antwortete auf die Frage, in welchen Ausdrücken sich Weber gegenüber dem Krankenwärter Berthold geäußert habe: Dieses könne er nicht mehr bestimmt angeben, sondern die Jungfer Hegel habe ihm nur erzählt; – sie habe der Irrin Friederike Koch im Unterhaltungszimmer eine Prise Taback gegeben, dabey habe dieselben den auf dem Deckel ihrer Dose abgemahlten Stern gesehen, und voll freudiger Verwunderung ausgerufen, – Ey seht ein Stern! – o ich denke oft, wenn durch mein Zellengitter die Sternlein hereinflimmern, wie gut ist Gott; – diese Äußerung einer Irrin im Gegensatz gegen die ReligionsSpöttereyen des Webers, welche derselbe gegen den Krankenwärter Berthold geäußert, habe sie so sehr gerührt, daß sie es ihm /:Fischer:/ nicht vorhalten könne und erzählen müsse.

Dr. Elsers Version lautete etwas anders, wobei er offensichtlich die Details ein wenig durcheinander brachte oder frei komponierte, seine Schilderung wurde durch die Aussagen Christiane Hegels und Fischers in einigen Punkten widerlegt: Als Weber mit dem Irrenhausknecht Berthold sich in einen gelehrten Streit über die Existenz Gottes eingelassen hatte, kam zufällig die in meiner Privatcur befindliche Mamsell Hegel von Stuttgart in das weibliche Conversationszimmer, u. machte dem Disput ein Ende. Eine unserer ärgsten Narrinnen, Friederike Koch von Gaildorf, [...], bath jene um eine Prise Tabak; – auf ihrer Dose ist der aufgehende Mond abgemalt: – »Ach der ist schön!« – sagte das Riekele von Gaildorf, – »Ja wenn ich des Nachts den Mond aufgehen sehe, und die funkelnden Sterne am Himmel betrachte, denke ich oft: Wie groß ist Gottes Allmacht, wie wunderschön seine Schöpfung!« – »In der That«, – bemerkte Mamsell Hegel ganz richtig, – »ein würdiger Stoff zu einer ästhetischen Vorstellung im Geiste Schillers: diese rührende Äußerung einer Wahnsinnigen im Gegensatz mit jener eines aspirierenden Irrenarztes.«

War es nun der aufgehende Mond oder aber ein Stern, der Christianes Tabakdose zierte, einerlei. Die Ausführungen Elsers deuten an, wie sehr es der Zwiefaltener Arzt geschätzt haben wird, in der gebildeten Christiane Hegel eine Gesprächspartnerin gefunden zu haben. Dr. Elser, dies belegen auch seine zahlreichen mit lateinischen und griechischen Zitaten gespickten ärztlichen Berichte, war überaus belesen und wissensdurstig. Er beherrschte die lateinische, griechische, französische, englische und italienische Sprache, war nach Pirna und Paris gereist, um sich in seinem Fach fortzubilden. Unbestritten war er mit den verschiedenen psychiatrischen Theorien seiner Zeit vertraut.[451] Elsers ausführliche »Ärztliche Berichte über die Kranken in der Irrenanstalt Zwiefalten«, sein »Medizinisches Tagebuch« und die »Krankenakten« dokumentieren, wie ernst er seine Aufgabe als Anstaltsarzt nahm, wie detailliert er sich mit den einzelnen Kranken auseinandersetzte und wie sehr er von einem »aufklärerischen Heilungsoptimismus«[452] beseelt war. Es entbehrt daher nicht einer gewissen Tragik, dass seine Spannkraft in den letzten Jahren seiner 15-jährigen Tätigkeit in der Staatsirrenanstalt vehement nachgelassen hat: Aus heutiger Sicht würde man wohl von einem klassischen Burn-out-Syndrom sprechen, das aus den Akten spricht. Als sich Christiane Hegel Ende 1831 erneut in einer sehr schlechten psychischen Verfassung befand, äußerte sie selbst den Wunsch, wieder nach Zwiefalten gehen zu dürfen. Sie war offensichtlich davon überzeugt, dass ihr Dr. Elser auch dieses Mal helfen könnte. Ihr Stuttgarter Arzt Karl Schelling aber schickte sie – wohl wissend um Elsers »Absturz« – nach Bad Teinach.

Christianes Krankheit

Doch wie krank war Christiane zu Beginn des Jahres 1820, und was zeichnete ihren Zustand aus? War es berechtigt, sie in die Verwahrung der Staatsirrenanstalt zu geben? Sie selbst hat es damals als tiefes Unrecht empfunden und ihrem Bruder nach ihrer Entlassung bittere Vorwürfe gemacht.[453]

Mehr oder weniger differenziert wird Christianes Zustand in der Fachliteratur bisher beschrieben: Von einer »Art hypochondrischer Melancholie mit gelegentlichen Ausbrüchen von Hysterie, die sich bis zu geistiger Umnachtung steigerten«, einem »Nervenleiden« oder »einer Neurose, möglicherweise verbunden mit deliranten Syndromen«, ist die Rede.[454] Jüngstes Beispiel, wie sehr die »Fixierung« auf den Philosophen Hegel die Sicht auf dessen Schwester und deren eigene Lebenswirklichkeit ausblendet und zur doch recht einseitigen Deutung verleitet, ist

Hans Friedrich Fuldas Einführung in Leben und Werk Hegels. Fulda vermutet in Christianes »Hausfrauen- und Ersatzmutter-Tätigkeit«, die sie »gnadenlos früh« nach dem Tod der Mutter übernehmen musste, den Ausgangspunkt ihres Leidens: »Unter dem Rollenzwang zur Domination und in allmählich neurotisch werdender geschäftiger Fürsorglichkeit dürfte sie einen Teil des eigenen, ungestillten Ehrgeizes an den acht Jahre lang bemutterten, seit 1800 nur noch von fern bewunderten großen Bruder sozusagen ausgeliehen haben – wie später tatsächlich eine für sie beträchtliche Geldsumme. So verschmilzt das Schicksal des Bruders in ihrem Erlebnishorizont mit dem eigenen, um Kindheit und Jugend betrogenen Leben, wird aber durch Hegels Erfolg zum grausamen Problem für sie. Sie wird manisch-depressiv oder ›gemütskrank‹, wie man sagte.« Hegel jedoch »errät nicht, was die Krankheit mit ihm zu tun hat, auf den die Schwester symbiotisch fixiert ist«. Christianes erste Krise resultierte demzufolge, so Fulda, aus Hegels Heirat, der zweite »manische Schub« im Jahr 1820 erfolgte, »nachdem Hegel sich erfolgreich in Berlin etabliert hat«. Und drittens, dies kennen wir schon: »Im Jahr nach dem plötzlichen Tod ihres großen Bruders wird Christiane Hegel sich das Leben nehmen.« Auch wenn Fulda vermutet, dass »die Psychosen« durch »zusätzliche Faktoren«, die er allerdings nicht benennt, ausgelöst wurden, resümiert er: »Aber man verkenne den grausamen Mechanismus nicht, der da am Werk ist«.[455] Aus weitgehender Unkenntnis ihres eigenen Lebensweges, von dem der Hegelspezialist freilich kaum etwas wissen kann, ist Fulda darauf angewiesen, Erklärungsmuster allein im Kontext des Philosophen zu suchen.[456] In dieser Weise »verschmilzt« für ihn Hegels Leben mit dem seiner Schwester. Doch woher wissen wir eigentlich von Christianes »allmählich neurotisch werdender geschäftiger Fürsorglichkeit« für den Bruder? Worauf gründen unsere Kenntnisse über Christianes Krankheitszustand?

Unsere bisherigen Informationen stammen, abgesehen von dem bereits mehrfach zitierten »fragwürdigen« Briefenwurf des Aalener Dekans, ausschließlich aus Hegels Briefen, mit denen er in Berlin auf die Nachrichten der Betroffenen vor Ort in Süddeutschland reagiert hat: Er selbst aber hatte seine Schwester seit fünf Jahren nicht mehr gesehen und musste sich auf die Schilderungen verlassen, die ihn aus Jagsthausen

(Joseph von Berlichingen), Neuenstadt (Dr. Uhland) und Aalen (Louis Göriz) erreichten. Bringt man nun aus seinen Briefen[457] zusammen, was Hegel offenbar übereinstimmend aus Jagsthausen, Neuenstadt und Aalen als auffallend gemeldet wurde, so ergibt sich zusammengefasst folgende Schnittmenge: Christianes körperlicher Zustand war schlecht, sie war stark geschwächt. Auch emotional war sie aus dem Gleichgewicht geraten – ihr Gemüt war aufgebracht, bewegt, zerrüttet. Sie war geistesverwirrt. Ihre Gedanken waren unstet. Sie hatte einen unbändigen Eigenwillen, dem nur mit Zwang beizukommen war. Ihre körperliche und geistige Wiederherstellung wurde für wahrscheinlich gehalten. Anstoß erregte sie vor allem mit ihrer selbstherrlichen Art, mit der sie sich über die von den Männern getroffenen Abmachungen hinwegsetzte. Anzunehmen ist ferner, dass Christiane ungewöhnliche Ausgaben machte, da Joseph von Berlichingen, so Hegel, dringend *die Bestellung einer pekuniären und persönlichen Kuratel* anmahnte – nicht ganz uneigennützig, lag doch ein großer Teil ihres ererbten Geldvermögens als Darlehen in den Händen seiner Familie. Vetter Göriz bezeichnete darüber hinaus – in den Worten Hegels – *den Hauptzustand als hysterisch, wie er damals war,* als Christiane zu ihm kam. Allein schon an diesem Satz wird deutlich, wie schwierig es ist, eine Vorstellung von Christianes Krankheit zu bekommen: Als »hysterisch« bezeichnete man zu Beginn des 19. Jahrhunderts in der Umgangssprache auch Frauen, die an Migräne litten. Auch sei daran erinnert, dass Hegel in seiner Berner Hauslehrerzeit selbst unter Depressionen litt – über die Christiane berichtet –, dass er also eine ganz persönlich geprägte Vorstellung davon hatte: *Ich kenne aus eigener Erfahrung diese Stimmung des Gemüts oder vielmehr der Vernunft,* schrieb er 1810 an einen kranken Bekannten, wobei Hegels »Verwechslung« der Begriffe Gemüt und Vernunft ganz typisch für die damalige Diskussion über die Entstehung und Behandlung psychischer Erkrankungen ist. Die Problematik der Pathographie in der Psychiatrie zu Beginn des 19. Jahrhunderts ist von der Forschung bereits vielfach, gerade auch am Beispiel Friedrich Hölderlins erörtert worden: Für Hölderlin liegen allerdings mehrere medizinische Gutachten vor.[458]

Anhand des wenigen, was in den Zwiefaltener Akten auszumachen ist, erhalten wir wenigstens ansatzweise Einblick in Christiane Hegels psychische Verfassung im Jahr 1820. Auch gibt es darin Anhaltspunkte, ihren Zustand im vieldiskutierten Spannungsfeld zwischen Melancholie und Wahnsinn besser zu verorten. Seit der Antike gilt die Melancholie auch als die Wiege aller großen künstlerischen Schöpfung. Schon zur Zeit des Aristoteles wurde die These vertreten, dass Genialität und Wahnsinn eng beieinander liegen. »Christiane war offenbar ebenso begabt wie ihr Bruder, konnte jedoch in den damaligen Verhältnissen allenfalls eine gute Gouvernante werden; so war ihr Schicksal wohl nicht von ungefähr ein tragisches.« Dies schrieb 1988 einer der führenden Hegelspezialisten, Otto Pöggeler.[459]

In den Zwiefaltener Amtsbüchern wird Christiane Hegel an den wenigen Stellen, wo sie überhaupt genannt ist, als *Gemüthskranke* geführt. Nur einmal – in einer Randnotiz im Befehlsbuch vom 3. Juli 1820 – wird sie auch als *Irrin* bezeichnet, wie es für die Patientinnen in Zwiefalten üblich war.[460]

An versteckter Stelle findet sich hier auch der bereits erwähnte kurze »Bericht in Bezug auf die Gemüthskranke Christiana Hegel von Stuttgart«, der zwar nicht von Dr. Elser selbst geschrieben ist – also auch wieder aus zweiter Hand stammt –, den der Zwiefaltener Oberinspektor Ege aber nach Rücksprache mit dem Arzt gut vier Wochen nach Christianes Ankunft am 24. Juni 1820 für die Kreisregierung in Ulm erstellt hat. Die ärztliche Diagnose lautete demnach kurz und bündig: *Nach der Äußerung des Arztes besteht ihre Krankheit in einem stillen melancholischen Wahnsinn, daher glaubt er auch, daß er zur Heilung derselben keine besondere Zwangsmittel werde nöthig haben; und daß im äußersten Fall allenfalls eine Einsperrung in eine abgesonderte Zelle auf ein paar Stunden eintrethen könnte ...*[461]

Es ist das einzige als objektiv einzustufende Dokument zu ihrer Krankheit, das bisher bekannt ist. Der Zwiefaltener Arzt spricht darin von einem *melancholischen Wahnsinn der Christiane Hegel*. Da von Dr. Elser ein umfangreiches Konzept erhalten ist, in dem er die von ihm angewandten Fachbegriffe und Behandlungsmethoden definiert und erläutert, können wir Christianes Krankheitszustand zumindest theoretisch »begreifen« und beschreiben.

In seinem »Aerztlichen Bericht über die psychische und physische Behandlungsweise der Irren im Königl. Irren Institut zu Zwiefalten«[462]

von November 1825 unterscheidet Elser grundsätzlich 2 *Ordnungen von Seelenkrankheiten*, nämlich die Geisteskrankheiten und die Gemütskrankheiten, ohne jedoch das Mangelhafte des Systems zu mißkennen. Unter die *Abnormität der Geistesfunction* reiht er den Blödsinn und den Wahnsinn, jeweils mit allen ihren Formen. Bei der *Abnormität der Gemüthsfunctionen* unterscheidet er zwischen der Manie und der Melancholie.⁴⁶³ Dabei betont Elser, dass die Übergänge fließend sind – seine Kurzdiagnose im Falle Christiane Hegels, sie leide unter einem melancholischen Wahnsinn, belegt dies ebenfalls: Unter die Gemüthskrankheiten zähle ich nicht blos die Abnormitäten des Gefühlsvermögens, sondern auch des Willens; ferner glaube ich, daß auch der Wahnsinn von dem Gemüthe ausgeht, und daß der menschliche Geist von der Gemüthsseite ursprünglich afficirt u. verwirrt oder gar zerrüttet werde, und daß es keine Manie u. auch keine Melancholie ohne Beymischung von Wahnsinn gebe, u. daß die Irrenärzte blos Wahn- u. Blödsinnige zu behandeln haben.

Von diesen 4 Hauptformen zeigen zwey einen überspannten Zustand des Geistes oder des Gemüthes an, nämlich bey dem Wahnsinn Überspannung der Geistesfunction, u. bey der Manie Überspannung des Gemüthes; bey den 2 übrigen aber herrscht Abspannung nämlich beym Blödsinn, Abspannung oder vielmehr Mangel an Geist u. bey der Melancholie Abspannung des Gemüthes; [...]. Diese Grundformen sind so aber in der Natur selten ganz rein anzuschauen, sondern vermischen sich meistens, so daß man im Zweifel stehet, in welche Ordnung die gegebene Krankheit gehört [...].

Auch sind nicht selten die Geistes- und Gemüthskrankheiten mit somatischen verbunden, auf welche sodann in der Cur besonders Bedacht genommen werden muss. Schwach u. hülflos wird der Mensch geboren, und wenn das Thier längst schon sich der mütterlichen Vormundschaft entzogen (seine Nahrung auffinden, u. sich gegen äußere Feinde vertheidigt oder ihren Angriffen durch List entgeht, u. so seine Existenz bewahrt) bedarf der Mensch Schutz u. Pflege von den Eltern; im Familienkreis erwacht frühe schon der Neid über den Besiz des Mein u. Dein, oder über Vorzug u. Zurücksetzung; dann noch später in der Schule, in den Jünglingsjahren bis zum Grabe. Die Leidenschaften wachsen mit erkünstelten Bedürfnissen als Folge der Cultur und Civilisation, u. Niemand ist sicher vor Verwirrung des Geistes als des Gemüthes: Wer hat nicht einmal in seiner Jugend geschwärmt, wer nicht in seinen Luftschlössern geträumt, das heißt wachend geträumt, und entfernte Möglichkeiten für nahe Realitäten gesetzt; wem ist nicht oft bey einem kleinen Unglück bang geworden, sein Ansehen oder gar sein Leben zu verlieren? – Kurz[,] schon jeder Mensch stand einmal an der Grenze der Geistes[-] oder Gemüthsverwirrungen, u. wohl dem, der nicht in diesen Zauberkreis gezogen wird, aus welchem der Rücktritt so schwer u. so selten zu finden ist.[464]

Nahezu alles, was Dr. Elser hier an theoretischen Bedingungen für den Ausbruch einer Gemütskrankheit aufzählt, lässt sich ohne Mühe auf Christiane Hegels Lebensumstände übertragen – wie auf jegliche andere auch. Folgt man Elsers Logik, so impliziert seine Zuordnung Christianes zur Mischform *melancholischer Wahnsinn*, dass Hegels Schwester, ausgelöst durch eine heftige Gemütsverwirrung, geistesverwirrt wurde. Nach Elsers Terminologie bestand ihr krankhafter Zustand in einer Überspannung der Geistesfunktion (*Wahnsinn*) und einer Abspannung des Gemüts (*Melancholie*). *Geistesverwirrung* attestierte ihr ja angeblich auch Joseph von Berlichingen, wie Hegel Louis Göriz berichtet: *Bey der Geistesverwirrung, in der sie angekommen, fordert er [Graf von Berlichingen] mich zur Äußerung auf, was ferner mit ihr geschehen soll.*[465]

Was zuvor – aus der Sicht des Arztes – ihr *Gemüth* so sehr erschüttert hat, dass sie ihren klaren Verstand einbüßte, wissen wir leider gerade bei ihr, der Privatpatientin Christiane Hegel, nicht: Dr. Elser hat in ihrem Falle nicht offiziell Buch geführt. In den jährlichen Einzelberichten über die Insassen der Irrenanstalt hingegen sind unter der Rubrik »Gründe der Krankheit« die verschiedensten psychischen und physischen Ursachen genannt, die den damaligen Wissensstand wiedergeben und die uns heute immerhin Anhaltspunkte liefern. Das Register ist lang und vielfältig und reicht vom *Amtsvergehen* bis zur *unglücklichen Liebe* oder, bei den physischen Ursachen, vom *Abszess* bis zum *Sonnenstich*.

Verschiedene, zum Teil erst jüngst[466] in einem ganz anderen Zusammenhang aufgetauchte Briefe geben uns Hinweise auf die Gründe für Christianes Erkrankung. Sie stammen zwar größtenteils nicht aus dem Krisenjahr 1820, erstrecken sich aber relativ kontinuierlich über den Zeitraum von 1813 bis 1832, reihen sich schlüssig aneinander und ergänzen in vielfacher Weise, was in den Briefen ihres Bruders nur andeutungsweise aufscheint.

Anhand dieser Briefe wird zunehmend deutlich, dass Christiane generell eine schwache Konstitution hatte und daher sehr infektanfällig und auch häufig krank war. Das mag einem gewissen Hang zur Hypochondrie, der unverkennbar ist, Vorschub geleistet haben. Als auffallend bleich und mager hat sie ja auch Justinus Kerner in seinen Memoiren beschrieben. Doch bisher ist dieser Aspekt in der Literatur eher zurückgetreten: Sie lebte *wegen eines Nervenleidens* frühzeitig im Ruhestand, war in der *Irrenanstalt Zwiefalten* und *nahm sich das Leben*. Der Leser konnotiert bei diesen Angaben im Personenregister der Hegel-Briefausgabe schnell das Attribut »verrückt«. Auf Christianes körperlich desolaten Zustand weist beispielsweise auch Hegels Brief vom 31. März 1820 an den Vetter hin. Doch ist ausgerechnet dieser, auch für ihre Einweisung so wichtige Brief bis in die 1980er Jahre in einer amerikanischen Bibliothek »verschollen« gewesen; in der Briefausgabe ist er nicht enthalten und für Christianes Krankheitsbild auch noch nicht ausgewertet worden.[467] Hegel schreibt darin unter anderem: *Ihr ohnehin längst geschwächter Körper muß von diesen Stürmen aufs Neue heruntergebracht seyn und vor Allem auch der Pflege und Stärkung bedürfen.* Schon für das Jahr 1814 ist belegt, dass ihr damaliger Anfall von einem körperlichen Schwächezustand begleitet war. Am 8. August 1814 schreibt Joseph von Berlichingen an Christiane: *Ihre Gesundheit ist von der Art, daß ihr Anstrengung schädlich wird, [...] nur Ruhe und Pflegung kann auf Ihren Körper wohltätig wirken.* Und Hegel schränkt seinen im April 1814 gemachten Vorschlag, Christiane solle eine Reise zu ihm nach Nürnberg machen, mit den Worten ein: *... bist du noch förmlich krank, so geht es überhaupt noch nicht an.*

Schon 1813 war Christiane in regelmäßiger ärztlicher Behandlung; Mines jüngerer Bruder Heinrich Elsässer hat sie damals betreut und ihr wirkungsvolle *Heilmittel* verschrieben. Als Elsässer am 17. Dezember 1813 völlig überraschend am Spitalfieber starb, hat dies Christiane offensichtlich sehr getroffen. Denn der Neuenstädter Arzt war nicht nur seit Kindheitstagen ein guter *Freund*, sondern in Christianes Augen auch *der einzige Arzt*, der ihr helfen konnte. Das wissen wir aus einem Brief, der sich bisher unter den zahlreichen Kondolenzschreiben an seine Frau versteckt hielt. Am zweiten Weihnachtstag 1813 hat Christiane in Ludwigsburg zur Feder gegriffen, um der jungen Witwe und Mutter von fünf kleinen Kindern, die kurz vor ihrer nächsten Niederkunft stand, ihre Anteilnahme mit folgenden, recht ungewöhnlichen Worten auszusprechen:

Verehrte Freundin. Die Nachricht von dem Tode Ihres edeln Mannes hat mich sehr erschüttert, und hat auch im Hause hier große Sensation gemacht, u. Bedauern verursacht, daß dieser vortreffliche Mann so bald dahin mußte. Wie leid es mir thut, kann ich Ihnen nicht ausdrücken, nicht nur, weil er der einzige Arzt war, dessen vorgeschriebene Heilmittel allein bei mir von Wirkung waren, sondern weil er mir zugl. Freund war. Sie liebe Freundin mußten nun das zweite Opfer dem schrecklichen Untergange bringen, der nun über ein Jahr dauert, und in so vielen Familien tiefe Wunden schlägt. Von Ihrer Lebensgeschichte ist mir nur wenig, u. nur Bruchstücke bekannt; aber ich weiß, daß Sie schon viele harte Schicksale zu erdulden hatten. Müssen Sie aber nicht selbst gestehen, daß die Vorsehung es Ihnen wieder besser ergehen ließ, als Sie selbst nicht dachten? Eben diese Vorsehung wird gewiß auch ferner mit Ihnen u. Ihren Kindern seyn, und der Geist, der in Ihnen wohnt, wird Sie aufrecht erhalten, daß Sie im Kampfe nicht erliegen werden.
Gottlob, Christian [Mines kranker Bruder Christian Elsässer, der von Heinrich Elsässer aufgenommen worden war] ist vorweggegangen, Ihre zwei Nichten sind versorgt, dadurch sind Ihnen viele Unannehmlichkeiten u. Sorgen aus dem Wege geräumt, und der Seegen, den Ihr Mann von so vielen Tausenden erhielt, wird gewiß mit Ihnen und ihren Kindern seyn. Für itzt werden Sie wohl in Neustadt bleiben, und haben ganz recht, denn Sie haben da doch die meisten Freunde u. Bekannte, die Ihnen in Ihren bevorstehenden Wochen am besten beistehen können. Ob Sie dort bleiben werden, oder einen anderen Wohnort wählen, wird die Zukunft Ihnen am besten rathen. Leben Sie wohl liebe Freundin, Gott erhalte Sie mit Ihren Kindern gesund, und gebe Ihnen eine gute Niederkunft u. gesunde Wochen. Ich empfele mich Ihrer Freundschaft u. Andenken.
Ihre wahre Freundin Christiane Hegel.

Der Brief deutet an, wie sehr Christiane damals selbst noch unter dem Tod ihres jüngeren Bruders Ludwig gelitten haben muss, der 1812 dem *schrecklichen Untergange* zum Opfer gefallen, sprich im Russlandfeldzug geblieben war. Der plötzliche Tod Heinrich Elsässers hat offensichtlich zu ihrer allgemeinen Verunsicherung Anfang 1814 beigetragen. Wenig später forderte die Cholera in Ludwigsburg ihre Opfer: Im Januar und Juni 1814 starben eine zweijährige Tochter und der einzige Sohn des befreundeten Dekans Bahnmaier sowie Christiane Stäudlin-Vischers Ehemann: *Da möchte man wohl fragen: Mein Gott, warum hast du uns das gethan?*, formulierte Christiane zehn Jahre später, als ihre ehemalige Schülerin Caroline von Berlichingen starb und drei kleine Kinder hinterließ: *was ich miserabele, kränkliche Person bei dem Ende dieser vortrefflichen Frau fühle, erlassen Sie mir zu schreiben,* setzte sie hinzu.[468] Dies lässt auch hinsichtlich ihres Selbstwertgefühles tief blicken.

Christianes Kränklichkeit hinderte sie immer wieder daran, ihre Unterrichtsstunden abzuhalten. Letztlich hat dies auch zu ihrem Ausscheiden aus dem Dienst des Freiherrn von Berlichingen im Sommer 1814 geführt. Nach der Auflösung ihres festen Anstellungsverhältnisses aber wurde Christianes labile Gesundheit noch weit mehr zum Problem für sie. Deshalb war es auch so wichtig, das ererbte Kapitalvermögen nicht *todt liegen zu lassen,* sondern, wie sie am 20. Januar 1824 an Rentamtmann Fest in Jagsthausen schrieb, zu ihrer *Beruhigung* zinsbringend anzulegen:

Werther Freund, Heute erhielt ich ein Schreiben vom H. v. Raknitz, worin mir derselbe die 1 200 f bei den Rothschloß Kindern, auf d 17. April aufkündet und begreife recht gut, daß man nicht gerne Schulden hat, wo so vieles vorangegangen [?] ist, allein mir ist mit dieser Heimzahlung nicht nur nichts gedient, sondern vermehrt meine Sorgen; daher ergeht meine gehorsame Bitte an Sie, ob Sie nicht könnten die Einleitung treffen, daß dieses Capital auf das Neue- oder Innere Schloß übertragen würde, daß dieses in jeder Hinsicht zu meiner großen Beruhigung gereichte, fühlen Sie selbst und erlassen mirs gewiß mich weitläuf[ig]er darüber auszulassen. Und hege die Überzeugung, daß Sie es gewiß nicht fehlen lassen, zu thun was Ihnen möglich ist, nur möchte ich Sie bitten, mir bald hierüber Auskunft zu geben, damit im entgegengesetzten Falle, ich meine hiesigen Freunde bitten kann, die Güte zu haben, für mich zu fragen, daß das Geld wieder schicklich und zu meiner Beruhigung angelegt wird, nicht todt liegen bleibt und ich dem H. v. Raknitz schreiben kann, wohin er es gefällig übermachen laßen solle.

Liefen die Zinsen nicht termingerecht ein, wie seit 1816 im Falle des Rossacher Pächters Breuninger, mit dem sich Christiane schließlich gerichtlich auseinandersetzen musste, löste dies bei ihr Existenzängste aus. Denn sie selbst sah sich in Abhängigkeit von teuren Arzneimitteln, um arbeitsfähig zu sein, die sie aus ihrer Pension allein nicht bestreiten konnte. Besonders anschaulich kommt dies in ihrem ebenfalls an Rentamtmann Fest gerichteten Brief vom 22. Juni 1824 zum Ausdruck:

Werther Freund, An die Gräfin Lotte [Graf Josephs Tochter Charlotte von Berlichingen] lasse ich ein Paket Briefe abgehen, das gegenwärtiges Schreiben und eine Quittung für meine, auf den Letzten dieß verfallende, Pension enthält, mit der Bitte, daß Sie möchten die Güte haben, mir solche so zu überweisen, daß ich sie vor Jakobi erhalte, um den Hauszinß auf diesen Termin damit bezahlen zu können. Dießmal behalte ich doch 10. f davon übrig, auf die ich mich schon lange freue, da Geld-Clemme fortwährend bei mir zu Hause ist; auch schrieb ich an Breuningers wegen meiner Zinße, die Zeit Holz zu kaufen ist vor der Thüre, der täglichen Ausgaben sind viele u. die Ausgaben ohne Namen, die oft und unerwartet kommen, bewegen mich am meisten, dazu bin ich nun schon ein Jahr, einen kleinen Zwischenraum Ende des vorigen Sommers abgerechnet, keinen Tag ohne Arznei, Thee, was mich zwar nicht herstellt, aber durch deren Nichtgebrauch mir weit schlimmer wird, es ist also nicht zu wundern, wenn ich darauf drängen muß, daß mir Termin gehalten wird. Mit Breuningers möchte ich nicht wieder, so wie früher, vor alle Gerichte kommen, was ich ihm auch schrieb, aber in Bälde wünsche ich bezahlt zu werden. Und nun noch die Bitte an Sie, daß Sie möchten die Güte haben, mir eine Verschreibung für die 1200. fl. zu schicken; unterm 2. März versprachen Sie, sie mir umgehends zu schiken, seit der Zeit kamen schon viele Posten von Oehringen hieher. Recht wohl bin ich überzeugt, daß Sie den Empfang u. die Bestimmung der 1200. fl. in Ihr Tagbuch eingeschrieben haben, daß solche mir nie strittig gemacht werden; aber ich wünsche eben die Ordnung in meinen Sachen, daß jeden Augenblick, wenn ich sterbe, man Alles geordnet hinter mir finde.
Wir haben eben wieder einen recht fatalen Sommer, wo möglich noch trauriger, als der voranjährige, der liebe Gott wolle sich unserer erbarmen!
Wie ich hoffe, sin [!] Sie mit den Ihrigen gesund u. leid wird Ihnen thun, daß Ihr Kleiner nicht öfter der frischen Luft genießen kann, was für Kinder doppelt wohlthätig ist. Sie und Ihre Frau grüße ich tausendmal herzlich, Ihrer fernern Wohlgewogenheit empfele ich mich bestens. Mit wahrer Freundschaft.
Ihre Freundin Hegel.

Auch wenn Christianes Zeilen hypochondrische Züge erkennen lassen, so verdeutlichen sie vor allem die verhängnisvolle Wechselwirkung zwischen Christianes Geldsorgen und ihrer physischen wie psychischen Befindlichkeit. Eng damit verknüpft ist aber auch noch ein weiterer wichtiger Aspekt in ihrem Krankheitsbild: das »gestörte« Verhältnis zum Essen. Auch dieses Problem zieht sich nachweislich über viele Jahre bis zu ihrem Tode hin. In einem Brief vom 9. April 1825 hat Christiane dies auf den Punkt gebracht. Wieder ist es Rentamtmann Fest, dem gegenüber Christiane sich freimütig, aber auch durchaus selbstkritisch äußert:

Werther Freund, man soll nie jemand um Verzeihung bitten, d. h. sich immer so benehmen, daß man [nicht] in den Fall komme, es thun zu müssen, allein ein solcher TugendPinzel bin ich nun einmal nicht u. daher bitte ich Sie recht sehr um Nachsicht u. Verzeihung, daß ich Ihnen auf Ihr Schreiben vom Jan. noch nicht geantwortet habe, die kurzen Tage, meine Lectionen, die häuslichen Geschäfte machten, daß ich es verschob u. seit Anfangs März bin ich schlecht daran, ich leide an engem Athem, heftigem Catharr, der meine gewöhnlichen Übel verzehnfacht, so daß ich schon lange das Haus hüten muß, keine Stunden geben kann und mich an Körper, Gemüth u. Geist verdrossen u. träge macht, u. mich jede Kleinigkeit die größte Anstrengung kostet. Die 50. fl. Pension auf 31. Xbr. v. J. habe ich pünktlich u. richtig erhalten, nur thut mir leid, daß Ihnen die Gelder einzutreiben so viele Mühe macht, denn mit Sehnsucht warte ich auf 60. fl. Zinßen auf d 23. f. M. von Ihnen, der Apotheker hat wieder den meisten Profit von mir, vorm Essen habe ich Ekel, aber so wie man sich nicht wohl fühlt, gleich ist die Ausgabe größer. Des schönen Wetters erfreue ich mich blos am Fenster, dafür wird Ihr Joseph sich dessen desto mehr im Freien darüber freuen, da er schon vor. Winter sich über alles verständlich machen konnte, so wird er, wo nicht schon itzt, doch bald Alles plaudern; von Herzen wünsche ich Ihnen Glück, daß Sie so glücklicher Vater sind. Leben Sie wohl, Ihnen und Ihrer Frau empfehle ich mich bestens. Mit Hochachtung
Ihre wahre Freundin Hegel.
Mit meiner Stumpfsinnigkeit hätte ich beinahe vergessen Sie zu bitten, doch zu sorgen, daß die 1 200. fl., wie Sie mir voriges Jahr, auf dieß Jahr versprochen, auf die Güter des gn[ädigen] H[errn] übertragen werden, worüber ich auch an ihn selbst [schreiben] werde.

Abgesehen von dem heute in der Depressionsforschung bekannten und erforschten psychosomatischen Wechselspiel zwischen einer Essstörung und depressiven Zuständen deuten die wenigen überlieferten Quellen im Falle der Christiane Hegel jedoch noch auf einen weiteren wichtigen psychosomatischen Zusammenhang, der in ihre Kindheit zurückreicht: die lebensgefährliche Typhuserkrankung. Inwieweit diese schwere Erkrankung der Dickdarmschleimhaut nicht nur psychisch, sondern auch physisch ihre Spuren hinterlassen hat, lässt sich heute natürlich schwer sagen. Doch könnte Christianes auffällige Magerkeit und Schwäche durchaus damit in Zusammenhang stehen. Auch Louis Göriz spricht im Frühsommer 1820 von Christianes gestörtem Verhältnis zum Essen, er unterstellt ihr allerdings: *Was endlich Deine angeblichen Nahrungssorgen betrifft, so waren solche, so lange Du hier bist, ganz unbegründet.*

Göriz brachte Christianes Nahrungssorgen in einen Zusammenhang mit ihrem angeblichen Geiz und ihrer übertriebenen Sparsamkeit und machte ihr deshalb auch noch Vorwürfe. Und noch ein weiterer Punkt, der am Ende ihres Lebens wichtig werden sollte, klingt in diesem Brief vom April 1825 bereits an: Christiane zog sich zurück, kam nicht mehr aus dem Haus – sei es, weil es ihr Krankheitszustand nicht zuließ, sei es, weil sie sich vor Ansteckung fürchtete.

Selbst Dr. Elser, einer der wenigen sogenannten »Psychiker« seiner Zeit, der eher seelische als körperliche Ursachen – wie die »Somatiker« – für den Ausbruch von Gemüts- und Geisteskrankheiten vermutete, hielt es für möglich, dass *körperliche Schmerzen einen Patienten in Wahnsinn ja zur Verzweiflung bringen können [...] Auch ist nicht zu läugnen, daß von Fehlern des Unterleibes Hypochondrie, u. Melancholie und Wahnsinn mit fixer Idee entspringen ...*[469]

Mit Störungen im Unterleib meint er an anderer Stelle nicht nur Beschwerden gynäkologischer, sondern auch internistischer Art. Wahnsinn definiert er dabei folgendermaßen: *Das Wesen des Wahnsinns besteht in einem Übergewicht der Phantasie über die [...] Geistesfunctionen, – deswegen stehen die Dichter den Wahnsinnigen so nahe, oder werden wirklich wahnsinnig [...]. Der Wahnsinnige lebt ein rasendes Traumleben, indem er Einbildungen, Traumgebilde für Wirklichkeit nimt, u. Gegenstände außer sich für wirklich hält, die bloß in seiner krankhaften Einbildungskraft existieren.*

Diese Geistesverwirrung ist entweder allgemein [...], oder aber sie ist blos partiell, indem der Patient blos in einem Puncte, u. was mit diesem im Zusammenhang oder Berührung stehet, falsch urtheilt, in allen übrigen Dingen aber richtig denkt.[470]

Als Therapie schlug Dr. Elser beim allgemeinen Wahnsinn Arbeit und *Fixierung der Aufmerksamkeit auf wirkliche Gegenstände* sowie Umgang mit anderen Menschen vor – all dies traf für Christianes Lebensalltag in Zwiefalten zu und deckt sich auch mit Hegels wiederholt formulierten guten Ratschlägen.

Gut vier Wochen nach Christianes Einweisung sprach Dr. Elser in Bezug auf seine Privatpatientin von einem *stillen melancholischen Wahnsinn*. Das ist insofern bemerkenswert, als es bedeuten könnte, dass Christiane ihm anders angekündigt worden ist, nämlich als Rasende und Tobende, die notfalls in eine Zelle einzusperren sei: *Tage lang laut jammernd und schreyend* habe Christiane bei ihrem ersten Anfall fünf Jahre zuvor in Aalen auf dem *Sofa* des Vetters gelegen und ihrem *Unmuth,* ihrer *Unzufriedenheit* und ihrem *lauten Missvergnügen* Luft gemacht. Mit diesen Worten rechtfertigte sich bekanntlich Vetter Göriz in seinem Brief an Christiane im Juni 1820. Das könnte erklären, warum Dr. Elser prophylaktisch und auf Grund der Schilderung von Göriz zuerst die Einräumung einer Zelle für angemessen hielt, dies aber sehr schnell nicht mehr für nötig erachtete. Bei Tobsüchtigen, die nach Elsers Theorie heftige Affekte wie *unbefriedigter Ehrgeiz, Habsucht, Eifersucht und Haß* umtrieben – alles Punkte übrigens, die Göriz seiner Cousine im Juni 1820 vorwarf – sah er zur Behandlung die Einsperrung in die dunkelste Zelle, Zwangskittel, Aderlass und schmale Kost vor.[471]

Von einem *Wahnsinn mit fixer Idee*, wie ihn der Arzt und Dichter Justinus Kerner später bei Christiane diagnostizierte, wenn er von ihrer Wahnvorstellung berichtet, als Post-Päckchen verschnürt und verschickt zu werden, ist im Jahr 1820 noch nicht ausdrücklich die Rede. Einziger Anhaltspunkt für eine damals schon auftauchende *fixe Idee* könnte Göriz' Ermahnung in seinem Brief vom Juni 1820 sein: *Wenn Du die Gräfin nicht spielen willst, so bist Du reich genug ...*

Hatte Christiane Graf von Berlichingen in Verlegenheit gebracht, indem sie sich wie eine Gräfin gebärdete, als sie mit einer Kutsche vor dem Weißen Schloss in Jagsthausen vorfuhr? Nach Elsers Theorie konnte sich der *partielle Wahnsinn mit fixer Idee* entweder auf die eigene Persönlichkeit beziehen: *der Kranke hält sich für einen König, für Gott, für den Propheten Elias etc.,* oder die Wahnvorstellung bezog sich auf die Außenwelt: *der Kranke wird elektrisiert, magnetisiert, bezaubert, genothzüchtigt, hat Visionen, ist entzückt.*[472] *Christianes fixe Idee, alle Aerzte hätten Magnete und Elektrisirmaschinen gegen sie gerichtet,*[473] datiert Hegels Biograph Karl Rosenkranz erst auf November 1831; er stützt sich dabei, ohne die Quelle anzugeben, auf einen bisher unveröffentlichten Teil des Briefes, den die Stuttgarter Tante Haller am 29. November 1831 an Marie Hegel geschrieben hat.[474] Ob Christiane auch schon im Jahr 1820 von Wahnvorstellungen und Selbstmordgedanken heimgesucht wurde, lässt sich nicht mit Sicherheit sagen. Die Kurzdiagnose des Arztes, der immerhin von *Wahnsinn* spricht, die Option, Christiane in eine Zelle einzusperren, und die heftige Art und Weise, wie ihre Umwelt auf sie und ihr Verhalten damals reagierte, sprechen sehr deutlich dafür. Doch bleibt zu bedenken, dass die Reaktionen ihrer Mitmenschen von deren persönlicher Betroffenheit geprägt waren und dass diese Reaktionen ihrerseits Einfluss auf Christianes Verhalten genommen haben – man könnte auch von einer Spirale der Eskalation sprechen. Graf von Berlichingen muss brüskiert gewesen sein von der Selbstherrlichkeit seiner ehemaligen Angestellten – er wandte sich entrüstet an Hegel, der wiederum beschämt war. Entsprechend brachial wollte er sogleich mit Entmündigung reagieren. Beide hatten freilich auch ein Interesse daran, Christianes Vermögen vor ihrer Unberechenbarkeit zu schützen.

Unsere Zeitzeugen sind zugleich Akteure, ihre Beobachtungen und Schilderungen der Krankheitssymptome Christianes sind subjektiv, aus ihrer jeweiligen Perspektive formuliert. Einblick in das Krankheitsbild der Christiane Hegel vermag nach Auffassung von Hans-Christian Lucas vor allem das von ihm veröffentlichte, bereits mehrfach zitierte, unvollständige Briefkonzept von Göriz an Christiane vom Juni 1820 geben. An dieser Auffassung hat sich bis heute nichts geändert – im Gegenteil: Einzelne wörtlich zitierte Wendungen daraus dienen dem Hegelforscher Hans-Friedrich Fulda[475] auch noch im Jahr 2003 dazu, Christianes Persönlichkeit dem heutigen Leser nahe zu bringen. Doch zeugt nicht gerade dieser Brief, in dem Göriz seiner Cousine schwere Vorwürfe macht – Herrschsucht, Anmaßung, Hochmut, Ansprüche auf Gelehrsamkeit, Geiz, Bosheit und Verdorbenheit des Herzens –, von der Unfähigkeit des Dekans, mit Christianes Erkrankung auch nur ansatzweise adäquat umzugehen?

Nach heutigem Kenntnisstand jedenfalls sind seine Vorwürfe ein Kardinalfehler im Umgang mit einer Depressiven, deren Zustand sich dadurch drastisch verschlimmern musste.

Christianes emotionale Vereinsamung, die bisher – Hellmut G. Haasis ausgenommen – nur mit Blick auf die Beziehung zu ihrem Bruder und dessen junger Frau wahrgenommen wurde, hat durch die Heirat des Aalener Vetters sicherlich zugenommen. Das Gefühl der Überflüssigkeit und auch des Alterns – und darin dürfte immer auch die Erinnerung an die missglückte Liebesbeziehung zu Gotthold Stäudlin und dessen Tod eingeschlossen gewesen sein – war mit Sicherheit ein wichtiger, wenn auch keineswegs der einzige Grund ihrer schweren Depression und Geistesverwirrung zu Beginn des Jahres 1820. Parallelen in Christianes Lebensumständen 1814 und 1820 gibt es auch noch auf mehreren anderen, sehr realen Ebenen: Entscheidende Auslöser der jeweiligen Krisen waren ihre schlechte körperliche Verfassung, die Auflösung ihres Arbeitsverhältnisses und der damit verbundene Kontakt- und Realitätsverlust, ihr schwindendes Selbstwertgefühl, ihre durch die Arbeitslosigkeit zugespitzte finanzielle Situation und die daran geknüpften Existenzängste, menschliche Enttäuschungen und nicht zuletzt die innenpolitische repressive Entwicklung, die Erinnerungen an die Zeit der Jakobinerverfolgungen wecken musste. Hinzu kam die Trauer über den Tod ihr nahe stehender Menschen: ihres Bruders Ludwig, ihres langjährigen Arztes Heinrich Elsässer oder des Freundes Isaac von Sinclair, der überraschend im April 1815 auf dem Wiener Kongress zusammengebrochen war. Und auch Hölderlins Schicksal wird Christiane in ihrem labilen Zustand besonders zu Herzen gegangen sein. All dies zusammen überforderte ihre psychische, aber auch physische Belastbarkeit.

Umso bemerkenswerter ist, dass sich Hegels Schwester mit ihrer Erkrankung nicht ins gesellschaftliche Aus katapultierte. Im Sommer 1821 aus der Staatsirrenanstalt Zwiefalten als geheilt entlassen, ist ihr die Reintegration in die Stuttgarter Gesellschaft nach zwanzigjähriger Abwesenheit ganz offensichtlich gut gelungen.

Wieder in Stuttgart:
Das letzte Lebensjahrzehnt (1821–31)

Wäre es nicht so weit nach Berlin, so käme ich wohl gerne einmal zu euch, unser Stuttgardt ist freilich nicht so schön ...

Christiane Hegel an ihren Neffen Karl, Herbst 1821

Der Neuanfang als Privatlehrerin

Als Christiane im August 1821 nach Stuttgart zurückkehrte, war sie mit 48 Jahren keine junge Frau mehr. Mitte des Monats verließ sie Zwiefalten und trat die Rückreise an. Ob sie allein fuhr oder in Begleitung, welche Route sie wählte und ob sie einen Zwischenaufenthalt einlegte, wissen wir nicht. Ihre Entscheidung, sich nach zwanzigjähriger Abwesenheit wieder in Stuttgart niederzulassen – und nicht etwa, wie es der Bruder so gerne gesehen hätte,[476] eine Kleinstadt zu wählen, in der das Leben billiger und ruhiger gewesen wäre –, muss rasch gefallen sein. Denn bereits am Montag, dem 27. August 1821, wird sie im Stadtoberamt Stuttgart vorstellig und reicht ein Gesuch um *Bewilligung eines Holzgratials* ein. Ihr äußeres Erscheinungsbild muss – und sollte es wohl auch – bedauernswert gewesen sein. Der Eindruck, den sie hinterließ, wie auch die Angaben zu ihrer finanziellen Situation veranlassten die Stadtbeamten, Christianes Gesuch um kostenloses Brennholz zu befürworten und an das Königliche Finanzministerium mit der Bitte um Berücksichtigung weiterzuleiten: *In beifolgender Eingabe bittet die ledige Christiane Luise, hinterbliebene Tochter des vormaligen Rentkammer-Sekretärs Hegel um Bewilligung eines Holzgratials. Sie besitzt, nach dem vorgelegenen Stadtbericht u. Zeugniß ein elterliches Vermögen von 4 000 f. – nach ihrer Angabe aber soll solches nur noch in 2 000 f. bestehen, weil sie während ihrer langwährigen Krankheit vieles davon aufgezehrt habe.*

Dem äußern Ansehen nach scheint die Bittstellerin kränklich u. schwächlich u. zur Arbeit nicht mehr vollkommen fähig zu seyn und hat auch früher an einer Gemüthskrankheit gelitten. Die St[adt]D[irektion] nimmt daher kein. Anstand, dieses Gesuch höherer Berücksichtigung unterth. zu empfehlen. [477]

Leider hat sich die beigefügte, von Christiane selbst formulierte schriftliche Eingabe in den Akten des Finanzministeriums nicht erhalten oder zumindest: nicht finden lassen. Ihre Aussage, sie verfüge nur noch über 2000 Gulden, entsprach dabei nicht ganz der Wahrheit. Denn wie ihr Kassenbuch belegt, besaß sie auch noch im Jahr 1821 insgesamt 3200 Gulden, die sie in Form von drei Privatdarlehen verliehen hatte und die ihr bei einem Zinssatz von fünf Prozent jährlich insgesamt 160 Gulden Zinseinnahmen brachten. Sie hat, so die Aktenlage, nur dieses eine Mal unmittelbar nach ihrer Ankunft in Stuttgart ein Holzgratial bei der Stadt beantragt. Allerdings erhielt sie im November 1821 aus der Privatschatulle des württembergischen Königs zehn Gulden. Und auch zwei Stuttgarter Stiftungen griffen ihr 1822 und 1823 mit ein paar wenigen Gulden unter die Arme. Im April 1823, als Christiane ihren fünfzigsten Geburtstag feierte, schenkte ihr König Wilhelm noch einmal acht Gulden aus seiner Privatkasse.[478] Doch alles in allem konnte sie in ihrer Heimatstadt sehr schnell wieder auf eigenen Füßen stehen, war allerdings auch auf das regelmäßige Eintreffen ihrer Zinserträge angewiesen. Im Sommer 1824 drängte sie auf die pünktliche Auszahlung ihrer Zinsen in Höhe von 25 Gulden, da *die Zeit Holz zu kaufen [...] vor der Thüre stehe*.[479] Sie muss verhältnismäßig rasch damit begonnen haben, wieder Privatunterricht in Französisch zu erteilen, und nach wenigen Monaten hat sie offensichtlich schon wieder ganz gut verdient. Am 1. Februar 1822 berichtet Hegels Schwiegermutter Marie von einem Besuch, den ihre in Stuttgart lebende Schwägerin Mine Haller von Hallerstein bei Christiane gemacht hatte, bevor sie zu ihr zu Besuch nach Nürnberg gekommen war: *Die Mine war so gut, vor ihrer Abreise in Stuttgart noch Deine Schwägerin zu besuchen. Sie fand solche nett und freundlich eingerichtet, vollkommen hergestellt und heiter, zur vollen Tätigkeit mit Unterricht im Französischen, der ihr reichlich einträgt, sie aber auch sehr beschäftigt.*[480]

Wie hoch Christianes Einkommen tatsächlich war, wissen wir nicht, da sie die Unterrichtshonorare grundsätzlich nicht in ihr *Verzeichniß mei-*

ner Einnahmen eingetragen hat; dort notierte sie nur ihre Pension, ihre Zinseinnahmen, Geldgeschenke ihres Bruders und befreundeter Personen sowie die Zuwendungen aus privater und öffentlicher Hand.

Es ist anzunehmen, dass Christiane sofort in die kleine Wohnung gezogen ist, in der sie nachweisbar zwischen 1829 und 1831 gelebt hat.[481] Da sie, wie aus den späteren Korrespondenzen anlässlich ihrer Nachlass-Auflösung hervorgeht, beim Tod des Vaters alles, *was im Väterlichen Hause war*, erhalten hatte, wird sich in ihrer Einrichtung gewiss noch *manches Andenken aus dem Elterl. Haus*[482] befunden haben.

Christianes Stuttgarter Verwandte werden bei der Wohnungssuche geholfen haben. Unter diesen war und blieb ihr drei Jahre jüngerer Vetter Karl Wilhelm Göriz, ein Bruder des Aalener Dekans, ihr wichtigster Ansprechpartner in diesen letzten Stuttgarter Jahren. Er sorgte auch später für Christiane und informierte Hegel in Berlin über deren ernsthafte Erkrankung und Pflegebedürftigkeit. Und er kümmerte sich auch nach ihrem Tod um den persönlichen Nachlass und das hinterlassene Vermögen, namentlich um die verliehenen Darlehen. Karl Wilhelm Göriz, der als *Königlich Württemb. Haupt-Postamts-Caßier* in Stuttgart zu Ansehen gelangt war, galt in der Abwicklung finanzieller Angelegenheiten als versiert und war auch für Hegel ein wichtiger Ansprechpartner in Stuttgart. Bei ihm und seiner Familie dürfte Christiane unmittelbar nach ihrer Ankunft vorübergehend untergekommen sein.[483] Die große Hilfsbereitschaft dieses Vetters, seiner Frau und insbesondere seiner Tochter hat Christiane später in ihrem Testament bedacht.

Christiane hat sich in dem Stadtteil Stuttgarts niedergelassen, in dem sie auch aufgewachsen war. Ganz in der Nähe ihres Elternhauses in der Lange Gasse, die mittlerweile Lange Straße genannt wurde, nur zwei Straßenzüge weiter in der heutigen Theodor-Heuss-Straße, die damals noch den Namen *Rothe Straße* trug, mietete sie ein großes Zimmer mit einem Alkoven. Die Miete belief sich auf vierzig Gulden im Jahr und war auf Jakobi zu entrichten; Christiane hat dafür einen Teil ihrer Pension verwendet.[484] Das neue Quartier lag im oberen Teil der Straße im Haus Nr. 36, das damals noch als Haus Nr. 170 im Stadtbezirk Litera A gezählt wurde. Das Haus gehörte dem Mehlhändler Ludwig Ulrich Moseter, dessen drei Kinder bis auf den Jüngsten schon erwachsen waren. 1829 ist

Christiane Hegel die einzige Mitbewohnerin in dem schmalen Haus. Nur wenige Schritte waren es von dort zur Gartenstraße (der heutigen Fritz-Elsas-Straße) und zum vertrauten Postplatz, der sein Gesicht während der Abwesenheit Christianes etwas verändert hatte. Dass es sich um ein großes Zimmer mit Alkoven handelte, das zur Südseite gelegen war und zu dem eine Küche und ein Holzlagerplatz gehörten, wissen wir aus der Wohnungsanzeige, die Moseter wenige Tage nach Christianes Tod, am 8. Februar 1832, in die Schwäbische Chronik gesetzt hat, ohne freilich den überraschenden Tod seiner Mieterin mit einer Silbe zu erwähnen. Die Anzeige lautet: *Zu vermiethen: Auf Georgii in der rothen Straße, Lit. A. Nr. 170, auf der Sommerseite, eine freundliche Wohnung, bestehend aus einem Zimmer nebst Alkov, Küche und Holzplaz.*[485]

Nur die Hausnummer und der Zeitpunkt der Annonce verraten, dass es sich um die Wohnung Christiane Hegels gehandelt haben muss.

Einer, der einen entscheidenden Beitrag dazu geleistet hat, dass sie sich so schnell und gut ins Stuttgarter Alltagsleben integrieren konnte, weil er ihren gesundheitlichen Zustand kontinuierlich überwachte, war der Stuttgarter Arzt Karl Eberhard Schelling, der jüngere Bruder des mit Hegel einst eng befreundeten Philosophen Friedrich Wilhelm Joseph Schelling. Karl Schelling[486], der ganze zehn Jahre jünger als Christiane war, hatte sich 1806 in Stuttgart als praktischer Arzt niedergelassen. Sehr schnell machte er sich dort auch als Augen- und Seelenarzt einen Namen und setzte sich auch 1806 in einer Abhandlung mit den »Ideen und Erfahrungen über den thierischen Magnetismus« theoretisch auseinander. Zu seinen Patienten zählten später Eduard Mörike und Nikolaus Lenau. Karl Schelling stand Christiane in ihren letzten Lebensjahren nicht nur als fachkundiger Arzt treu zur Seite und lehnte dabei strikt jedes Honorar ab – er und seine liebenswürdige junge Frau Friederike waren ihr auch freundschaftlich verbunden.

Die Schellings hatten 1812 in Stuttgart geheiratet. Zehn Jahre lang warteten sie vergeblich auf Nachwuchs, bis ihnen Anfang November 1822 ein Sohn geschenkt wurde. Tragischerweise starb der Junge bereits im Sommer 1824, keine zwei Jahre alt. Es wurden dann in den Jahren 1825 bis 1831 noch drei Mädchen geboren. Christiane hat regen Anteil an den Höhen und Tiefen des Schellingschen Familienlebens genommen und Bruder und Schwägerin in Berlin auch wiederholt darüber informiert: Fr. *Schelling hat 2 liebliche Mädchen u. ist wieder nahe an der Niederkunft, jedermann wünscht, daß sie einen Knaben bekomme*, meldet sie etwa der Schwägerin am 6. Februar 1831 im unveröffentlichten Teil ihres Briefes. Schellings Frau[487] war für Marie zudem keine Unbekannte. Sie war eine Nichte von Maries Stuttgarter Tante Mine Haller von Hallerstein.[488]

Es ist kaum zu überschätzen, wie sehr Karl Schelling, der mit Leib und Seele seinem Beruf nachging, zur physischen und psychischen Stabilisierung Christiane Hegels in Stuttgart beigetragen hat. Er war außerdem ein gesuchter Augenspezialist – und Christiane hatte mit ihren Augen zunehmend Probleme. Schelling war 1814 zum Königlichen Hofmedikus und zum Mitglied der »Section des Medicinalwesens« im Departement des Innern berufen worden, jenes Gremiums, das einen entscheidenden Einfluss auf das Gesundheitswesen im Königreich Württemberg hatte. Das »Königliche Medicinal-Collegium«, wie es später genannt wurde, hatte seit Mitte der 1820er Jahre auch wieder die Oberaufsicht über die Staatsirrenanstalt Zwiefalten. 1824 wurde Schelling zum Medizinalrat, 1828 zum Obermedizinalrat ernannt. Immer wieder forderte der König von seinen Medizinalräten Gutachten an, und in diesem Zusammenhang war Christiane Hegel für Karl Schelling wohl eine wertvolle Informantin über die internen Abläufe in der Staatsirrenanstalt. Von 1815 bis 1823 arbeitete er außerdem als Waisenhausarzt im Königlichen Waisenhaus.

Trotz all dieser vielfältigen Aufgaben hatte Karl Schelling offensichtlich ein offenes Ohr für Hegels Schwester. Mehr noch: Zu ihm konnte sie jederzeit kommen, ohne an die Kosten denken zu müssen. Die kleine Episode, die Christiane in einem ihrer Briefe an Marie schildert, veranschaulicht ihr Verhältnis zu Schelling, aber auch Hegels Dankbarkeit. Dieser hatte seiner Schwester Ende Januar 1831 drei Bronze-Medaillen mit seinem Porträt zukommen lassen, die der junge Künstler August Ludwig Held zum Ende von Hegels Rektoratszeit an der Humboldt-Universität und im Auftrag von dessen Schülern angefertigt hatte. Eine der drei an Christiane übersandten Medaillen war für sie bestimmt, die beiden anderen sollten Karl Wilhelm Göriz und Karl

Schelling erhalten. So erläutert es Marie Hegel in ihrem Begleitschreiben vom 28. Januar – sie hatte ihrem viel beschäftigten Mann die Postsendung und den Brief an Christiane wieder einmal abgenommen. Christiane sollte die beiden Medaillen Göriz und Schelling zum Dank für ihre treuen Dienste zukommen lassen, und sie berichtet der Schwägerin Anfang März 1831 davon: *Gerade war ich angekleidet, um zu Schelling zu gehen, diesem allerlei Beschwerden zu klagen, als der Junge aus der Cottaschen Buchhandlung mit einem Paketchen kam, an dessen Taille ich sogleich den Inhalt erkannte. Ich machte mich alsobald auf den Weg und beging die Unart, Schelling die Medaille eingewickelt, wie sie war, anzubieten. Er weigerte durchaus, das Paketchen anzunehmen, er habe mir ja die Erklärung gegeben, daß er nie etwas von mir annehmen werde; ich konnte das Lachen nimmer halten, versicherte ihn, ich nehme es nicht wieder zurück, es sei Kupfermünze; dessen ohngeachtet weigerte er fort, bis ich es aufmachte und ihn bat, es doch anzusehen. Dann änderte sich die Szene, als er Hegels Bild erkannte und seinen Namen sah. Ich kann Dir nicht beschreiben, wie groß seine Freude darüber war. Die Erklärung der Rückseite mußte ich ihm aus dem Briefe einigemal vorlesen und wenigstens 5–6 mal dankte er mir dafür und ebenso oft entschuldigte ich mich über den Mutwillen und die Art meines Anerbietens. Die für Göriz hebe ich bis auf den 12. Mai auf. Da ist dessen Geburtstag. Sie muß mein Geburtstagsgeschenk für diesen verschönern. Jedermann wer sie sieht, bewundert die sinnige Komposition und die schöne Arbeit. Kupferstecher Duttenhofer sagte, daß man im Gravieren es in Berlin am weitesten gebracht habe und dankte mir, daß ich sie ihm gezeigt hätte, weil man recht selten so etwas Schönes zu sehen bekomme. Ein anderer Kenner empfahl mir, sie ja recht in acht zu nehmen, daß ich kein Sandkörnle, ja nichts daran bringe, 50 f sei sie der Seltenheit und Schönheit wegen wert. Ich bin nur froh, daß, da wie mein Bruder selbst sagt, er nicht nur gehauen und gestochen, sondern nun auch geprägt sei, er nicht verwundet noch gequetscht ist. Deiner Tante Haller, zu der ich ging, ihr die Medaille zu zeigen, gefiel sie auch äußerst wohl, so wie Deinem Onkel.*

Christiane verkehrte demnach nicht nur bei den Haller von Hallerstein, sondern auch im Hause des Stuttgarter Kupferstechers Duttenhofer und seiner Frau Luise, die sich mit ihren zahlreichen Scherenschnitten weit über Württemberg hinaus einen Namen gemacht hat. Die Duttenhofers wohnten am Rande der Reichen Vorstadt in der Casernenstraße 10, ungefähr dort, wo heute die Stuttgarter Liederhalle steht. Luise

Duttenhofer hat nicht nur zahlreiche schwäbische Dichter im Scherenschnitt festgehalten, sondern auch eine ganze Reihe von Christianes Freundinnen und Bekannten zu Papier gebracht.[489] Und so kann man fragen: Wurde die von Karl Rosenkranz erwähnte Silhouette der Christiane Hegel, die ihm noch vorlag und die heute als verschollen gelten muss, von der berühmten Stuttgarter Scherenschneiderin seinerzeit angefertigt? Für Christiane Hegels freundschaftliche Verbindung zum Haus Duttenhofer gibt es indessen auch noch eine Reihe anderer Belege. Wie Christiane fein säuberlich in ihrem Kassenbuch verzeichnet, hat sie am 7. Mai 1828 *von der Mad. Duttenhofer* insgesamt 4 Gulden und 3 Taler erhalten, wobei *dies alles zum Baden* bestimmt war. Ein Jahr später ist die Duttenhoferin allerdings schon gestorben – Hegels Bronze-Medaille, die Christiane stolz dem Kupferstecher gezeigt hat, konnte sie nicht mehr bewundern. Im Haus der Duttenhofers wohnte damals zusammen mit der Oberjustizratswitwe Gmelin auch eine von Christianes alten Freundinnen aus der Kindheit zur Miete: die Jungfer Christiane Hofacker.[490] Auch diese beiden Frauen unterstützten Christiane mit kleinen Geldbeträgen, wie im Kassenbuch nachzulesen ist. So erhielt Christiane am 23. September 1827 von der Witwe Gmelin den ungewöhnlichen Betrag von 1 Gulden und 21 Talern, das Geld wurde Christiane, wie sie ebenfalls notiert, von ihrer Freundin Hofacker überbracht. Ein halbes Jahr später, am 29. März 1828, erhielt Christiane exakt denselben Betrag, diesmal *v. d. Jfr. Hofacker* selbst.[491]

Immer wieder, und zunehmend häufiger, empfing Christiane von 1827 an von Freunden und Bekannten Zuwendungen, die sich auf das Doppelte (2 Gulden und 24 Taler) oder gar Vierfache (5 Gulden und 24 Taler) dieses Betrages beliefen. Offensichtlich hat sie damit fixe Kosten bestritten. 1827 begann sie, auch die öffentlichen Gelder, die sie bis dahin nur sporadisch aus der Staatskasse und von verschiedenen Stiftungen bekommen hatte, auf Extrablättern in ihrem Kassenbuch einzutragen, da diese nun ganz regelmäßig flossen.[492] Seit 1827 erhielt sie aus der Staatskasse jeweils im April ein Gratial über 15 Gulden. Auch die Plannersche Stiftung zahlte ihr seit 1827 regelmäßig im Dezember zwölf Gulden aus. Die Gelder aus der Müllerschen Stiftung, die Christiane bereits seit 1823 jährlich mit einem Betrag von zunächst neun, dann zehn Gulden unterstützte, liefen nun immer im November bei ihr ein. Wenn es auch schon vor 1827 aus der Königlichen Privatkasse und vom Königlichen Finanzministerium sporadische Finanzspritzen gegeben hatte, so erfolgten die öffentlichen Zuwendungen seit 1827 regelmäßig.[493] Parallel dazu häuften sich wie angedeutet auch die Zuwendungen von Privatleuten, von Freundinnen und Freunden oder von Honoratioren der Stadt.

Auch ihr Bruder schickte regelmäßig zum Geburtstag im April und zu Weihnachten Geld oder half ihr spontan – etwa zur Bestreitung ihrer *Krankheitskosten* – mit einem ansehnlichen Wechsel. Die Beträge des Bruders variierten zwischen dreißig und fünfzig Gulden. Einen Teil des Geldes von Hegel zahlte Christiane auf ein Konto bei der Sparkasse ein, die im Jahr 1818 von Königin Katharina in Stuttgart gegründet worden war. Am 1. Januar 1824 eröffnete sie dort mit hundert Gulden ein Sparkonto mit der Nr. 6874. In ihrem Kassenbuch vermerkt sie dazu auf einem nachträglich mit Bindfaden ganz vorn eingehefteten Blatt, auf dem sie links oben die Kontonummer notiert hat: *Bei der Sparkasse dahier, von Geschenken, die ich von meinem Bruder erhielt, angelegt 100 fl. d. 1 Jan 1824.*

In den folgenden Jahren erfolgten jeweils zum 1. Januar weitere Einzahlungen, die allerdings nicht mehr ganz so hoch ausfielen. In den Jahren 1827 und 1828 setzten die Spareinlagen sogar vorübergehend aus, was sich mit der angespannten finanziellen Situation Christianes erklären lässt.

Das Kassenbuch spiegelt sehr deutlich wider, dass Christianes finanzielle Situation in den ersten vier, fünf Jahren nach ihrer Rückkehr relativ stabil war, dass sich ihre Lage aber im Laufe des Jahres 1827 zunehmend verschlechterte. Das rührte vor allem daher, dass sie gesundheitlich nicht mehr in der Lage war, sich mit Unterrichten ein Zubrot zu verdienen. Auch müssen sich ihre *Krankheitskosten* erhöht haben, ungeachtet dessen, dass ihr Arzt auf ein Honorar verzichtete. In welchem Maße Christiane nun auf teure Medikamente und Heilbäder angewiesen war – man denke etwa an die in ihrem Kassenbuch verzeichneten Spenden *zum Baden* –, wissen wir nicht. In einem bisher unbekannten Brief vom 27. April 1828 an Rentamtmann Fest beschreibt sie ihre Situation mit folgenden Worten:

Werther Freund, damit nehme ich mir die Freiheit, Ihnen die Quittung über 60. fl. Zinßen auf Georgi zu übersenden, mit der gehorsamen Bitte, daß ich dieß Geld in den ersten Tagen Mays erhalte.
Der Tod der Fr. Gräfin hat mich äusserst erschüttert, es ist jammervoll, daß der H. Graf und die Gn. Fr. Großmama nun so verlassen sind.
Zur Fr. v. Varnbüler komme ich oft, u. kann das um so mehr, da ich, weil ich nichts mehr arbeiten kann, keine Arbeit versäume. Das Fräulein wird sichbar magerer und schwächer und wird es wohl nicht lange mehr treiben. Ich hoffe, daß Sie mit den Ihrigen gesund seyen und wünsche von Herzen, daß Sie es Alle bleiben. Macht Joseph schon einige Fortschritte im Lernen? Eine Gefälligkeit könnten Sie mir erzeigen, wenn Sie mich [!] berichten möchten, wie es bei Breuningers steht, ob das, schon vor 5. Vierteljahr mir versprochene und nach Aussage, vom vor. Spätjahr, des Schultheißen, daß das Rindle noch da sey, ob es itzt noch vorhanden ist und also unter der Zeit zum Rind herangewachsen seyn muß, ob es etwa auf dem Neusaßer Markt verkauft wird u. ich Hoffnung hätte, daß meine dießjährigen Zinßen damit berichtigt würden, oder welche andere Hoffnung ich zur Bezahlung derselben habe. Wenn Sie die Güte hätten mich darüber zu benachrichtigen, so geschähe mir eine große Gefälligkeit, weil Sie mich dadurch anderer Schreiberei, die mir um der Reizbarkeit mr. Augen höchst schwer fällt, überheben würden.
Leben Sie wohl, mit Hochachtung
Ihre
Freundin Hegel

Auch die Augen machten Christiane zu schaffen, und unter diesen Umständen war freilich nicht mehr an das Unterrichten einer Fremdsprache oder aber gar an das Erteilen von Handarbeitsunterricht zu denken. Doch immerhin: Fast sieben Jahre lang, bis ins Alter von 55 Jahren, hatte Christiane in Stuttgart ihr Leben noch einmal aktiv in die Hand nehmen können. Dann aber ließ ihre körperliche Verfassung dies nicht mehr zu.

Der zitierte Brief an den Jagsthausener Rentamtmann Fest beleuchtet aber auch noch einen weiteren interessanten Aspekt im Leben des alternden Fräulein Hegel, wie sich Christiane nun selbst bezeichnete, dem neuesten, seit Beginn des 19. Jahrhunderts sich langsam einbürgernden Sprachgebrauch folgend. Sie ist offenbar häufiger zu Gast im Hause ihrer ehemaligen Jagsthausener Schülerin Luise von Berlichingen gewesen, die nach ihrer Scheidung in zweiter Ehe mit dem General von Varnbüler recht glücklich war. Das Ehepaar hatte sich 1824 in Ludwigsburg ein Landhaus erbauen lassen, das heute noch steht und durch einen der folgenden Besitzer berühmt geworden ist: die *Marienwahl*, die dem württembergischen Kronprinzen Wilhelm – dem späteren letzten König – in der zweiten Hälfte des 19. Jahrhunderts als Rückzugsort diente und nach seiner ersten Frau, der Prinzessin Marie zu Waldeck und Pyrmont, benannt ist.[494]

Ebenso hatte Christiane zur jüngsten Berlichingen-Tochter Josephe in den 1820er Jahren offenbar noch guten Kontakt. Josephe heiratete im Mai 1825 Wilhelm Freiherr von König und brachte zwischen März 1826 und Februar 1828 in rascher Folge drei Kinder zur Welt. Im Jahr 1829 erwarben die von Königs von der Witwe des Grafen Ferdinand von Zeppelin dessen herrschaftlichen Landsitz in Stuttgart-Münster, das sogenannte Schloss, das ihnen als Sommersitz diente. Herbst und Winter verbrachte die Familie in einer Stadtwohnung, um am gesellschaftlichen Leben teilnehmen zu können.[495] Da Christiane in ihrem Testament nicht nur Josephe von König, sondern auch deren Bedienstete Luise bedachte,[496] spricht einiges dafür, dass sie sich auch dort häufiger aufgehalten hat.

Und auch Graf von Berlichingen trat wieder in persönlichen Kontakt zu ihr: Zusammen mit seiner Frau besuchte er sie offenbar im Sommer 1826 auf der Durchreise in Stuttgart, wie er ihr in seinem Brief vom 15. April angekündigt hatte. Am 30. Juni 1826 quittierte Christiane ihm in Stuttgart den Empfang ihrer Pension.[497] Dabei haben sie sicher auch über Berlichingens lateinische Übersetzung von Goethes »Hermann und Dorothea« gesprochen, die der Graf Christiane im April zugesandt hatte. Auch die Königliche Bibliothek in Stuttgart, an der Friedrich Haug seit 1816 Königlicher Bibliothekar war, bekam von Graf Joseph eine Ausgabe gestiftet.[498] Christiane hat sich wiederholt für Berlichingens Arbeit eingesetzt. So sandte sie im Auftrag ihres verstorbenen Freundes Haug im April 1830 ein Exemplar der Übersetzung an einen unbekannten Adressaten – ihr Begleitbrief hat sich in der Hamburger Staats- und Universitätsbibliothek erhalten: *Der verstorbene Hofrat Haug war willens, Ihnen ein*

9   Das Varnbülersche Palais in Ludwigsburg, die spätere »Marienwahl«
    (um 1825/30)

Exemplar von beikommender Übersetzung zu schicken, kam aber nimmer dazu. Haben Sie nun die Güte, sie von mir anzunehmen. Damit Sie aber wissen, wie der Herr Graf von Berlichingen zu dieser wörtlichen Übersetzung kam, so setze ich Ihnen einige seiner eigenen Worte hierüber bei. Dann zitiert Christiane nahezu wörtlich aus Berlichingens Brief an sie, mildert jedoch die selbstkritischen Bemerkungen Berlichingens etwas ab. Bemerkenswerweise unterschrieb sie den Brief nur mit ihrem Nachnamen. Vielleicht landete er deshalb in der Autographen-Sammlung Campe, da er versehentlich zunächst Christianes berühmtem Bruder zugeordnet worden ist. Da er Teil einer Autographen-Sammlung aus dem 19. Jahrhundert ist, lässt sich auch nicht mehr nachvollziehen, an wen dieser Brief adressiert war. Doch zeigt er Christianes lebhaftes Interesse an und tatkräftiges Engagement für Berlichingens Übersetzung wie auch den vertrauten Umgang mit Hofrat Haug bis zu dessen Tod.

Als Joseph von Berlichingen ein Exemplar an Goethe schickte, reagierte dieser zu seinem Leidwesen nicht darauf.[499] Christiane hat sich bei ihrem Bruder in Berlin für eine Rezension der Arbeit eingesetzt, vielleicht gar mit dem Hintergedanken, über ihren mit Goethe befreundeten Bruder diesem Berlichingens Arbeit nahe zu bringen. Am 7. Dezember 1829 schreibt Hegel entschuldigend an Christiane, und dies war ihm nur eine flüchtige Randnotiz wert: *Nicht zu vergessen, daß ich es der Zerstreutheit in vielen Angelegenheiten zuschreiben muß, Herrn Gr(afen) v(on) Berlich(ingens) gemütlicher und geistvoller Uebertragung von Goethes Herm(ann) u(nd) Dor(othea) in lat(einisches) Versmaß noch nicht in den Berl(iner) Krit(ischen) Jahrb(üchern) anerkennende Erwähnung tun gekonnt zu haben; entschuldige auch diese meine Unterlassung.* Hegel verirrte sich in der Eile geradezu im Gestrüpp deutscher Hilfsverben. Doch er interessierte sich weit mehr für das Original, das er bereits im Jahr 1823 in einer Vorlesung über die Philosophie der Kunst als Beispiel eines idyllischen epischen Gedichtes analysiert hatte.[500] Mit Berlichingens *gemütlicher* Übersetzung konnte er offensichtlich nichts anfangen.

Anders Christianes alter Stuttgarter Weggefährte Ludwig Neuffer. Neuffer, der wie Christiane nach 1800 das Weite gesucht hatte und inzwischen in Ulm als Stadtpfarrer tätig war, kam in den 1820er Jahren immer wieder im Sommer für einige Wochen zu Besuch in seine Geburtsstadt und machte dabei zahlreiche Besuche bei alten Bekannten und Verwandten, worüber er in einem Tagebuch genau Buch führte. Und so wissen wir, dass er sich am 10. Juni 1823 auch mit dem Grafen von Berlichingen in Stuttgart getroffen und mit ihm über dessen lateinische Übersetzung gesprochen hat, die damals gerade im Entstehen war. Ob es 1823 auch schon zu einem Treffen des Grafen mit Christiane Hegel gekommen ist, bleibt offen. Bei seinen jährlichen Stuttgart-Aufenthalten stattete Ludwig Neuffer auch dem Wilhelmsbad in Cannstatt hin und wieder einen Besuch ab; medizinisch wurde er von Karl Schelling betreut. Neuffers kurzweiligem Tagebuch ist auch zu entnehmen, dass sich in Cannstatt am 27. Juni 1824, als in Stuttgart eine furchtbare Hitze herrschte, eine größere Gesellschaft einfand, die sich aus alten Bekannten Neuffers zusammensetzte und zu der allem Anschein nach auch Christiane gehörte.[501]

Auch Christianes Freundin Mine Hauff, die der württembergischen Residenzstadt schon lange den Rücken gekehrt hatte, machte immer wieder bei ihren Stuttgarter Verwandten einen Besuch. Nach dem frühen Tod ihres Mannes August Hauff Anfang Februar 1809 war sie mit ihren Kindern zu ihrem Vater nach Tübingen gezogen und nach dessen Tod im Jahr 1815 dort in der Haaggasse wohnen geblieben. Sie kümmerte sich aufopfernd nicht nur um ihre vier eigenen Kinder, sondern auch um die fünf Vollwaisen ihres 1813 verstorbenen jüngeren Bruders Heinrich Elsässer. Bei ihren gelegentlichen Besuchen in Stuttgart quartierte sich Mine Hauff vorzugsweise – wie beispielsweise im Mai 1824 – bei den Grüneisens in der Friedrichstraße ein: Hier lebten zwei Schwestern ihres verstorbenen Mannes, Grüneisens Frau und Jettle Hauff. Auch war der einzige Sohn der Grüneisens, Karl Grüneisen, genauso alt wie sein Vetter Wilhelm Hauff. Karl Grüneisen hat während seines Theologiestudiums in Tübingen Anfang der 1820er Jahre auch engen Kontakt zu Friedrich Silcher gefunden, der dort sein Gesanglehrer und Freund wurde. Möglicherweise hat sich in diesem Zusammenhang auch ein Wiedersehen zwischen Christiane Hegel und Friedrich Silcher ergeben, zumal Silchers Bruder in eine angesehene Stuttgarter Familie hineingeheiratet hatte. Als der junge Karl Grüneisen im Frühjahr 1824 eine Bildungsreise nach Berlin plante, kündigte Christiane ihrem Bruder dessen

Besuch in Berlin an. In diesem Zusammenhang muss sich Christiane im April 1824 ihrem Bruder gegenüber auch sehr positiv über die ihr erwiesene *Liebe* der alten Stuttgarter *Freunde und Freundinnen* geäußert haben, wie Hegels erhaltenem Antwortschreiben zu entnehmen ist.[502] Christiane vermachte später in ihrem Testament Grüneisens Sohn Hegels Medaille.[503] In Berlin sollte sich der junge Karl Grüneisen, der an Hegels schwer verständlichen Philosophie-Vorlesungen übrigens keinen Gefallen fand und stattdessen lieber bei dessen Kontrahenten, dem Theologen Friedrich Schleiermacher in der Vorlesung saß, wiederum darum bemühen, für seinen Vetter Wilhelm Hauff eine Hauslehrerstelle zu finden,[504] wozu es dann doch nicht gekommen ist.

Christianes Patenkind Wilhelm Hauff nahm stattdessen im Oktober 1824 in Stuttgart eine Hauslehrerstelle bei Freiherr von Hügel an und rückte damit nach dem Abschluss seines Tübinger Theologiestudiums wieder in räumliche Nähe zu Christiane: Sein neues Domizil lag im württembergischen Kriegsministerium, wo sein Arbeitgeber tätig war und das am Charlottenplatz lag.[505] Auch Wilhelm Hauffs älterer Bruder Hermann, jenes Kind, das Mine Hauff unter dem Herzen getragen hatte, als ihr Mann August auf dem Hohenasperg saß, kam im Frühjahr 1827 wieder nach Stuttgart und wohnte mit seiner jungen Frau ganz in der Nähe Christianes in der Hospitalstraße. Hermann Hauffs Quartier lag unmittelbar neben dem Haus der Rieckes[506], in dem Christiane in den 1820er Jahren ein- und ausgegangen sein soll.[507] Wie Christiane war auch ihre gleichaltrige Freundin und Cousine zweiten Grades Wilhelmine Riecke unverheiratet geblieben. Sie lebte seit dem Tod ihrer Mutter bei ihrem Bruder, dem Stuttgarter Stadtarzt Dr. Riecke, und regierte allem Anschein nach kräftig in dessen Familie hinein.[508] Der hübsche Innenhof und Garten des Rieckeschen Hauses, in dem auch Gemüse angepflanzt wurde, lag unweit von Christianes Mietwohnung. Dr. Rieckes Sohn wiederum war mit dem jungen Wilhelm Hauff und mit dem ältesten Sohn von Christianes Vetter Karl Wilhelm Göriz eng befreundet. Sie studierten nicht nur allesamt in Tübingen, sondern teilten auch die gleichen politischen Ansichten und organsierten sich in burschenschaftlichen Zirkeln. Als im September 1824 mehrere Tübinger Burschenschafter wegen des Verdachts auf Hochverrat verhaftet und auf dem

Hohenasperg gefangen gesetzt, ihnen im Mai 1825 der Prozess gemacht und sie zu längeren Haftstrafen verurteilt wurden, erlebten Christiane Hegel und Mine Hauff hautnah mit, wie sich Angst und Schrecken politischer Verfolgung in der nächsten Generation wiederholten und wie junge Studenten, die sich für die geistige und politische Einheit Deutschlands einsetzten, eingesperrt wurden. Einer von ihnen starb sogar nach seiner Entlassung 1825 an den Folgen der Haft: Es war der Neffe Viktor Hauffs,[509] jenes Mannes aus dem Freundeskreis der Geschwister Hegel, der seinerzeit selbst im Kontext der Stuttgarter Jakobinerverfolgungen um 1800 verhört worden war.

Der tragisch frühe Tod von Christianes Patenkind Wilhelm Hauff, der kurz vor seinem 25. Geburtstag und nur wenige Tage nach der Geburt seiner Tochter Wilhelmine am 18. November 1827 nach kurzer schwerer Krankheit starb, hat sie gewiss tief getroffen. Der ehrgeizige junge Dichter war zu Beginn des Jahres 1827 gerade erst in die Redaktion des Cottaschen »Morgenblattes für gebildete Stände« eingetreten und schickte sich an, schon in jungen Jahren ein Erfolgsschriftsteller zu werden, der sich geschickt zu vermarkten wusste. In rascher Folge schrieb und veröffentlichte er: 1824 seine noch anonym herausgegebene Sammlung »Kriegs- und Volks-Lieder«, 1825 die Novelle »Der Mann im Mond« und die »Memoiren des Satan« sowie, jetzt unter eigenem Namen, seinen ersten »Märchen-Almanach auf das Jahr 1826«, dem noch zwei weitere folgten. Wilhelm Hauffs Märchen, aber auch der »Lichtenstein«, sein 1826 erschienener einziger Roman, haben ihn weit über die Grenzen Württembergs hinaus bekannt gemacht. Er hat mit seiner jungen Frau Luise nach der Heirat im Februar 1827 nur wenige Häuser entfernt von Christiane im berühmten ehemaligen Hartmannschen Haus am Ende der Gartenstraße gewohnt. Noch einen Tag vor seinem Tod soll er im Fieberdelirium die Gartenstraße hinab gerannt und von der Polizei aufgegriffen worden sein.[510] Christiane wird an seiner Beisetzung am 21. November 1827 auf dem Stuttgarter Hoppenlau-Friedhof teilgenommen haben, bei der Hauffs gleichaltriger Vetter Karl Grüneisen die Trauerpredigt hielt. Auf das Grab wurde ein Felsblock vom Lichtenstein gesetzt und Efeu vom Eingang der Nebelhöhle gepflanzt.[511]

Hegels unehelicher Sohn Ludwig

Und noch einen weiteren tragischen Verlust hatte Christiane Hegel in diesen Jahren zu verkraften, und der spielte in ihre eigene Familie hinein: Gemeint ist das Schicksal von Hegels unehelichem Sohn Ludwig. Fast schon schien dieses traurige Kapitel in Hegels Leben abgeschlossen, da wurde es noch einmal überraschend aufgeschlagen und entwickelte seine eigene, auch für Christiane folgenreiche Dramatik. Ludwig kam 1823 ausgerechnet nach Stuttgart, wo seine Tante lebte, um dort eine Lehrstelle anzunehmen, die er jedoch bald wieder aufgab, um sich nach Ostindien einzuschiffen.

Hegels Sohn Ludwig war im Februar 1807 zur Welt gekommen.[512] Das Kind wurde Hegel, der damals schon fast 37 Jahre zählte, von seiner acht Jahre jüngeren Jenaer Zimmerwirtin Christiane Charlotte Johanna Burkhardt geboren, die von ihrem Mann, einem gräflichen Bediensteten, verlassen worden war und bereits zwei andere uneheliche Kinder zur Welt gebracht hatte. Die Umstände waren also nicht eben glücklich zu nennen. Ludwig wurde auf den Mädchennamen der Mutter getauft, hieß daher – zunächst – Ludwig Fischer. Einen Monat nach der Geburt seines Sohnes verließ Hegel Jena in Richtung Bamberg. Vor seiner Eheschließung mit Marie von Tucher, die vier Jahre später erfolgte, hat Hegel seine Braut und deren Eltern über die Existenz des Kindes aufgeklärt. Im selben Jahr entzog er den Jungen der Aufsicht seiner Mutter und gab ihn in die Obhut einer Pflegemutter in Jena: der jungen Buchhändlerwitwe Sophie Bohn, die selbst zwei Söhne im Alter von 14 und 16 Jahren großziehen musste. Sie war die Schwägerin des mit Hegel befreundeten Jenaer Buchhändlers Friedrich Frommann, der mit Hegels jüngerem Bruder Ludwig die Patenschaft übernommen hatte. Sophie Bohn leitete zusammen mit ihrer unverheiratet gebliebenen Schwester Betty Wesselhöft ein Knaben-Erziehungsinstitut in Jena, in dem nun auch Hegels Sohn Ludwig aufgezogen werden sollte. Sechs Jahre blieb Ludwig in ihrer Obhut. Dann nahm Hegel seinen Sohn bei sich in der Familie auf, nachdem er mit seiner Frau und seinen beiden kleinen Söhnen Nürnberg verlassen hatte und nach Heidelberg gezogen war. Es war ein mutiges Experiment, auf das sich Hegel und seine junge Frau mehr als sechs Jahre einließen: Gemeinsam stellten sie sich der Aufgabe, einen Jungen bei sich aufzunehmen und in den schwierigen Jahren der Pubertät zu begleiten, der bis dahin ohne Vater aufgewachsen war, dessen leibliche Mutter inzwischen gestorben war und der sich nun – nach sechs offenbar glücklichen Kindheitsjahren bei seiner Jenaer Pflegemutter Sophie Bohn – an seinen richtigen Vater und seine »dritte« Mutter gewöhnen musste, an der Seite zweier Stiefbrüder.

Die Tatsache, dass Hegel im April 1817 seinen unehelichen Sohn Ludwig Fischer im Alter von zehn Jahren in seine Familie nach Heidelberg geholt und ein Jahr später beim Umzug der Familie nach Berlin mitgenommen hat, legte bisher den Schluss nahe, dass Hegel seit 1817 aus diesem Kind kein Geheimnis gemacht und sich nach dem Wegzug von Nürnberg, wo er noch Rücksicht auf die Familie seiner Frau wie auch auf seine pädagogische Führungsrolle am Nürnberger Gymnasium genommen hatte, in Heidelberg und Berlin offen zu ihm bekannt hat: »Ludwig Fischer ist auf alle Fälle in Heidelberg voll in die Familie aufgenommen worden – und sollte, als der älteste der Hegel-Kinder, hier mit den beiden Söhnen erzogen werden«, heißt es etwa bei Beyer, der sich eingehend mit Hegels Familienleben beschäftigt und über zweihundert Briefe von Hegels Schwiegermutter ausgewertet hat.[513] Dafür spricht auch, dass sich Ludwig am Französischen Gymnasium in Berlin mit dem Nachnamen Hegel einschreiben durfte. Kurz bevor er im Frühsommer 1823 als Handlungsgehilfe nach Stuttgart ging, hat Hegel ihm allerdings seinen Namen wegen eines kleinen Delikts wieder aberkannt. Das entband ihn nebenbei gesagt auch der unangenehmen Aufgabe, Maries Stuttgarter Verwandte aufzuklären – die nämlich wussten bis dahin noch nichts von der Existenz des Kindes.[514]

Wenn nun Hegel für die damalige Zeit so offen mit seinem unehelichen Sohn umgegangen ist, dann sollte man meinen, war auch seine Schwester darüber informiert, dass das Kind seit seinem elften Lebensjahr in der Familie ihres Bruders lebte – schließlich hat sie Ludwig in ihrem Testament als Miterben eingesetzt.

Doch bei genauerem Hinsehen kommt man zu einem ganz anderen Ergebnis. Im gesamten überlieferten Briefwechsel Hegels mit seiner Schwester wird der uneheliche Sohn Ludwig nirgends auch nur mit einer

Silbe erwähnt. Das allein will zunächst noch nichts heißen, weiß man heute doch,[515] dass Hegels legitime Söhne Karl und Immanuel nach dem Tod des Vaters bemüht waren, die Existenz von Ludwig in Vergessenheit geraten zu lassen. So haben beide in ihren Lebenserinnerungen den Halbbruder und seine Aufnahme in die Familie nicht erwähnt. Und auch Karl Rosenkranz, der die erste Biographie Hegels im Auftrag der Familie verfasst hat, verschweigt ihn. In der von Hegels Sohn Karl besorgten ersten Briefausgabe fehlt ebenfalls alles, was auf Ludwigs Existenz hinweisen könnte. Und schließlich ist »auch der Verlust sämtlicher Briefe des Verlegers Frommann an Hegel«[516] zu beklagen, in dessen Umkreis der kleine Ludwig zunächst aufgewachsen war. Hegels Söhne haben noch Jahre später Papiere aus Hegels Nachlass aussortiert, um Missbrauch vorzubeugen, wie Immanuel in einem Brief an den Bruder Karl 1889 schreibt.[517]

Doch macht nachdenklich, dass Ludwig auch in Karls und Immanuels Kinderbriefen an Christiane, die uns im ganzen Wortlaut überliefert sind, nirgends auftaucht. Diese Kinderbriefe stammen aus einer Zeit, in der Ludwig schon seit vier Jahren in Hegels Familie lebte und auch den Namen Hegel angenommen hatte. Und so entsteht langsam der Verdacht, dass Christiane zumindest bis zum Jahr 1823, als Ludwig im Alter von 16 Jahren nach Stuttgart kam, überhaupt noch nichts von dessen Existenz wusste – es sei denn, das Thema war zwischen den Geschwistern tabu. Denn anders lässt sich Hegels Brief an seine Schwester, der vom 31. August 1822 datiert und im vollständigen Wortlaut überliefert ist, nicht erklären. Darin meldet sich Hegel nach über einem Jahr endlich wieder bei seiner Schwester und berichtet ihr ausführlich über die Situation im Haus, beginnt mit Maries Fehlgeburt und anschließender schwerer Erkrankung und schreibt dann: *Meine beiden Jungen aber gedeihen gottlob bisher zu meiner Freude, – an Gesundheit und im Lernen, in welchem sie nun mit Ernste begriffen sein müssen; Karl ist dieses Frühjahr 9 Jahr alt geworden; gottlob folgsame, gutgeartete und gesunde Knaben. – Was zuletzt mich betrifft ...*, fährt er fort und übergeht damit kurzerhand Ludwig, der seit über fünf Jahren bei den Hegels lebte. Während Christianes Besuch in Nürnberg im Spätsommer des Jahres 1815 war Ludwig noch bei der Pflegemutter in Jena gewesen.

Noch erstaunlicher mutet an, dass Hegel in diesem Brief von Ende August 1822 gegenüber Christiane kein Wort darüber verliert, dass er seinen Sohn Ludwig, der im April desselben Jahres konfirmiert worden war, nun in einer Stuttgarter Firma als Kaufmannslehrling unterbringen wollte, damit jedoch auf Schwierigkeiten stieß. Wenn Hegel Ludwig in Berlin wie einen legitimen Sohn in seine Familie aufgenommen hat, warum berichtet er dann seiner Schwester nicht über dessen Entwicklung und Zukunftspläne, zumal diese den Jungen in deren unmittelbare Nähe rückten?

In Hegels Brief an die Schwester vom 21. August 1824 lässt sich dasselbe feststellen. Zu dieser Zeit lebten Christiane und Ludwig in Stuttgart: Ludwig hatte Anfang Juni 1823 doch noch eine Lehrstelle in Stuttgart angetreten. Allerdings muss es vor seiner Abreise nach Stuttgart zu einem Eklat gekommen sein, dessen Details im Dunkeln liegen, der aber das Verhältnis zwischen Vater und Sohn tief erschütterte. Am 28. Februar 1823 schreibt Susanne von Tucher an ihre Tochter Marie: *Du kannst denken, daß ich Ludwig noch nicht mit einer Silbe bei der Tante [in Stuttgart: Mine Haller von Hallerstein] erwähnt habe, es auch auf keinen Fall, besonders unter den jetzt eingetretenen Umständen nicht tun werde.*[518]

Das lässt sich mit einer anderen Darstellung in Zusammenhang bringen, die bei Varnhagen von Ense in einer späteren Privatnotiz[519] zu finden ist. Varnhagens Darstellung enthält zwar viele Ungenauigkeiten und ist daher nur bedingt glaubwürdig, doch der Tenor passt exakt zu der Tucherschen Briefstelle: *Der Knabe, in Zügen und Wesen vor den andern Kindern ähnlich, fühlte den Übelstand seiner Anwesenheit, wurde verschlossen, scheu und durchtrieben, und seine Streiche, hart bestraft, machten ihn immer ärger. Endlich beschloß Hegel, daß er aus dem Hause kommen und in Stuttgart die Handlung lernen sollte. Hegels Frau hatte dort Verwandte, und ein junger Hegel konnte ihnen nicht verborgen bleiben, sie war unglücklich, daß die beschämende Sache nun so an den Tag kommen sollte. Da beging der Sohn eine Veruntreuung im Belang von etwa acht Groschen, dies gab Anlaß, die Sache auf die Spitze zu treiben, der arme Junge wurde für unwürdig erklärt, den Namen Hegel zu führen, er mußte den Namen Fischer annehmen, was er als eine tödliche Schmach empfand.*[520]

Hegels Schwester war also nicht die einzige in Stuttgart, die von Ludwigs Existenz nichts wusste. Und so kann man sich durchaus fragen, wie es der Hegelforscher Georg Lasson bereits 1916 getan hat, indem er *die beschämende Sache* einmal anders herum gedacht hat: »Ob die Heidelberger überhaupt wussten, dass Ludwig Hegel kein eheliches Kind sei [...]; vermutlich haben es auch hernach von den Berlinern die wenigstens erfahren«.[521] Doch wie hätten in diesem Falle dann Karl und Immanuel mit dem neuen Familienmitglied, dem großen Bruder, umgehen sollen? Sie zählten vier und drei Jahre, als Ludwig ins Haus schneite. Wie hätten die Eltern bei ihnen den zehnjährigen Bruder einführen sollen?

Doch kehren wir zurück zu Hegels Schwester. Da sie Ludwig in ihrem Testament vom 8. September 1831[522] als Miterben einsetzt, muss sie irgendwann von seiner Existenz erfahren haben. Doch wie und wann ist es dazu gekommen?

Die Annahme liegt nahe, dass Christiane von Ludwig gehört oder ihn persönlich kennen gelernt hat, als er von Juni 1823 bis Juni 1825 in Stuttgart lebte, um eine Ausbildung zum Kaufmann zu beginnen.

Ludwig hat Anfang Juni 1823 eine Stelle als Handlungsgehilfe in der Firma von Fridrich Jobst angetreten. Er stand dort unter der Obhut von Alexis Bohn, dem jüngeren Sohn seiner Jenaer Pflegemutter Sophie Bohn, bei dem er vermutlich auch gewohnt hat.[523] Beide Söhne von Sophie Bohn waren in der Zwischenzeit in der Stuttgarter Firma angestellt. Der ältere Sohn Friedrich, kurz Fritz genannt, hatte dort bereits 1811 mit Hegels Hilfe eine Lehrstelle erhalten und schnell Karriere gemacht. Sein jüngerer Bruder Alexis war 1815 in die Firma eingetreten, die als Materialwarenhandlung 1808 gegründet worden war und 1826 zur ersten deutschen Chininfabrik avancierte.[524] In dieser aufstrebenden Stuttgarter Firma, die damals in der Gartenstraße[525] (der heutigen Fritz-Elsas-Straße) unweit von Christianes kleiner Wohnung lag, wollte Hegel im Jahr 1822 seinen Sohn Ludwig als Lehrling untergebracht wissen, da dieser dort unter die Aufsicht des zehn Jahre älteren und ihm aus Jena vertrauten Alexis Bohn gestellt werden konnte. Doch hatte Jobst die Lehrstelle im Juli 1822 schon an den Sohn eines Freundes vergeben.[526] Irgendwie muss es den Brüdern Bohn ein Jahr später dann doch noch gelungen sein, Ludwig als Handlungsgehilfen oder *Kaufdiener*[527] von Alexis Bohn in der Firma unterzubringen. Am 15. Juni 1823 meldet Maries Mutter in einem bisher unbeachteten Brief an ihre Tochter nach Berlin, dass Ludwig in Stuttgart *angekommen sey, u. sich sehr brav anließe* und dass Alexis Bohn *sich's gewiß recht angelegen wolln seyn lassen, sich seiner anzunehmen. – Gott gebe seinen Segen, daß er wirklich den Hofnungen entspreche, die die guten Bohn haben.*[528] Genau an dieser Stelle ist der Briefbogen zu Ende – das folgende Blatt und der Schluss des Briefes fehlen. Es ist bis zu Christianes Testamentseröffnung das letzte Mal, dass Ludwig in den uns überlieferten zahlreichen Briefen von Maries Mutter erwähnt wird. Dabei bleibt zu berücksichtigen, was bisher nicht weiter aufgefallen ist, dass ausgerechnet all die Briefe, die Susanne von Tucher in den Jahren 1824 bis Ende 1828 an Marie gerichtet hat, heute fehlen. Seit dem Wegzug der Tochter aus Nürnberg im Jahr 1816 bis zu ihrem eigenen Tod Ende 1832 hat Susanne von Tucher ziemlich regelmäßig alle vierzehn Tage einen Brief an ihre älteste Tochter Marie verfasst. Über zweihundert Briefe sind davon auf uns gekommen, die heute als Depositum im Stadtarchiv Nürnberg der Forschung zur Verfügung stehen. Diese Briefe Susanne von Tuchers an Marie Hegel sind nicht mit dem Nachlass Hegels in die Staatsbibliothek Preußischer Kulturbesitz gelangt, sondern wurden im Tucherschen Familienbesitz überliefert. Mit dazu beigetragen hat sicherlich, dass Karl Hegel 1850 seine Cousine Susanne von Tucher, eine Tochter von Maries jüngerem Bruder Sigmund von Tucher, heiratete. Sie wird dafür plädiert haben, die Briefe ihrer Großmutter im Familienbesitz zu belassen. Und Karl Hegel wird dies in Anbetracht der Offenheit der Briefe nicht unrecht gewesen sein.

Diese Briefe, die so wichtige Informationen über Hegels Familienleben enthalten, sind erst Mitte des 20. Jahrhunderts im Simmelsdorfer Schloss der Familie Tucher beim Aufräumen wieder aufgefunden und dann auch von der Hegelforschung zur Kenntnis genommen worden.[529] Doch ist die Lücke von fünf Jahren bisher nicht weiter aufgefallen. Eine sorgfältige Durchsicht ergibt: Die Briefe sind, vermutlich nach dem Tod Marie Hegels im Jahr 1855, von ihren Söhnen gesichtet, in einem vierseitigen Begleitschreiben (*Einige erklärende Notizen zu den beiliegenden Briefen*) kommentiert[530] und durchlaufend nummeriert worden. Letzteres beweist, dass die Briefe der Jahre 1824 bis 1828 schon damals gefehlt haben.[531] Aus welchem Grund auch immer diese Briefe nicht überliefert wurden – Susanne von Tucher wird gerade in diesen Briefen auch Ludwig und sein unrühmliches Schicksal ausführlich kommentiert haben. Doch nicht allein deshalb ist der Verlust der Briefe so sehr zu bedauern – auch all das, was diese Briefe über Christianes späte Stuttgarter Jahre mitteilen könnten, ist damit verloren gegangen. Maries Mutter stand mit ihrem in Stuttgart lebenden Bruder Rudolph und seiner Frau Mine Haller in engem Kontakt und wurde von diesen immer wieder, wie die erhaltenen Briefe zeigen, über Christiane informiert. Und auch ihr Sohn Gottlieb von Tucher, der 1828 seine Stuttgarter Cousine Marie Haller heiratete, hat stets in einem besonders guten Verhältnis zu Christiane gestanden und sie bei seinen gelegentlichen Stuttgart-Besuchen mit Sicherheit aufgesucht und anschließend der Mutter darüber berichtet.

Ludwig hat es in der Stuttgarter Lehrstelle kaum zwei Jahre ausgehalten. Auch hat es offensichtlich Differenzen mit seinem Lehrherrn gegeben. Mit 18 Jahren hängte er schließlich die ihm verhasste kaufmännische Ausbildung an den Nagel. Auch hier wären die Berichte der Susanne von Tucher nach Berlin mit Sicherheit erhellend gewesen, stand sie doch offenbar auch mit den Bohns in Stuttgart in lebhaftem Briefkontakt. So aber kennen wir nur die Perspektive Ludwigs, der in seinem Brief vom 11. Juli 1825 an den Pflegevater seiner geliebten Halbschwester, den Camberger Stadtarzt Dr. Ebert, folgendes bittere Resümee zieht: *Wie gern hätte ich Medizin studiert! Allein es wurde mir eröffnet, davon sei gar kein Gedanke, ich solle zu einem Kaufmann! Ich sagte vorher, daß ich dort schwerlich bleiben werde, da ich zu einem solchen Geschäft mich nicht geboren fühle; die Antwort war, daß man mich dann nicht mehr unterstützen werde. – Dieser Fall ist nun wirklich eingetreten. Schon einmal war ich nahe daran, Stuttgart zu verlassen; allein noch jedes Mal gab ich nach. Jedoch ertrug ich das willkürliche Verfahren des Kommis nicht mehr; außerdem war mein Prinzipal in mehr als einer Hinsicht sehr borniert, und dies bewog mich, einen unangenehmen Wortwechsel zu ergreifen und um Entlassung zu bitten, die mir auch nach einigen Schwierigkeiten gewährt wurde. Hr. Hegel hat durch meinen Prinzipal förmlich von mir Abschied genommen und nicht einmal direkt an mich geschrieben. Ich schrieb ihm noch einen herzlichen Abschiedsbrief von Mainz aus, den letzten, den er von mir bekommen wird, und somit haben wir gebrochen; denn um Verzeihung bitten, Besserung versprechen etc. kann ich nicht, da ich mir keines Fehlers bewusst bin, als daß ich mich nicht in einen Stand schicken konnte, zu dem ich nie Neigung fühlte.*[532]

Als Ludwig dies schrieb, hatte er Stuttgart schon verlassen. Er trat in den Dienst der holländischen Kolonialarmee und schiffte sich nach Ostindien ein. Von dort sollte er nicht mehr zurückkehren. Ende August 1831 ist Ludwig einem Tropenfieber erlegen – als die Nachricht von seinem Tod eintraf, lebten auch Hegel und seine Schwester nicht mehr.

Auffallenderweise hat Christiane Ludwigs Pflegemutter, die fünf Jahre ältere Sophie Bohn, deren Schwester Betty Wesselhöft und die Söhne Fritz und Alexis Bohn, die mittlerweile alle in Stuttgart lebten, erst in dem Jahr kennen gelernt, in dem Ludwig Stuttgart bereits wieder verlassen hat. Denn Marie Hegel schreibt am 16. Dezember 1825 an Christiane: *Ich freue mich, daß Du diese lieben trefflichen Menschen kennen gelernt hast.*

Das legt die Vermutung nahe, dass Christiane von Ludwig und seinem traurigen Schicksal erst in diesem für ihn so entscheidenden Jahr erfahren hat. Immer schwieriger dürfte es für Hegel indessen geworden sein, seiner Schwester die Wahrheit zu sagen. Noch im August 1824 hatte er sich ihr nicht eröffnet. 17 Jahre war Ludwig inzwischen. Wie sollte Hegel seiner einzigen Schwester, die in Stuttgart nur einen Steinwurf von diesem Kind entfernt wohnte, das lange Schweigen erklären? Wahrscheinlicher ist, dass Christiane von anderer Seite die ganze Wahrheit erfahren hat. Hat sich Ludwig seiner einzigen Tante möglicherweise eines Tages doch vorgestellt? Ausgerechnet der uneheliche Sohn soll Hegel am ähnlichsten gesehen haben, sodass Christiane kaum an der Glaubwürdigkeit seiner Worte gezweifelt haben dürfte. Oder hatte ihr der Bruder in der Zwischenzeit doch von Ludwig erzählt? In einem Brief, den wir heute nicht mehr kennen?

In einem bisher unbeachteten Brief der Witwe Hegel[533] findet sich die eindeutige Antwort: Christiane hat niemals etwas von ihrem Bruder über Ludwig erfahren, im Gegenteil: Hegel hat sich nach Kräften bemüht, ihn sein Leben lang vor ihr zu verheimlichen. Er starb in dem Glauben, dass ihm dies gelungen sei. Marie aber, das ist die zweite Botschaft dieses Briefes, erfuhr erst durch Christianes Testament, dass diese von Ludwigs Existenz wusste. Dieses Geheimnis hat Christiane mit ins Grab genommen. Die betreffende Textstelle in Maries Brief an ihre Mutter, den sie nach Öffnung von Christianes Testament am 27. Februar 1832 geschrieben hat, lautet: *Auf welche Weise überhaupt Christiane von Ludwigs Existenz* etwas erfahren hat, ob er sich heimlicher Weise ihr vorgestellt u sich liebes Kind bei ihr gemacht hat, oder ob ihn sonst Jemand so gut bei ihr empfolen hat, begreife ich nicht. Es war meinem Hegel ein Grund L. nicht nach Stuttg. zu schicken weil er fürchtete Christ. möchte etwas von ihm erfahren, aber die Vortheile ihn in Jobsts Hause unter Bohns Aufsicht zu wissen, schienen mir zu überwiegend u so beredete ich Hegel dazu, der ihn lieber nach Hamburg schicken wollte, wie ich merkte, blos nur deshalb. – Hegel erwähnt noch, wie ich aus Hr. Jobsts letztem Brief ersehe, gegen denselben, »ob Christ. nicht von Ludwig erfahren hat?« was ihm Hr. J. mit der Versicherung beantwortet, »Ihre Frl. Schwester hat meines Wissen nie etwas von L. erfahren, ich selbst habe erst kürzlich gehört, daß eine F. Schwester von Ihnen hier lebt.«

So gesehen liest sich das »Vermächtnis« der Christiane Hegel noch einmal ganz anders, und es stellen sich neue Fragen: Ist Christiane Hegels Testament, das sie wohlgemerkt zu einem Zeitpunkt aufgesetzt hat, als an Hegels überraschenden Tod nicht zu denken war, der posthum erhobene Zeigefinger der Schwester, die ihrem Bruder auf diese Weise sagen wollte: »Ich habe davon gewusst!« ? Wollte sie ihm ein Beispiel geben, wie ein Vater mit seinem *verlorenen Sohn*[534] umgehen sollte? Wollte sie dem *unwürdigen Ludwig*[535] eine Chance geben und ihm anstelle des Vaters vielleicht doch noch eine Tür zum Medizinstudium öffnen? Und zwar in einer Form, der sich Hegel schwerlich widersetzen konnte, wollte er nicht den letzten Willen seiner Schwester ignorieren?

Christiane hat ihr Testament am 8. September 1831, zwei Monate vor Hegels überraschendem Tod, aufgesetzt. Es liegt uns heute leider nicht mehr im Original vor, da es wie so vieles andere im Stuttgarter Stadtarchiv im Zweiten Weltkrieg verbrannt ist.[536] Wir kennen davon nur das, was Karl Schumm, der es noch einsehen konnte, in seinem Aufsatz über Christiane Hegel 1953 für erwähnenswert hielt, und die Punkte, über die sich Marie Hegel mit ihrer Mutter brieflich auseinandergesetzt hat. Verließen wir uns heute nur auf Schumm, wir ahnten nicht, dass Hegels Schwester den unehelichen Sohn ihres Bruders als einen ihrer Erben eingesetzt hat. Dieser spricht nämlich nur pauschal davon – und nahm hier vielleicht Rücksicht auf die Familie seiner Frau, die ja eine Enkelin Karl Hegels war –, dass Christiane ihr Geld an »die Söhne ihres bereits verstorbenen Bruders in Berlin«[537] vermacht habe. Nur aus dem Briefwechsel der Marie Hegel mit ihrer Mutter Susanne von Tucher wissen wir, dass

Christiane auch Ludwig bedacht hat und dass *der Ludwig vermachte Anteil*[538] für große Aufregung sorgte.

Der Entschluss, ein Testament aufzusetzen, wurde bei Christiane möglicherweise durch einen Trauerfall in ihrer engsten Umgebung ausgelöst: Völlig unvorhergesehen war am 23. Juli 1831 Christianes alter Weggefährte Heinrich Grüneisen gestorben. Im Haus ihrer Freunde konnte sie beobachten, wie wichtig es war, die Dinge ins Reine zu bringen und Vorsorge für den Fall des eigenen Todes zu treffen. Ein weiterer Grund könnte aber auch die zu erwartende Rückkehr von Ludwig gewesen sein, dessen sechsjährige Dienstverpflichtung im Juli 1831 auslaufen sollte – von seinem Tod Ende August 1831 wusste man damals noch nichts. Auch die heranrückende Cholera-Epidemie hat für Christiane und die Niederschrift ihres letzten Willens mit Sicherheit eine gewichtige Rolle gespielt.

Sie hat das Testament zwar Anfang September 1831 aufgesetzt, es aber erst am 30. Januar 1832 in Bad Teinach unterschrieben und mit dem Familiensiegel versehen, um es zu beglaubigen. In der dazwischen liegenden Zeit starb ihr Bruder. Das änderte aber nichts an ihrer Verfügung. Am 30. Januar 1832 unterschrieb Christiane das Testament mit den Worten:

Dieses alles habe ich wohlbedacht und wohlüberlegt niedergeschrieben und erwarte um so mehr, daß diese meine letzte Willens Meynung um so mehr geachtet und vollzogen werde. Dieses alles ist meine eigene Hand und Unterschrift und mein, das einzige von meinem seeligen Vater hinterlassene Familiensiegel.
Teinach, den 30. Januar 1832
Christiane Luise Hegel.[539]

Hätte Christiane geahnt, was sie mit diesem Testament auslöste, in dem sie Ludwig als legitimen Erben anerkannte und Hegels Söhnen Karl und Immanuel gleichstellte, sie hätte es vielleicht niemals geschrieben.

Gleichwohl hat sie sich sehr bewusst – und keineswegs nur »um des Schabernacks willen, wie dies ja bei geistesgeschwächten alten Jungfern manchmal der Fall sein soll«[540] – dafür entschieden, Ludwig als Erben einzusetzen: Zwischen der Aufsetzung des Testaments und dem Tag, an dem Christiane ihren letzten Willen mit ihrer Unterschrift und dem Familiensiegel bestätigt hat, liegen ganze fünf Monate.

Christiane hat ihren Bruder nie zur Rede gestellt. Das könnte dafür sprechen, dass sie *die beschämende Sache* unter dem Siegel der Verschwiegenheit von Ludwig selbst oder aber von einem Dritten erfahren hat – möglicherweise von Sophie Bohn, die in ihrer Verzweiflung über den Gang der Dinge Hegels Schwester ins Vertrauen gezogen hat. Bemerkenswert ist ferner, dass Christiane nach Ludwigs Abreise den Menschen freundschaftlich verbunden blieb, in deren Obhut er aufgewachsen war und die sich in Stuttgart für ihn eingesetzt hatten. Ob sich Ludwig jemals bei den Bohns oder gar bei Christiane brieflich gemeldet hat, wissen wir nicht. Vor allem mit Ludwigs Pflegemutter Sophie Bohn stand Christiane in den folgenden Jahren in ständigem Kontakt. Immer wieder erzählte Christiane ihrer Schwägerin von den Bohns, zumal Fritz Bohn die Tochter ehemaliger Freunde der Hegels geheiratet hatte. Selbst Sophie Bohns Zahnschmerzen waren es wert, nach Berlin berichtet zu werden. Nur über Ludwig schwieg man sich hüben wie drüben konsequent aus. Christiane bedauerte es schließlich, dass ihr der Fußweg zu den Bohns, die weit oben in der Tübinger Straße 16 im Heygis'schen Haus wohnten, zu anstrengend wurde, wie Christiane am 6. Februar 1831 in einem langen, schwer entzifferbaren Brief an Marie schrieb, von dem bisher nur ein Satz – über Hegels »kaltes Fieber« in der Studentenzeit – veröffentlicht ist:

Auch dir, liebe Marie, besten, innigen Dank für den wiederholten Beweis der Sorgfalt u. Liebe mir meine Tage zu erleichtern u. zu verschönern u. wünsche, daß der liebe Gott dir recht bald deine volle Gesundheit wieder schenke. Es ist eine fatale Krankheit, das kalte Fieber, wenn man eben glaubt, es los zu haben, so stellt sichs wieder ein, ich habe es bei Wilhelm in seinen Studendenjahren kennen gelernt; übrigens habe ich schon von Ärzten sagen gehört, daß es eine wohlthätige Revolution im Körper hervorbringe u., daß man nachher gesünder werde, als man zuvor gewesen sey und dieß wünsche ich Euch Allen herzlich, die Ihr daran littet. – Die schönen Nachrichten von Geburtstagsgeschenken haben mir herzliche Freude gemacht, Gott gebe, daß Ihr noch viele solche Tage miteinander feyert, in 5 Jahren ist schon Eure silberne Hochzeit. – Wohl dachte ich mir, daß irgend Krankheit die Ursache sey, daß Du mir so lange nicht schriebest, einige Tage ehe ich Dein Schreiben erhielt, war ich bei der Tante Hal-

ler, die meine Vermuthung bestättigte u. mir die Sorglichkeit der Fr. Mutter sagte. – Mir geht es schon geraume Zeit nicht am besten, im Spätjahr bekam ich einen sehr heftigen Catharr, dann kl. Geschwüre an den Augen und nachher Diarhoe, dieß Alles hat sich zwar wieder gegeben, aber Reizhusten habe ich noch immer, u. meine Unterleibsbeschwerden plagen mich mehr als je u. haben Einfluß, daß ich äusserst schwer athme, weßwegen ich fast nie ausgehen kann, nur an heiteren trocknen Tagen, die diesen Winter selten sind, es ist ein wahrer Sudelwinter, ausgenommen die 2 letzten Tage im Januar u. den 1. Febr. hatten wir 14–18 Grade unter 0. –
Frau v. Haller hatte kürzlich die Güte mir 2 Boutillen Wein, Kirschensaft u. Anisbrode, bei Gelegenheit zu schicken, auch durch sie erfuhr ich die Ordensdekoration Hegels. – Fr. Schelling hat 2 liebliche Mädchen u. ist wieder nahe an der Niederkunft, jedermann wünscht, daß sie einen Knaben bekomme. – An den Weihnachtsfreuden konnte ich nicht selbst theilnehmen, ich mußte das Haus hüten, meine Freundinnen aber ließen michs nicht entgelten, ich bekam nicht nur viele Näschereien, sondern auch ein Halstuch, Caffe, daß ich lange kn. z. kaufen brauche, u. A. auch. Spässe, eine Bonbonnière in Form einer Kaffeemühle u.s.w. – Herzlich freue ich mich über das körperliche u. geistige Gedeihen der Söhne u. wünsche Euch Eltern Glück, daß sie der Freude, die Ihr bei ihrer Geburt empfandet, so schön entsprechen. – Rosalie Bohn ist von ihrer äußerst unglücklichen Niederkunft wieder ganz hergestellt, leider komme ich nicht mehr so oft zu Bohns (sie wohnen einige 80 Stufen hoch) doch stört das seltenere Zusammenkommen unser freundschaftliches Verhältnis nicht. Gott schenke Dir nun dauerhafte Gesundheit. Mit Liebe Christiane.[541]

Schon 1825 hatte Christiane im Zusammenhang mit einer heftigen Katarrh-Erkrankung von *engem Athem* berichtet.[542] Möglicherweise litt sie an Asthma, ihre Kurzatmigkeit könnte aber auch für eine Herzerkrankung sprechen. Immer wieder, so verrät der Briefwechsel mit dem Bruder und der Schwägerin, gab es handfeste Krankheitsattacken. Im Frühjahr 1829 muss sie sehr schwer krank gewesen sein, die Details liegen im Dunkeln; im Juni ging es ihr allerdings schon wieder besser. Auch im Spätjahr 1830 war Christiane erneut ernsthaft krank. Ihr stand schließlich eine Magd zur Seite, die sie versorgte und pflegte.[543] Von einer psychischen Erkrankung Christianes ist allerdings zu dieser Zeit noch nicht die Rede. Doch scheinen Hegel und seine Frau dies im fernen Berlin befürchtet zu haben, ihre briefliche Anteilnahme und Aufmerksamkeit für die gebrechliche Schwester ist auffallend; auch schickte Hegel immer wieder Geld nach Stuttgart – über den Vetter Karl Wilhelm Göriz, den Kaufmann Fridrich Jobst oder den Verlag Cotta –, um seiner Schwester zu helfen und ihre Situation zu erleichtern. Zu einem Besuch Hegels bei seiner Schwester ist es allerdings nicht mehr gekommen.

Das Ende in Bad Teinach (1832)

... denn Göriz hat mir bereits zu verstehen gegeben, daß ich den hiesigen Ort wohl nie mehr werde verlassen dürfen ...

Christiane Hegel an Marie Hegel, Bad Teinach, 9. Januar 1832

Mitte November 1831, noch bevor Christiane von Hegels plötzlicher Erkrankung und seinem völlig überraschenden Tod am 14. November 1831 erfahren hatte, registrierte ihr Umfeld einen *Zustand von Geistesabwesenheit*[544] bei ihr, der so beunruhigend war, dass man ihren Arzt informierte.

Noch bis Ende Oktober, ja Anfang November muss es Christiane gesundheitlich ganz gut gegangen sein. Denn Hegel freute sich noch wenige Tage vor seinem Tod über einen Brief der Schwester und die Nachricht von ihrem *Wohlbefinden*, wie Marie ihrer Schwägerin später berichtete: *Mein guter seliger Hegel hat noch wenige Tage vor seinem Tode Deinen Brief erhalten und sich über Deine Nachrichten und Dein Wohlbefinden gefreut ...*[545] Wie wir von Maries Stuttgarter Tante Haller erfahren, klagte Christiane allerdings schon Mitte Oktober darüber, *daß sie so viel von magnetischen Einwürkungen zu leiden habe.* Gerade diese Passage des Briefes aber, in der Mine Haller Marie detailliert über Christianes Befinden in den vergangenen Wochen berichtet, ist bisher nur unvollständig publiziert worden. Der entsprechende Absatz des Briefes vom 29. November 1831[546] lautet im vollen Wortlaut (die bisher unveröffentlichten Passagen sind in Klammern gesetzt): *Deinem Auftrag, liebe Marie, konnte ich nur theilweise nachkommen, ich mußte es H. Göriz überlassen die arme Christiane mit der Schrekenspost bekannt zu machen, weil Schelling es für mich nicht geeignet hielt, da die Arme, seit Mitte dießes Monats in einem Zustand von GeistesAbwesenheit sich befindet, u daher der Eindruk nicht zu berechnen war, den dieße furchtbare Nachricht auf sie machen würde. (Schon vor 6 Wochen klagte sie Schelling, daß sie so viel von magnetischen Einwürkungen zu leiden habe, daß mehrere Ärzte ihre Elektrisir-Maschinen gegen sie* in Bewegung sezen u dergl. mehr. Schelling beruhigte sie u nahm dießen Zustand für die Folge des heisen Sommers, u. der besonders elektrischen Luft die wir hier hatten, u. die noch auf mehrere Personen gleichen Eindruk machte. Vor 14 Tagen nun wurde Schelling zu ihr berufen, u. fand sie völlig abwesend – phantastisch gekleidet, u. umringt mit allerley Gefässen voll Wasser, immer aber mit der fixen Idee magnetischer Plagen. Schelling wagte, sowohl wegen ihres ausnehmend schwachen Pulses, als auch aus Furcht sie möchte den Verband abreisen [!] nicht, zur Ader zu lassen.)

So gingen nun einige Tage hin, bis wir mit schmerzlicher Erschütterung die traurige Kunde in der Zeitung fanden. Noch hofften wir, daß es nur ein Gerücht seyn könnte, u. auf dießes hin wollte Schelling nichts unternehmen, als aber dein lieber herrlicher Brief kam, beschloß er, es der armen Kranken anzukündigen vielleicht daß der jähe Schreken die verirrten Geister sammeln würde. Zuerst sagte ihr Göriz – der immer als Autorität bei ihr galt – daß ihr theurer Bruder sehr krank sey, als sie dies ziemlich gleichgültig aufnahm, so eröfnete er ihr den andern Morgen seine traurige Mission. Nun wurde sie ganz still u. erst am Nachmittag brach sie in heftiges Weinen aus.

(H. Göriz hatte die Güte uns zu besuchen, u. uns dieße Mittheilungen zu machen, ich gieng daher gleich zu ihr u. wurde sehr stille empfangen, ich sprach von deinem Brief, u. bat sie ihn abschreiben lassen zu dürfen, was sie mir auch gerne bewilligte. Da ich fand, daß meine Gegenwart ihr lästig fiel, so gieng ich fort, u. besuchte sie gestern wieder – wo ich sie still, ich möchte sagen theilnahmlos, aber ganz vernünftig fand. Dies bezeugen auch ihre treue Dienerin, u. die ehrliche Hausfrau. Sie trug mir auf dir »ihre Theilnahme zu bezeugen da sie nicht so bald werde schreiben können, weil sie in einem gereizten Zustand sey«. Dies, liebe Gute, ist was ich dir mittheilen kann, daß Göriz, Schelling, u. ich nichts versäumen werden, bist du überzeugt.)

Der Brief deutet nur an, was Karl Rosenkranz für diese Wochen vor Hegels Tod als gegeben ansah und recht detailliert beschreibt, ohne seine Quellen zu benennen: *Mehrmals versuchte sie, sich zu tödten, aus dem Fenster zu springen, sich eine Ader zu öffnen.*[547] Nirgendwo sonst gibt es Hinweise auf Christiane Hegels Selbstmordversuche. Vermutlich hat sich Rosenkranz bei Christianes Arzt Karl Schelling Informationen aus erster Hand geholt.

Bemerkenswert an Mine Hallers Hinweis, Schelling habe es nicht gewagt, Christiane zur Ader zu lassen, ist aber auch ihr Zusatz, Christiane habe einen *ausnehmend schwachen Puls* gehabt. Der Ausbruch einer erneuten schweren Depression Mitte November 1831, die dieses Mal erkennbar von Symptomen geistiger Verwirrung begleitet wurde, ging also wieder Hand in Hand mit einem körperlichen Schwächezustand Christianes. Entscheidender Auslöser aber war, so ein neu aufgefundenes Dokument, das Vorrücken der Cholera-Epidemie in Württemberg: *Die Angst vor der Cholera veranlaßte sie, ihre Besuche bei ihren Bekannten zu beschränken und mehr zu Haußse zu bleiben. Dadurch fiel sie wieder [!] in Geistes-Verwirrung, welche sich im Novbr. so steigerte, daß sie wieder nach Zwiefalten wollte, auf Anrathen des H. Medic. Raths Dr. Schelling aber im Decbr. nach Teinach ging ...*[548]

Kulminationspunkt der Krise – und dies deckt sich exakt mit den zeitlichen Angaben der Stuttgarter Tante Haller – könnte der 90. Geburtstag von Christianes Mutter gewesen sein. Der fiel nämlich auf den 14. November 1831. Dieser Tag hat wohl in der aktuellen Bedrohungssituation und bei Christianes Neigung zur Hypochondrie Erinnerungen an die lebensbedrohliche Situation in der Kindheit wachgerufen und das Gefühl der Verlassenheit intensiviert. Und so wäre plausibel, warum Christiane ausgerechnet Mitte November 1831, noch bevor sie die Nachricht vom Tod des Bruders erhielt, in eine schwere Krise geriet, aus der sie diesmal nicht mehr herausfand. Es liegt auf der Hand, wie sehr sie gerade in dieser Situation die Nachricht vom Cholera-Tod des Bruders getroffen und weiter in die Depression, ja Traumatisierung getrieben hat. Dass Hegel noch dazu ausgerechnet am Geburtstag der Mutter gestorben ist, diese traurige und für Christiane so verhängnisvolle Pointe des Schicksals dürfte außer ihr damals kaum jemand zur Kenntnis genommen haben. Das ist wohl bis heute so geblieben.

Von Hegels Tod in Berlin haben die Stuttgarter Anverwandten, folgt man Mine Hallers Bericht, zunächst nur aus der Zeitung erfahren. Am 21. November 1831, also sieben Tage nach Hegels Ableben, erschien eine entsprechende Kurznotiz im »Schwäbischen Merkur«. Maries Briefe mit der traurigen Nachricht trafen erst danach in Stuttgart ein – einer, den sie am 15. November zusammen mit einer Abschrift für Christiane zunächst an ihre Mutter nach Nürnberg geschickt hatte, und ein zweiter, den sie direkt an Christiane gerichtet und am 17. November verfasst hatte, ohne freilich im Entferntesten zu ahnen, wie schlecht es Christiane zu diesem Zeitpunkt schon ging.

Dieser achtseitige Brief der Witwe an die Schwester Hegels beginnt mit den – bisher unveröffentlichten – Worten: *Liebe gute Christiane! Ich hoffe unsere lieben Verwandte u. Freunde haben dich mit möglichster Schonung vorbereitet – ich hoffe du bist gefaßt, die schwerste Prüfung, die mich u. dich betreffen konnte, mit frommer christlicher Ergebung zu ertragen.*

Es ist der letzte von Maries Briefen an Christiane, der uns erhalten ist. Und er ist ein beeindruckendes Zeugnis dafür, wie sehr sich Marie Hegel in ihrer eigenen großen Trauer mit der Schwester ihres verstorbenen Mannes verbunden fühlte. Nur drei Tage nach dem plötzlichen Tod ihres Mannes tröstete sie die Schwägerin und versicherte ihr großzügig, dass sie einen Teil dessen, was ihr *guter treuer Mann* in zwei Witwenkassen eingezahlt hatte, bekommen solle: *... dir liebe Christiane kommt wie billig ein Theil davon zu; der kleine Wirthschaftsbeitrag, den dir Hegel in seinem Leben gegeben hat, gibt er dir auch nach seinem Tode alle Jahr, darauf darfst du dich verlassen! Ich schreibe, so bald mein armer Kopf kann, an Cotta u. schicke ihm eine Anweisung an dich.*[549]

Das war ohne Zweifel sehr großzügig und belegt den freundschaftlichen, ja liebevollen Umgang der beiden Frauen miteinander. Doch Christiane war zu diesem Zeitpunkt – Mitte November 1831 – nicht mehr in der Lage, ihrer Schwägerin selbst auf diese wohlmeinenden Zeilen zu antworten. Erst gut sieben Wochen später sollte sie dazu wieder in der Verfassung sein.

Schon im Dezember wurde in Stuttgart offensichtlich erwogen, Christiane wieder in eine Privatkur zu geben. Sie selbst äußerte – so der Vetter in seinem späteren Bericht nach Jagsthausen – zunächst den Wunsch, wieder nach Zwiefalten zu gehen, wo sie sich von Dr. Elser Heilung versprach. Karl Schelling hat ihr davon abgeraten. Vermutlich wusste er nur zu gut, wie es in der Zwischenzeit um den Zwiefaltener Anstaltsarzt stand, den sein aufopferungsvoller Dienst im Laufe der Jahre aufgerieben und erschöpft hatte. Karl Schelling sprach sich vielmehr für einen Kuraufenthalt Christianes in Bad Teinach aus. Am 15. Dezember 1831 war es allerdings noch ganz unklar, ob Christiane die Reise in den Schwarzwald überhaupt würde auf sich nehmen können. Susanne von Tucher berichtete ihrer Tochter nach Berlin: *Über Deine Schwägern [!] kann ich dir Gottlob Nachricht ihres erträglichen Befindens mittheilen. Mutter Haller schreibt, sie sey sehr ruhig und stille, zwar theilnamslos, aber doch gelaßen. Sie verlangt ins Bad Deinich zu gehen, was Schelling sehr billigt. Ob dies jezt oder später wird bewerkstelligt werden können, überhaupt mehr über ihren Zustand werde ich das Genauere bei der Rückkehr unsrer lieben Kinder erfahren, welche gestern Mittwoch mit dem Eilwagen abgereist sind u. aber jetzt Donnerstag 8 Uhr Morgens beim Frühstück die Freude der lieben Eltern seyn werden.*[550]

Maries jüngerer Bruder Gottlieb von Tucher, der seinerzeit Christiane auf ihrer Rückreise von Nürnberg nach Aalen begleitet hatte, war demnach Mitte Dezember mit seiner jungen Frau, der Tochter der Stuttgarter Hallers, von Nürnberg nach Stuttgart gereist, um die Weihnachtsfeiertage bei den Schwiegereltern zu verbringen und bei dieser Gelegenheit auch nach Christiane zu sehen. Es ist daher gut vorstellbar, dass er noch in den letzten Dezembertagen Christiane mit ihrer Magd nach Bad Teinach begleitet und sie dort einquartiert hat. Der kleine Badekurort, unterhalb des Zavelsteines im Nordschwarzwald gelegen, war mit der Postkutsche von Stuttgart in acht Stunden zu erreichen. Christiane ist jedenfalls noch im Dezember 1831 dorthin gekommen, wie wir von ihrem Vetter neuerdings wissen.[551]

Karl Schelling hatte sich wohl vor allem deshalb für Bad Teinach ausgesprochen, weil dessen Quellen damals berühmt für die Heilung der Hypochondrie und Melancholie waren, und zwar vor allem bei denjenigen Formen, die man in Zusammenhang mit einer gestörten Verdauung und mangelhafter Ernährung brachte.[552] Übereinstimmung herrschte in der medizinischen Fachwelt indessen darüber, dass Teinach bei einer zu großen Erregbarkeit des Nervensystems ungünstig sei. In diesen Fällen war das benachbarte Liebenzell vorzuziehen. Besonders hoch im Kurs standen die Teinacher Heilquellen um 1830 aber auch im Falle *der traurigsten aller Krankheiten, nämlich der Zerrüttung des Verstandes, mag sich diese Zerrüttung nun in fixen Ideen, oder als Melancholie, oder als völliger tobender Wahnsinn offenbaren. Auch in dieser Krankheit ist der Erfolg gleich günstig, mag der Grund derselben in materiellen Störungen vom Unterleibe aus, oder in Schwäche und Reizbarkeit des Nervensystems allein liegen*, heißt es in der »Beschreibung des Gesundbrunnens zu Teinach«, die 1834 in Stuttgart von dem Calwer

Arzt Dr. Müller vorgelegt wurde.[553] Ungeachtet dessen galt Bad Teinach[554] damals allerdings auch als Nobelbad. Schon seit dem 17. Jahrhundert zählte es zu den Lieblingsbädern der württembergischen Herzöge und insbesondere Herzog Eberhard Ludwig und Herzog Carl Eugen hatten sich bemüht, Teinach zu einem modernen Badeort auszubauen. Auch König Friedrichs Witwe Charlotte Mathilde, eine Tochter König Georgs III. von Großbritannien und Hannover, besuchte zwischen 1818 und 1828 alljährlich das Bad und lud dabei zahlreiche Verwandte ihres Hauses zu Besuch. Die Mitglieder der königlichen Familie kamen im sogenannten »Palais« unter, das schon zu Beginn des 18. Jahrhunderts im Auftrag Herzog Eberhard Ludwigs an Teinachs Marktplatz, dem »Offenen Platz«, errichtet worden war. Der Badewirt durfte dieses Herrschaftshaus bei Gelegenheit aber auch an andere Badegäste vermieten. Zu Teinachs Stammgästen in den Jahren um 1830 zählte übrigens auch Graf Alexander von Württemberg, der mit Justinus Kerner und Ludwig Uhland befreundet war.

Von Christiane Hegels Aufenthalt in Teinach weiß man heute so gut wie nichts. Aus dem Gedächtnis des Kurortes ist sie vollständig verschwunden, was freilich nicht wundert: Mit einer Selbstmörderin unter den Kurgästen ist, auch wenn sie einen berühmten Namen trägt, wenig Staat zu machen. Auch wurden damals keine Listen der Badegäste geführt. Immerhin wissen wir aber, dass Christiane in einem der damaligen Gebäude des Kronenwirtes Firnhaber gewohnt haben muss. Dieser teilte sich mit dem Wirt des Gasthauses zum Hirsch in Teinach *das gemeinschaftliche Recht der ausschließlichen Speisung und Beherbung der Gäste.*[555] Beide Gasthöfe standen ebenfalls am »Offenen Platz«. Firnhaber, der Besitzer des größeren und komfortableren Gasthofs zur Krone, war nicht nur Gastwirt, er hatte zugleich auch das Bademonopol in Teinach inne und wurde daher auch als Bademeister oder Badinhaber betitelt. In seinem Gasthof zur Krone, der an der Stirnseite des Platzes an der Stelle des heutigen »Bad Hotels« lag, befand sich damals auch die Badeanstalt, die allerdings nur aus sechs Kabinetten mit insgesamt neun Wannen bestand. Viele Kurgäste badeten daher in ihrem Zimmer, heißt es im »Medicinischen Correspondenzblatt« von 1834. Dem Kronenwirt Firnhaber gehörten noch mehrere andere Gebäude, sie lagen gegenüber dem

10   Der »Offene Platz« in Bad Teinach (Ende 18. Jh., vor der Umgestaltung)
links das »Herrschaftliche Palais«, rechts vorne der Gasthof »Hirsch«,
an der Stirnseite der Gasthof »Krone« mit der Badeanstalt

»Herrschaftlichen Palais« ebenfalls am »Offenen Platz«. Als Firnhaber im Sommer 1835 alle seine Besitzungen an den württembergischen König Wilhelm verkaufte und damit den Weg zur Erweiterung der dortigen Bad- und Brunnenanstalt freimachte, listete er insgesamt 73 Gästezimmer auf.[556] Der Verkauf von Firnhabers privaten Besitzungen und die umfangreichen Baumaßnahmen und Gartenbauanlagen unter König Wilhelm führten nur wenige Jahre nach Christianes Aufenthalt zu einer grundlegenden Veränderung des Ortsbildes.

Unmittelbar nach ihrem Tod schickte Firnhaber einen Boten mit der Rechnung nach Stuttgart zu Karl Wilhelm Göriz. Karl Schumm hat diese noch einsehen können, dann ist sie im Stuttgarter Stadtarchiv den Flammen des Zweiten Weltkrieges zum Opfer gefallen.

Christianes Rechnung wird nicht eben niedrig gewesen sein: Mindestens fünf Wochen hat sie in Bad Teinach mit ihrer Magd gewohnt und war dabei *ins Wirtshaus in Kost gegeben*, wie sie der Schwägerin in ihrem letzten großen Brief vom 7. und 9. Januar 1832 schrieb. Wieder einmal stehen die für unseren Zusammenhang interessanten Details im bisher unveröffentlichten Teil dieses Briefes, mit dem Christiane nach sieben Wochen des Schweigens auf Maries Schreiben vom November reagierte. Von diesem Brief ist bisher nur das publiziert worden, was Christiane als letztes lebendes Familienmitglied auf Anfrage Maries aus den Kinder- und Jugendjahren ihres Bruders zusammen bringen konnte. Doch am Schluss hat Christiane zu ihrer aktuellen Situation in Bad Teinach noch Folgendes geschrieben: *Dieses ist, was [ich] so zusammen bringen konnte, es ist ein Untereinander, verzeihe, aber in meinem gegenwärtigen schmerzhaften körperlichen u zerrütteten geistigen Zustand wirst du Nachsicht genug haben.*

Schelling hat mich auf etwa 14. Tage hirher geschickt; es ist ein Gesundbrunnen auf dem Schwarzwald, ich bin ins Wirtshaus in Kost gegeben, wo ich besseres Essen habe, als ich je gewohnt war, und mich wohl mit dem, was ich in mr. Vaterstadt verlassen musste, [nachträglich eingefügt: nie] aussöhnen wird, denn Göriz hat mir bereits zu verstehen gegeben, daß ich den hiesigen Ort wohl nie mehr werde verlassen dürfen, wenn du an mich schreibst, wirst du wohl am besten thun es an mich, bei Vetter HauptPostAmtsCassier Göriz in Stuttgardt ohne weiteres zu adresiren, der es dann an mich befördert. Lebe wohl, noch einmal Gott gebe dir Kraft u Muth dei-

nen schmerzlichen Verlust zu tragen. Dich und die beiden Jungen grüße ich tausendmal herzlich. Mit Liebe Christiane.

Das sind die letzten Worte, die Christiane an ihre Schwägerin gerichtet hat.

Der Brief wirft freilich Fragen auf. Was wollte Christiane damit sagen, dass sie *den hiesigen Ort wohl nie mehr werde verlassen dürfen*? War dies eine ihrer Wahnvorstellungen, oder waren ihre Verwandten tatsächlich dieser Auffassung? Und wie stellte sich dann Karl Schelling dazu, der sie doch angeblich nur auf 14 Tage in den Badekurort geschickt hatte? Hatte man sie nur so überreden können, Stuttgart zu verlassen? Christiane hat ihrem jüngeren Vetter Göriz vor der Abreise offenbar eine Generalvollmacht zur Regelung ihrer Angelegenheiten gegeben. Kommt hier am Ende noch einmal das ins Spiel, was am Ende ihres Nürnberg-Aufenthaltes eine so große Rolle gespielt hatte: Christianes starkes Heimweh nach ihrer Vaterstadt? Hat sich die räumliche Veränderung nicht positiv, sondern negativ auf Christianes Depression und Geistesverwirrung ausgewirkt, sie verunsichert und das Gefühl der Einsamkeit verstärkt? Hatte sie überhaupt Kontakt zu anderen Badegästen, und wie gut war das Bad zu dieser kalten Jahreszeit besucht?

Und wie ernst ist dieses nachträglich eingefügte Wörtchen *nie* zu nehmen, wenn Christiane schreibt, dass das gute Essen sie letztlich nie mit dem Verlust ihrer Vaterstadt aussöhnen werde? Ist es gerade dieses »nie«, das uns aufhorchen lassen müsste, weil es ein Signal ist für die von Christiane damals als ausweglos empfundene Situation? Weil sich Christiane nie mit einem Leben außerhalb Stuttgarts abfinden konnte, aber nicht mehr dorthin zurückkehren durfte, wie sie meinte?

Eines jedenfalls macht der unveröffentlichte Brieftext ganz deutlich: Es ist falsch, wenn Karl Schumm Christiane Hegel unterstellt, sie sei nach Bad Teinach in der Absicht gereist, ihrem Leben dort ein Ende zu setzen: »Die Tragödie durfte nicht in Stuttgart ihren Abschluß finden, es waren dort zu viele Bekannte, zu viele Erinnerungen und zu viele Beziehungen. In der ländlichen Stille Teinachs, wo ein Fluß wie einst in den glücklichen gesunden Jahren im Schlosse in Jagsthausen mit seinem unendlich ruhigen Geplätscher Freund sein konnte, glaubte sie den Ort ihrer letzten Lebenstage zu finden.« Worauf immer sich Karl Schumm bei seinen malerischen Ausführungen gestützt haben mag: Es ist eine Legende, dass Christiane Hegel alle hinters Licht geführt und ihren Selbstmord in Teinach von langer Hand geplant habe. Dem ist auch Hans-Christian Lucas »aufgesessen«, wenn er unter Berufung auf Karl Schumm schreibt: »Zuletzt suchte Christiane selbst die Distanzierung, sie verlässt Stuttgart.«[557]

Christianes letzter großer Brief an die Schwägerin vom 7. und 9. Januar 1832 ist kein Abschiedsbrief, im Gegenteil: So bittet sie darin beispielsweise Marie um eine Schrift von Hegel, die sie verstehen kann – weil sie sie lesen will, doch auch diese Passage blieb bisher ungedruckt: *Du willst auch so gut seyn, mir etwas von ms. Bruders Sachen schicken, das überlasse ich ganz deinem guten Willen u. Gutdünken, freuen würde mich, wenn ich, etwas nur Kurzes und für mich verständliches von seinen Werken bekommen könnte, ich besaß Glauben und Wissen, über Fichtes, Jakobis u. wenn ich recht weiß, Kants Philosophie, in einem Journal, ein junger Göriz aber hat mich darum gebracht.*

Auch wollte sie sich wegen der Pension, die ihr Marie in Aussicht stellte, mit ihrem Vetter Göriz in Verbindung setzen. Das klingt nicht nach konkreten Selbstmordabsichten – noch war Christianes Blick in die Zukunft gerichtet.

Doch offenbaren Christianes Briefzeilen noch einen ganz anderen Aspekt, der bisher zu wenig ins Bewusstsein gerückt wurde: Sie litt in den letzten Wochen ihres Lebens nicht nur unter ihrem *zerrütteten geistigen Zustand*, wie sie selbst schreibt, sondern hatte in Bad Teinach wie auch schon früher mit starken Schmerzen zu kämpfen. Von ihren Schmerzzuständen wusste man später auch in Jagsthausen zu berichten, verstand dort ihren Tod als Erlösung von ihrem *Leiden*, denn *ihr Leben konnte ihr bei ihren physischen und moralischen Leiden nur eine Last seyn.*[558] Ob die körperlichen Schmerzen schließlich ihren Lebenswillen gebrochen und sie in die Nagold getrieben haben, bleibt ihr Geheimnis.

Am Montag, dem 30. Januar 1832 hat Christiane ihr Testament, das sie bereits am 8. September 1831 in Stuttgart aufgesetzt, aber noch nicht unterschrieben hatte, unterzeichnet und mit dem Familiensiegel versehen.[559] Beides, den Entwurf und das Familiensiegel, hatte sie demnach wohl mit in den Schwarzwald genommen – oder sich bringen lassen. Drei Tage nach der Unterzeichnung des Testaments, am 2. Februar 1832, hat sie sich höchstwahrsch. in einem Anfall von Schwermuth in den Fluß gestürzt, wie das handschriftliche Totenregister des zuständigen Evangelischen Dekanatamtes Calw[560] festhält; zur Erklärung wurde noch hinzugefügt: *war geisteskrank und seit einiger Zeit in Teinach*. Am Spätnachmittag, als es schon dunkelte, zwischen vier und fünf Uhr, wurde sie demnach *tot aus der Nagold gezogen, zwischen der Sägmühle und Kentheim*, also ein paar Kilometer von Bad Teinach entfernt. Die Nagold war bei weitem reißender als die Teinach. Der Tag war wolkig und relativ mild, über sechs Grad wurden mittags um 14 Uhr in Stuttgart gemessen.[561] Wie aus einem Bericht des Kronenwirtes Firnhaber hervorgeht, der seiner nach Stuttgart geschickten Rechnung beigelegt war und aus dem Karl Schumm noch zitieren konnte, hat ein *Wundarzt Schuler* noch *Rettungsversuche bei ihr gemacht*. Daraus könnte man schließen, dass Christianes Leiche nicht sehr lange im Wasser getrieben hat. Firnhaber berichtet weiter über die Beisetzung Christiane Hegels, die erst am 4. Februar auf dem Calwer Friedhof nachmittags um vier Uhr *in der Stille* stattgefunden hat, wie das Calwer Totenregister festhält: *Die Verewigte wurde auf dem Trauerwagen zu ihrer gewünschten Ruhe, nachmittags 4 Uhr gebracht, begleitet von mir, Herrn Decan, H. Dr. Caißler und dem Wundarzt Schuler, der die Rettungsversuche bei ihr machte. Sie wurde mit allem Verstand und Achtung behandelt.*

Ein Geistlicher, zwei Ärzte und der Teinacher Gastwirt haben ihr also das letzte Geleit gegeben. Wo genau Christiane Hegel auf dem Calwer Friedhof ihre letzte Ruhestätte gefunden hat, lässt sich heute nicht mehr rekonstruieren.

In der Lokalzeitung, den »Wöchentlichen Nachrichten für die Oberamtsbezirke Calw und Neuenbürg«, blieb der Zwischenfall unerwähnt. Und auch in der »Schwäbischen Chronik« in Stuttgart ist keine Todesanzeige erschienen.

58 Jahre, 9 Monate und 26 Tage währte das Leben der Christiane Hegel, wie das Calwer Totenregister vorschriftsmäßig registrierte.

Christianes Vetter Karl Wilhelm Göriz wurde wohl als erster in Stuttgart über Christianes Selbstmord informiert – er regelte ihre finanziellen Angelegenheiten und war für den Teinacher Wirt die Stuttgarter Anlaufstelle, um zu seinem Geld zu kommen. Bei ihm landeten dann zunächst auch Christianes Papiere, das Testament und ihre persönlichen Dinge, die sie nach Bad Teinach mitgenommen hatte. Möglicherweise befand sich darunter auch ein Abschiedsbrief.

Ordnungsgemäß machte Göriz den zuständigen Stuttgarter Instanzen sogleich Meldung: *Heute Mittag kurz vor Tisch machte der Herr Oberpostkassier Göriz allhier (Stuttgart) der Theilungskommission des königlichen Obertribunals die Anzeige, dass nach einer ihm zugekommenen Nachricht die Jungfer Christiane Luise Hegel, eine Tochter des längst gestorbenen Expeditions Rat und Rentkammer Sekretärs Hegel in ihrem geisteskranken Zustand während ihres Aufenthaltes in Teinach, wohin sie vor einiger Zeit gebracht worden sei, sich am 2. d. M. in dem Fluß Nagold ertränkt und in der Gegend bei Kentheim aus dem Wasser gezogen worden sey.*

Auch das wissen wir heute nur von Karl Schumm, er konnte die entsprechenden Akten des Stuttgarter Stadtgerichtes, in dessen freiwillige Gerichtsbarkeit das sogenannte Teilungs- und Pupillenwesen fiel und das vom übergeordneten Königlichen Obertribunal, dem Göriz Meldung machte, kontrolliert wurde, vor ihrer Zerstörung im Zweiten Weltkrieg noch auswerten. Die kriegsbedingte Vernichtung der städtischen Akten und die fehlende Überlieferung beim zuständigen Senat des Königlichen Obertribunals[562] sind in unserem Fall umso bedauerlicher, als Christianes Testament für Hegels Familie zum Stein des Anstoßes wurde.

Christiane hat in ihrem Testament – wie bereits ausgeführt – alle drei Söhne ihres Bruders als Erben ihres Kapitalvermögens eingesetzt. Ihr übriges Hab und Gut sollte die Tochter ihres Stuttgarter Vetters Karl Wilhelm Göriz erben, die ihr offenbar in den letzten Jahren hilfreich unter die Arme gegriffen hatte. Das wissen wir aus einem Brief Maries an ihre Mutter.[563] Geht man davon aus, dass Christiane allen drei Söhnen den gleichen Anteil vererbt hat – was wir nicht gesichert wissen, wofür aber vieles, vor allem die Überlegung der Familie Maries, das Testament anzufechten,[564] spricht –, so hat sie die legitimen Erben Karl und Immanuel Hegel rein rechnerisch jeweils um ein Sechstel ihres Kapitalvermögens gebracht. Dieses belief sich, berücksichtigt man nur die nachweislich verliehenen Privatdarlehen, auf insgesamt 3 200 Gulden. Inwieweit Christiane zum Zeitpunkt ihres Todes noch über Spareinlagen oder Bargeld verfügte, wissen wir nicht, da sie ja nur über ihre Einnahmen, nicht jedoch über ihre Ausgaben genau Buch führte. Ein weiterer unbekannter

Faktor in dieser Rechnung sind die Ausgaben, die mit der Testamentsabwicklung und Haushaltsauflösung sowie der Begleichung der Teinacher Unkosten verbunden waren. Christiane Hegel hat ferner testamentarisch sogenannte Legate[565] erteilt, also Vermächtnisse, die vor der Inventur und Teilung ihres Vermögens bar ausbezahlt werden mussten. Ein solches Legat hat sie beispielsweise Maries Stuttgarter Tante Mine Haller vermacht, und auch ihre treue Dienerin hat sie bedacht. Nicht nur der Ludwig vermachte Anteil, der bei dessen dauernder Abwesenheit eines Tages dem König zufallen sollte, auch diese Legate waren für Marie und ihre Mutter Susanne von Tucher ein Grund, über eine Anfechtung des Testamentes nachzudenken, da sie Hegels Witwe offenbar in Zahlungsschwierigkeiten brachten. Eine gerichtliche Auseinandersetzung über die Rechtmäßigkeit des Testamentes und über Christianes Zurechnungsfähigkeit hätte allerdings auch die Aufmerksamkeit auf dessen Inhalt gelenkt – gerade das wollte die Familie jedoch tunlichst vermeiden. Es ist daher wohl auch nicht dazu gekommen.[566]

Mit ihrem Testament hat Christiane Hegel sieben Jahre nach Ludwigs »Verschwinden« wieder an dieses unselige Familienmitglied der Hegels erinnert, an das *schon so lange niemand mehr gedacht* hatte, wie Susanne von Tucher bekannte. Christianes Erinnerung an *die Verhältnisse mit dem unwürdigen Ludwig*[567] war unangenehm, ja peinlich für die Familie und erregte insbesondere den Zorn der Mutter Tucher.[568] Erinnerte Hegels Schwester damit doch auch an den wunden Punkt und die Fehlbarkeit des *Verherrlichten*, wie Marie ihren verstorbenen Mann in ihren Briefen nun vorzugsweise nannte. In den Trauerreden seiner Schüler ist Hegel sogar mit *Alexander dem Großen*, ja mit dem *Erlöser* verglichen worden.[569] Man darf aber über all dem nicht vergessen, dass Ludwig vorübergehend in Hegels Familie aufgenommen worden war, dass er mehrere Jahre in Heidelberg und Berlin im Kreise der Familie gelebt hat und dass sich Marie und auch ihre Mutter damals redlich um die Integration des Kindes bemüht haben. Ludwigs Nennung allein kann also nicht erklären, warum die Stimmung Maries und ihrer Familie gegen Christiane mit der Testamentseröffnung so abrupt und heftig umgeschlagen ist. Man bedenke auch, dass Marie noch zwei, drei Wochen zuvor freudig den Vorschlag ihrer Mutter aufgegriffen hatte und Christiane großzügig ihre

Nürnberger Witwenpension überlassen wollte. Auch stehen die von Christiane vererbten Geldbeträge in keinem Verhältnis zu Maries Reaktion.

Die tieferen Gründe dafür finden sich in einem eng beschriebenen, mehrere Seiten langen Brief der Witwe Hegel an ihre Mutter Susanne von Tucher, der vom 27. Februar 1832 datiert und der bisher unbeachtet geblieben ist, obwohl er auch für die Biographie Hegels von großer Bedeutung ist.[570] Es ist jener Brief, aus dem hervorgeht, dass Marie durch Christianes Testament erfahren hat, dass diese von der Existenz Ludwigs wusste, obwohl Hegel alles getan hatte, um dies zu verhindern.

Doch Christianes Testament hatte, wie Maries Zeilen zeigen, noch eine andere Dimension. Bei der Lektüre des Briefes wird deutlich, warum heute sowohl im Nachlass Hegels als auch im Familienbesitz der Nachkommen nur noch so wenig von und zu Hegels Schwester zu finden ist: Wie so vieles andere hat auch dieses Defizit in der familiären Überlieferungsgeschichte ganz erheblich dazu beigetragen, den Mantel des Vergessens über diese ungewöhnliche Frau nach ihrem Tod auszubreiten. Im Fall von Hegels Nachlass und dessen Sichtung und Reduzierung hat jedoch nicht nur Christianes »Bedeutungslosigkeit« angesichts der wissenschaftlichen Leistung des Philosophen eine Rolle gespielt. Die verwischten Lebensspuren der Schwester und Ludwigs Totschweigen durch die Familie nach Hegels Tod sind vielmehr aufs Engste miteinander verwoben. Und zwar nicht nur deshalb, weil diese beiden – die geistesverwirrte Schwester und der uneheliche Sohn – die peinlichen Außenseiter der Familie Hegel waren, deren sich Hegels Söhne in den späteren *erklärenden Notizen* zu den Briefen der Susannne von Tucher an Marie Hegel mit den Worten entledigten: *Ludwig scheint ein junger Verwandter Hegels gewesen zu sein. – Auch einer Schwester H.s wird als »Deiner Schwägern« mitunter gedacht.*[571]

Die Gründe liegen noch tiefer: Erst durch Christianes Testament haben Karl und Immanuel erfahren, dass das Kind, das an ihrer Seite aufgewachsen ist, ein leiblicher Sohn ihres Vaters war. Die Tatsache, dass Hegel seinen Sohn Ludwig in die Familie aufgenommen hat und dieser sich am Gymnasium in Berlin unter dem Namen Hegel einschreiben durfte, gab Anlass zu der Vermutung, dass sich Hegel auch offen zu ihm bekannt hat. Maries Zeilen aber offenbaren, dass Karl und Immanuel bis zur Eröffnung des Testaments ihrer Tante in dem Glauben lebten, Ludwig sei nur ein Pflegekind gewesen. Denn Marie schreibt: *Hegel wollte mit ewigem Stillschweigen den unsäglichen Verdruß u Kummer den ihm u mir dieser von ihm aufgegebene, verlorene Sohn gemacht hat, bedacht wissen – u was nun wirklich längst vergessen u überwunden war, was vor meinen Kindern nie zur Sprache kommen sollte, fällt ihnen, während ich den Brief der Tante lese, befremdend in die Hände – ich sehe Karl erröthen u sehe zu meinem Schrek, was auf dem Blatt, das er in Händen hält, offenbar u schonungslos (im Testament) geschrieben steht. Dieß sind Dinge die sich nicht so leicht abschütteln u vermindern lassen, u schwerer verletzen als ein wirkliches Unglück.*

Es ist leicht nachzuvollziehen, wie sehr Marie durch diese peinliche Enthüllung im Innersten verletzt wurde. Noch dazu, da sie selbst wohl, wie sie weiter schreibt, Hegel immer wieder bedrängt hatte, Ludwig nicht nur als Pflegesohn, sondern als eigenes Kind an- und aufzunehmen.

Christianes letzter Wille hat den *Verherrlichten* nicht nur bei den Leuten wieder ins Gerede gebracht. Er hat auch Karl und Immanuel die Augen geöffnet und Mutter und Vater vor den Kindern bloßgestellt. Das ist es, was Christiane ihrer Schwägerin posthum angetan hat – möglicherweise sogar, ohne es zu wissen oder zu wollen: Konnte sie ahnen, dass Karl und Immanuel über die Herkunft Ludwigs nicht aufgeklärt waren?

Mit ihrem Testament hat Christiane die Glaubwürdigkeit der Eltern in Frage gestellt. Den verehrten und geliebten *herrlichen Vater*[572] – wie Karl ihn noch einen Tag nach dessen Tod bezeichnen konnte – hat sie »entthront«. Diese schmerzliche Erfahrung assoziierten Hegels Söhne Karl und Immanuel nun mit ihrer *lieben Tante Christiane*. Die Reaktion auf diesen Schock war auch hier: Verdrängen. Vergessen.

Anhang

Editorische Hinweise

Dieses Buch versteht sich nicht als wissenschaftliche Monographie, auch wenn sein Fundament die wissenschaftliche Recherche ist. Auf einen ausführlichen Anmerkungsapparat wurde verzichtet und zur Vereinfachung wie folgt verfahren:

Alle veröffentlichten und unveröffentlichten Briefe von und an Christiane Hegel sind im Anhang chronologisch aufgelistet (mit Veröffentlichungsnachweis, bei unveröffentlichten oder nur teilweise gedruckten Briefen auch mit Standortangabe). Zitiert wird in der Regel und wo möglich nach den veröffentlichten Texten.

Grundsätzlich sind alle Zitate aus den veröffentlichten »Briefen von und an Hegel« (Bd. I – III. Hg. v. Johannes Hoffmeister. Hamburg ³1969. Bd. IV/1 u. IV/2. Hg. v. Friedhelm Nicolin. 3. völlig neu bearb. Aufl. Hamburg 1977 u. 1981) nicht mit Seitenangaben belegt, sofern sie dort leicht unter dem angegebenen Briefdatum und Briefpartner nachzuschlagen sind.

Ähnliches gilt für die leicht zu überblickende einschlägige Literatur zu Christiane Hegel. Auch hier ist bei Zitaten zugunsten der Lesbarkeit in der Regel auf den jeweiligen exakten Seitennachweis verzichtet worden, da sich fachlich interessierte Leser in den überwiegend kurzen Texten ohnehin schnell orientieren können. Dabei handelt es sich um: Karl Rosenkranz (1844), S. 424–426; Justinus Kerner (1849), S. 280–282; Karl Schumm (1953), S. 177–180; Wilhelm R. Beyer (1966), S. 82–85; Horst Brandstätter (1978), S. 46 f.; Hans-Christian Lucas I (1988), S. 284–306; Hans-Christian Lucas II (1988), S. 409–442; Hellmut G. Haasis (1988), S. 825–830; Hellmut G. Haasis (1997), S. 124–131.

Fachleute und Interessierte werden auf das Quellen- und Literaturverzeichnis verwiesen.

Generell sind alle Quellenzitate durch *Kursivdruck* abgesetzt; bei Zitaten aus unveröffentlichten Texten habe ich Eigentümlichkeiten der Orthographie und Interpunktion beibehalten (*du, daß, Schreken, u., Xbr.* etc.) sowie Wortergänzungen nur in dringenden Fällen vorgenommen; eine gewisse Inkonsequenz in der Zitierweise im Vergleich zu den bereits veröffentlichten Briefen wurde dafür in Kauf genommen.

Zur besseren Orientierung im Irrgarten württembergischer Familiennamen dient ein kommentiertes Personenregister. Aufgenommen sind Personen, die mehrfach genannt und für den Kontext bedeutend sind. Auch hier wurde zugunsten der Übersichtlichkeit auf die Nennung sämtlicher Vornamen einer Person verzichtet. Die Seitennachweise beziehen sich auf einschlägige Textstellen zur Person.

Wer sich über die genannten Schriften Georg Wilhelm Friedrich Hegels näher informieren möchte, dem sei ausdrücklich Walter Jaeschkes 2003 erschienenes »Hegel-Handbuch. Leben – Werk – Schule« empfohlen. In ihm sind nicht nur Hegels Werke kurz und verständlich vorgestellt, Jaeschke dokumentiert auch übersichtlich deren Veröffentlichung innerhalb der »Gesammelten Werke« (Hamburg 1968 ff.).

Anmerkungen

1 Vgl. Ziesche, S. 9.
2 Zit. n. Korff, S. 54.
3 Zit. n. Lucas, 1988 (II), S. 421.

Kindheit und Jugend (1773–89)

4 StadtAS (gedr.), LKA (hs.). – TD in: Briefe IV/1, S. 9–13.
5 Zit. bei Schumm, 1953, S. 177 (o. Q.).
6 Briefe IV/1, S. 13: zit. n. einer Abschrift Schumms aus verbrannten Akten des StadtAS.
7 S. 36; auch in: Briefe IV/1, S. 72.
8 Lucas, 1988 (I), S. 294.
9 GW I, S. 3–33.
10 Diesen wertvollen Hinweis verdanke ich Frau Dr. Christa Mack (StadtAS).
11 StadtAS.
12 Das Adressbuch 1794 (StadtAS) verzeichnet nur die Hauseigentümer, nicht die Mieter.
13 StadtAS: RV 1799, Nr. 105: Vater und Tochter Hegel sind mit falschen Vornamen (Friedrich, Rosina) angegeben, der Vater (Sekretär, Witwer) zudem mit falschem Alter (59 statt 65). Die Brüder sind nicht genannt.
14 Wo Hegel und seine Familie sowie andere bekannte Stuttgarter Persönlichkeiten gewohnt haben, wurde von Maria Kohler anhand der gedruckten Adressbücher (StadtAS) zusammengestellt in: »O Fürstin ...«, S. 420 ff.
15 Vgl. Nicolin, 1991, S. 4.
16 Zit. n. HBZ Nr. 2.
17 LKA: Bd 383. Taufen 1773–1778 (MF: KB Nr. 114). Der Vater spricht in seinem Taufbericht von »daßiger Stiftkirche«, doch bezeichnete er so auch die Leonhardskirche, in der er 1769 getraut worden war.
18 In: Briefe IV/1, S. 72.
19 Sie war die Tochter eines Kollegen von C.s Vater.
20 Rothen Bildthor Straße; StadtAS: RV 1799, Nr. 29 (Nr. 27: Amtsschreiberei).– Abb. bei Wais, 1951, Nr. 502.
21 StadtAS: RV 1799, Nr. 35 (Eigentümer: Franck). – Abb. ebd.
22 Vgl. Planck. – Zum Folg. Günzler.
23 Christiana Dorothea und Johann Friedrich Breyer.
24 Die weitläufige Familie Breyer weist in einer anderen Linie Vetternschaft mit den Hegels auf (C.s Taufzeugin Breyer).
25 Augustes Vater, Regierungsratssekretär Christian Ludwig Breyer, wurde bisher häufig mit Regierungsrat Johann Gottlieb Breyer verwechselt. Vgl. aber das Stuttgarter Familienbuch (StadtAS), Nr. 1575.
26 StadtAS: RV 1799, Nr. 49 (= Postplatz 2, Ecke Gartenstraße). Post: Nr. 48 (= Postplatz 4). Familie Breyer ist nach dem Tod des Großvaters Zech (März 1799) in das Haus Nr. 46 (= Postplatz 8) umgezogen. Abb. bei Wais, 1951, Nr. 480 u. Nr. 551.
27 S. Anm. 38.
28 Dies belegen auch Georg Kerners nur z. T. veröff. Briefe an Auguste Breyer und ihre Familie (WLB), auch wenn C. in ihnen nicht erwähnt wird. – Augustes Gegenbriefe sind verschollen.
29 Vgl. unten S. 61 f.
30 UAT: S 127/15, Bl. 46 (19.2.1787).
31 LKA: Bd. 49. Totenregister 1767–1784: 3.4.1774. (MF: KB 129).
32 Vgl. Wilhelmines Brief an den Bruder Heinrich, 15.7.1798 (StadtAS: NL Elsaesser, Fasz. 16) und Kerners Briefe Nr. 2, 6, 31, 41–43, 59 (WLB).
33 Vgl. Fritz, S. 70 und StA, Bd. 6/1, S. 81.
34 Vgl. dazu Kerners frühe, meist unveröff. Briefe (Nr. 1–11) an Luise Breyer (WLB).
35 Vgl. Rosenkranz, S. 42.
36 27.10.1793; zit. n. Voegt, S. 23.
37 Zit. n. Lang, S. 59 f.
38 Das Haus stand an der Stelle der heutigen Rotebühlstraße 12. Vgl. Briefe

38 IV/1, S. 254. – StadtAS: RV 1799, Nr. 62.
39 StadtAS: Foto N 12576. Abb. bei Wais, 1951, Nr. 362 (dort: Lange Straße 4).
40 Vgl. Sauer, Bd. 3, S. 366.
41 Zit. n. Briefe IV/1, S. 13. – Zur Anordnung der Gebäude vgl. den »Plan von 1811« (Lit. A Nr. 299).
42 Eintrag vom 21.12.1785 (GW 1, S. 20).
43 Vgl. Roi-Frey, 1999, S. 80–85.
44 Pfaff, Bd. 2, S. 327. – Laut Stuttgarter Kirchenregister starben 1783 insgesamt 72 Personen an der »Ruhr« und 95 Personen an »verschiedenen Fiebern«, worunter auch das »Gallenfieber« gerechnet wurde.
45 Zum Folg. Sauer, Bd. 3, S. 292 ff.; Schmid (1904); Maier.
46 Vgl. Roi-Frey, 2003, S. 276.
47 Zit. n. Roi-Frey, 2003, S. 30.
48 Vgl. unten, S. 110.
49 StadtAS: RV 1799, Nr. 105.
50 Vgl. Wagner, Bd. 1, S. 637.
51 StadtAS: NL Elsaesser, Fasz. 12.
52 S. 40.
53 StadtAS: NL Elsaesser, Fasz. 11.
54 Zit. n. Roi-Frey, 1999, S. 283.
55 S. 40 f.
56 StadtAS: NL Elsaesser, Fasz. 12. – Dieser Gymnasialprofessor Schmidlin ist wenig später, nachdem die Elsässers bei ihm eingezogen sind, in den Zensurhandel um Gotthold Stäudlin und dessen »Chronik« verwickelt. Vgl. dazu unten, S. 65.
57 Briefe IV/1, S. 146.
58 Nr. 6 (WLB).
59 Brief an Luise Breyer verh. Scholl, 29.11.1801 (WLB: Nr. 59).
60 Vgl. unten, S. 87.
61 Auch das Redaktionsexemplar des »Morgenblattes« (DLA), in dem die Autoren hs. eingetragen sind, gibt nicht alle Fälle an. Cottas Abrechnungsbücher sind nur unvollständig überliefert.
62 StadtAS: RV 1799, Nr. 308; Adressbuch 1800, S. 32.
63 Nach »Herrich«. Vgl. Adressbuch 1800; Eintrag unter dem Vermieter Günzler, S. 32.
64 Der Rest des Satzes ist unlesbar, da der Brief abgeschnitten wurde.
65 Vgl. Wais, 1955, S. 34.
66 Zur Glaubwürdigkeit und Resonanz vgl. Petersen, Bd. 2, S. 342 ff.
67 Vgl. SNA Bd. 26, S. 357 f.; S. 222; S. 385 (mit Anm.).
68 Louis' Vater ist der Gymnasiallehrer (Präzeptor) Christian Friedrich Göriz (1738–1793), der mit einer Schwester von C.s Mutter verheiratet war, und nicht – so versehentlich die SNA – dessen Bruder Karl August Göriz (1744–1799), der Professor an der Carlsschule und Waisenhausprediger war.
69 WLB.
70 S. 115.
71 Abel: Lebensbeschreibung, Bl. 165 f. (WLB); alle Zitate ebd. – Sauer, Bd. 3, S. 304 f.; Pfaff, Bd. 2, S. 498 f.
72 Laut Abel wurde Kausler »auf das Land versetzt« (Bl. 166v). – Kausler wohnte später im Haus des Stuttgarter Hutmachers Johann Friedrich Haller (vgl. Adressbuch 1800, Nr. 593), dessen Ludwigsburger Bruder mit August Hauff auf dem Hohenasperg einsaß. Auch dem Stuttgarter Haller wurde – im Zusammenhang mit Leutnant von Penasse – eine Verstrickung in die revolutionären Stuttgarter Kreise angelastet (vgl. Wagner, Bd. 2, S. 412). Zu Penasse s. unten, S. 112 ff.
73 s. Anm. 85.
74 Hegel hat sein Tagebuch erst im Juni 1785 begonnen.
75 Zu Hegels späteren Verbindungen zu Illuminaten und Freimaurern vgl. D'Hondt, 1968; ²1983, S. 41–69; 1998 (I), S. 116–120. – Abel bleibt unerwähnt.
76 Vgl. zum Folg. Reinalter.
77 Vgl. Schings, 1996, S. 175 u. S. 29 f.
78 Zit. n. ebd., S. 31.
79 Vgl. Fenske, S. 24.

80 Bl. 171–175. Vollst. ED: Schings, 1996, S. 30–32.
81 Vgl. Schings, 1996, S. 29 f.
82 GW I, S. 10 (14.7.1785).
83 Julius Klaiber ist außerdem ein Enkel von C.s Freundin Mine Hauff.
84 Klaiber, 1877, S. 79.
85 DLA: B: Jakob Friedrich Abel. Manuskripte. »Schon als Kandidat ...« [Autobiographie]. 3 ½ Bl. Zug.-Nr. 154. – Dabei handelt es sich um zwei, in Papier, Größe und Tinte verschiedene, nicht zusammengehörende Doppelblätter aus Abels Autobiographie, von denen das erste mit dem Satz »Schon als Kandidat ...« beginnt, während das zweite (hier relevante) überschrieben ist: »Noch suchte ich auch ausser der Ak. wirksam zu seyn«. Dieses blassblaue Doppelblatt ist auf allen vier Seiten von Abel beschriftet, es umfasst aber nur 1 ½ Bl., da das vordere Blatt in der Mitte abgeschnitten ist. Das Doppelblatt ist nicht, wie die restlichen in der WLB liegenden Doppelblätter der Autobiographie, rechts oben nummeriert, entspricht aber exakt dem Manuskriptblatt Nr. 160, das im Exemplar der WLB fehlt.
86 D'Hondt (²1983, S. 61) erwähnt einen Parallelfall: einen Brief Schellings, in dem dieser auf die Geheimgesellschaften einging und der gerade an dieser Stelle zerrissen worden ist.
87 Vgl. Riedel, S. 386 f.
88 Jaeschke erwähnt ihn beispielsweise in seinem Hegel-Handbuch (2003) überhaupt nicht. S. auch Anm. 75. – Vgl. aber Pinkard, S. 13/14.
89 Aufnahme am 15.7.1786 (HStAS: A 272 Bü. 347, Lit. »H«, Nr. 27). Zum Folg. Wagner, Bd. 1, 2. Theil.
90 Vgl. auch zum Folg. Jaeschke, S. 6–9.
91 Vgl. Kuhn, 1992, S. 51 u. 59.
92 Zit. n. HBZ Nr. 25 (auch die folg. Zitate). – Vgl. Nicolin, 1988, S. 272 f.
93 Jaeschke, S. 7.
94 Zit. n. Henrich, S. 22.
95 StA, Bd. 7/1, S. 402.
96 Henrich, S. 23.
97 Vgl. MUT, Nr. 38622 (27.10.1788).
98 Hegel, Briefe IV/2, S. 214 f.; Lucas, 1988 (I), S. 294 Anm. 22; Schneider/Waszek, 1997, S. 24 f.; StA, Bd. 7/1, S. 402 u. Bd. 8, S. 155. – Die variierenden Vornamen und das Geburtsjahr 1768 erklären sich wohl dadurch, dass in der Hölderlin- wie Hegelausgabe die beiden Klett-Brüder Johann Christian (1770–1823) und Christian Friedrich (1768–1826) durcheinander gebracht wurden, beide Brüder heirateten zudem eine Kornacher-Tochter. – Einzig Henrich (S. 22 f.) benennt ihn vorsichtig nur als »Klett« und gibt zugleich den Hinweis, dass es sich um einen engen Freund von Carl Immanuel Diez (geb. 1766) handle.
99 Zit. n. Volke, 1980, S. 22.
100 Er ist ein älterer Vetter von Hegels Kommilitone Klett. Zu seiner Biographie vgl. Dinkel, Nr. 257. LKA: Pfarrerbuch Nr. 4447 sowie die Bestände A 12 Nr. 33 Bd. 3 u. 4; A 13 Bd. 4; A 27 Nr. 1675, A 29 Nr. 882 Fasz. 9; DA Kirchheim/Teck, Nr. 136 u. 140. – Zur Freundschaft mit Niethammer vgl. Henrich, S. 8 und Jacobs, S. 119.
101 Vgl. dazu unten, S. 88.
102 Vgl. Schelling, Bd. 1, S. 60.
103 Gaab an Niethammer, Morges, 18.11.1795 (UBE).
104 Er war der Sohn des Kirchheimer Bürgermeisters Heinrich Knapp. Sein Bruder war von 1792 bis 1810 Pfarrer in Kletts Heimatort Dettingen, wo Kletts Vater (und in der Nachfolge Kletts Bruder) Amtmann war.
105 Zit. n. Briefe IV/1, S. 158.
106 Vgl. zu ihm u. a. Kuhn, 1992, S. 40 Anm. 96. – Ein anderer »Freund«, Johann Eberhard Schwarz, in dessen Stammbuch sich Hegel eingetragen hat, war mit einer Schwester Kletts verheiratet. Vgl. Schäfer, 2005, S. 262.

107 Vgl. Kuhn, 1989, S. 129 f.; ders., 1993, S. 33 f.
108 Vgl. Kerners Briefe Nr. 41, 45 (WLB).

Christianes große Liebe

109 StA, Bd. 6/1, S. 47.
110 Rosenkranz, S. 42. Briefe IV/2, S. 3 (Nachträge) mit Anm. S. 91.
111 Zit. n. Briefe IV/2, S. 91.
112 Zit. n. Briefe IV/1, S. 163.
113 Vgl. Vischer, S. 278.
114 StA, Bd. 6/1, S. 86 u. 136.
115 Vgl. im Einzelnen Schäfer, 2005, S. 340 ff.
116 Zit. n. Volke, 1999, S. 228.
117 Vgl. StA, Bd. 7/3, S. 106 f.
118 In ihrem Kassenbuch hat C. am 4.3.1831 notiert: »von mr. Freundin Stäudlin als Geschenk erhalten 55 f.« Am 25.7.1824 heißt es: »v. Rieke Stäudlin 2 f. 42 Th.« (Bl. 11). Ob es sich auch im ersten Fall um Lottes Cousine Friederike Stäudlin gehandelt hat, die mit ihrem Schwager Friedrich Haug und C. im Günzlerschen Haus gewohnt hatte, ist fraglich. Im Jahr 1831 lebten nur noch diese beiden.
119 Zit. n. Vermischte Gedichte, Bd. 2, S. 269 ff.
120 Conz an K. F. Reinhard, zit. n. Volke, 1999, S. 215.
121 S. dazu unten, S. 86.
122 Vgl. Volke, 1999, S. 7 ff.
123 Vgl. ebd., S. 413 f.
124 Vgl. dazu unten, S. 100–102.
125 Volke, 1999, S. 12.
126 Vgl. Volke, 1999, S. 418 u. StA, Bd. 6/1, S. 85–88.
127 Volke, 1999.
128 Zit. n. Volke, S. 312 (Hervorh. von Stäudlin).
129 Ich teile in diesem Punkt nicht die Auffassung Volkes (1999, S. 432), dass der Brief ironisch und die Adressatin, die Gotthold Stäudlin nur mit »Tante« ansprach, seine Tante Hopfengärtner gewesen sei. Denn Gotthold hasste sie, hielt sie für »ein herzloses Weib« und, wie er gegenüber seiner Mutter formulierte, »unwerth, Ihre Schwester zu heißen« (zit. n. Volke, 1999, S. 279). Es ist daher unwahrscheinlich, dass er ausgerechnet sie damit beauftragte, seine Mutter zu trösten. Gottholds Verhältnis zu den Dertingers war dagegen weit positiver (vgl. Volke, 1999, S. 325). S. auch S. 84.
130 Gottholds Cousine Wilhelmine Dertinger heiratete 1801 Rudolph Haller von Hallerstein (den Bruder von Marie Hegels Mutter Susanne von Tucher, geb. Haller von Hallerstein). Rudolph lebte mit seiner 16 Jahre jüngeren Frau in Stuttgart. Die beiden wohnten zum Zeitpunkt von Hegels Hochzeit (1811) im alten Hopfengärtnerischen Haus (bei einer weiteren Cousine Gotthold Stäudlins und Wilhelmine Dertingers, Friederike Hopfengärtner). Von diesem Haus waren einst die schweren Vorwürfe gegen Gotthold ausgegangen, wie etwa das Gerücht, Gotthold habe seine Familie 9000 f. gekostet. Für Gotthold Stäudlin war seine zweite Stuttgarter Tante, die Hopfengärtnerin, der Ausbund der »Schmähsucht« gewesen (s. Anm. 129).
131 Zit. n. Volke, 1999, S. 297 f.
132 Magenau an Neuffer, 24.11.1796; zit. n. Volke, 1999, S. 347.
133 Vgl. dazu unten, S. 83–85.
134 Zit. n. Volke, 1999, S. 341 f. (Hervorh. von Stäudlin).
135 Zit. n. Volke, 1999, S. 309 f. (Brief vom 23.3.1795).
136 Zit. n. Volke, 1999, S. 340.

Der Traum von einer Süddeutschen Republik: Unruhige Jahre in Stuttgart (1789–1800)

137 Ritter, S. 18. Vgl. auch Waszek und D'Hondt (z. B. Hegel et les français, 1998, S. 127 ff.), der nicht nur nach dem revolutionär gesinnten, sondern auch nach dem konspirativ aktiven Hegel fragt.

138 Vgl. zum Folg. Kuhn/Schweigard, 2005, S. 12–15.
139 Vgl. Uwe Schmidt, 1987; Kuhn, 1993, S. 28 ff.
140 1992, S. 37.
141 Vgl. zus. fassend Kuhn/Schweigard, 2005, S. 266 ff.
142 Zit. n. Dirnfellner, S. 102 (Sinclair an Jung, 16.9.1792).
143 Vgl. Kuhn/Schweigard, 2005, S. 12–15.
144 So ein Herzogliches Reskript vom 13.8.1793, zit. n. Schöllkopf, 1984, S. 84.
145 Vgl. Wandel, 1981, S. 57 f.
146 Zit. n. Schäfer, 2007, S. 652.
147 Vgl. Kuhn, 1992, S. 46 f.
148 Vgl. Rosenkranz, S. 33.
149 Zit. n. Nicolin, 1991, S. 22.
150 Vgl. Volke, 1999, S. 417.
151 Vgl. NDB, Bd. 10, S. 673.
152 Zit. n. Schäfer, 1996–1997, S. 394.
153 Zit. n. Dirnfellner, S. 115.
154 Vgl. Brauer, S. 70 u. S. 346.
155 Rosenkranz, S. 82. – Dazu schon Jamme, 1978, S. 21.
156 StA, Bd. 1, S. 34 (25.11.1795). Hegel kam erst Anfang 1797 nach Frankfurt.
157 Zit. n. Dirnfellner, S. 114 f. (25.10.1793).
158 Zit. n. Dirnfellner, S. 105 f.
159 Vgl. Adressbuch 1794 und 1800: Nr. 283. – Ihr Vater war Johann Gottlieb Breyer.
160 An W. Hartmann, 26.6. und 17.7.1794 (WLB).
161 Zit. n. Dirnfellner, S. 115.
162 Vgl. Schäfer, 1996–1997, S. 393 ff.
163 UBT: Md 787a. Nr. 46.
164 Zit. n. Volke, 1999, S. 279 f.
165 Vgl. Kuhn, 1989, S. 150.
166 S. unten, S. 271.
167 Sinclair an Jung, 1.12.1793. Zit. n. Dirnfellner, S. 125.
168 Sinclair an Jung, 29.10.1793, zit. n. Dirnfellner, S. 118.
169 1998, S. 30. – Auch bei Brauer (1993) kein Hinweis dazu.
170 Vgl. dazu Brauer, S. 8.
171 Vgl. Strahm.
172 Strahm (S. 516 ff.) zitiert einen Brief vom 10.7.1793, der nur mit »Hauff« gezeichnet und aus Tübingen an den Berner Bürgermeister von Sinner (oder dessen Sohn?) gerichtet war. Die darin gemachten Angaben des Briefschreibers zu seiner eigenen Person treffen auf August Hauff zu. Vgl. dag. HBZ Nr. 22 u. Jaeschke, S. 9: Hauff = Johann Karl Friedrich Hauff? Dieser befand sich aber 1793 in Wetzlar.
173 Vgl. Briefe IV/1, S. 159 f.
174 Vgl. z. B. Hölderlin Texturen 4, S. 359. – Zu ihm unten, S. 116.
175 Vgl. StA, Bd. 6/1, S. 49 ff., 6/2, S. 94, 186, 767. Hoécker/Mojem, S. 71.
176 StadtAS: EV 1797 u. 1798, Nr. 1320.
177 Vgl. Hegels und Breyers Briefe an Nanette Endel, in: Hoécker/Mojem, S. 75 ff., 37 ff., 68 ff.
178 Vgl. im Einzelnen Hoécker/Mojem, S. 24 ff.
179 Möglicherweise ist Simon Endel (vgl. Kuhn/Schweigard, 2005, S. 243) ein Bruder von Nanette.
180 Vgl. Hoécker/Mojem, 2005. Daraus die folg. Zitate.
181 Vgl. ebd., S. 18 mit Anm. 14. – Auch aus Breyers Briefen an Nanette geht hervor, dass er mit C. nach seiner Abreise aus Stuttgart im Briefwechsel stand.
182 Vgl. Krauß, S. 197 f.
183 Vgl. Briefe I, S. 57 f.
184 Dafür gibt es nur Anhaltspunkte: Breyers Brief an Endel, 28. 3. 1798 (Hoécker/Mojem, S. 62). Vgl. ferner Krauß.
185 StadtAS: Adressbuch 1829. Lit. C. Nr. 144, bei Sattler Rössle, in dem Teil der Lange Straße, der heute »Neue Brücke« genannt wird.
186 »Zum 27. August 1827: dem Geburtstag Georg Wilhelm Friedrich Hegels.« Zit. n. Hoécker/Mojem, S. 102.
187 22.7.1797. Zit. n. ebd., S. 44 f.
188 19.5.1797. Zit. n. ebd., S. 38 f.

189 28.3.1798. Zit. n. ebd., S. 62.
190 Zit. n. ebd., S. 16.
191 Zit. n. ebd., S. 64 f.
192 Diesen wertvollen Hinweis verdanke ich Volker Schäfer.
193 Vgl. Kuhn, 1992, S. 57.
194 Vgl. Schäfer, 1986, S. 195 f.
195 Veröff. von Schäfer, 2007, S. 654; ebd. Nanettes Eintrag.
196 Schäfer, 2007, S. 642.
197 Schäfer, 1986, S. 194.
198 Zit. n. Schäfer, 1986, S. 193.
199 Zerstreute Blätter. Erste Sammlung. Gotha 1785. Vgl. Herder, Bd. 26, S. 23: »Die Wünsche«.
200 Vgl. Schäfer, 1988, S. 102.
201 Vgl. Schäfer, 2007, S. 659.
202 HStAS: A 11 Bü. 38: Mappe Protokolle, Bl. 33r/v.
203 HStAS: A 11 Bü. 42, Bl. 261–263: Liste der verhafteten und verdächtigten Personen in Württemberg 1800 (Steinkopf Nr. 6, Neuffer Nr. 21) und A 11 Bü. 45, Unterfasz. 1: Verzeichnis derjenigen Personen ... (Steinkopf Nr. 6, Neuffer Nr. 19). – Vgl. zu Steinkopf auch Hölderlin Texturen 4, S. 174 ff.
204 WLB: Nr. 16 (o. D.) u. Nr. 18 (6.7.1791). – Zu Morstatt vgl. Fritz, S. 47 f. u. 79 mit Anm. 27.
205 Zit. n. Beck, S. 218 f.
206 Zit. n. ebd.
207 Zit. n. Schelling, Bd. 1, S. 90 Anm. 49.
208 Brief an Niethammer, 24.8.1796. Zit. n. Beck, S. 218.
209 Vgl. dazu insbes. Neugebauer-Wölk, S. 304 ff.
210 Kuhn, 1989, S. 441.
211 Vgl. dazu das Standardwerk von Erwin Hölzle »Das alte Recht und die Revolution«.
212 o. O. 1796. 16 Seiten. Vgl. dazu Scheel, S. 307 ff.
213 Zum Titel und erhaltenen Textkorpus vgl. Jaeschke, S. 82 ff.
214 Vgl. Vopelius-Holtzendorff, S. 133 f. – Zu Hegels Flugschrift vgl. auch Lucas, 1983.

215 Rosenkranz, S. 91.
216 Vgl. unten, S. 106.
217 Vgl. auch Pöggeler, S. 67 Anm. 5. – Sinclair hat auch ihn (neben Hölderlin und Märklin) Jung als republikanisch gesinnten Hofmeister vorgeschlagen. Vgl. oben, S. 82.
218 Vgl. Hegels Brief an Nanette Endel, 25. 5. 1798.
219 Zur gleichen Zeit, im April 1798, waren K. F. Reinhard und Georg Kerner nach Württemberg gekommen, Reinhards Frau Christine trug sich am 30.4.1798 in Stuttgart in Viktor Hauffs Stammbuch (WLB; Bl. 100r) ein.
220 An Niethammer, 16.6.1797, 5.12.1797 und 17.2.1798 (UBE).
221 Vgl. Lucas, 1983, S. 80; Pöggeler, S. 67 Anm. 5 und Fenske, S. 31 f.
222 Vgl. Scheel, S. 435.
223 Vgl. dazu Scheel, S. 351.
224 Göriz an Niethammer, 28.1.1799 (UBE).
225 Vgl. seinen Brief an Niethammer, 19.11.1800 (UBE).
226 Märklin an Niethammer, 24.8.1796 (UBE). Diese Passage ist nicht bei Beck veröffentlicht.
227 Hölzle, 1931, S. 237.
228 Vgl. StA, Bd. 7/1, S. 134 f. Vgl. dazu auch Hölderlin Texturen 4, S. 175 u. 353.
229 Zur Verbindung ständischer Führer mit der revolutionären Bewegung in Württemberg vgl. schon Hölzle, 1931, S. 231 f.
230 Hölzle, 1931, S. 236.
231 Georgii war Pate bei Grüneisens Kindern und Mittelpunkt der Stuttgarter Kegelgesellschaft, zu der auch Grüneisen zählte. Georgii war mit einer Cousine Auguste Breyers verheiratet. Bei ihm wohnte später vorübergehend sein Neffe Eduard Mörike.
232 Hölzle, 1931, S. 229.
233 Katharine Salome Schott war die Witwe des Stuttgarter Landschaftseinnehmers Johann Gottlieb Schott (1723–1788). Ihr Sohn Johann Eber-

hard Schott (1764–1841), der 1798 ebenfalls als Mieter eingetragen ist, war ein Freund Grüneisens und 1799 Kollege von Regierungsratssekretär August Hauff.
234 Vgl. Schmid, 1940, S. 378.
235 Vgl. unten, S. 176 f. mit Anm. 344.
236 Hoven, S. 160 f.
237 Ebd., S. 161.
238 Moersch, S. 175.
239 Zit. n. ebd.
240 StadtAS: IS 1801, Nr. 829 (= In der Hischgasse); Adressbuch 1800, S. 86. Vgl. dazu unten, S. 116 f.
241 HStAS: A 14a Bü. 85 (= Ordnungs-Nr. 89): Kriegsgerichtliches Verfahren gegen die Leutnante Carl Friedrich von Penasse und Christian Bauer wegen Teilnahme an der Vorbereitung einer Revolution in Schwaben, 1800–1801. Darin: Herzogliche Geheime-Untersuchungs-Commission legt das Resultat der gegen den Lieutenant v. Penasse und Bauer gepflogenen Untersuchung in Unterthänigkeit vor. Stuttgardt, den 5ten Mai 1800. 91 Bl. (Nennung Hegels: Bl. 70v). Darin auch die im Folg. zitierten Verhörprotokolle Leutnant von Penasses. Vorsignatur: E 270a Bü. 71 (so bei Haasis, 1988, S. 825; der Bestand wurde im selben Jahr umgeordnet).
242 Haasis, 1988, S. 825.
243 »Et d'ailleurs son nom est mentionné dans les protocoles d'interrogatoire des conjurés malheureux. Mais nous n'en savons pas davantage.« (D'Hondt, 1998, S. 140 u. S. 405 Anm. 9).
244 Scheel, S. 556. Scheel erwähnt nicht, dass der Brief über Hegel lief. Haasis erwähnt nur, dass Hegel genannt ist.
245 HStAS: A 272 Bü. 318 Nr. 1155 (Personalakte Carl Friedrich Franz Philipp von Penasse) und Nr. 1156 (Personalakte Eugen Friedrich Franz Johann von Penasse).
246 Bei Wagner (Bd. 2, S. 412) werden die Brüder als Schweizer geführt. Vgl.
dag. das Nationalbuch der Militärakademie 1770 ff. (HStAS: A 272 Bü. 231, S. 59) und Waldmann. Leutnant von Penasse war Fürsprecher einer unabhängigen Schwäbischen Republik, d.h. er plädierte nicht für eine Vereinigung mit der Schweiz (vgl. Uwe Schmidt, 1993, S. 261).
247 HStAS: A 272 Bü. 317 Nr. 1135. Vgl. auch Wagner, Bd. 1, S. 343 ff.
248 Kriegs-Verhör vom 22. 8. 1800: Antwort auf die Fragen 3 u. 20. (HStAS: A 14a Bü. 85).
249 v. Penasse an G. Kerner, Basel, 3.1.1802 (DLA).
250 Vgl. Wagner, Bd. 3, S. 34–36 sowie Kuhn, 1993, S. 19.
251 »Stutgardt ist der Siz einer warmen Demokratenparthie«, schrieb der damalige Repetent am Tübinger Stift, Karl Philipp Conz, am 24. Februar 1792 an seinen Freund Karl Friedrich Reinhard in Frankreich. Zit. n. »O Freyheit«, S. 141.
252 Vgl. Kuhn, 1993, S. 32.
253 Vgl. StA, Bd. 1/1, S. 139–142; Bd. 1/2, S. 444 f.; 429 f.
254 An Paulus, 6.9.1816.
255 Vgl. dazu Uwe Schmidt, 1993, S. 264 ff.
256 Veröff. in dt. Sprache ebd.
257 Zit. n. Wandel, 1979, S. 39 (Aussage Harters).
258 Vgl. ebd.
259 Briefe IV/1, S. 43 u. 75.
260 »Extractus Geheimen Untersuchungs Protocoll vom 28. t Janr. 1800« (HStA: A 11 Bü 45, Fasz. 1: Asperger Gefangene betr. 1800–1801. Beilage Nr. 12, Bl. 1).
261 HStAS: A 11 Bü. 45.
262 Vgl. den Bericht der Untersuchungskommission vom 21. 2. 1800 mit Friedrichs Vermerk vom 22.2.1800 (HStAS: A 11 Bü. 45 Fasz. 1).
263 »Verzeichnis derjenigen Personen, welche in den entdeckten […] RevolutionierungsPlan theils wirkl. verwickelt sind, theils von den bereits inhaftierten Personen entweder als

Theilhaber oder wenigstens als der Sache kundig angegeben wurden« [erstellt vor 1.2.1800]. (HStAS: A 11 Bü. 45).
264 HStAS: A 11 Bü. 42, Fasz. 2, Bl. 37v.
265 HStAS A 11 Bü. 46 Fasz. 3. Zur Ernennung von Raus vgl. A 14a Bü. 23.
266 HStAS: A 14a Bü. 85 Nr. 31.
267 Das Tagesprotokoll war in den Akten nicht auffindbar.
268 Vgl. Anm. 241.
269 Vgl. HStAS: A 11 Bü. 47, Bl. 231. Laut Adressbuch von 1800 gehörte das Haus Nr. 427 (»hinter der Landschaft«) den beiden unverheirateten Töchtern des verstorbenen »Münzmedailleur« Werner.
270 Neuffer, S. 13 f.

Im Dienst des Freiherrn von Berlichingen (1801–14)

271 In den Familien Grüneisen, Cotta, von Otto. Vgl. Karl Grüneisens »Lebenserinnerungen« (DLA); Schmid, 1940, S. 379 f.
272 Ihr Name taucht diesbezüglich nicht in der einschlägigen Untersuchung von Karin de la Roi-Frey auf.
273 Märklin an Niethammer, 24.8.1796; zit. n. Beck, S. 219.
274 Vgl. dazu Roi-Frey, 2003, S. 30 ff.; W. C. Neuffer, 1825, S. 58 f.; »O Fürstin …«, S. 425.
275 Vgl. Roi-Frey, 2003, S. 258 u. 434.
276 HStA: A 11 Bü. 42 Bl. 131.
277 Vgl. zum Folg. Wandel, 1979, S. 36 ff.
278 Vgl. Berlichingen-Rossach, 1861, S. 634 ff.
279 Zit. n. Brauer, S. 138.
280 StadtAS: RV 1799, Nr. 444 u. 445. Abb. bei Wais, ²1959, Nr. 104 (Kanzleistraße 24 u. 26). – Friedrich August Köhler war von Nov. 1801 bis 1804 Hauslehrer bei Geheimrat Johann Carl Christoph v. Seckendorf (ab 1810 Graf). Einer seiner Söhne, Regierungsrat Friedrich Graf v. Seckendorf, war ein lebenslanger Freund und Gönner Tafingers.
281 Vgl. W. C. Neuffer, 1825, S. 109 (»Nachtrag« von Köhler).
282 Vgl. Briefe IV/2, S. 274; StA, Bd. 6/2, S. 1095.
283 StA, Bd. 2, S. 350; Bd. 7/1, S. 431 f. (UBB: Geigy-Hagenbach 2342, 28v).
284 WLB: Cod. hist. 4° 736, 608r (Mine); 610r (L. E. v. Gemmingen).
285 Den Hinweis auf die Patenschaft verdanke ich Karin de la Roi-Frey, 1999, S. 281.
286 AFvBJ: v. Num. 5009, Jg. 1801/02, Bl. 137, Nr. 138 u. 139. S. unten, S. 165 f.
287 Zu Josephs positiver Stellungnahme dazu vgl. Rückert, S. 452 f., 461. – Nach dem Baseler Friede (1795) war bereits ein Drittel des Ritterkreises Franken von Preußen okkupiert worden.
288 Vgl. im Einzelnen Stetten, S. 133 ff. sowie allg. Walther, S. 865 ff.
289 Der Briefwechsel der Geschwister Joseph und Augustine ist bisher nicht gefunden.
290 Vgl. Walther, S. 857 ff.; Sauer, ²1986, S. 230 ff.; Stetten, S. 169 ff.
291 Vgl. Stetten, S. 175 f.
292 HStAS: E 10 Bü. 4, Nr. 243.
293 Vgl. im Einzelnen Sauer, ²1986, S. 373 ff.
294 Stetten, S. 212.– Zum Folg. ebd., S. 176 ff.
295 Hornstein-Grüningen, S. 646. Vgl. auch Walther, S. 869. Um welchen »Herrn v. Berlichingen« es sich gehandelt hat, ist bis heute nicht eindeutig.
296 HStAS: E 10 Bü. 4, Nr. 243.
297 Ebd., Nr. 256.
298 StAL: D 79 Bü. 11. – Beschreibung des Oberamts, S. 82.
299 Vgl. Prümers, S. 5.
300 Vgl. Dahmen, S. 32 f.; Bopp, S. 36; Prümers, S. 15 ff.
301 Bopp (1916, S. 36 f.), Prümers (S. 16) u. Belschner (S. 37) nennen Schorndorf, Dahmen (S. 34 ff.) Ludwigsburg.

302 Die Gemälde (Öl auf Leinwand, 28,5 x 24,3 cm) befinden sich im Privatbesitz. Sie sind nicht datiert, sollen aber, so die mündliche Überlieferung, die sich in der einschlägigen Simanowiz-Fachliteratur fortgeschrieben hat, im März 1818 in Schorndorf (!) angefertigt worden sein. Sie sind also möglicherweise unmittelbar vor dem Wegzug der Familie aus Ludwigsburg, wo L. S. seit 1811 lebte, entstanden. Das Städtische Museum Ludwigsburg beherbergt seit 2005 ein Foto-Negativ-Archiv der Werke von L. S. (Neg.-Nr. 64–71).
303 Vgl. Fiege.
304 Für diese Auskünfte danke ich dem Stuttgarter Silcher-Spezialisten Rudolf Veit sowie den Simanowiz-Expertinnen Gertrud Fiege (Marbach) und Lore Frech († 2007, Heidenheim).
305 LKA: DA Schorndorf. Taufregister 1807, Nr. 83 (MF: KB 912): Dort irrtüml. als Geburtstag: 26.7.1807.
306 AFvBJ: v. Num. 498.
307 Kgl.-Württ. Staats- und Regierungsblatt, 1809, Nr. 42 vom 2.9.1809, S. 367.
308 Vgl. Sting, 2000, S. 554 f.
309 Vgl. ebd.; Belschner, S. 37.
310 Vgl. Hahn, S. 64.
311 Zum Folg. Leube u. Schedler.
312 Zit. n. Hahn, S. 63.
313 Vgl. Bopp, S. 54 f.
314 vgl. Fiege, S. 18.
315 Vgl. Sting, Stadtführer, Nr. 30 (mit Abb.). Zum Folg. Sting, 2000, S. 559 f.
316 Zit. n. Sauer, ²1986, S. 369.
317 StAL: D 75 Bü. 66 (Brief v. 16.2.1813).
318 S. 485.
319 Vgl. Rauch, S. 31.
320 Vgl. unten, S. 177.
321 Zit. n. Bode, S. 144.
322 GSA 37/XII, 3, Bl. 24 f.
323 AFvBJ: v. Num. 806. Vgl. auch unten, S. 274.
324 Die Rufnamen erschließen sich aus verschiedenen Briefen; die Taufnamen waren wie üblich latinisiert, endeten also auf »a«.
325 StAL: F 441 Bü. 290.
326 So lautet die Formulierung im Original; vgl. dag. Briefe II, S. 378: »abgesehen von den Wissenschaften«.
327 Zit. n. Roi-Frey, 2003, S. 28 f.
328 Zwischen 1825 und 1828 sind verschiedene Ausgaben als Privatdruck auf der Jagsthausener Handpresse wie auch im Buchhandel (Heilbronn: Class 1825; Tübingen: Osiander 1828) erschienen. Vgl. auch die Internet-Edition der beiden Ausgaben von 1825 u. 1828 (www.pantoia.de).
329 Vgl. Roi-Frey, 2003, S. 31.
330 Vgl. ebd., S. 28 f.
331 Vgl. Lindner, S. 14–16. Auch Josephs späterer Schwiegersohn Gustav von Berlichingen (Rossacher Linie) und dessen Bruder Maximilian waren in Schnepfenthal (1804–08 bzw. 1800–03). Für diesen Hinweis danke ich Konrad Frhr. von Berlichingen.
332 Vgl. Sauer, ²1986, S. 358.
333 AFvBJ: Regal 30, XXI D, Fasz. Ja 53 (ungeordnet).
334 AFvBJ: v. Num. 5009, Jg. 1801/02, Bl. 137.
335 Haasis, 1997, S. 126.
336 AFvBJ: v. Num. 3042. Aus diesem Konvolut stammen die folg. Briefzitate.
337 LKA: A 27 Nr. 967 (Personalakte Gräter). A 29 Nr.2223/1–10 (Jagsthausen: Besetzungsakten).
338 LKA: DA Neuenstadt. Nr. 78a. Berichtskonzepte Jg. 1818/19. Nr. 203.
339 Ebd., Jg. 1814/15. Nr. 3.
340 LKA: A 27 Nr. 967.
341 AFvBJ: Regal 30, XXI J, Fasz. Ja 72 (ungeordnet).
342 Briefe II, S. 378 u. 451 (ohne Nachweis). – Ebenso Lucas 1988 (I), S. 300, 304 f. etc.
343 Vgl. etwa Haasis, 1997, S. 131.
344 Verzeichniß meiner Einnahmen. Christiane Hegel. [Nachträglich hin-

zugefügt:] Angefangen d[en] 1 Juni 1815 [!]. Den Privatnachlass verwahrt heute Schumms Tochter, Frau Dr. Adelheid Schönborn (Zetel/Niedersachsen), der an dieser Stelle herzlich gedankt sei.
345 Vgl. S. 156, 288f., 302–305. – Weitere Papiere aus dem Nachlass Karl Hegels befinden sich auch heute noch im Privatbesitz von Familienangehörigen; darin ist jedoch nichts von und zu C. überliefert.
346 AFvBJ: v. Num. 2875; v. Num. 5009: Jg. 1811/12, Bl. 46, Nr. 47 etc.
347 Vgl. Beschreibung des Oberamts Neckarsulm, S. 227 ff. u. 442 f.
348 LKA: A 27 Nr. 967/11.
349 LKA: DA Neuenstadt. Nr. 78a. Berichtskonzepte Jg. 1814/15. Nr. 58.
350 Ebd., Jg. 1818/19. Nr. 203.
351 In Märklins Splitternachlass (WLB) sind keine Briefe von C. überliefert.
352 Stadtarchiv Ludwigsburg. Familienregister. Nr. 2375.

Letztes Wiedersehen mit dem Bruder in Nürnberg (1815)

353 Karl Hegel, S. 1.
354 Briefe I, S. 273 u. Briefe IV/1, S. 99 ff. u. 322 f. – Zum Folg. Briefe I, S. 273 ff.; Briefe II, S. 13. Jaeschke, S. 30–37; D'Hondt, 1998, S. 201 ff.
355 Wilhelmine geb. Dertinger war zudem eine Cousine Gotthold Stäudlins.
356 Die Datierung »Okt. 1814« stammt von Maries Hand.
357 Vgl. Hegel an Sigmund von Tucher, S. 41–43.
358 Lucas, 1988 (I), S. 298.
359 Fulda, S. 277.
360 Zit. n. Ziesche, S. 163.
361 Sie war zugleich die Tante von Götz von Berlichingens Frau Henriette geb. von Truchseß, die auf der Götzenburg in Jagsthausen wohnte. Der Sitz dieser Nürnberger Stiftung (und wohl auch Wohnsitz ihrer Vorsitzenden, der sog. Äbtissin) lag ebenfalls am Egidienplatz.
362 StadtAN.
363 Nur als Regesten (ohne die Details zu C.s Besuch) bei Ziesche, S. 167.
364 Vgl. Neugebauer-Wölk, S. 492; Hölzle, 1937, S. 203.
365 Jaeschke, S. 258.
366 Hegel an Niethammer, 19.4.1817.
367 GW 15, S. 42. Zit. n. Jaeschke, S. 258.
368 Zit. n. Neugebauer-Wölk, S. 387.
369 Lucas, 1988 (I), S. 298.

Intermezzo in Aalen: Bei Vetter Göriz (1815–20)

370 LKA: DA Aalen. Nr. 565 (Brief vom 28.6.1813. Abschrift).
371 LKA: A 26 Nr. 1193.
372 LKA: DA Aalen. Nr. 565 (Brief vom 15.1.1822).
373 Bilfingers uneheliche Tochter Regine Voßler (1767–1845) war übrigens die beste Freundin von Ludovike Simanowiz.
374 Göriz: Schiller in Jena, Nr. 222, S. 386 f.
375 StAL: F 35 Bü. 215 u. 216. Darin auch die Mängelberichte und nachträglich notwendigen Baumaßnahmen.
376 Zit. n. Schumm, 1953, S. 178.
377 31.3.1820; zit. n. Kortländer, S. 12.
378 StadtAA.
379 Vgl. H. Bauer, S. 4–15.
380 C.s Briefe an den Bruder müssen zunächst voll des Lobes gewesen sein, wie aus Hegels Antwortbriefen (26.7.1817; 12.9.1818) zu schließen ist.
381 Vgl. Sauer, 1997, S. 154 ff.
382 König Wilhelm lehnte es allerdings ab, die »Centralleitung« als staatliche Behörde anzuerkennen, da ihr Nichtbeamte und Frauen angehörten. Die Frauen stammten bis auf eine Ausnahme aus dem Adel.
383 Vgl. Militzer-Schwenger, S. 16 ff.
384 LKA: DA Aalen. Nr. 647.
385 Vgl. dazu Militzer-Schwenger, S. 17.
386 LKA: DA Aalen. Nr. 647.
387 Unterlagen dazu in folg. Beständen: LKA: DA Aalen. Nr. 646, 647, 326 Bd. 1. – StAL: E 191 Nr. 1186, 1372,

1404. E 192 Nr. 315. – Dagegen wird C.s Strickanstalt in den Aalener Magistrats-, Stadtrats- und Stiftungsratsprotokollen (StadtAA) mit keiner Silbe erwähnt.
388 Alle Zitate aus Hegels Briefen an C. (12.9.1818 u. 12.8.1821).
389 [Göriz:] Kurze Bemerkungen und Wünsche des ArmenVereins zu Aalen [1817] (LKA: DA Aalen. Nr. 646). Auf einem beiliegenden Stichwortzettel ist neben dem Namen der »Heglin« das Datum »7. Febr.« notiert.
390 LKA: DA Aalen. Nr. 326.
391 StAL: E 191 Nr. 4560.
392 LKA: DA Aalen Nr. 569.
393 LKA: DA Aalen Nr. 647.
394 Aus den Antworten zum Fragebogen der Königlichen Armenkommission vom 5.10.1819 geht hervor, dass in Aalen keine besondere Industrie-Anstalt bestehe. Vgl. StAL: E 191 Nr. 6673 u. E 192 Nr. 315.
395 Ebd.
396 Vgl. StAL: E 191 Nr. 3339.
397 Alles, »was eine Schwester erwarten konnte«, habe er für sie getan, rechtfertigte sich Göriz 1820 C. gegenüber.
398 Am 12.2.1820 stellte Göriz beim Oberkonsistorium den Antrag, seinem Vikar außerhalb des Dekanats ein Logis zuzuweisen, was am 22.2. abgelehnt wurde.
399 Hegel referiert dies im Brief an Göriz vom 31.3.1820 (s. Anm. 402).
400 Göriz an C., ca. Juni 1820. Hegel an Göriz, 31.3.1820.
401 Göriz' Brief mit der Beschreibung des »unglücklichen Zustandes« der Schwester ist nicht überliefert. Erhalten ist nur das Antwortschreiben Hegels vom 19.3.1820.
402 Kortländer, Bernd: Ein unbekannter Brief Hegels an Friedrich Ludwig Göritz. In: HS 24 (1989), S. 9–13 (Originalbrief in der Boston Public Library). Vgl. auch Anm. 467.

403 Vgl. Hegel an Göriz, 31.3.1820; 13.5.1820: »Zu Anfang April habe ich Dich in einem Briefe von den Benachrichtigungen in Kenntnis gesetzt, die mir von Jaxthausen über meine kranke Schwester zugekommen sind. – Nach weitern Schreiben von daher ...«. Hegel an C., 12.8.1821: »Mit dem Herrn Grafen stehe ich natürlich in keinem Briefwechsel mehr.«
404 Hegel an Göriz, 31.3.1820; zit. n. Kortländer, S. 11.
405 Zit. n. Kortländer, S. 11.
406 Vgl. Hegel an Göriz, 13.5.1820.
407 Zit. n. Kortländer, S. 11–13.
408 12.8.1821.

In der Staatsirrenanstalt Zwiefalten (1820/21)

409 Auch »Königliches Irrenhaus«, Königliches Irren-Institut« oder kurz »Irrenanstalt« genannt; später »Psychiatrisches Landeskrankenhaus Zwiefalten«; heute »Zentrum für Psychiatrie. Münsterklinik Zwiefalten«. – Im Folgenden verwende ich auch außerhalb der Zitate die zeittypischen Begriffe des 19. Jahrhunderts, um Stilbrüche zu vermeiden. Ich spreche also, ohne dies immer in Anführungszeichen zu setzen, von Staatsirrenanstalt, Irrenhausarzt, Irrenmeister etc.
410 StASi: Wü 68/3; Wü 125/7; Wü 128/4; Wü 136/13. – HStAS: E 141; E 143 Bü. 3772, 3821; E 146 Bü. 1735; E 150 Bü 969. – StAL: E 162/I; E 163.
411 StASi: Wü 68/3 T.1. Nr. 1170. Beilage 27 (Statistik vom 10.11.1825).
412 An Niethammer (UBE).
413 Zit. n. Roth, S. 15.
414 StASi: Wü 68/3 T.1. Bericht-Conceptbuch Nr. 2, Bl. 173v.
415 StASi: Wü 68/3 T.1. Befehlsbuch Nr. 2.
416 E 163 Bü. 740 ad 17 N° 2.
417 Vgl. auch Magister Harters Schicksal (s. oben, S. 128).
418 S. unten S. 249 und Anm. 450.

419 Bl. 2r (MKZ). Es gibt eine »Konzeptfassung« (MKZ) und eine »Berichtfassung« (StAL: E 163 Bü. 813). Ich zitiere aus der Konzeptfassung, da Elser hier anschaulicher und lebhafter formulierte. Vgl. auch Roth, S. 51 f.
420 Vgl. Camerer/Krimmel, 9 ff.
421 StAL: E 163 Bü. 709. Vgl auch Camerer/Krimmel, S. 40 ff.
422 Ebd., Bü. 769.
423 Ebd., Bü. 747, Bl. 1.
424 Ebd., Bü. 746.
425 StASi: Wü 68/3 T.1. Bericht-Conceptbuch Nr. 3, Bl. 26v–27v.
426 HStAS: E 151/51 Bü. 310, Bl. 18 (Kgl. Medicinal-Collegium, 16.3./3.4.1820).
427 Vgl. Veltin, S. 104.
428 StASi: Wü 68/3 T.1. Bericht-Conceptbuch Nr. 2, Bl. 185.
429 Veltin, S. 102.
430 StAL: E 179/I. Bd. 130, Bl. 258, Eintrag Nr. 4936.
431 S. Anm. 414.
432 StASi: Wü 68/3 T.1. Befehlsbuch Nr. 2, Bl. 84r.
433 Bl. 6v–7v (MKZ).
434 vgl. Camerer/Krimmel, S. 25.
435 StASi: Wü 136/13, Nr. 109.
436 StASi: Wü 68/3 T.1. Bericht-Conceptbuch Nr. 3, Bl. 20v.
437 Hegel an Göriz, 17.6.1820.
438 StAL: E 163 Bü. 746.
439 StAL: E 163 Bü. 778.
440 StASi: Wü 68/3 T.1. Nr. 1170 Bü. 4 u. 5. – Die Originale der Aufnahmebücher der weiblichen Patienten (1812–1829) sind in Zwiefalten (MKZ), Kopien im StASi.
441 StAL: E 179/I Bd. 130.
442 StAL: E 163 Bü. 769.
443 Vgl. z.B. Elsers Bericht für die Regierung des Donaukreises vom 25.6.1820 u. 7.11.1821 (StAL: E 163 Bü. 769); Eges Bericht vom 12.7.1820 (StASi: Wü 68/3 T.1. Bericht-Conceptbuch Nr. 2, Bl. 185).
444 StAL: E 163 Bü. 812 Fasz. 9.
445 StASi: Wü 68/3 T.1. Nr. 1172 Bü. 5.
446 StAL: E 163 Bü. 769 Nr. 7.
447 StAL: E 163 Bü. 747.
448 Ebd.
449 Vgl. Cammerer/Krimmel, S. 29.
450 Vgl. zum Folg. StAL: E 163 Bü. 740.
451 Vgl. zum Folg. Roth, S. 51 ff.
452 Kaufmann, S. 202.
453 C.s Brief vom Juni 1821 ist verschollen, bekannt ist nur Hegels Antwort vom 12.8.1821.
454 Hoffmeister, 1953, Briefe II, S. 374. – Nicolin, 1981, Briefe IV/2, S. 192. – Lucas, 1988 (I), S. 297.
455 Alle Zitate Fulda, S. 277 f.
456 Ganz ähnlich Pinkard (2000), S. 314–319; S. 661; Hegel-Lexikon (2006), S. 18.
457 An Göriz, 19.3.1820; 31.3.1820; 13.5.1820; 17.6.1820. An C., 12.8.1821.
458 Vgl. Fichtner; Schäfer, 2005, S. 380–385.
459 »O Fürstin ...«, S. 17.
460 StASi: Wü 68/3 T.1. Befehlsbuch Nr. 2, Bl. 84 (3.7.1820).
461 S. Anm. 414.
462 MKZ; s. Anm. 419.
463 Bl. 8r.
464 Bl. 8r–9r.
465 31.3.1820; zit. n. Kortländer, S. 10.
466 Vier Briefe von C. an Rentamtmann Fest (20.1.1824, 21.4.1824, 22.6.1824, 9.4.1825) sind erst im Februar 2008 bei der Neuordnung des Archivs der Freiherren von Berlichingen in Jagsthausen an versteckter Stelle, im Bestand »Passiva des Hauses Berlichingen«, ans Tageslicht gekommen (v. Num. 4373). Für den Hinweis danke ich ihrem Entdecker Oliver Fieg (Stadtarchiv Rothenburg) sowie Petra Schön (Kreisarchiv Heilbronn) vielmals.
467 S. oben S. 220 mit Anm. 402. – Der Brief konnte von Lucas in seinen beiden 1988 erschienenen Aufsätzen noch nicht ausgewertet werden. Trotzdem ist Kortländer der Meinung, dass »der gesamte Komplex um Christianes Krankheit und um die Rolle, die Hegel dabei spielt, in jüngster Zeit von Hans-Christian

Lucas so umfassend und gründlich ausgeleuchtet worden [ist], dass eine erneute Darstellung sich an dieser Stelle erübrigt.« (S. 10).
468 An Rentamtmann Fest, 20.1.1824.
469 Bl. 8r (MKZ).
470 Ebd., Bl. 9v.
471 Vgl. ebd., Bl. 10v.
472 Ebd., Bl. 11v.
473 Rosenkranz, S. 425.
474 Vgl. unten, S. 293 f.
475 S. 277. Fulda sieht in der von Göriz erwähnten »Herrschsucht und Anmaßung« allerdings »wohl eher die hysterische Kehrseite eines Helfersyndroms«.

Wieder in Stuttgart:
Das letzte Lebensjahrzehnt (1821–31)

476 Hegel an C., 12.8.1821.
477 StAL: F 201 Bü. 55. Noten- und Bericht-Conzeptbuch 1821, Bl. 118v.
478 Von der Stiftung Guckenberg erhielt sie 5 f. und 15 f. (25.6.1822; 14.10. 1823), von der Müllerschen Stiftung im Nov. 1823 und 1824 jeweils 9 f. und ab 1826 jährlich 10 f. Vgl. Bl. 10v, 11r, 13r (Privatnachlass Schumm).
479 An Rentamtmann Fest, 22.6.1824.
480 Zit. n. Beyer, 1966, S. 82 f.
481 Adressbuch 1829 (I), S. 74; Adressbuch 1829 (2), S. 13. – Für die frühen 1820er Jahre fehlen Adressbücher.
482 Marie Hegel an Susanne von Tucher, 14.3.1832 (StadtAN).
483 Es bleibt offen, ob Göriz damals noch in der Poststraße (Adressbuch 1811) oder schon weiter draußen in der Hauptstädter Straße/Ecke Tübinger Straße (Adressbuch 1829) gewohnt hat.
484 C. an Rentamtmann Fest, 22.6.1824.
485 S. 130.
486 Vgl. NDB 22 (2005), S. 656 f.; Tilliette.
487 Friederike Schelling, geb. Vellnagel. Ihre Mutter Friederike geb. Dertinger war eine Cousine Gotthold Stäudlins.
488 Geb. Dertinger. Marie Hegel war eine Nichte von deren Mann Rudolph Haller von Hallerstein, einem Bruder der Susanne von Tucher. Dies erklärt auch, warum Maries Mutter Susanne von Tucher (geb. Haller von Hallerstein) in Nürnberg wiederholt den Rat des Stuttgarter Arztes Schelling eingeholt hat. Die Familien waren nicht nur miteinander befreundet, wie Beyer meint (1966, S. 100), sondern verschwägert.
489 Z. B. C.s Jugendfreundin Jette Hauff (DLA: MF Nr. 5475).
490 Adressbuch 1829. Vgl. oben, S. 85.
491 Bl. 11r (Privatnachlass Schumm). C. bedachte sie in ihrem Testament (vgl. Schumm, 1953, S. 179 f.).
492 Bl. 13r–15r.
493 Am 22.4.1823 folgten nochmals 8 f.; vom Finanzministerium erhielt sie im Juni 1825 und im April 1827 jeweils 15 f. (Bl. 10v, 11r).
494 Vgl. Burkhardt, S. 162 f.
495 Vgl. Vogelmann, S. 171 ff. – Das Schloss wurde im Zweiten Weltkrieg zerstört. Josephe von Königs Nachlass konnte ich nicht aufspüren.
496 Vgl. Schumm, 1953, S. 180. Vgl. auch oben, S. 158.
497 AFvBJ.
498 Vgl. die hs. Notizen (u. a. von Fr. Haug) im Exemplar der WLB.
499 Dies berichtet Josephs Enkel Wilhelm von König. Vgl. den undatierten Zeitungsartikel des Heilbronner Stadtarchivars Moritz von Rauch, der dem Exemplar (Jagsthausen 1828) im DLA beigelegt ist.
500 GW II, S. 297.
501 Eine Woche zuvor, am 20.6.1824, notierte Neuffer den Besuch von Landauer und einer »Christiane« bei ihm im Wilhelmsbad; am 9.3.1828 heißt es: »Sodann mache ich einen Besuch bei meiner Schwester und der Christiane.« (WLB).
502 21.8.1824.
503 Vgl. Schumm, 1953, S. 180.

504 Heinrich an Karl Grüneisen, 2.6.1824 (DLA).
505 Vgl. Wais, 1951, Nr. 434.
506 Hospitalstraße 13 (Hauff) und 12 (vgl. Adressbuch 1829).
507 Vgl. Riecke, S. 31.
508 Vgl. ebd., S. 113.
509 Friedrich Wilhelm Hauff (1802–1825), Sohn von Johann Karl Friedrich Hauff (dem älteren Bruder Viktor Hauffs), der zum Freundeskreis von Gotthold Stäudlin, Märklin und K. F. Reinhard zählte. Seine Mutter war K. F. Reinhards Schwester Christiane. Er war mit Wilhelm Hauff nur entfernt verwandt.
510 Vgl. Wais, 1951, Nr. 359.
511 Vgl. Pfäfflin, S. 63.
512 Vgl. Briefe IV/1, S. 231 ff.
513 Beyer, 1966, S. 87.
514 Vgl. ebd., S. 90.
515 Vgl. D'Hondt, 1998, S. 189 ff.; Pinkard, 2000, S. 548: «Karl Hegel liked to pretend that Ludwig never even existed ...«
516 Nicolin, 1977, in: Briefe IV/1, S. 362.
517 Vgl. Becker; Pinkard, S. 319.
518 Der Brief (Nr. 145) wurde von Beyer (1966, S. 90) auszugsweise veröffentlicht (u. d. D. 28. 9.1823). Zit. n. d. Hs. (StadtAN).
519 Sie entstand nach einem Gespräch Varnhagens mit Hegels Schüler Heinrich Leo über Rosenkranz' Hegel-Biographie, in der Leo Ludwig vermisste. Leo hat Ludwig sowohl in Berlin (im Hause Hegels) als auch in Stuttgart (bei Alexis Bohn) erlebt (vgl. Briefe IV/2, S. 222).
520 4.7.1844; zit. n. Briefe III, S. 434 f.
521 Lasson, S. 51.
522 Schumm, 1953, S. 179.
523 Marie Hegel an Susanne v. Tucher, 27.2.1832 (StadtAN: Kopie). Susanne v. Tucher an Marie Hegel, 15.6.1823 (StadtAN).
524 Vgl. Ziegler; Mack.
525 Gartenstraße Nr. 267 (1811) bzw. Nr. 29; vgl. Wais, ²1959, Nr. 105. Das Anwesen lag am »Kasernengängle«, das 1909 in »Jobststraße« umbenannt wurde.
526 Hegel an Frommann, 9.7.1822; in: Briefe II, S. 318 f.
527 So der nachträgliche Eintrag im Jenaer Taufbuch. Vgl. Briefe IV/1, S. 231.
528 StadtAN. – Da Beyer (1966 u. 1968) diesen Brief unbeachtet ließ, war man sich bisher nicht ganz sicher, ob Ludwig wirklich in der Firma von Fridrich Jobst angestellt war (vgl. Nicolin, 1988, S. 280 f.).
529 Schumm, 1953; Beyer, 1966 u. 1968; HBZ. – Vgl. auch Hirschmann, 1975 u. 1982; Beyer, 1966, S. 52.
530 Vgl. dazu noch unten, S. 306.
531 Brief Nr. 155 (13.1.1824), Brief Nr. 156 (8.1.1829).
532 Zit. n. Briefe IV/1, S. 238.
533 Marie Hegel an Susanne v. Tucher, 27.2.1832 (StadtAN: Kopie).
534 Ebd.
535 Susanne v. Tucher an Marie Hegel, 12.2.1832 (StadtAN).
536 Auch Schumms Abschrift fehlt heute. Aus der Ts.-Fassung seines Artikels über »Hegels Schwester« (Privatnachlass Schumm) geht hervor, dass Schumm seine Informationen »Aus den Akten des städt. Archivs Stuttgart« bezogen hat. – Marie Hegel muss eine Abschrift des Testamentes erhalten haben, die heute ebenfalls verschollen ist. Möglicherweise landete sie später bei Marianne und Karl Schumm und verbrannte in deren Koffer (vgl. oben, S. 177 sowie Anm. 562).
537 Schumm, 1953, S. 179.
538 Susanne von Tucher an Marie Hegel, 12.2.1832; zit. n. Beyer, 1966, S. 84 (dort u. d. D. 22. 2. 1832).
539 Zit. n. Schumm, 1953, S. 180.
540 Beyer, 1966, S. 84.
541 Vgl. auch das Regest bei Ziesche (S. 164), das nicht auf die Details eingehen kann.
542 An Rentamtmann Fest, 9.4.1825 (AFvBJ: v. Num. 4373).

543 Vgl. Schumm, 1953, S. 179 f. – Die Hausjungfer der Elsässers erhielt bei freier Kost und Wohnung 24 f. im Jahr (StadtAS: NL Elsaesser, Fasz. 12).

Das Ende in Bad Teinach (1832)

544 Zit. n. HBZ Nr. 735 (Mine Haller).
545 Marie Hegel an C., 17.11.1831. – C.s letzter Brief an den Bruder ist nicht erhalten.
546 StBPK: NL Hegel 15, IV, 2, Nr. 5. TD: HBZ Nr. 735. Regest: Ziesche, S. 166 f.
547 Rosenkranz erwähnt ferner C.s »fixe Idee, alle Aerzte hätten Magnete und Elektrisirmaschinen gegen sie gerichtet« (S. 425).
548 Karl Wilhelm Göriz an Joseph von Berlichingen, Stuttgart, 5.2.1832 (AFvBJ: v. Num. 806).
549 Zit. n. d. Hs; vgl. auch, leicht abweichend, HBZ Nr. 727.
550 StadtAN: Brief Nr. 193, v. fr. Hd. datiert: 16.12.1831. TD bei Schumm, 1953, S. 179 mit dem Druckfehler 16.7.[!]1831.
551 S. Anm. 548.
552 Müller, S. 18–29; Epting, S. 172 f.
553 S. 23.
554 Vgl. Greiner, S. 14–27.
555 HStAS: E 13 Bü. 14, Nr. 5, Fasz. 11.
556 Ebd.
557 Lucas, 1988 (I), S. 305.
558 Gustav von Berlichingen an Karl Wilhelm Göriz, Jagsthausen, [15.2.1832] (AFvBJ: v. Num. 806).
559 Vgl. oben, S. 288–290.
560 Zit. n. Haasis, 1988, S. 830. – Im gedruckten Kirchenregister heißt es: »in der Nagold ertrunken« (StadtAC).
561 Vgl. Schwäbische Chronik vom 9.2.1832, S. 131.
562 Die Akten des Pupillensenats beim Obertribunal wurden vermutlich nicht für wert gehalten, überliefert zu werden. Sie fehlen heute im Bestand des Königlichen Obertribunals (StAL: E 308 I – E 312 II).
563 27.2.1832 (StadtAN).
564 Vgl. Beyer, 1966, S. 83–85.
565 Vgl. den Briefwechsel zwischen Marie Hegel und Susanne von Tucher vom Febr./März 1832 (StadtAN).
566 Beyer lässt dies offen. Vgl. aber Maries Brief an die Mutter, 27.2.1832. – Auch in den Akten des Berliner Vormundschaftsgerichtes (Landesarchiv Berlin) und des übergeordneten Berliner Pupillenkollegiums (Geheimes Staatsarchiv Preußischer Kulturbesitz in Berlin und Brandenburgisches Landeshauptarchiv in Potsdam), das laut Maries Brief mit dem Stuttgarter Pupillenkollegium (Obertribunal) in Korrespondenz gestanden haben soll, ließ sich nichts zu C.s Testament finden.
567 Susanne von Tucher an Marie Hegel, 22.2.1832; zit. n. Beyer, 1966, S. 84.
568 Vgl. Beyer, 1966, S. 83 f. und Lucas, 1988, S. 306.
569 Zit. n. Jaeschke, S. 57.
570 Als Fotokopie seit 1981 im StadtAN. Beyer (1977) und Hirschmann (1982; S. 41 f.). haben zwar auf das gesamte Briefkonvolut, nicht aber auf diesen Brief hingewiesen.
571 Von fremder Hand niedergeschrieben. Die Autorschaft der Söhne (oder eines der beiden) bezeugt der Satz: »Unsere liebe Mutter wird meistens ›die kleine Marie‹ genannt, wohl im Gegensatz zu Onkel Gottliebs Frau ...« (StadtAN).
572 Karl Hegel an Susanne von Tucher, 15.11.1831; zit. n. HBZ Nr. 715.

Abkürzungsverzeichnis

AFvBJ	Archiv der Freiherren von Berlichingen zu Jagsthausen, Jagsthausen
Bü.	Büschel
DA	Dekanatamt Aalen
DLA	Deutsches Literaturarchiv, Marbach a. N.
ED	Erstdruck
EV	Seelenbeschreibung Esslinger Vorstadt
FA	Familienarchiv
Fasz.	Faszikel
GSA	Goethe- und Schiller-Archiv, Weimar
GW	Hegel, Georg Wilhelm Friedrich: Gesammelte Werke. In Verbindung mit der Deutschen Forschungsgemeinschaft hg. v. der Nordrhein-Westfälischen Akademie der Wissenschaften. Hamburg 1968 ff.
HBZ	Hegel in Berichten seiner Zeitgenossen. Hg. v. Günther Nicolin. Hamburg 1970.
HJB	Hegel-Jahrbuch. Begründet v. Wilhelm Raimund Beyer. Hg. v. Andreas Arndt, Karol Bal und Henning Ottmann. Bochum, seit HJB 1993/94: Berlin.
HS	Hegel-Studien. Hg. v. Friedhelm Nicolin und Otto Pöggeler (Bd. 1–35) bzw. Walter Jaeschke und Ludwig Siep (Bd. 36 ff.). Bonn 1961–1997 bzw. Hamburg 1998 ff.
HStAS	Hauptstaatsarchiv Stuttgart
IS	Seelenbeschreibung Innere Stadt
KB	Kirchenbücher
LKA	Landeskirchliches Archiv, Stuttgart
MF	Mikrofilm
MKZ	Münsterklinik Zwiefalten
MUT	Die Matrikeln der Universität Tübingen. Hg. v. Heinrich Hermelink. Bd. 3: 1710–1817. Tübingen 1953.
ND	Nachdruck
NDB	Neue Deutsche Biographie. Hg. v. d. Historischen Kommission bei der Bayerischen Akademie der Wissenschaften. Bd. 1 ff. Berlin 1953 ff.
NL	Nachlass
o. Q.	ohne Quellenangabe
r	recto folio (Vorderseite)
RV	Seelenbeschreibung Reiche Vorstadt
SNA	Schillers Werke. Nationalausgabe. Bd. 1 ff. Weimar 1943 ff.
StA	Hölderlin, Friedrich: Sämtliche Werke. Große Stuttgarter Ausgabe. Hg. v. Friedrich Beißner und Adolf Beck. Stuttgart 1943–1985.
StadtAA	Stadtarchiv Aalen
StadtAC	Stadtarchiv Calw
StadtAN	Stadtarchiv Nürnberg
StadtAS	Stadtarchiv Stuttgart
StAL	Staatsarchiv Ludwigsburg
StASi	Staatsarchiv Sigmaringen
StBPK	Staatsbibliothek Preußischer Kulturbesitz, Berlin
TD	Teildruck
Ts.	Typoskript
UAT	Universitätsarchiv Tübingen
UBB	Öffentliche Bibliothek der Universität Basel

UBE Universitätsbibliothek Erlangen
UBH Staats- und Universitätsbibliothek Hamburg
UBT Universitätsbibliothek Tübingen
u. d. D. unter dem Datum
v verso folio (Rückseite)
WLB Württembergische Landesbibliothek, Stuttgart

Quellen und Literatur

Briefe von und an Christiane Hegel

* unveröffentlicht (die Briefe der StBPK liegen seit 1995 als Regesten vor; vgl. Ziesche, S. 161–168)

C. an Wilhelm Hegel, Stuttgart, 15.1.1799 (Briefe I, S. 58: zit. n. Rosenkranz, S. 141)
* C. an Charlotte Elsässer, Ludwigsburg, 26.12.1813 (StadtAS: NL Elsaesser. Nr. 2016. Fasz. 23)
Wilhelm Hegel an C., Nürnberg, 9.4.1814 (Briefe II, S. 18–20)
* Marie Hegel an C., Nürnberg, April 1814 (StBPK: NL Hegel 15, III, 2, Nr. 3)
Wilhelm Hegel an C., Nürnberg, April 1814 (Briefe II, S. 26)
Joseph von Berlichingen an C., Ludwigsburg, 8.8.1814 (Privatnachlass Schumm/ Briefe II, S. 377 f.)
Wilhelm Hegel an C., Nürnberg, 8.9.1814 (Briefe II, S. 37–39)
Wilhelm Hegel an C., [Nürnberg, Oktober 1814] (Briefe II, S. 44)
* C. an Wilhelm Christian Neuffer, Nürnberg, 25.10.1815 (LKA: DA Aalen. Nr. 341)
C. an Wilhelm Hegel (Entwurf), Aalen, November 1815 (Briefe II, S. 58)
Wilhelm Hegel an C., Nürnberg, 28.8.1816 (Briefe IV/2, S. 27 f.)
Wilhelm Hegel an C., Heidelberg, 26.7.1817 (Briefe II, S. 166–168)
Wilhelm Hegel an C., Heidelberg, 12.9.1818 (Briefe II, S. 197–199)
Louis Göriz an C., [ca. Juni 1820] (Lucas, 1987, S. 11 f.)
* C. an Karl Hegel, [Stuttgart], ca. Herbst 1821 (Privatnachlass Schumm)
Wilhelm Hegel an C., Berlin, 12.8.1821 (Briefe II, S. 283–286)
* Karl Hegel an C., [ca. August 1821] (StBPK: NL Hegel 15, IV, 3, Nr. 1)
* Immanuel Hegel an C., [ca. August 1821] (StBPK: NL Hegel 15, IV, 3, Nr. 2)
Wilhelm Hegel an C., Berlin, 31.8.1822 (Briefe IV/2, S. 43 f.)
* C. an Rentamtmann Fest, Stuttgart, 20.1.1824 (AFvBJ: v. Num. 4373)
* C. an Rentamtmann Fest, Stuttgart, 21.4.1824 (ebd.)
* Rentamtmann Fest an C., Jagsthausen, 2.5.1824 (ebd.)
* C. an Rentamtmann Fest, Stuttgart, 22.6.1824 (ebd.)
Wilhelm Hegel an C., Berlin, 21.8.1824 (Lucas, 1987, S. 13–16)
* C. an Rentamtmann Fest, Stuttgart, 9.4.1825 (AFvBJ: v. Num. 4373)
* Rentamtmann Fest an C., Jagsthausen, 1.5.1825 (ebd.)
Wilhelm Hegel an C., Berlin, 20.9.1825 (Briefe III, S. 96: zit. n. Rosenkranz, S. 4)
* Karl Hegel an C., [ca. Herbst 1825] (StBPK: NL Hegel 15, IV, 3, Nr. 3)
* Immanuel Hegel an C., [ca. Herbst 1825] (StBPK: NL Hegel 15, IV, 3, Nr. 4)
Marie Hegel an C., Berlin, 16.12.1825 (Briefe III, S. 383 f.)
Wilhelm Hegel an C., Berlin, 16.12.1825 (Briefe III, S. 100 f.)
* Joseph von Berlichingen an C., Jagsthausen, 15.4.1826 (UBT: Mi II 34)
Marie Hegel an C., Berlin, 16.5.1827 (StBPK: NL Hegel 15, III, 2, Nr. 6/Briefe III, S. 411)
Wilhelm Hegel an C., Berlin, 16.5.1827 (Briefe III, S. 163)

* C. an Rentamtmann Fest, Stuttgart, 27.4.1828 (AFvBJ: v. Num. 800)
Marie Hegel an C., Berlin, 21.5.1829 (StBPK: NL Hegel 15, IV, 2, Nr. 1/TD: HBZ Nr. 596)
Marie Hegel an C., Berlin, 24.6.1829 (StBPK: NL Hegel 15, IV, 2, Nr. 2/TD: HBZ Nr. 597)
Marie Hegel an C., Berlin, 7.12.1829 (Briefe III, S. 451 f.)
Wilhelm Hegel an C., Berlin, 7.12.1829 (Briefe III, S. 289 f.)
C. an Unbekannt, April 1830 (Briefe III, S. 452)
Marie Hegel an C., Berlin, 18.1.1831 (Briefe III, S. 462)
Wilhelm Hegel an C., Berlin, 18.1.1831 (Briefe III, S. 329)
Marie Hegel an C., Berlin, 28.1.1831 (StBPK: NL Hegel 15, IV, 2, Nr. 3/TD: HBZ Nr. 658)
C. an Marie Hegel, Stuttgart, 6.2.1831 (StBPK: NL Hegel 15, IV, 1, Nr. 2/TD: HBZ Nr. 661)
C. an Marie Hegel, Stuttgart, 1./9.3.1831 (StBPK: NL Hegel 15, IV, 1, Nr. 3/TD: HBZ Nr. 662)
(Marie Hegel an Susanne von Tucher. Abschrift für C., Berlin, 15.11.1831 (HBZ Nr. 714))
(Karl Hegel an Susanne von Tucher. Abschrift für C., Berlin, 15.11.1831 (HBZ Nr. 715))
Marie Hegel an C., Berlin, 17.11.1831 (StBPK: NL Hegel 15, IV, 2, Nr. 4/TD: HBZ Nr. 727)
C. an Marie Hegel, Bad Teinach 7./9.1.1832 (StBPK: NL Hegel 15, IV, 1 Nr. 4/TD: Hoffmeister, 1936, S. 392 f.; HBZ Nr. 1 u. 12). – Dabei: Annalistische biographische Notizen (ED: Hoffmeister, 1936, S. 394. TD: HBZ Nr. 2, 15, 30)

Ungedruckte Quellen

Hauptstaatsarchiv Stuttgart (HStAS):

A 11	Kabinett: Landschaft
A 14 a	Kabinett: Militärangelegenheiten
A 30 a	Kriegsrat
A 202	Geheimer Rat: Akten
A 272	Hohe Karlsschule
E 10	Königliches Kabinett I: Ministerium des Innern
E 13	Königliches Kabinett I: Ministerium der Finanzen
E 141,143,146,150	Ministerium des Innern
E 270 a	Geheime Kriegskanzlei

Staatsarchiv Ludwigsburg (StAL):

D 75	Landvogtei an der Enz, Ludwigsburg
D 79	Landvogtei an Fils und Rems, Göppingen
E 162	Medizinalkollegium
E 163	Verwaltung der Staatskrankenanstalten
E 173	Kreisregierung Ludwigsburg
E 179	Kreisregierung Ulm
E 191	Zentralleitung des Wohltätigkeitsvereins
E 192	Armenkommission
E 308–312	Obertribunal Tübingen/Stuttgart
F 35	Kameralamt Aalen
F 151	Oberamt Aalen
F 201	Stadtdirektion Stuttgart
F 441	Kgl. Kommissar bei Katharinenstift und Olgastift Stuttgart

Staatsarchiv Sigmaringen (StASi):

Wü 68/3	Psychiatrisches Landeskrankenhaus Zwiefalten
Wü 125/7	Kameralamt Zwiefalten

Wü 128/4 Staatliches Hochbauamt Reutlingen
Wü 136/13 Rechnungen der Heilanstalten

Landeskirchliches Archiv, Stuttgart (LKA):
Handschriftliche Kirchenregister der Stadt Stuttgart (Mikrofilme)
A 12 Vikarbücher
A 13 Zeugnisbücher
A 26 Allgemeiner Bestand
A 27 Personalakten
A 29 Ortsakten
DA Aalen. Darin: C. an Wilhelm Christian Neuffer, Nürnberg, 25.10.1815 (Nr. 341)
DA Kirchheim/Teck
DA Schorndorf
Bibliothek:
Baden-Württembergisches Pfarrerbuch. Herzogtum Württemberg. [Typoskript]

Stadtarchiv Aalen (StadtAA):
B 124 Stiftungsratsprotokolle (1819–1824)
B 274 Stadt Aalen. Brandversicherungskataster 1808/41
RP 65, 67, 68 Magistratsprotokolle (1808–1819)
RP 69 Stadtratsprotokolle (1819/20)

Stadtarchiv Calw (StadtAC)
Gedrucktes Kirchenregister II, 1806–1855

Stadtarchiv Nürnberg (StadtAN):
E 29/II (FA Tucher) Nr. 415: Briefe der Marie Hegel und ihrer Söhne Karl und Immanuel an Susanne von Tucher, 1831/32 (8 Br.). Fotokopien. Originale im Privatbesitz
E 29/II (FA Tucher) Nr. 439: Briefe der Susanne von Tucher an Marie Hegel, 1816–1832 (201 Br.). Dabei: [Hegel, Immanuel und/oder Karl:] Einige erklärende Notizen zu den beiliegenden Briefen. Doppelblatt. o. O. o. D.
E 29/II (FA Tucher) Nr. 449: Briefe der Susanne von Tucher an ihren Sohn Sigmund, 1810–1818 (80 Br.)

Stadtarchiv Stuttgart (StadtAS):
Nachlass Familie Elsaesser (Nr. 2016). Darin: C. an Charlotte Elsässer, 26.12.1813 (Fasz. 23)
Seelenbeschreibung Reiche Vorstadt auf das Neue Jahr 1799 (RV 1799). In Presentia Herrn HospitalDiaconi Mr. Dapp und Herrn PoliceyCommissarii Huber
Seelenbeschreibung Reiche Vorstadt auf das Neue Jahr 1805
Seelenbeschreibung Innere Stadt auf das Neue Jahr 1794, 1801, 1802, 1803 (IS)
Seelenbeschreibung Esslinger Vorstadt auf das Neue Jahr 1797, 1798, 1803, 1805 (EV)
Stadtpläne
Bibliothek:
Nägele, Paul: Familienbuch Stuttgart von 1700 bis 1820 (auch »Familienregister« genannt). 68 Bände. Stuttgart 1967 (Ts. mit hs. Korrekt. u. Ergänz.)
Gedruckte Kirchenregister der Stadt Stuttgart. 1760–1769. 1770–1779. 1780–1789 (mit hs. Korrekt. u. Ergänz.)
Adressbücher Stadt Stuttgart 1794 (2), 1800, 1804, 1811, 1829 (2)

Staatsbibliothek Preußischer Kulturbesitz, Berlin (StBPK):
Hegel, Georg Wilhelm Friedrich: Nachlass Hegel 15, Fasz. III u. IV

Deutsches Literaturarchiv, Marbach a. N. (DLA):
Abel, Jakob Friedrich: »Schon als Kandidat ...« [Autobiographie]. 3 ½ Bl. (B: Jakob Friedrich Abel. Manuskripte. Z 154)
Grüneisen, Karl: Nachlass (A: Carl Grüneisen). – Darin: Lebenserinnerungen. 42 Bl. (Z 2564). Briefe von Karl Christian Heinrich, Henriette [d. i. Gottliebin] und Luise Grüneisen an Karl Grüneisen (49/257)
Kerner, Georg: Teilnachlass (A: Georg Kerner)
Kunstsammlungen:
Duttenhofer, Luise: Scherenschnitte

Goethe- und Schiller-Archiv, Weimar (GSA):
Goethe, August von: Tagebuch. Aufzeichnungen von Reisen, Gedichten, z. T. eigenen, Notizen. 1807–1814; 55 Bl. (GSA 37/XII, 3)

Württembergische Landesbibliothek, Stuttgart (WLB):
Abel, Jakob Friedrich: Papiere aus dem Nachlass. (Cod. hist. 4° 436). Darin: Lebensbeschreibung des Professors, zuletzt Prälaten Jakob Friedrich Abel. Von ihm selbst geschrieben. Fasz. I–IV. Zum TD vgl. Riedel, S. 663
Kerner, Georg: Briefe an Auguste Breyer und ihre Familie, 1791–1798 (Cod. hist. 4° 292, 1–63)
Märklin, Jakob Friedrich: Papiere aus dem Nachlass (Cod. hist. 4° 612)
Neuffer, Christian Ludwig: Tagebuch. Bd. 1: 1823–1832 (Cod. hist. 8° 95 a)
Stammbücher:
Leo von Seckendorf (Cod. hist. 4° 736)
Viktor Hauff (Cod. hist. 8° 297)
Einzelautographen:
Ludwig Friedrich Göriz an C. [Entwurf, ca. Juni 1820] (Cod. hist. 4° 333a, 87a)
Philipp Hopfengärtner an Wilhelm Hartmann, 26.6.1794; 17.7.1794 (Cod. hist. 4° 333a, 38 u. 39)
Seelig, Eugen: Leo Freiherr von Seckendorf 1775–1809. Leben und literarische Tätigkeit mit besonderer Berücksichtigung seiner Beziehungen zum Weimarer Dichterkreis und zur Romantik. Diss. Tübingen 1922. Unveröff. Ts. (Hölderlin-Archiv)

Universitätsbibliothek Erlangen (UBE):
Niethammer, Friedrich Immanuel: Briefnachlass (Ms. 2054). Darin Briefe von:
Gaab, Carl Ulrich (Fasz. 14)
Göriz, Ludwig Friedrich (Fasz. 12)
Märklin, Jakob Friedrich (Fasz. 21)

Universitätsbibliothek Tübingen (UBT):
Vischer, Friedrich Theodor: Nachlass (Md 787a)
Einzelautographen:
Joseph von Berlichingen an C., Jagsthausen, 15.4.1826, 3 Bl. 4° (Mi II 34)

Universitätsarchiv Tübingen (UAT):
Stammbuch Rosine Stäudlin (S 127/15)

Münsterklinik Zwiefalten, Archiv (MKZ)
Aufnahmebücher der weiblichen Patienten (1812–1829). (Kopie im StASi: Wü 68/3 T. 1)
Elser, Andreas: Aerztlicher Bericht über die psychische und physische Behandlungsweise der Irren im Königl. IrrenInstitut zu Zwiefalten. Martini 1825. 12 Bl. (Konzeptfassung). (Berichtfassung: StAL: E 163 Bü. 813)

Archiv der Freiherren von Berlichingen zu Jagsthausen, Jagsthausen (AFvBJ):
v. Num. 317: Rüstung des Götz von Berlichingen
v. Num. 367: Joseph von Berlichingen
v. Num. 498: Vormundschaft des Götz von Berlichingen über die Töchter der Sofie ...
v. Num. 800: 1828, Brief der C. Hegel an den Amtmann Fest
v. Num. 806: 1832, Ableben der C. Hegel
v. Num. 826: Untersuchung gegen den Rentamtmann Fest wegen Vernachlässigung der Verwaltung
v. Num. 2875: Schuldakten 1795–1848
v. Num. 3042: Tätigkeit des Pfarrers Friedrich Gräter in Jagsthausen
v. Num. 4373: (Passiven des Hauses) 1824–1825: Aufnahme eines Kapitals von 1 200 fl. durch das Rentamt des Roten Schlosses zu Jagsthausen von C. Darin: 4 Briefe von C. an Rentamtmann Fest (20.1., 21.4., 22.6.1824; 9.4.1825), 2 Gegenbriefe (2.5. 1824; 1.5.1825)
v. Num. 5009: Partikularamtsrechnungen des »Neuen Schlosses« zu Jagsthausen. Rechnungsbücher 1801/02 ff.
ohne Signatur: C.s handschriftliche Quittungen für den Erhalt ihrer Pension (bisher ungeordnet: Regal 30. XXI D, Fasz. Ja 53)

Anm.: Die im Jahr 2006 begonnene Neuordnung des Privatarchivs war bei Manuskriptabgabe noch nicht abgeschlossen. Die von mir zitierten »vorläufigen« Nummern (v. Num.) sind auch nach der Vergabe der endgültigen Signaturen (ca. Ende 2009) über die Datenbankversion des gedruckten Findbuches nachvollziehbar.

Privatnachlass Karl Schumm (Neuenstein), Zetel (Dr. Adelheid Schönborn)
Verzeichniß meiner Einnahmen. Christiane Hegel. [Nachträglich hinzugefügt:] Angefangen d[en] 1 Juni 1815 [!]. 9 Doppelblätter (geheftet) 4°
Joseph von Berlichingen an C., Ludwigsburg, 8.8.1814. 1 Doppelblatt 4°
C. an Karl Hegel, ca. Herbst 1821, 1 Bl. 8°

Gedruckte Quellen und Literatur

(Siehe auch die im Abkürzungsverzeichnis aufgelistete Literatur.)
Alte Klöster – neue Herren. Die Säkularisation im deutschen Südwesten 1803. Hg. v. Volker Himmelein. 3 Bde. Ostfildern 2003.
Bauer, Hermann: Geschichte und Beschreibung der ehemaligen freien Reichsstadt Aalen. Aalen 1852.
Bauer, Willy: Christian Ludwig Neuffer. Diss. Heidelberg 1931.
Beck, Adolf: Brief eines Stiftlers aus dem Krisenjahre 1796. Jakob Friedrich Märklin an Friedrich Immanuel Niethammer. In: Schwäbische Heimat 14 (1963), S. 217–224.
Becker, Willi Ferdinand: Hegels Hinterlassene Schriften im Briefwechsel seines Sohnes Immanuel. In: Zeitschrift für philosophische Forschung 35 (1981), S. 592–614.
Belschner, Christian: Friedrich Silcher in Ludwigsburg. In: Ludwigsburger Geschichtsblätter 12 (1939), S. 37–40.

Berlichingen-Rossach, Friedrich Wolfgang Götz Graf von: Geschichte des Ritters Götz von Berlichingen mit der eisernen Hand und seiner Familie. Leipzig 1861.
Beschreibung des Oberamts Neckarsulm. Hg. v. Königlichen statistisch-topographischen Bureau. Stuttgart 1881.
Beschreibung des Oberamts Schorndorf. Hg. v. Königlichen statistisch-topographischen Bureau. Stuttgart 1851.
Beyer, Wilhelm Raimund: Aus Hegels Familienleben. Die Briefe der Susanne von Tucher an ihre Tochter Marie Hegel. In: HJB 1966 (1966), S. 52–101 u. HJB 1967 (1968), S. 114–137.
Beyer, Wilhelm Raimund: Wie die Hegelsche Freundesvereinsausgabe entstand (aus neu aufgefundenen Briefen der Witwe Hegels). In: ders.: »Denken und Bedenken«. Hegel-Aufsätze. Hg. v. Manfred Buhr. Berlin 1977, S. 277–286.
Biographisches Handbuch der württembergischen Landtagsabgeordneten 1815–1933. Bearb. von Frank Raberg. Stuttgart 2001.
Bode, Wilhelm: Goethes Sohn. Berlin 1918.
Bopp, August: Friedrich Silcher. Stuttgart 1916.
Borrmann, Gottfried: Das stolze Mainz und die herrlichen Fernen. Hölderlins Beziehungen zu Mainz. In: Mainzer Zeitschrift Jg. 94/95 (1999/2000), S. 231–289.
Brandstätter, Horst: Christiane Luise Hegel – Krankengeschichte einer Sympathisantin. In: ders.: Asperg. Ein deutsches Gefängnis. Berlin 1978, S. 46 f.
Brauer, Ursula: Isaac von Sinclair. Eine Biographie. Stuttgart 1993.
Briefe von und an Hegel. Bd. I–III. Hg. v. Johannes Hoffmeister. Hamburg ³1969. Bd. IV/1 u. IV/2. Hg. v. Friedhelm Nicolin. 3. völlig neu bearb. Aufl. Hamburg 1977 u. 1981 (Briefe).
Burkhardt, Hermann: Die »Marienwahl«. Grünzone und Sommersitz des letzten württembergischen Königs. In: Das Buch der Unteren Stadt. 1893–1993. Ludwigsburg 1993, S. 159–178.
Camerer, Rudolf/Krimmel, Emil: Geschichte der Königl. Württembergischen Heilanstalt Zwiefalten 1812–1912. Stuttgart 1912.
Dahmen, Hermann Josef: Friedrich Silcher. Komponist und Demokrat. Eine Biographie. Stuttgart 1989.
Dinkel, Theo: 750 Jahre Lateinschule Kirchheim unter Teck. Kirchheim unter Teck 1999.
Dirnfellner, Berthold: Die Jugendbriefe Isaac von Sinclairs an Franz Wilhelm Jung. In: Le pauvre Holterling. Blätter zur Frankfurter Ausgabe Nr. 4/5, Frankfurt a. M. 1980, S. 89–140.
Epting, Dr. (Badarzt): Notizen über das K. Bad Teinach. In: Medicinisches Correspondenzblatt Bd. 24, Nr. 22 vom 27.5.1854, S. 172–175.
Fenske, Hans: Der liberale Südwesten. Freihetliche und demokratische Traditionen in Baden und Württemberg 1790–1933. Stuttgart u. a. 1981.
Fichtner, Gerhard: Der »Fall« Hölderlin. Psychiatrie zu Beginn des 19. Jahrhunderts und die Problematik der Pathographie. In: Beiträge zur Geschichte der Universität Tübingen. Hg. v. Hans-Martin Decker-Hauff. Bd. 1, Tübingen 1977, S. 497–514.
Fiege, Gertrud: Ludovike Simanowiz. Eine schwäbische Malerin zwischen Revolution und Restauration. Marbach a. N. 1991.
Fritz, Andreas: Georg Kerner (1770 – 1812). Fürstenfeind und Menschenfreund. Eine politische Biographie. 4. erw. Aufl. Ludwigsburg 2003.
Fulda, Hans Friedrich: G. W. F. Hegel. München 2003.

Göriz, [Ludwig Friedrich]: Schiller in Jena. In: Morgenblatt für gebildete Leser. Jg. 32 (1838) Nr. 221 (14.9.1838) – Nr. 227 (21.9.1838). TD (anonym) in: ebd. Jg. 31 (1837) Nr. 84, 86 u. 87.

Goethes Briefe und Briefe an Goethe (Hamburger Ausgabe). Hg. v. Karl Robert Mandelkow. Bd. 4: 1821–1832. 3. Aufl. München 1988.

Gradmann, Johann Jacob (Hg.): Das gelehrte Schwaben oder Lexicon der jetzt lebenden schwäbischen Schriftsteller. Ravensburg 1802. (ND: Hildesheim/New York 1979).

Greiner, Karl: Bad Teinach und Zavelstein. Ein Geschichtsbild vom 13. bis zum 20. Jahrhundert. Ergänzt und erweitert von Siegfried Greiner. Pforzheim 1986.

Günzler, Heinrich: Christian Heinrich Günzler. Oberamtmann, Regierungsrat, Erster Ehrenbürger der Stadt Stuttgart, 1758–1842. In: Lebensbilder aus Schwaben und Franken 16 (1986), S. 88–107.

Haasis, Hellmut G.: Christiane Hegel. Vom Leiden und Untergang einer Fußnote. In: Allmende 17 (1997), S. 124–131.

Haasis, Hellmut G.: Im Schatten des großen Bruders III: Christiane Hegel. In: ders.: Gebt der Freiheit Flügel. Bd. 2. Reinbek bei Hamburg 1988, S. 825–830.

Hahn, Andrea: Ludwigsburg – Literarische Spuren. Ludwigsburg 2004.

Hartmann, Julius: Schillers Jugendfreunde. Stuttgart/Berlin 1904.

Hartmann, Julius: Württemberg im Jahre 1800. Auf das Jahr 1900 geschildert von J. H. Stuttgart 1900.

Hegel, Hannelore: Isaac von Sinclair zwischen Fichte, Hölderlin und Hegel. Ein Beitrag zur Entstehungsgeschichte der idealistischen Philosophie. Frankfurt a. M. 1971.

Hegel, Immanuel: Erinnerungen aus meinem Leben. Berlin 1891.

Hegel, Karl: Leben und Erinnerungen. Leipzig 1900.

Hegel an Sigmund von Tucher. Ein unbekannter Brief aus dem Jahre 1815. Mitgeteilt von Gerhard Hirschmann. In: HS 17 (1982), S. 41–43.

Hegel-Lexikon. Hg. v. Paul Cobben, Paul Cruysberghs, Peter Jonkers, Lu De Vos. Darmstadt 2006.

Hegels Rechtsphilosophie im Zusammenhang der europäischen Verfassungsgeschichte. Hg. v. Hans-Christian Lucas und Otto Pöggeler. Stuttgart-Bad-Cannstatt 1986.

Henrich, Dieter: Über Hölderlins philosophische Anfänge im Anschluß an die Publikation eines Blattes von Hölderlin in Niethammers Stammbuch. In: Hölderlin-Jahrbuch 24 (1984/85), 1986, S. 1–28.

Herder, Johann Gottfried: Sämtliche Werke, hg. v. Bernhard Suphan, Bd. 26, Berlin 1882.

Hirschmann, Gerhard: Die Archive der Familie von Tucher in den letzten 50 Jahren. In: Mitteilungen für die Archivpflege in Bayern 21 (1975), S. 39–43.

Hirschmann, Gerhard: Hegel an Sigmund von Tucher. Ein unbekannter Brief aus dem Jahre 1815. In: HS 17 (1982), S. 41–43.

Hoécker, Carola/Mojem, Helmuth: »Theuerste Freundin«. Briefe Georg Wilhelm Friedrich Hegels und Karl Wilhelm Friedrich Breyers an Nanette Endel. Sankt Augustin 2005.

Hölderlin Texturen 4. »Wo sind jetzt Dichter?«. Homburg, Stuttgart, 1798–1800. Hg. v. der Hölderlin-Gesellschaft Tübingen in Zusammenarbeit mit der Deutschen Schillergesellschaft Marbach. Tübingen 2002.

Hölzle, Erwin: Das alte Recht und die Revolution. Eine politische Geschichte Württembergs in der Revolutionszeit 1789–1805. München/Berlin 1931.

Hölzle, Erwin: Württemberg im Zeitalter Napoleons und der Deutschen Erhebung. Eine deutsche Geschichte der Wendezeit in einzelstaatlichem Raum. Stuttgart/Berlin 1937.
Hoffmeister, Johannes (Hg.): Dokumente zu Hegels Entwicklung. Stuttgart 1936.
D'Hondt, Jacques: Hegel. Biographie. Paris 1998 (I).
D'Hondt, Jacques: Hegel et les français. Hildesheim/Zürich 1998 (II).
D'Hondt, Jacques: Hegel secret. Recherches sur les sources cachées de la pensée de Hegel. Paris 1968.
D'Hondt, Jacques: Verborgene Quellen des Hegelschen Denkens. Berlin ²1983 (»Hegel secret«; dt. Übers.).
Hornstein-Grüningen, Edward von: Die von Hornstein und von Hertenstein. Erlebnisse aus 700 Jahren. Ein Beitrag zur schwäbischen Volks- und Adelskunde. Konstanz 1911.
Hoven, Friedrich Wilhelm von: Lebenserinnerungen. Berlin 1984.
Jacobs, Wilhelm G.: Zwischen Revolution und Orthodoxie. Schelling und seine Freunde im Stift und an der Universität Tübingen. Stuttgart-Bad Cannstatt 1989.
Jaeschke, Walter: Hegel-Handbuch. Leben – Werk – Schule. Stuttgart 2003.
Jamme, Christoph: Sinclairs Briefe an Hegel 1806/07. Mitgeteilt und erläutert von C. J. In: HS 13 (1978), S. 17–52.
Jamme, Christoph/Pöggeler, Otto (Hg.): »Frankfurt aber ist der Nabel dieser Erde«. Das Schicksal einer Generation der Goethezeit. Stuttgart 1983.
Kaufmann, Doris: Aufklärung, bürgerliche Selbsterfahrung und die »Erfindung« der Psychiatrie in Deutschland 1770–1850. Göttingen 1995.
Kerner, Justinus: Das Bilderbuch aus meiner Knabenzeit. Erinnerungen aus den Jahren 1786 bis 1804. Braunschweig 1849.
Kirchner, Werner: Der Hochverratsprozess gegen Sinclair. Ein Beitrag zum Leben Hölderlins. Marburg /L. 1949.
Klaiber, Julius: Hölderlin, Hegel und Schelling in ihren schwäbischen Jugendjahren. Eine Festschrift zur Jubelfeier der Universität Tübingen. Stuttgart 1877 (ND: Frankfurt a. M. 1981).
Klaiber, Julius: Stuttgart vor hundert Jahren. Stuttgart 1870 (ND: Stuttgart 1983).
Königlich-Württembergisches Staats- und Regierungsblatt. Stuttgart 1806–1823.
Korff, Friedrich Wilhelm: Der Philosoph und die Frau. Zur Geschichte einer Mesalliance. Tübingen ²1995.
Kortländer, Bernd: Ein unbekannter Brief Hegels an Friedrich Ludwig Göritz. In: HS 24 (1989), S. 9–13.
Krause-Schmidt, Heike: Gleichsam ein neues Leben: Georg Klett (1797–1855). In: Heilbronner Köpfe II. Lebensbilder aus zwei Jahrhunderten. Hg. v. Christhard Schrenk. Heilbronn 1999, S. 49–64.
Krauß, Rudolf: Anton Vincenz. Ein Stuttgarter Hofschauspieler vor hundert Jahren. In: Schwabenspiegel. Wochenschrift der Württembergischen Zeitung Nr. 25 vom 25.3.1911, S. 197 f.
Kuhn, Axel: »Die besten jungen Köpfe Wirttembergs gewinnen.« Reinhard und die Wetzlarer »Freunde der Wahrheit«, Kerner und die Tübinger Studentenbewegung 1794/95. In: Aus südwestdeutscher Geschichte. Festschrift für Hans-Martin Maurer. Stuttgart 1994, S. 560–579.
Kuhn, Axel: Die Französische Revolution. Stuttgart 1999.
Kuhn, Axel: Herzog Carl Eugen und seine unbotmäßigen Untertanen. In: Hohenheimer Themen 2 (1993), S. 3–44.
Kuhn, Axel: Revolutionsbegeisterung an der Hohen Carlsschule. Stuttgart 1989.

Kuhn, Axel: Schwarzbrot und Freiheit. Die Tübinger Studentenbewegung zur Zeit Hölderlins und Hegels. In: Bausteine zur Tübinger Universitätsgeschichte. Folge 6. Hg. v. Volker Schäfer. Tübingen 1992, S. 9–62.

Kuhn, Axel/Schweigard, Jörg: Freiheit oder Tod! Die deutsche Studentenbewegung zur Zeit der Französischen Revolution. Köln u. a. 2005.

Lang, Wilhelm: Aus Georg Kerners Sturm- und Wanderjahren. In: Von und aus Schwaben. Heft 1. Stuttgart 1885, S. 55–90.

Lasson, Georg: Zwei ungedruckte Briefe Hegels. In: Hegel-Archiv. Hg. v. Georg Lasson. Bd. 3, H. 2, Leipzig 1916, S. 43–56.

Leube, Martin: Jonathan Friedrich Bahnmaier 1774–1841. In: Blätter für württembergische Kirchengeschichte 48 (1948), S. 55–71.

Lindner, Frank: Schülerwege aus Schnepfenthal. Bucha 2006.

Lucas, Hans-Christian: »An Mademoiselle Christiane Hegel«. Ein unveröffentlichter Brief Hegels und ein Briefkonzept des Dekans Göritz. Mitgeteilt und erläutert von H.-C. L. In: HS 22 (1987), S. 9–16.

Lucas, Hans-Christian: Die Schwester im Schatten. Bemerkungen zu Hegels Schwester Christiane. In: »O Fürstin ...«, 1988, S. 284–306 (I).

Lucas, Hans-Christian: Sehnsucht nach einem reineren, freieren Zustande. Hegel und der württembergische Verfassungsstreit. In: Jamme/Pöggeler (Hg.): »Frankfurt aber ...«, 1983, S. 73–103.

Lucas, Hans-Christian: »Wer hat die Verfassung zu machen, das Volk oder wer anders?« Zu Hegels Verständnis der konstitutionellen Monarchie zwischen Heidelberg und Berlin. In: Hegels Rechtsphilosophie, 1986, S. 175–220.

Lucas, Hans-Christian: Zwischen Antigone und Christiane. Die Rolle der Schwester in Hegels Biographie und Philosophie und in Derridas »Glas«. In: HJB 1984/85 (1988), S. 409–442 (II).

Mack, Beate: Leben und Werk von Fridrich von Jobst (1786–1859). Unter besonderer Berücksichtigung der Entwicklung der Drogen- und Materialwarenhandlung Fridrich Jobst in Stuttgart zur Chemiefabrik Jobst in Feuerbach. Diss. Univ. Tübingen 2003.

Maier, Emil: Geschichte der Volksschule in Stuttgart. Stuttgart 1951.

Militzer-Schwenger, Lisgret: Armenerziehung durch Arbeit. Eine Untersuchung am Beispiel des württembergischen Schwarzwaldkreises 1806–1914. Tübingen 1979.

Moersch, Karl: Eine deutsch-französische Karriere. In: ders.: Sueben, Württemberger und Franzosen. Historische Spurensuche im Westen. Stuttgart 1991, S. 168–219.

Müller, Carl Friedrich: Beschreibung des Gesundbrunnens zu Teinach. Stuttgart 1834.

Neuffer, Christian Ludwig: Leben des Verfassers. In: ders.: Gedichte. Mit der Biographie und dem Porträt des Dichters. Hildburghausen/Amsterdam 1842, S. 5–19.

Neuffer, [Wilhelm Christian]: Biographie von Wilhelm Christoph Tafinger, Stifter einer Lehr- und Bildungsanstalt für Töchter edler Herkunft und Professor und Inspektor am Katharinenstifte zu Stuttgart. Aus dessen Papieren gesammelt und hg. v. Neuffer. Cannstatt 1825.

Neugebauer-Wölk, Monika: Revolution und Constitution – die Brüder Cotta. Eine biographische Studie zum Zeitalter der Französischen Revolution und des Vormärz. Berlin 1989.

Nicolin, Friedhelm: Hegel 1770–1970. Leben, Werk, Wirkung. Ausstellungskatalog. Stuttgart 1970 (I).

Nicolin, Friedhelm (Hg.): Der junge Hegel in Stuttgart. Aufsätze und Tagebuchaufzeichnungen 1785–1788. Marbach a. N. 1970 (II).

Nicolin, Friedhelm: »... meine liebe Vaterstadt Stuttgart ...«. Hegel und die schwäbische Metropole. In: »O Fürstin ...«, 1988, S. 261–283.

Nicolin, Friedhelm: Von Stuttgart nach Berlin. Die Lebensstationen Hegels. Marbach a. N. 1991.

»O Freyheit! Silberton dem Ohre ...«. Französische Revolution und deutsche Literatur 1789–1799. Ausstellung und Katalog von Werner Volke u. a. Ausstellungskatalog. Marbach a. N. ²1989.

»O Fürstin der Heimath! Glükliches Stutgard«. Politik, Kultur und Gesellschaft im deutschen Südwesten um 1800. Hg. v. Christoph Jamme und Otto Pöggeler. Stuttgart 1988.

Pahl, Johann Gottfried: Denkwürdigkeiten aus meinem Leben und aus meiner Zeit. Nach dem Tode des Verfassers hg. v. dessen Sohn Wilhelm Pahl. Tübingen 1840.

Petersen, Julius (Hg.): Schillers Persönlichkeit. Urteile der Zeitgenossen und Documente. Bd 2 u. 3. Weimar 1908 u. 1909.

Pfäfflin, Friedrich: Wilhelm Hauff und der Lichtenstein. 2. durchges. Aufl. Marbach a. N. 1999.

Pfaff, Karl: Geschichte der Stadt Stuttgart nach Archival-Urkunden und andern bewährten Quellen. 2 Bde. Stuttgart 1845/46 (ND: Frankfurt a. M. 1981).

Pfister, Albert: Revolutionsfreunde aus Württemberg in Straßburg. In: Korrespondenzblatt des Ges.-Vereins der Geschichts- und Altertumsvereine 47 (1899), S.134–139.

Pinkard, Terry: Hegel. A Biography. Cambridge 2000.

Plan oder Wegzeiger der Königlich Württembergischen Residenzstadt Stuttgart nach der neuen Eintheilung, mit Bezeichnungen der Viertel, Straßen und Hausnummern vom Jahr 1811. Gezeichnet und auf Stein graviert von Gottlieb Börner. In: Geschichts-Daten und Merkwürdigkeiten von Stuttgart. Stuttgart 1815 (ND: Stuttgart 1969), nach S. 14.

Planck, Ulrich: Die Bezahlung einer Hohenheimer Allee und die Anstellung Christian Heinrich Günzlers als Amtsoberamtmann 1786 in Stuttgart. In: Hohenheimer Themen Bd. 3 (1994), S. 43–47.

Pöggeler, Otto: Hegel und der Stuttgarter Landtag. In: Kant oder Hegel? Über Formen der Begründung in der Philosophie. Stuttgarter Hegel-Kongress 1981. Hg. v. Dieter Henrich. Stuttgart 1983, S. 59–79.

Prümers, Adolf: Philipp Friedrich Silcher. Der Meister des deutschen Volkslieds. Stuttgart 1910.

Rauch, Moriz von: Götz von Berlichingen und Heilbronn. In: Bericht des Historischen Vereins Heilbronn, 13. Heft (1918/20), 1921, S. 1–40.

Reinalter, Helmut (Hg.): Der Illuminatenorden (1776–1785/87). Ein politischer Geheimbund der Aufklärungszeit. Frankfurt a. M. u. a. 1997.

Riecke, Karl: Meine Voreltern. Stuttgart 1896.

Riedel, Wolfgang (Hg.): Jacob Friedrich Abel. Eine Quellenedition zum Philosophieunterricht an der Stuttgarter Karlsschule (1773–1782). Würzburg 1995.

Ritter, Joachim: Hegel und die französische Revolution (1957). Frankfurt ³1972.

Des Ritters Götz von Berlichingen mit der eisernen Hand eigene Lebensbeschreibung. Hg. v. Johann Gustav Gottlieb Büsching und Friedrich Heinrich von der Hagen. Breslau 1813.

Roi-Frey, Karin de la: Mütter berühmter Schwabenköpfe. Mühlacker 1999 (zu C.: S. 280 f.; zu C.s Mutter Maria Magdalena Hegel: S. 79–103; zu Wilhelmine Hauff geb. Elsässer: S. 265–305).

Roi-Frey, Karin de la: Schulidee: Weiblichkeit. Höhere Mädchenschulen im Königreich Württemberg, 1806–1918. (Tübingen: Diss. 2003). Waiblingen 2003.

Rosenkranz, Karl: Georg Wilhelm Friedrich Hegels Leben. Berlin 1844. (ND: Darmstadt 1977).

Roth, Angela: Würdig einer liebevollen Pflege. Die württembergische Anstaltspsychiatrie im 19. Jahrhundert. Zwiefalten 1999.

Rückert, Maria Magdalena: Unter dem dermaligen Drang der Umstände ... Die Säkularisation des Zisterzienserklosters Schöntal. In: Alte Klöster – neue Herren, Bd. 2/1 (2003), S. 449–462.

Sauer, Paul: Geschichte der Stadt Stuttgart. Bd. 3: Vom Beginn des 18. Jahrhunderts bis zum Abschluß des Verfassungsvertrags für das Königreich Württemberg 1819. Stuttgart u. a. 1995.

Sauer, Paul: Reformer auf dem Königsthron. Wilhelm I. von Württemberg. Stuttgart 1997.

Sauer, Paul: Der schwäbische Zar. Friedrich – Württembergs erster König. Stuttgart ²1986.

Schäfer, Volker: Aus dem »Brunnen des Lebens«. Gesammelte Beiträge zur Geschichte der Universität Tübingen. Festgabe zum 70. Geburtstag. Hg. v. Sönke Lorenz und Wilfried Setzler. Ostfildern 2005.

Schäfer, Volker: Ein Briefkonvolut in Tübingen aus Neuffers Nachlaß. Neue Dokumente zu Magenau, Neuffer und Rosine Städlin. In: Hölderlin-Jahrbuch 30 (1996–1997), S. 381–418.

Schäfer, Volker: »Das Gefährlichste für den Menschen ist – Ruhe!« Schelling im Stammbuch seines Tübinger Studienfreundes Süskind. In: Wege und Spuren. Verbindungen zwischen Bildung, Wissenschaft, Kultur, Geschichte und Politik. Festschrift für Joachim-Felix Leonhard. Berlin 2007, S. 635–660.

Schäfer, Volker: Neue Stammbuchblätter von Hölderlin und Hegel. In: In Wahrheit und Freiheit. 450 Jahre Evangelisches Stift in Tübingen. Hg. v. Friedrich Hertel. Stuttgart 1986, S. 177–204.

Schäfer, Volker: Ein unbekanntes Stammbuchblatt des jungen Hegel. In: »... aus der anmuthigen Gelehrsamkeit«. Festschrift für Dietrich Geyer. Hg. v. Eberhard Müller. Tübingen 1988, S. 99–105.

Schedler, Ernst: Jonathan Friedrich Bahnmaier. In: Hie gut Württemberg 36 (1985), S. 14–16.

Scheel, Heinrich: Süddeutsche Jakobiner. Klassenkämpfe und republikanische Bestrebungen im deutschen Süden Ende des 18. Jahrhunderts. Berlin 1962.

Schelling, Friedrich Wilhelm Joseph: Briefe und Dokumente. Hg. v. Horst Fuhrmans. 3 Bde. Bonn 1962–1975.

Schings, Hans-Jürgen: Die Brüder des Marquis Posa. Schiller und der Geheimbund der Illuminaten. Tübingen 1996.

Schings, Hans-Jürgen: Die Illuminaten von Stuttgart. Auch ein Beitrag zur Geschichte des jungen Schiller. In: Deutsche Vierteljahrsschrift für Literaturwissenschaft und Geistesgeschichte 66 (1992), S. 48–87.

Schmid, Eugen: Karl Grüneisen (1802–1878). In: Zeitschrift für württembergische Landesgeschichte. N.F. Jg. 4 (1940), S. 376–466.

Schmid, Eugen: Das Volksschulwesen in Stuttgart von der Reformation bis zum Anfang des neunzehnten Jahrhunderts. In: Württembergische Jahrbücher für Statistik und Landeskunde. Jg. 1903 (1904), S. 102–134.

Schmidt, Uwe: Georg Kerners Revolutionsplan für Württemberg vom Oktober 1792. In: Francia 15 (1987), S. 811–818.

Schmidt, Uwe: Südwestdeutschland im Zeichen der Französischen Revolution. Bürgeropposition in Ulm, Reutlingen und Esslingen. Stuttgart 1993.
Schneider, Helmut/Waszek, Norbert (Hg.): Hegel in der Schweiz (1793–1796). Frankfurt a. M. 1997.
Schöllkopf, Wolfgang: »Stimmung äußerst democratisch«. Die Studienzeit des Georg Wilhelm Friedrich Hegel im Tübinger Stift. In: Bausteine zur Tübinger Universitätsgeschichte, hg. v. Volker Schäfer, Folge 2, Tübingen 1984, S. 81–105.
Schüle, Albert: Heimatbuch der Gemeinde Dettingen unter Teck. Kirchheim u. T. 1981.
Schumm, Karl: Bildnisse des Philosophen Georg Wilhelm Friedrich Hegel. Stuttgart 1974.
Schumm, Karl: Briefe von Karl Rosenkranz über seine Hegel-Biographie. Sonderabdruck aus: Deutsche Vierteljahrsschrift für Literaturwissenschaft und Geistesgeschichte 11 (1933), S. 29–42.
Schumm, Karl: Christiane Hegel. Die Schwester des Philosophen. In: Schwäbische Heimat 4 (1953), S. 177–180.
Schumm, Karl: Götz von Berlichingen in der Überlieferung und in der Geschichte seiner Heimat. In: Württembergisch-Franken 46 = N.F. 36 (1962), S. 31–51.
Schwäbische Chronik. Stuttgart 1786 ff. (Beilage zum »Schwäbischen Merkur«. Stuttgart 1785 ff.).
Stetten, Wolfgang von: Die Rechtsstellung der unmittelbaren freien Reichsritterschaft, ihre Mediatisierung und ihre Stellung in den neuen Landen. Dargestellt am fränkischen Kanton Odenwald. O. O. 1973 (= Forschungen aus Württembergisch Franken. Bd. 8).
Sting, Albert: Geschichte der Stadt Ludwigsburg. Bd. 1: Von der Vorgeschichte bis zum Jahr 1816. Ludwigsburg 2000.
Sting, Albert: Ludwigsburg. Kleiner Führer der Stadt Ludwigsburg. Mailand (KINA Italia) o. J.
Strahm, Hans: Aus Hegels Berner Zeit. Nach bisher unbekannten Dokumenten. In: Archiv für Geschichte der Philosophie 41 (1932), S. 514–533. ND in: Schneider/Waszek, S. 287–316.
Straßennamen in Stuttgart. Herkunft und Bedeutung. Stuttgart 1974.
Taddey, Gerhard: Unsere unglückliche Unterwerfung unter die württembergische Despotie betreffend. Die Mediatisierung der hohenlohischen Fürstentümer. In: Alte Klöster – neue Herren, Bd. 2/2 (2003), S. 883–892.
Tilliette, Xavier: Schelling. Biographie. Aus dem Franz. v. Susanne Schaper. Stuttgart ²2004.
Varnhagen von Ense, Karl August: Werke in fünf Bänden. Hg. v. Konrad Feilchenfeldt. Bd. 5: Tageblätter. Frankfurt a. M. 1994.
Veltin, Alexander: Geschichte des Krankenhauses. In: Kloster Zwiefalten. Vereinigung von Freunden der Geschichte Zwiefaltens, seines Münsters und Klosters e. V. Ulm 1986, S. 94–144.
Verhandlungen in der Versammlung der Landstände des Königreichs Württemberg. Stuttgart. Abt. 1.1815–45.1819.
Vermischte Gedichte der Geschwister Gottlieb Friedrich, Doctor Carl Friedrich, Gotthold Friedrich und Charlotte Stäudlin. Hg. v. einem Freunde der Familie. 2 Bde. Stuttgart 1827.
Vischer, Friedrich Theodor: Mein Lebensgang. In: Altes und Neues. Heft 3. Stuttgart 1882.
Voegt, Hedwig (Hg.): Georg Kerner. Jakobiner und Armenarzt. Reisebriefe, Berichte, Lebenszeugnisse. Berlin 1978.

Vogelmann, Ludwig: Geschichte von Münster a. N. Ein Heimatbuch. Stuttgart-Münster 1965 (ND 1993).

Volke, Werner: Hölderlin. Ausstellungskatalog. Marbach a. N. 1980.

Volke, Werner (Hg.): »... warlich ein herrlicher Mann ...«. Gotthold Friedrich Stäudlin. Lebensdokumente und Briefe. Stuttgart 1999.

Vopelius-Holtzendorff, Barbara: Das Recht des Volkes auf Revolution? Christian Friedrich Baz und die Politik der württembergischen Landstände von 1797–1800 unter Berücksichtigung von Hegels Frankfurter Schrift von 1798. In: Jamme/Pöggeler (Hg.): »Frankfurt aber ...«, 1983, S. 104–134.

Wagner, Heinrich: Geschichte der Hohen Carls-Schule. 3 Bde. Würzburg 1856–1858.

Wais, Gustav: Alt-Stuttgarts Bauten im Bild. Stuttgart 1951.

Wais, Gustav: Die Schiller-Stadt Stuttgart. Eine Darstellung der Schiller-Stätten in Stuttgart. Stuttgart 1955.

Wais, Gustav: Stuttgart vor der Zerstörung. Stuttgart ²1959.

Waldmann, Franz: Die Schweizer in der Karlsschule 1771–1794. Bern 1899.

Walther, Gerrit: Treue und Globalisierung. Die Mediatisierung der Reichsritterschaft im deutschen Südwesten. In: Alte Klöster – neue Herren, Bd. 2/2 (2003), S. 857–872.

Wandel, Uwe Jens: Geheimagenten an die deutschen Universitäten. Georg Kerners Plan zur Zeit der Französischen Revolution. Ein Werkstattbericht. In: Bausteine zur Tübinger Universitätsgeschichte. Folge 3. Hg. v. Volker Schäfer. Tübingen 1987, S. 47–58.

Wandel, Uwe Jens: Magister Harter – vom Stiftler zum Staatsverbrecher. In: Der Sülchgau 23 (1979), S. 36–43.

Wandel, Uwe Jens: Verdacht von Democratismus? Studien zur Geschichte von Stadt und Universität Tübingen im Zeitalter der Französischen Revolution. Tübingen 1981.

Waszek, Norbert: 1789, 1830 und kein Ende. Hegel und die Französische Revolution. In: Herrmann, Ulrich/Oelkers, Jürgen (Hg.): Französische Revolution und Pädagogik der Moderne. Weinheim und Basel 1990, S. 347–359.

Ziegler, Volker: Die Familie Jobst und das Chinin. Materialwarenhandel und Alkaloidproduktion in Stuttgart 1806–1927. Berlin/Diepolz 2003.

Ziesche, Eva: Der handschriftliche Nachlaß Georg Wilhelm Friedrich Hegels und die Hegel-Bestände der Staatsbibliothek zu Berlin Preußischer Kulturbesitz. Teil 1: Katalog, beschrieben von Eva Ziesche. Teil 2: Die Papiere und Wasserzeichen der Hegel-Manuskripte. Analytische Untersuchungen von Eva Ziesche und Dierk Schnitger. Wiesbaden 1995.

Kommentiertes Personenregister

Abel, Jakob Friedrich (1751–1829) *Carlsschullehrer, Privatlehrer Hegels, Vorsitzender der Stuttgarter Illuminaten, hielt Frauenvorlesungen in Stuttgart, ab 1790 Prof. d. Philos. in Tübingen, 1812–1823 Leiter des Ev.-theol. Seminars in Schöntal, ab 1823 wieder in Stuttgart wohnhaft, Generalsuperintendent (Urach/Reutlingen)* 37, 42–49, 85, 160 f., 171

Autenrieth, Johann Heinrich Ferdinand von (1772–1835) *Prof. d. Medizin in Tübingen, Leiter des Tübinger Klinikums, Bruder eines Mitschülers und Kommilitonen Hegels* 237, 247

Bahnmaier, Jonathan Friedrich (1774–1841) *Ludwigsburger Dekan, Vetter und Freund Ludwig Neuffers, Kollege Vischers, Mentor Silchers* 149–151, 164, 258

Baumann, Gottlob Friedrich (1757–1814) *Jagsthausener Pfarrer* 138, 170

Baz, Christian Friedrich (1762–1808) radikaler Oppositionspolitiker, Ludwigsburger Bürgermeister, befreundet mit Sinclair und Louis Göriz, Staatsgefangener   102–106, 117, 121, 131
Berlichingen, Augustine von (1764–1831) Schwester Josephs, verh. mit dem kaiserlich-österreichischen Feldmarschall und Hofkriegsratspräsidenten Graf von Bellegarde   137
Berlichingen, Caroline von (1779–1828) geb. von Berlichingen Innere-Haus-Linie, zweite Frau Josephs (seit 1807), Cousine seiner ersten Frau Sophie   146f., 166–169
Berlichingen, Caroline von (1795–1824) Tochter Josephs, seit 1818 verh. mit Gustav von Berlichingen, lebte in Heilbronn, ab Mai 1820 in Jagsthausen   130, 143f., 157f., 258
Berlichingen, Charlotte von (1796–1862) Tochter Josephs, seit 1825 verh. mit ihrem Schwager Gustav von Berlichingen   130, 143f., 157f., 259
Berlichingen, Götz von (1782–1831) Innere-Haus-Linie, Bruder der Sophie von Berlichingen, wohnte auf der Götzenburg, Vormund der Töchter Sophies   130, 147, 163, 170–173
Berlichingen, Gottfried von (1783–1818) Äußere-Haus-Linie, Vetter Josephs, wohnte im Roten Schloss   130, 170–173, 178, 182, 258
Berlichingen, Gustav von (1792–1869) Rossacher Linie, Schwiegersohn Josephs, verh. mit Caroline von Berlichingen († 1824), ab 1825 mit deren Schwester Charlotte   302
Berlichingen, Joseph von (1759–1832) Äußere-Haus-Linie, wohnte im Weißen Schloss, Dienstherr C.s   10f., 128–130, 133–149, 152f., 160–178, 182, 191, 194, 218–228, 241–243, 252, 262f., 274–277
Berlichingen, Josephe von (1803–1848) Tochter Josephs, seit 1825 verh. mit Wilhelm von König, lebte in Stuttgart   131, 137, 143f., 146, 157f., 172, 274
Berlichingen, Katharine von (1798–1878) Tochter Josephs, seit 1825 verh. mit Wilhelm von Baumbach (Kurhessen)   131, 143f., 157f.
Berlichingen, Luise von (1793–1863) Tochter Josephs, seit 1811 verh. mit Ludwig Eberhard von Gemmingen-Bürg (gesch. 1817), ab 1817 verh. mit Ferdinand von Varnbüler, später Vorsteherin des Pensionats am Königin-Katharina-Stift   127, 130, 132, 143f., 146, 157f., 168f., 274f.
Berlichingen, Sophie von (1770–1807) geb. von Berlichingen Innere-Haus-Linie, erste Frau Josephs, Dienstherrin C.s   130, 132, 143f., 146, 163, 165f., 169
Bilfinger, Christian Ludwig (1770–1850) Jugendfreund Hölderlins, zunächst Kompromotionale Hegels, später Legationsrat, Schwager von A. K. A. Eschenmayer   52f., 61
Bilfinger, ? von Generalmajor, Kommandant der Festung Hohentwiel, Vater von Ludovike Simanowiz' Freundin Regine Voßler, Staatsgefangener   104f., 203
Bohn, Alexander (Alex) (geb.1797) Sohn Sophie Bohns, betreute Hegels Sohn Ludwig Fischer in der Stuttgarter Firma Jobst   284f., 287
Bohn, Friedrich (Fritz) (1795–1871) Sohn Sophie Bohns, Lehrling, später Teilhaber der Firma Jobst   284, 287, 290
Bohn, Rosalie geb. Seebeck Ehefrau von Fritz, Tochter eines Freundes Hegels   290
Bohn, Sophie geb. Wesselhöft (1768–1834) Jenaer Pflegemutter Ludwig Fischers, Mutter von Alex und Fritz, folgte später ihren Söhnen nach Stuttgart   280–284, 286f., 290
Breuninger, Georg Michael Rossacher Pächter, Schuldner C.s   258f.
Breunlin, Heinrike (Rieke) geb. Hölderlin (1772–1850) Schwester und Vertraute Hölderlins, Freundin Auguste Breyers   29
Breyer, Auguste (1773–1806) Jugendfreundin C.s, Verlobte Georg Kerners   28–30, 40, 44, 56, 61, 84, 97, 149
Breyer Charlotte (1747–1811) Mutter Augustes, Freundin von C.s Mutter   28–30
Breyer, Christian Ludwig (1743–1826) Regierungsratssekretär, Vater Augustes   28
Breyer, Christiana Dorothea (geb. 1750) Tante und Taufpatin C.s   28
Breyer, Friederike (geb. 1781) Schwester Augustes, seit 1809 verh. mit Karl Friedrich Wilhelm Breyer   29

Breyer, Johann Friedrich (1738–1826) Prof. d. Philos. in Erlangen, Onkel und Taufpate Hegels   28

Breyer, Karl Friedrich Wilhelm (1771–1818) Stiftler, Freund und Vetter zweiten Grades der Geschwister Hegel, Vetter Schellings, Hofmeister in Stuttgart bei dem Grafen von Reischach, später Historiker, Verehrer Nanette Endels   29, 88–92, 95 f., 140

Breyer, Luise (geb. 1771) Schwester Augustes, Vertraute Georg Kerners, seit 1796 verh. mit Johann Eberhard Heinrich Scholl, der 1805 Heidenheimer Dekan und damit (bis 1811) Vorgesetzter von Louis Göriz wurde   29

Burkhardt, Christiane Charlotte Johanna geb. Fischer (1778 – vor 1817) Jenaer Zimmerwirtin Hegels, Mutter von Hegels unehelichem Sohn Ludwig Fischer   280 f.

Cotta, Friedrich Christoph (1758–1838) Jurist, Carlsschullehrer, Publizist, Republikaner, Bruder Johann Friedrichs   115

Cotta, Johann Friedrich (1764–1832) Verleger, Freund von Karl Friedrich Reinhard, Bruder Friedrich Christophs   40, 113, 123, 195, 197, 209, 292, 296

Dannecker, Johann Heinrich (1758–1841) Bildhauer, Carlsschulfreund Schillers, seit 1790 verh. mit Heinrike Rapp   44

Dertinger, Friederike s. Vellnagel

Dertinger, Maria Rosine geb. Jäger (1737–1820) Tante Gotthold Ständlins, Mutter von Friederike und Wilhelmine Dertinger   68–71

Dertinger, Wilhelmine s. Haller von Hallerstein

Duttenhofer, Christian Friedrich (Traugott) (1778–1846) Stuttgarter Kupferstecher   270 f.

Duttenhofer, Karl August Friedrich (1758–1837) Carlsschullehrer, Privatlehrer Hegels, ab 1795 Wasserbaudirektor, Schwager von C.s Verehrer Klett   37, 56, 115

Duttenhofer, Luise (1776–1829) Stuttgarter Scherenschneiderin, Ehefrau des Kupferstechers   270 f.

Ege, ? Oberinspektor in der Staatsirrenanstalt Zwiefalten   231, 233, 236 f., 239, 244, 246–248, 253

Elsässer, Charlotte geb. von Lüneschloss (1778–1814) Ehefrau Heinrichs   256 f.

Elsässer, Christian (1777–1813) jüngerer, kranker Bruder Mines   37 f., 257

Elsässer, Christiane Luise geb. Stockmayer (1754–1786) Mutter Mines   37–39

Elsässer, Heinrich (1778–1813) jüngerer Bruder Mines, Arzt, seit 1804 in Neuenstadt, behandelte C.   37–40, 138, 256 f., 264, 277

Elsässer, Karl Friedrich (1746–1815) Jurist, Prof. in Erlangen, dann an der Carlsschule, Regierungsrat, Vater Mines   37–40, 115, 131 f., 277

Elsässer, Wilhelmine (Mine) (1773–1845) Freundin C.s, seit 1799 verh. mit August Hauff, Mutter des Dichters Wilhelm Hauff   13 f., 29, 37–40, 76, 115, 131 f., 277, 279

Elser, Andreas (1772–1837) Zwiefaltener Anstaltsarzt, in dessen Privatkur C. war   224 f., 231–239, 243–250, 253–255, 261–263, 296

Endel, Babette (1772–1817) Putzmacherin, Schwester Nanettes, verh. mit dem Stuttgarter Hofschauspieler Anton Vincenz (1775–1819)   90, 219

Endel, Nanette (1774–1841) gebürtige Mannheimerin, Mitbewohnerin im Elternhaus C.s, Putzmacherin, Freundin der Geschwister Hegel und K.W.F. Breyers   88–92, 94 f., 131, 219

Eschenmayer, Adolph Karl August (1768–1852) Carlsschüler, Philosoph, Arzt, ab 1811 Prof. d. Philos. und Medizin in Tübingen, Bruder Philipps, Freund Schellings, verh. mit einer Schwester Bilfingers   247

Eschenmayer, Philipp Christoph Heinrich (1763–1820) Posthalter, Staatsgefangener, später Prof. d. Ökonomie, Bekannter Hegels und Leutnant von Penasses   117–119, 128

Eschenmayer, ? geb. von Wogau, gesch. von Steinheil, Ehefrau von Philipp, wohnte während der Inhaftierung ihres Mannes 1800/1801 in Frankfurt   117 f., 128

Fest, Johann Friedrich (1769–1846) Jagsthausener Rentamtmann, Vertrauter des Joseph von Berlichingen, Vermögensverwalter der Töchter, bei ihm im Roten Schloss wohnte C. vorübergehend   147, 165, 172, 175f., 179, 181, 189, 219, 258–260, 272f.

Fischer, Christian Heinrich (1767–1826) Zwiefaltener Irrenmeister, in dessen Wohnung C. untergebracht war   231–233, 236, 240, 242–249

Fischer, Ludwig (1807–1831) unehelicher Sohn Hegels und der Christiane Charlotte Johanna Burkhardt geb. Fischer   280–290, 304–307

Fromm, Maria Magdalena Luisa s. Hegel

Fromm, Maria Rosina Dorothea s. Göriz

Fromm, Sophia Luisa s. Riecke

Frommann, Friedrich (1765–1837) Jenaer Buchhändler, Freund Hegels, Pate Ludwig Fischers, Schwager Sophie Bohns   280, 282

Gemmingen-Bürg, Ludwig Eberhard von (1771–1831) Vetter Sophie von Berlichingens, von 1811 bis 1817 verh. mit Luise von Berlichingen   132, 158, 169

Georgii, Eberhard Friedrich (1757–1830) Landschaftskonsulent, gemäßigter Anhänger der Reformpartei, Freund Heinrich Grüneisens, Mittelpunkt der Kegelgesellschaft, Onkel Mörikes   106, 149, 209

Göriz, Catharine geb. Heinlein (1770–1817) Heilbronner Fabrikantentochter, seit 1801 verh. mit Louis Göriz, dessen zweite Frau   201, 206f., 210

Göriz, Christian Friedrich (1738–1793) Prof. am Stuttgarter Gymnasium, verh. mit einer Schwester von C.s Mutter, Vater von Louis und Karl Wilhelm   42

Göriz, Karl August (1744–1799) Bruder von Christian Friedrich, Prof. an der Carlsschule   42

Göriz, Karl Wilhelm (1776–1852) Stuttgarter Oberpostamtskassier, Vetter, Nachlassverwalter C.s   158, 267, 269f., 292–294, 300–304

Göriz, Karl Wilhelm Friedrich (1802–1853) Neffe C.s, Sohn von Karl Wilhelm   278

Göriz, Ludwig (Louis) (1764–1823) Aalener Dekan, Vetter, Bevollmächtigter in der Zwiefaltener Interimszeit   11, 42, 102–105, 159f., 173, 180, 182, 189, 201–230, 237, 240–242, 251f., 261–264

Göriz, Maria Rosina Dorothea geb. Fromm (1744–1821?) Schwester von C.s Mutter, verh. mit Christian Friedrich   229

Goethe, August von (1789–1830) Sohn des Dichters   156f.

Goethe, Johann Wolfgang von (1749–1832)   90, 155–157, 160f., 274, 276

Gontard, Jakob Friedrich (1764–1843) Frankfurter Kaufmann, in dessen Haus Hölderlin von 1795 bis 1798 Hofmeister war   88

Gontard, Susette (1769–1802) Ehefrau Jakob Friedrichs, Geliebte Hölderlins (Diotima)   88

Gräter, Friedrich (1776–1837) Jagsthausener Pfarrer, bei dem C. 1814/15 vorübergehend wohnte   170–175, 179–182, 189f., 218f., 226, 228, 230f.

Griesinger, Johann Jakob (1772–1831) Stiftsfreund Hegels, Republikaner, Pfarrer   101

Grüneisen, Friederike (1772–1793) Tochter Johann Gottfrieds, Nichte Heinrichs   110

Grüneisen, Gottliebin s. Hauff

Grüneisen, Heinrich (1765–1831) Jurist, Konsistorialsekretär, Oberregierungsrat, Kostgänger im Elternhaus C.s, seit 1799 verh. mit August Hauffs Schwester Gottliebin, mit C. gut befreundet, hatte einflussreiche Freunde   106–111, 140, 165, 277, 289

Grüneisen, Johann Gottfried (1746–1773) Kaufmann, älterer Stiefbruder Heinrichs, dessen Witwe 1777 Ludwig Friedrich Ofterdinger heiratete   110

Grüneisen, Karl (1802–1878) Oberhofprediger, Sohn Heinrichs   107f., 277–279

Grüneisen, Regina Barbara geb. Pfaff s. Ofterdinger

Günzler, Amandus (1714–1787) Stuttgarter Amtsoberamtmann, seit 1768 in zweiter Ehe verh. mit Christina Catharina verw. Hegel   26f.

Günzler, Christina Catharina geb. Volz verw. Hegel (1724–1787) Stiefmutter von C.s Vater, Stiefmutter von Heinrich und Johann Christoph Günzler, Taufpatin C.s   26 f., 61

Günzler, Heinrich (1758–1842) Stuttgarter Amtsoberamtmann, Oberamtmann, Mitglied der Untersuchungskommission 1800, Stiefsohn der Christina Catharina   26 f., 64, 119 f., 122, 128

Günzler, Johann Christoph (1748–1803) seit 1774 Kirchenratssekretär, seit 1796 Expeditionsrat, Bevollmächtigter in den Erbschaftsverhandlungen der Geschwister Hegel, Stiefsohn der Christina Catharina, bei ihm wohnte C. nach dem Verkauf des Elternhauses 1800/01   26 f., 41, 120, 127

Haller von Hallerstein, Maria (1804–1834) Tochter Rudolphs und Mines, Ehefrau von Gottlieb von Tucher   286, 297

Haller von Hallerstein, Rudolph (1763–1840) Onkel von Hegels Frau Marie, Bruder der Susanne von Tucher, in württ. Militärdienst, Oberst, lebte in Stuttgart   187, 270, 281, 286, 297

Haller von Hallerstein, Wilhelmine (Mine) geb. Dertinger (1779–1843) Ehefrau Rudolphs, Cousine Gotthold Stäudlins   68, 187, 263, 266, 269 f., 281, 283, 286, 291, 293–295, 297, 305

Harter, Johann Heinrich Samuel (1766–1823) Stiftsfreund Hegels, Revolutionär, Spitzel   118 f., 128

Hartmann, Johann Georg August von (1764–1849) Carlsschullehrer, Staatsrat, Vorsitzender der Zentralleitung des Wohltätigkeitsvereins   140, 209

Hartmann, Wilhelm (1770–1823) Schulfreund Hegels, Bruder von Johann Georg August, Arzt, Freund Hopfengärtners   83

Hauff, August (1772–1809) Schulfreund Hegels, Jurist, Regierungsratssekretär, Anfang 1800 Staatsgefangener, ab 1806 Obertribunalsekretär in Tübingen, ab 1807 wieder in Stuttgart, seit 1799 verh. mit C.s Freundin Mine Elsässer, Vater des Dichters Wilhelm Hauff   13 f., 40, 44, 76, 87, 108, 110, 119 f., 128, 131, 277

Hauff, Friedrich Wilhelm (1802–1825) Sohn von Johann Karl Friedrich, Burschenschafter, starb nach seiner Inhaftierung auf dem Hohenasperg   279

Hauff, Gottliebin (1763–1844) Schwester Augusts, seit 1799 verh. mit Heinrich Grüneisen   108, 277

Hauff, Henriette (Jettle) (1773–1847) Freundin C.s, unverh. Schwester Augusts, wohnte bei den Grüneisens   108, 277

Hauff, Hermann (1800–1865) ältester Sohn von August und Mine, Arzt, später Redakteur des »Morgenblattes«   14, 135, 278

Hauff, Johann Karl Friedrich (1766–1846) älterer Bruder Viktors, dessen Jurastudium in Tübingen er finanzierte, Freund Gotthold Stäudlins und K. F. Reinhards, dessen Schwester Christiane er 1795 heiratete, Republikaner, Hofmeister in Wetzlar, Privatdozent in Marburg   279

Hauff, Johann Wolfgang (1721–1801) Landschaftskonsulent, Vater Augusts   108, 131

Hauff, Lotte geb. Moser (1778 – vor 1805) Stieftochter Ströhlins, seit 1799 erste Ehefrau von Viktor   88, 96, 116

Hauff, Marie (1805–1842) Tochter von August und Mine, Patenkind C.s, seit 1824 verh. mit Gottfried Klaiber   39, 135

Hauff, Mine s. Elsässer, Wilhelmine

Hauff, Sophie (1807–1858) Tochter von August und Mine, Patenkind C.s, seit 1826 verh. mit Wilhelm Klaiber   39

Hauff, Viktor (1771–1819) Mitschüler Hegels, Jurist, Tübinger Bürgermeister, Oppositionspolitiker, wurde 1800 ebenfalls kurz verhaftet, jüngerer Bruder von J. K. F. Hauff   88, 96, 103, 105 f., 116 f., 279

Hauff, Wilhelm (1802–1827) Dichter, Sohn von August und Mine, Patenkind C.s   13f., 39, 135, 277–279
Hauff, Wilhelmine (Mine) s. Elsässer
Haug, Friedrich (1761–1829) Epigrammatiker, Hofrat, Kgl. Bibliothekar, Vetter Mine Hauffs geb. Elsässer, wohnte um 1800 zusammen mit C. bei Johann Christoph Günzler   40–42, 64, 108f., 120, 127, 150, 155, 274, 276
Haug, Luise Heinrike geb. Stäudlin (1765–1823) Cousine Gottholds, erste Ehefrau Friedrich Haugs   41
Haug, Philipp (1775–1799) Advokat, Bruder Friedrichs   41
Hegel, Georg Ludwig (1733–1799) Vater   21f., 24, 26–28, 31f., 34, 107, 125, 267
Hegel, Immanuel (1814–1891) Hegels Sohn   15f., 54, 66, 168, 184, 187f., 193f., 280–285, 289, 304–307
Hegel, Karl (1813–1901) Hegels Sohn   15f., 60, 66, 156, 168, 184, 187f., 193f., 207, 280–285, 289, 304–307
Hegel, Ludwig (1776–1812) Bruder   9, 22, 24, 31, 34, 50, 114, 116, 118, 137, 257, 264, 280
Hegel, Maria Magdalena Luisa geb. Fromm (1741–1783) Mutter   24, 28, 32–36, 162, 295
Hegel, Marie geb. von Tucher (1791–1855) Hegels Ehefrau   9, 15, 41, 66, 68, 184–192, 196–199, 207f., 269f., 280–296, 300–307
Hegel, Susanne Maria geb. von Tucher (1826–1878) Cousine und Ehefrau von Hegels Sohn Karl   285
Hofacker, Karl Christoph (1749–1793) Jurist, Tübinger Professor, Freund und Lehrer Sinclairs, verh. mit Luise Charlotte Breyer, die nach dem frühen Tod ihres Mannes in ihr Stuttgarter Elternhaus in die Lange Gasse zurückkehrte (Vater: Johann Gottlieb Breyer)   83
Hofacker, Luise (1778–1807) Tochter von Karl Christoph, Nachbarskind C.s, verh. seit 1797 mit Philipp Hopfengärtner   83, 85
Hölderlin, Friedrich (1770–1843)   10, 29, 50–53, 58, 61–66, 72f., 79, 81f., 87f., 93–97, 105, 116, 127, 131f., 252, 264
Hölderlin, Heinrieke s. Breunlin
Hopf, Philipp Heinrich (1747–1804) Prof. d. Physik und Mathematik am Stuttgarter Gymnasium, (Privat-)Lehrer Hegels, Illuminat   37, 44, 46–48
Hopfengärtner, Charlotte Regine geb. Jäger (geb. 1735) Tante Gotthold Stäudlins, Schwester seiner Mutter, verh. mit Johann Georg Hopfengärtner   69, 85
Hopfengärtner, Johann Georg (1724–1796) Hzgl. Leibmedikus, Vater von Philipp, Arzt Rosine Stäudlins   69, 84f.
Hopfengärtner, Philipp (1769–1807) Carlsschüler, Freund Georg Kerners, Arzt, Vetter Gotthold Stäudlins, seit 1797 verh. mit Luise Hofacker   69, 83–85
Jobst, Fridrich (1786–1859) Stuttgarter Fabrikant, Lehrherr Ludwig Fischers   284, 286, 288, 292
Jung, Franz Wilhelm (1757–1833) Homburger Demokrat, Freund und Mentor Sinclairs   81f., 85f.
Kausler, Christoph Friedrich (1760–1825) Prof. d. Kameralwissenschaften und d. Franz. an der Carlsschule, Hofrat, gründete 1789 ein Mädcheninstitut in Stuttgart   44f.
Kerner, Friederike Luise (1750–1817) geb. Stockmayer Mutter der Brüder Kerner, Ludwigsburger Schwester von Mine Elsässers Mutter, bei der Mine während der Inhaftierung ihres Mannes 1800 vorübergehend wohnte   149
Kerner, Georg (1770–1812) Carlsschüler, Jakobiner, ging als begeisterter Anhänger der Französischen Revolution 1791 nach Frankreich, vorübergehend auch in die Schweiz, schloss sich Karl Friedrich Reinhard an (1795–1801), später Armenarzt in Hamburg, Verlobter von Auguste

Breyer, die die Verlobung jedoch löste, älterer Bruder von Karl und Justinus, Vetter Mine Elsässers   14, 28–30, 40, 56, 79, 83, 97, 115, 145, 149

Kerner, Justinus (1786–1862) Arzt, Dichter, wesentlich jüngerer Bruder von Georg und Karl, Vetter Mine Elsässers   13 f., 38 f., 76, 133, 149, 154, 229, 256, 262, 298

Kerner, Karl (1775–1840) Artillerieleutnant, später General, Freund von Leutnant von Penasse, Bruder von Georg und Justinus, Vetter Mine Elsässers   115, 120

Klaiber, Julius (1834–1892) Literarhistoriker, Enkel von Mine Elsässer, Sohn von Sophie Hauff und Wilhelm Klaiber   48

Klett, Christoph August (1766–1851) Stiftler, Verehrer C.s, Schwager des Carlsschullehrers Duttenhofer   52–56, 87 f.

Klett, Johann Christian (1770–1823) Kommilitone Hegels, später Mediziner, vermeintlicher Verehrer C.s   52 f.

Knapp, Heinrich (geb. 1764) Sohn des Kirchheimer Bürgermeisters Heinrich Knapp, Jurastudent, älterer Studienfreund Hegels, bekannt mit C.s Verehrer Christoph August Klett, später frz. Geheimagent   55 f.

König, Josephe von s. Berlichingen

König, Wilhelm von (1795–1844) Oberleutnant, seit 1825 verh. mit Josephe von Berlichingen, erwarb 1828 das »Schloss« in Stuttgart-Münster   274

Landauer, Georg Christian (1769–1846) Stuttgarter Kaufmann und Freund Hölderlins, bei dem dieser vorübergehend wohnte   127

Lotter, Tobias (1772–1834) Stuttgarter Kaufmann, Armenpfleger, Schriftsteller   209

Märklin, Jakob Friedrich (1771–1841) Schul- und Studienfreund Hegels und Viktor Hauffs, seit 1814 Dekan in Neuenstadt, Prälat in Heilbronn   44, 95–100, 102–105, 126, 173, 179

Mörike, Eduard (1804–1875) Nachbarskind C.s in Ludwigsburg, später in Stuttgart bei seinem Onkel Georgii, Heinrich Grüneisens Freund   127, 149, 268

Morstatt, Charlotte Dorothea (1772–1800) seit 1799 verh. mit dem Buchhändler Steinkopf   96 f.

Morstatt, Johann Heinrich (1736–1801) Arzt, Carlsschullehrer, Regimentsmedikus, Vertrauter Georg Kerners, Vater Charlottes   97

Neuffer, Ludwig (1769–1839) Pfarrer, Dichter, Freund Hölderlins, Verlobter Rosine Stäudlins, geriet 1800 auf die Liste der verdächtigten Personen, verließ 1803 Stuttgart, später Stadtpfarrer in Ulm   29, 61 f., 66, 69, 81 f., 84, 87, 96, 105, 110, 120, 123 f., 126 f., 150, 173, 276 f.

Neuffer, Wilhelm Christian (1769–1829) Studienkollege Hegels, Pfarrer, Bekannter C.s   131, 191 f.

Niethammer, Immanuel (1766–1848) Stiftler, Studienfreund von J. K. F. Hauff, ab 1790 zum Studium in Jena, wo Louis Göriz bei ihm wohnte, dort Privatdozent und Prof. d. Philos. und Theol., ab 1806 bayrischer Schulreformator und enger Freund Hegels, zusammen mit C. Taufpate bei Hegels Sohn Immanuel   52, 54 f., 102–104, 186–188

Ofterdinger, Ludwig Friedrich (geb. 1750?) Stuttgarter Kaufmann seit 1777 verh. mit Regina Barbara verw. Grüneisen, Staatsgefangener 1800/01   110, 116 f., 119

Ofterdinger, Regina Barbara geb. Pfaff (1744?–1815) in erster Ehe verh. mit Heinrich Grüneisens Stiefbruder Johann Gottfried Grüneisen († 1773)   110

Otto, Christian Friedrich von (1758–1836) Jurist, Chef der Section der Commun-Verwaltung, Staatsrat, Finanz- und Innenminister, Freund Heinrich Grüneisens   36, 110, 140, 244, 248

Paulus, Heinrich Eberhard Gottlob (1761–1851) Theologe, Orientalist, Vorgesetzter und Freund Hegels in Nürnberg, mit dem es 1816 zum völligen Bruch kam   195

Penasse, Carl Friedrich von (1773–1846) Carlsschüler, Leutnant, Revolutionär, Staatsgefangener 1800/01, ging nach seiner Begnadigung in die Schweiz   112–123, 158

Penasse, Eugen Friedrich (geb. 1776) Carlsschüler, Bruder Carl Friedrichs   114

Peron frz. Sprachlehrer, Kostgänger im Elternhaus C.s   37
Pestalozzi, Johann Heinrich (1746–1827)   148, 150, 164 f.
Petersen, Johann Wilhelm (1758–1815) Carlsschüler, Freund Schillers, Carlsschullehrer, seit 1792 Haupt der »Demokratenparthie«, Bibliothekar (zeitweise entlassen)   110, 115
Rapp, Heinrike Charlotte verh. Dannecker (1773–1823) Schwester des bekannten Stuttgarter Kaufmanns Gottlob Heinrich Rapp   44
Rau, Otto Wilhelm Alexander von und zu Holzhausen (1735–1825) seit 1773 Obrist, Mieter im Elternhaus C.s, seit 1798 Kommandeur der Festung Hohenasperg   32, 120 f.
Reichenbach, Friedrich (1755–1839) von 1809 bis 1839 Pfarrer in Erdmannhausen bei Ludwigsburg, unverh. Bruder von Ludovike Simanowiz   152
Reichenbach, Johanne unverh. Schwester von Ludovike Simanowiz, führte ihrem Bruder Friedrich den Haushalt   152
Reinhard, Karl Friedrich (1761–1837) Pfarrersohn aus Schorndorf, Stiftler, Jugendfreund von Gotthold Stäudlin, Baz u. a., Anhänger der Französischen Revolution, Hauslehrer in der Schweiz und Frankreich, wurde 1792 frz. Diplomat, 1799 vorübergehend frz. Außenminister, beschäftigte Georg Kerner als »Sekretär«, intensiver Briefkontakt mit dem Verleger Cotta   53, 109, 113 f., 145
Reischach, Karl Graf von (1763–1834) Oberlandeskommissar, Innenminister, in dessen Familie K. W. F. Breyer 1794 bis 1797 Hofmeister war   88, 140
Riecke, Ludwig Heinrich (1729–1787) Stuttgarter Stadtarzt, verh. mit einer Cousine von C.s Mutter (geb. Fromm), Vater von Viktor und Wilhelmine, Taufpate C.s   26, 37
Riecke, Sophia Luisa geb. Fromm (1734–1804) Ehefrau Ludwig Heinrichs, Cousine von C.s Mutter   278
Riecke, Viktor (1771–1850) Vetter zweiten Grades, Stuttgarter Oberamtsarzt, Bruder von Wilhelmine   278
Riecke, Wilhelmine (1773–1850) Cousine zweiten Grades, Freundin, Schwester von Viktor Riecke, bei dem sie wohnte   278
Schelling, Friederike geb. Vellnagel (1793–1850) Ehefrau des Stuttgarter Arztes Karl   268 f., 291
Schelling, Friedrich Wilhelm Joseph (1775–1854) Stiftsfreund Hegels und Hölderlins, Philosoph, Bruder Karls, Vetter von K. F. W. Breyer   10, 50 f., 54, 79 f., 87 f., 93 f., 97–99, 127, 268
Schelling, Joseph Friedrich (1737–1812) Vater der Brüder Schelling, Schorndorfer Dekan   80
Schelling, Karl (1783–1854) Arzt, Bruder des Philosophen, lebte in Stuttgart, betreute C. in den 1820er Jahren   250, 268–270, 277, 293–297, 301
Schiller, Friedrich (1759–1805)   40, 42, 47, 64 f., 87, 91, 95, 109 f., 145, 204
Schmidlin, Christoph Friedrich (1745–1800) Prof. und seit 1796 Rektor des Stuttgarter Gymnasiums, Lehrer Hegels, Vermieter der Familie Elsässer   39, 65
Scholl, Luise s. Breyer
Schott, Katharine Salome (1728–1808) Tochter des Nürtinger Kaufmanns Rümelin, Witwe des Landschaftseinnehmers Johann Gottlieb Schott, wohnte im Elternhaus C.s zur Miete, Heinrich Grüneisen war ihr Kostgänger   107
Schubart, Ludwig (1765–1811) Legationsrat, Schriftsteller, Sohn des Dichters und Komponisten Christian Friedrich Daniel Schubart, den Herzog Carl Eugen zehn Jahre auf dem Hohenasperg eingesperrt hatte; führte zusammen mit Gotthold Stäudlin die von seinem Vater edierte regimekritische Zeitschrift »Chronik« fort   64
Schumm, Marianne geb. Hegel (1902–1987) Urenkelin Hegels, Ehefrau von Archivrat Karl Schumm (1900–1976)   177, 288
Seckendorf, Alexander von (1743–1814) Onkel und Vertrauter von Leo, Vorsitzender des fränkischen Ritterkantons Steigerwald, lebte in Sugenheim/Franken   131, 139

Seckendorf, Christoph Albrecht von (1748–1834) *Vater von Leo, württ. Geheimrat, Komitialgesandter in Regensburg*   131 f.

Seckendorf, Friedrich Graf von (1786 – nach 1848) *Freund und Gönner Tafingers, Sohn des Johann Carl Christoph von Seckendorf*   131

Seckendorf, Johann Carl Christoph Graf von (1747–1814) *württ. Geheimrat, Staatsminister, Vater von Friedrich, Nachbar der Familie Johann Wolfgang Hauff*   131 f.

Seckendorf, Leopold (Leo) von (1775–1809) *Freund Hölderlins und Sinclairs, Sohn des Christoph Albrecht von Seckendorf*   131 f., 138

Seiz, Wilhelm Friedrich (1768–1836) *Stiftsfreund Hegels, Hölderlins und Breyers, Hofmeister, stand auch mit C. in Kontakt*   88

Sieyès, Emmanuel Joseph (1748–1836) *frz. Abbé, Mitglied des Direktoriums*   113 f., 117, 121–123

Silcher, Friedrich (1789–1860) *Komponist, Hauslehrer bei der Familie von Berlichingen*   140, 143–153, 160, 163–165, 277

Simanowiz, Ludovike geb. Reichenbach (1759–1827) *Malerin, Jugendfreundin Schillers, Schwester von Friedrich und Johanne Reichenbach*   145 f., 152, 169

Sinclair, Isaac von (1775–1815) *Homburger Republikaner, Dichter, Diplomat, Freund Hegels, Hölderlins, Seckendorfs und Baz'*   10, 63, 79, 81–86, 105, 131 f., 264

Stäudlin, Christiane verh. Vischer (1771–1838) *Schwester Gottholds, Tanzstundenpartnerin Hegels, Freundin C.s*   27, 29, 61 f., 67–71, 148–150

Stäudlin, Friederike (geb. 1768) *Freundin C.s, Cousine Gotthold Stäudlins, Schwester von Friedrich Haugs Ehefrau Luise*   41

Stäudlin, Gotthold (1758–1796) *Advokat, Dichter, begeisterter Anhänger der Französischen Revolution, Freund Hölderlins und Hegels*   27, 29 f., 57–73, 79–87, 148, 174, 198, 264

Stäudlin, Lotte (1766–1834) *Schwester Gottholds, Freundin C.s, Verehrerin Hölderlins*   27, 57, 61–63

Stäudlin, Luisa Mariana Sophia (1773–1774) *jüngste Schwester Gottholds, wie C. am 8. April 1773 getauft*   29

Stäudlin, Luise Heinrike s. Haug

Stäudlin, Rosine (1767–1795) *Schwester Gottholds, Verlobte Ludwig Neuffers*   27, 29, 61 f., 67–69, 71, 84

Steinkopf, Friederike s. Süskind

Steinkopf, Johann Friedrich (1771–1852) *Antiquar, Buchhändler, Verleger, Republikaner, Freund Ludwig Neuffers, verh. in erster Ehe mit Charlotte Dorothea Morstatt*   96, 105, 120

Strick van Linschoten, Paul (1769–1819) *batavischer Gesandter am württ. Hof, Republikaner, guter Bekannter Ludwig Neuffers*   105

Ströhlin, Friedrich Jakob (1743–1802) *Prof. am Stuttgarter Gymnasium, Freund Neuffers, Stiefvater von Viktor Hauffs erster Ehefrau, Vermieter von Hegels Stiftsfreunden Klett, Schelling und Seiz*   54 f., 88

Ströhlin, Lotte geb. Moser s. Hauff

Süskind, Christian David (1771–1850) *Mitschüler Hegels, machte Karriere in der Finanzverwaltung*   93

Süskind, Friederike geb. Steinkopf (1777–1855) *Schwester des Antiquars Steinkopf, seit 1805 verh. mit Johann Gottlob Süskind*   96

Süskind, Johann Gottlob (1773–1838) *Bruder von Hegels Mitschüler, Freund Hegels, Hölderlins und Neuffers, Republikaner, Hofmeister, 1800 Repetent, 1805 Diakon in Sindelfingen, verh. mit Steinkopfs Schwester Friederike, Bekannter C.s und Nanette Endels*   93–96, 105

Tafinger, Wilhelm Christoph (1768–1824) *Theologe, Hauslehrer, gründete 1802 in Stuttgart eine Bildungsanstalt für höhere Töchter*   45, 126, 131, 160, 162 f., 191

Théremin, Karl Wilhelm (1762–1841) preuß. Diplomat, ab 1795 in frz. Diensten, frz. Geheimagent, Regierungsbeamter, Publizist   106, 117
Tucher, Gottlieb von (1798–1877) Bruder Marie Hegels, verh. mit seiner Stuttgarter Cousine Maria Haller von Hallerstein   190–194, 286, 297
Tucher, Marie von s. Hegel
Tucher, Susanne Maria von geb. Haller von Hallerstein (1769–1832) Schwiegermutter Hegels   187, 192, 196, 206, 266, 281–288, 297, 305 f.
Uhland, Ernst (1788–1834) Unteramtsarzt in Neuenstadt, behandelte C.   222, 226–228, 252
Uhland, Ernst Christoph Joseph (1758–1837) Repetent, Pfarrer, Vater des Arztes   227
Varnbüler, Ferdinand von (1774–1830) Carlsschüler, seit 1792 im württ. Militärdienst, nahm 1806 seinen Abschied, Unternehmer (Spinnmaschinen), ab 1813 in der österr. Armee, 1815 wieder württ. Generalmajor, unter König Wilhelm I. maßgeblich an der württ. Heeresreform beteiligt, 1824 Generalleutnant, zweiter Ehemann Luise von Berlichingens   158, 274 f.
Varnbüler, Luise von s. Berlichingen
Varnhagen von Ense, Karl August (1785–1858) Diplomat, Schriftsteller, guter Bekannter Hegels in Berlin   283
Vellnagel, Christian Ludwig August von (1764–1853) Geheimer Sekretär, Staatsminister, Freund Heinrich Grüneisens, Schwiegervater Karl Schellings   110, 140, 142
Vellnagel, Friederike von (1773–1850) geb. Dertinger, Cousine Gotthold Stäudlins, Schwiegermutter Karl Schellings   269
Vischer, Christian Friedrich Benjamin (1768–1814) Studienfreund Ludwig Neuffers, Mitschüler Hegels am Gymnasium, Diakon in Ludwigsburg, Kollege Bahnmaiers, Ehemann Christiane Stäudlins   67, 138, 148–151, 258
Vischer, Christiane s. Stäudlin
Vischer, Friedrich Theodor (1807–1887) Ästhetiker, Sohn von Christian Friedrich Benjamin Vischer und Christiane Stäudlin-Vischer   61, 67, 148 f., 151
Wangenheim, Karl August von (1773–1850) württ. Staatsmann, Freund Heinrich Grüneisens, gründete Schulprivat in Stuttgart, Anhänger Pestalozzis   110, 165
Wesselhöft, Betty unverh. Schwester Sophie Bohns, Schwägerin von Hegels Freund Frommann, leitete Jenaer Erziehungsinstitut, auf dem Ludwig Fischer war, später mit den Bohns in Stuttgart   280, 287
Württemberg, Herzog Carl Eugen (1728–1793) seit 1744 Herzog, Gründer der Hohen Carlsschule, seit 1786 in zweiter Ehe verh. mit Franziska Gräfin von Hohenheim   30 f., 37 f., 75, 80 f., 298
Württemberg, Herzog Friedrich s. König Friedrich
Württemberg, Herzog Friedrich Eugen (1732–1797) Bruder Herzog Carl Eugens, von 1795 bis 1797 Herzog   75, 98–100
Württemberg, Herzog Ludwig Eugen (1731–1795) Bruder Herzog Carl Eugens, von 1793 bis 1795 Herzog   65, 75
Württemberg, König Friedrich (1754–1816) Neffe Herzog Carl Eugens, seit 1797 Herzog, ab 1803 Kurfürst, Ende 1806 König, seit 1797 in zweiter Ehe verh. mit Charlotte Mathilde, Prinzessin von Großbritannien   75, 105, 113, 119–121, 128, 135–142, 147, 152 f., 164, 194 f., 197, 208
Württemberg, Königin Katharina (1788–1819) Großfürstin von Russland, Tochter des russischen Zaren Paul und der Maria Fjodorowna (Herzogin von Württemberg und Schwester Herzog Friedrichs), seit Jan. 1816 zweite Ehefrau des württ. Kronprinzen Friedrich Wilhelm (s. König Wilhelm I.), seit 30. Okt. 1816 Königin von Württemberg   127, 208 f., 213 f., 272
Württemberg, König Wilhelm I. (1781–1864) Sohn König Friedrichs, württ. Kronprinz (Friedrich Wilhelm), seit Jan. 1816 in zweiter Ehe verh. mit seiner Cousine, der Zarentochter Katharina, seit 30. Okt. 1816 König von Württemberg   107, 153, 182, 208 f., 236, 266, 272, 300

Bildnachweis

Abb. 1: Stadtarchiv Stuttgart, Plan CO Nr. 23.
Abb. 2: Stadtarchiv Stuttgart. Foto N 12576.
Abb. 3: Deutsches Literaturarchiv, Marbach a. N., Kunstsammlungen. Ölgemälde von Philipp Friedrich Hetsch. Inv.- Nr. B 49.32.
Abb. 4: Deutsches Literaturarchiv, Marbach a. N., Kunstsammlungen. Stahlstich. Vermutlich um 1840. Inv.-Nr. 4761.
Abb. 5: Tuschezeichnung. Privatbesitz.
Abb. 6: Museen der Stadt Nürnberg. Grafische Sammlung. Kolorierter Stich, um 1820.
Abb. 7: Stadtarchiv Aalen. Kolorierter Stich von Roschmann. Anf. 19. Jh.
Abb. 8: Münsterklinik Zwiefalten, Archiv. Photo-Album der Heilanstalt Zwiefalten 1812–1912. Hg. von der Kgl. Württ. Heilanstalt Zwiefalten anlässlich der 100-Jahr-Feierlichkeiten 1912. Ziffer 3. [Foto einer Bleistiftzeichnung des Oberwärters Karl Baumeister von 1874. Standort des Originals unbekannt.]
Abb. 9: Städtisches Museum Ludwigsburg. Landhaus bei Ludwigsburg. Lithographie von Fritz Wolff, um 1825/30. Inv.-Nr. 671.
Abb. 10: Württembergische Landesbibliothek, Stuttgart. Alte Drucke. W. G. oct. K. 637. [Christian Jakob Zahn:] Deinach. Luft, Tage, Vergnügungen, Bequemlichkeiten und Vortheile für die Gesundheit, die ein Aufenthalt bey diesem Brunnen gewähren kann. Tübingen: J. G. Cottaische Buchhandlung 1789. Tafel: Deinach VI. Kupferstich von J. F. Steinkopf.

Danksagung

Bei der Arbeit an diesem Buch bin ich von vielen Seiten tatkräftig unterstützt worden. Mein herzlicher Dank gilt allen voran den Mitarbeiterinnen und Mitarbeitern der genannten Archive und Bibliotheken, ohne deren Kompetenz, fachkundigen Rat und freundliche Hilfsbereitschaft dieses Buchprojekt niemals zu realisieren gewesen wäre! In diesem Zusammenhang möchte ich auch Herrn Konrad Freiherr von Berlichingen vielmals danken, der mich bei meinen Recherchen in Jagsthausen freundlichst unterstützt hat.

Ein Buch dieser Art ist darüber hinaus auf die interessierte Anteilnahme, Mithilfe und Auskunftsbereitschaft vieler Menschen angewiesen: Ich danke all denjenigen, die sich Zeit für meine Fragen genommen und damit zur erfolgreichen Suche beigetragen haben. Stellvertretend für viele seien hier die Nachkommen der Familien Hegel und von Tucher genannt. Ich habe die schöne Erfahrung machen dürfen, so gut wie immer eine Antwort auf eine meiner zahllosen Anfragen zu erhalten. Nicht selten führte dies auch zu neuen, mich bereichernden Begegnungen.

Ganz herzlich danken möchte ich an dieser Stelle aber auch meinen beiden Tübinger Studienfreunden N. K. und H. K., die dieses Buch von Anfang an ideell und konzeptionell begleitet und freundschaftlich mitgetragen haben. Sie hatten immer ein offenes Ohr für »Hegels Schwester«. Beide haben entscheidend dazu beigetragen, dass aus einer Idee ein Buch geworden ist.

Letzteres verdanke ich schließlich auch der großzügigen finanziellen Unterstützung durch die Landeshauptstadt Stuttgart und durch die Stiftung für Kunst und Wissenschaft der Hypo Real Estate Bank International AG.

Auch den Mitarbeitern des Verlages, von deren wohlwollender und sorgfältiger Betreuung ich in der Endphase sehr profitiert habe, sei hier herzlich gedankt.

Ganz besonders aber danke ich meinem Mann und meinen beiden Söhnen für ihre unvergleichliche Geduld, Ausdauer und Nachsicht sowie für viele aufmunternde Worte. Sie haben mir stets den Rücken gestärkt – und freigehalten.

Thomas Freller
Emma Hamilton
Nelsons dunkler Engel

160 Seiten
mit einigen Abbildungen
gebunden mit Schutzumschlag
ISBN 978-3-7995-0169-9

Es klingt wie ein Roman: Lady Emma Hamilton, Frau des englischen Botschafters Sir Willam Hamilton und Geliebte von Admiral Nelson, war vom Dienstmädchen und aus dem Bordell in diese Stellung aufgestiegen. Schon zu ihren Lebzeiten umrankten sie zahlreiche Legenden, ließ sie sich in immer neuen Verkleidungen darstellen. War sie eine ungebildete, geldgierige Kurtisane oder ein unverdorbenes Naturkind, Muse oder dunkler Engel ihrer Liebhaber? Unter den vielstimmigen Zeugnissen sucht diese Biographie nach der wahren Emma Hamilton.

Die Geschichte einer einzigartigen Frau und ihrer großen Liebe!

… Freller untersucht detailreich jede Etappe der Beziehung von Emma Hamilton und Admiral Nelson anhand historischer Belege und bringt Licht in das mystische Dunkel aus Legenden, die sich um Mrs. Hamilton gesponnen haben. Herausgekommen ist ein spannender, interessanter Band mit Romancharakter, den man am liebsten von der ersten bis zur letzten Seite an einem Stück lesen mag. Rundum empfehlenswert!
Karfunkel

Karl-Georg Sindele
Herzogin Henriette von Württemberg
Eine Biografie (1780–1857)

192 Seiten
mit einigen Abbildungen
gebunden mit Schutzumschlag
ISBN 978-3-7995-0173-6

Die Jugendjahre Henriettes, geborene Prinzessin von Nassau-Weilburg, waren sehr bewegt: Früh verwaist, musste sie vor den französischen Revolutionstruppen fliehen und heiratete den wesentlich älteren Herzog Ludwig von Württemberg, einen Bruder des späteres Stuttgarter Königs Friedrich I. Nach Jahren des Reisens wurde die Verschuldung Ludwigs immer offenkundiger: Die Familie wurde nach Kirchheim unter Teck »verbannt«. Wenige Jahre später starb Ludwig, und Henriette wurde mit 37 Jahren Witwe. In Kirchheim wandte sie sich mehr und mehr wohltätigen Einrichtungen zu und avancierte 1820 zur Stuttgarter Königinmutter. Durch ihre Wohltätigkeit, ihre Bescheidenheit und ihre Toleranz wurde sie im ganzen Königreich Württemberg geschätzt. Sie galt Zeitgenossen als »Perle des Königshauses«. Die Biografie schildert anschaulich und eindrücklich die bewegenden Stationen im Leben der Herzogin Henriette von Württemberg.

Die Geschichte eines abwechslungsreichen Lebens spannend erzählt!